Haftungsfall Burn-Out

Augsburger Studien zum internationalen Recht

Herausgegeben von

Volker Behr
ehem. Lehrstuhl für Bürgerliches Recht, Zivilprozessrecht, Ausländisches und Internationales Privatrecht

Henning Rosenau
Lehrstuhl für Deutsches, Europäisches und Internationales Straf- und Strafprozessrecht, Medizin- und Biorecht

Christoph Vedder
Lehrstuhl für Öffentliches Recht, Völkerrecht und Europarecht sowie Sportrecht, Jean Monnet-Lehrstuhl für Europäisches Recht

Juristische Fakultät der Universität Augsburg

Band 15

PL ACADEMIC RESEARCH

Frank Schemmel

Haftungsfall Burn-Out

Ein Beitrag zur Klärung haftungsrechtlicher Probleme im Rahmen von arbeitsbedingtem Stress und Überbelastung

Insbesondere unter Berücksichtigung der japanischen Rechtslage zu den Phänomenen Karôshi und Karô-jisatsu

PL ACADEMIC RESEARCH

Bibliografische Information der Deutschen Nationalbibliothek
Die Deutsche Nationalbibliothek verzeichnet diese Publikation in der Deutschen Nationalbibliografie; detaillierte bibliografische Daten sind im Internet über http://dnb.d-nb.de abrufbar.

Zugl.: Augsburg, Univ., Diss., 2014

Logo auf dem Umschlag:
Abdruck mit freundlicher Genehmigung der
Universität Augsburg

D 384
ISSN 1861-664X
ISBN 978-3-631-66891-7 (Print)
E-ISBN 978-3-653-06312-7 (E-Book)
DOI 10.3726/978-3-653-06312-7

PL Academic Research ist ein Imprint der Peter Lang GmbH.

Peter Lang – Frankfurt am Main · Bern · Bruxelles · New York · Oxford · Warszawa · Wien

Diese Publikation wurde begutachtet.

www.peterlang.com

Vorwort

Die vorliegende Arbeit wurde im Wintersemester 2014/2015 vom Promotionsausschuss der Juristischen Fakultät der Universität Augsburg als Dissertation angenommen. Die mündliche Prüfung erfolgte am 30. Oktober 2014. Rechtsprechung und Literatur sind bis zu diesem Datum berücksichtigt.

Mein Dank gilt zunächst meiner Doktormutter und Erstgutachterin Prof. Dr. Martina Benecke, die mich nicht nur während der Erstellung der vorliegenden Arbeit exzellent betreut und das Erstgutachten außerordentlich schnell erstellt hat, sondern bereits während des arbeitsrechtlichen Schwerpunkts im Studium und als Betreuerin meiner Diplomarbeit wesentlich dazu beitrug, dass meine vorhandene Vorliebe für das Arbeitsrecht noch verstärkt wurde. Enbenso gilt mein Dank Prof. Dr. Michael Kort für die äußerst zügige Erstellung des Zweitgutachtens.

Stellvertretend für das Herausgebergremium danke ich Prof. Dr. Henning Rosenau und Prof. Dr. Christoph Vedder für die Aufnahme in die vorliegende Schriftenreihe.

Des Weiteren möchte ich mich bei meiner ehemaligen Arbeitgeberin Gleiss Lutz bedanken, die mich promotionsbegleitend als wissenschaftlicher Mitarbeiter in ihrer Stuttgarter Arbeitsrechtspraxis während der Erstellung der vorliegenden Arbeit beschäftigte. Hierbei gilt mein Dank insbesondere Prof. Dr. Gerhard Röder und seinem Team (Frauke, Mareike und Stefan vielen Dank für tolle zwei Jahre!).

Susi und Jacky danke ich für ihren Zuspruch und das stets offene Ohr sowie die notwendige Ablenkung während der wenigen Mußestunden.

Schließlich sei noch der wichtigste Personenkreis, meine Familie zu erwähnen. Vor allem meinen Eltern Ingrid und Hans Schemmel sowie meiner Schwester Katharina möchte ich auf diesem Wege meinen tief empfundenen Dank aussprechen. In allen meinen Vorhaben haben sie mich uneingeschränkt unterstützt und diese Arbeit somit erst ermöglicht. Ihnen ist diese Dissertation gewidmet.

Düsseldorf, September 2015 Frank Schemmel

Inhaltsverzeichnis

Abkürzungsverzeichnis*

a. A.	anderer Ansicht
a.a.O.	am angegebenen Ort
abl.	ablehnend
Abs.	Absatz
AiB	Arbeitsrecht im Betrieb (Zeitschrift)
a.M.	allgemeine Meinung
Anm.	Anmerkung
AP	Arbeitsrechtliche Praxis (Entscheidungssammlung)
ArbR	Arbeitsrecht
ArbRAktuell	Arbeitsrecht Aktuel (Zeitschrift)
ArbSchG	Arbeitsschutzgesetz
ArbZG	Arbeitszeitgesetz
Art.	Artikel
ASUMed	Arbeitsmedizin Sozialmedizin Umweltmedizin (Zeitschrift)
AuA	Arbeit und Arbeitsrecht (Zeitschrift)
Aufl.	Auflage
AuR	Arbeit und Recht (Zeitschrift)
AZ.	Aktenzeichen
BAG	Bundesarbeitsgericht
BB	Der Betriebsberater (Zeitschrift)
BC	Zeitschrift für Bilanzierung, Rechnungswesen und Controlling
BetrVG	Betriebsverfassungsgesetz
Begr.	Begründer
BG	Die Berufsgenossenschaft (Zeitschrift)

* Weitere Abkürzungen werden im laufenden Text erklärt.

BGB	Bürgerliches Gesetzbuch
BK	Berufskrankheit
BPUVZ	Zeitschrift für betriebliche Prävention und Unfalllversicherung
BR-Drs.	Bundesrat-Drucksache
BSG	Bundessozialgericht
Bsp.	Beispiel
bspw.	beispielsweise
BT-Drs.	Bundestags-Drucksache
BVerfG	Bundesverfassungsgericht
bzw.	beziehungsweise
DB	Der Betrieb (Zeitschrift)
dbr	der betriebsrat (Zeitschrift)
ders.	derselbe
DG	Distriktgericht (Japan)
DGB	Deutscher Gewerkschaftsbund
d.h.	das heißt
dies.	dieselben
ed.	edition
ErfK	Erfurter Kommentar zum Arbeitsrecht (siehe Literaturverzeichnis)
et al.	et alii
etc.	et cetera
EUR	Euro
EzA	Entscheidungssammlung zum Arbeitsrecht
f.	folgende
FAZ	Frankfurter Allgemeine Zeitung
FD-ArbR	Fachdienst Arbeitsrecht (Zeitschrift)
ff.	fortfolgende
Fn.	Fußnote
FS	Festschrift
gem.	gemäß

GG	Grundgesetz
grds.	grundsätzlich
h.M.	herrschende Meinung
Hrsg.	Herausgeber
IG Metall	Industriegewerkschaft Metall
i.S.d.	im Sinne des
i.S.v.	im Sinne von
i.V.m.	in Verbindung mit
JBGB	Japanisches Bürgerliches Gesetzbuch
JuS	Juristische Schulung (Zeitschrift)
KassKomm	Kasseler Kommentar (siehe Literaturverzeichnis)
KSchG	Kündigungsschutzgesetz
KSW	Kreikebohm/Spellbrink/Waltermann (siehe Literaturverzeichnis)
LAG	Landesarbeitsgericht
LAGE	Entscheidungssammlung (Landesarbeitsgerichte)
LSG	Landessozialgericht
MüArbR	Münchener Handbuch zum Arbeitsrecht (siehe Literaturverzeichnis)
m.w.N.	mit weiteren Nachweisen
n. F.	neue Fassung
NJW	Neue Juristische Wochenschrift (Zeitschrift)
No.	Number
Nr.	Nummer
NZA	Neue Zeitschrift für Arbeitsrecht
NZA-Beil.	NZA-Beilage
NZA-RR	NZA-Rechtsprechungsreport Arbeitsrecht
NZS	Neue Zeitschrift für Sozialrecht
OG	Obergericht (Japan)
OGH	Oberster Gerichtshof (Japan)
RdA	Recht der Arbeit (Zeitschrift)
RIW	Recht der internationalen Wirtschaft (Zeitschrift)

Rn.	Randnummer
s.	siehe
S.	Satz bzw. Seite, je nach Kontext
SAE	Sammlung arbeitsrechtlicher Entscheidungen
SG	Sozialgericht
SGb	Die Sozialgerichtsbarkeit (Zeitschrift)
SGB	Sozialgesetzbuch
s. o.	siehe oben
SozVers	Die Sozialversicherung (Zeitschrift)
u.	und
v.	vom bzw. von, je nach Kontext
VersMed	Versicherungsmedizin (Zeitschrift)
vgl.	vergleiche
Vol.	Volume
WzS	Wege zur Sozialversicherung (Zeitschrift)
ZBl Arbeitsmed	Zentralblatt für Arbeitsmedizin, Arbeitsschutz und Ergonomie (Zeitschrift)
ZIAS	Zeitschrift für ausländisches und internationales Arbeits- und Sozialrecht
ZJapanR	Zeitschrift für Japanisches Recht
zit.	zitiert
zust.	zustimmend
ZVerglRWiss	Zeitschrift für Vergleichende Rechtswissenschaft

Literaturverzeichnis

Allenspach, Marcel / *Brechbühler*, Andrea: Stress am Arbeitsplatz. Theoretische Grundlagen, Ursachen, Folgen und Prävention, 1. Auflage, 2005 (zit. *Allenspach/Brechbühler*, Seite)

Amagasa, Takashi / *Nakayama*, Takeo / *Takahashi*, Yoshitomo: *Karojisatsu* in Japan: Characteristics of 22 Cases of Work-Related-Suicide, in: Journal of Occupational Health 2005, Vol. 47, S. 157–164 (zit. *Amagasa/Nakayama/Takahashi*, Journal of Occupational Health 2005, Vol. 47, Seite)

Angermaier, Max: Stress am Arbeitsplatz, in: AiB 2001, 405–411 (zit. *Angermaier*, AiB 2001, Seite)

Araki, Shunichi / *Iwasaki*, Kenji: Death due to Overwork (*Karoshi*) - Causation, health service, and life expectancy of Japanese males, in: The Japan Medical Association Journal (JMAJ) 2005, Vol. 48, S. 92–98 (zit. *Araki/Iwasaki*, JMAJ 2005, Vol. 48, Seite)

Araki, Takashi: Changing Employment Practices, Corporate Governance, and the Role of Labor Law in Japan, in: Comparative Labor Law & Policy Journal, Vol. 28, 2006–2007, S. 251–281 (zit. *Araki*, Comparative Labor Law & Policy Journal, Vol. 28, 2006–2007, Seite)

Astheimer, Sven / *Budras*, Corinna: Keine Mails nach Feierabend, in: FAZ v. 7./8.12.2013, S. C 2 (zit. *Astheimer/Budras*, Keine Mails nach Feierabend, in: FAZ v. 7./8.12.2013, S. C 2)

Baeck, Ulrich / *Deutsch*, Markus: Arbeitszeitgesetz, 2. Auflage, 2004 (zit. *Baeck/Deutsch*, ArbZG, 2. Aufl. 2004, Paragraph Randnummer)

Bamberg, Eva: Belastung, Beanspruchung, Stress, in: Handbuch der Psychologie Band 6: Handbuch der Arbeits- und Organisationspsychologie, 1. Auflage, 2007 (zit. *Bamberg* in Schuler et al., Handbuch der Psychologie Band 6: Handbuch der Arbeits- und Organisationspsychologie, Seite)

Barthold, Luise / *Schütz*, Astrid: Stress im Arbeitskontext. Ursachen, Bewältigung und Prävention, 1. Auflage, 2010 (zit. *Barthold/Schütz*, Seite)

Becker, Peter: Ursachenzusammenhang bei der Bezeichnung von Berufskrankheiten, in: SGb 2006, 449–455 (zit. *Becker*, SGb 2006, Seite)

ders.: Versicherungsfall: Listen-Berufskrankheit, in: SGb 2010, 131–137 (zit. *Becker*, SGb 2010, Seite)

Beck'scher Online-Kommentar

- Sozialrecht, 29. Edition, Stand März 2013 (zit. BeckOK Sozialrecht/*Bearbeiter*)

Benz, Manfred: Psyche und Trauma aus Sicht der gesetzlichen Unfallversicherung, in: NZS 2002, 8–15 (zit. *Benz*, NZS 2002, Seite)

Berg, Christiane: Wege aus der Burnout-Falle, in: Pharmazeutische Zeitung, Ausgabe 36/2007, abrufbar unter http://www.pharmazeutische-zeitung.de/index.php?id=3631, zuletzt abgerufen am 5.6.2014 (zit. *Berg*, Pharmazeutische Zeitung, Ausgabe 36/2007, abrufbar unter http://www.pharmazeutische-zeitung.de/index.php?id=3631)

Berufsgenossenschaft Handel und Warendistribution (BGHW), Handbuch Psychische Belastung am Arbeitsplatz, 1. Auflage, 2011 (zit. BGHW, Handbuch Psychische Belastung am Arbeitsplatz, Seite)

Bieresborn, Dirk: Die Ermittlung der Einwirkungen bei Berufskrankheiten, in: NZS 2008, 354–361 (zit. *Bieresborn*, NZS 2008, Seite)

Bodin, Michael: Ausgebrannt… Über den „Burnout" im Journalismus, 1. Auflage, 2000 (zit. *Bodin*, Seite)

Bohsem, Guido: Psychisch krank durch Stress – Diagnose: Ausgebrannt und leer gepresst, in: Süddeutsche.de vom 09.07.2010, http://www.sueddeutsche.de/karriere/psychisch-krank-durch-stress-diagnose-ausgebrannt-und-leer-gepresst-1.972289, zuletzt abgerufen am 5.6.2014 (zit. *Bohsem*, Psychisch krank durch Stress – Diagnose: Ausgebrannt und leer gepresst, in: Süddeutsche.de vom 09.07.2010, http://www.sueddeutsche.de/karriere/psychisch-krank-durch-stress-diagnose-ausgebrannt-und-leer-gepresst-1.972289)

von Bonhorst, Heinrich: Berufskrankheiten – Einführung unter Berücksichtigung des Beweisrechts, in: SozVers 1998, 203–207 (zit. *von Bonhorst*, SozVers 1998, Seite)

Borghardt, Liane: Burn-out – Spinning für Führungskräfte, in: ZEIT ONLINE v. 7.6.2012, abrufbar unter http://www.zeit.de/karriere/beruf/2012-05/unternehmen-arbeitgeber-burn-out, zuletzt abgerufen am 5.6.2014 (zit. *Borghardt*, Burn-out – Spinning für Führungskräfte, in: ZEIT ONLINE v. 7.6.2012, abrufbar unter http://www.zeit.de/karriere/beruf/2012-05/unternehmen-arbeitgeber-burn-out)

Brackmann, Kurt (Begr.): Handbuch der Sozialversicherung, 12. Auflage, 172. Lieferung, Stand März 2008 (zit. Brackmann/*Bearbeiter*)

Brautzsch, Hans-Ulrich / *Drechsel*, Katja / *Schultz*, Birgit: Unbezahlte Überstunden in Deutschland, in: Wirtschaft im Wandel 2012, 308–315 (zit. *Brautzsch/Drechsel/Schultz*, Wirtschaft im Wandel 2012, Seite)

Brockhaus – Die Enzyklopädie in vierundzwanzig Bänden, 20. Auflage, 1998 (zit. Brockhaus – Die Enzyklopädie, Band, Stichwort)

Bundesanstalt für Arbeitsschutz und Arbeitsmedizin (BAuA), Stressreport 2012, 1. Auflage, 2012, abrufbar unter http://www.baua.de/de/Presse/Pressemitteilungen/2013/01/pm008-13.html?nn=3540906, zuletzt abgerufen am 5.6.2014 (zit. BAuA, Stressreport 2012, abrufbar unter http://www.baua.de/de/Presse/Pressemitteilungen/2013/01/pm008-13.html?nn=3540906)

Bundespsychotherapeutenkammer (BPtK), BPtK-Studien zur Arbeitsunfähigkeit – Psychische Erkrankungen und Burnout 2012 (zit. Bundespsychotherapeutenkammer (BPtK), BPtK-Studien zur Arbeitsunfähigkeit – Psychische Erkrankungen und Burnout 2012)

Bundesverband der Unfallkassen, Psychische Belastungen am Arbeits- und Ausbildungsplatz – ein Handbuch, Ausgabe April 2005 (zit. Bundesverband der Unfallkassen, Psychische Belastungen am Arbeits- und Ausbildungsplatz – ein Handbuch, Seite)

Burisch, Matthias: Das Burnout-Syndrom. Theorie der inneren Erschöpfung, 4. Auflage, 2010 (zit. *Burisch*, Seite)

Buschmann, Rudolf / *Ulber*, Jürgen: Arbeitszeitgesetz – Basiskommentar, 7. Auflage, 2011 (zit. *Buschmann/Ulber*, ArbZG, 7. Aufl. 2011, Paragraph Randnummer)

Büssing, André / *Schmitt*, Sabine: Arbeitsbelastungen als Bedingungen von emotionaler Erschöpfung und Depersonalisation im Burnoutprozess, in: Zeitschrift für Arbeits- und Organisationspsychologie 1998, S. 76–88 (zit. *Büssing/Schmitt*, Seite)

Counseling Center for Death from Overwork, abrufbar unter www.karoushi.jp/nintei.html (zit. Counseling Center for Death from Overwork, abrufbar unter www.karoushi.jp/nintei.html)

Chen, Kuan-Yu / *Yang*, Che-Ming / *Lien*, Che-Hui / *Chiou*, Hung-Yi / *Lin*, Mau-Roung / *Chang*, Hui-Ru / *Chiu*, Wen-Ta: Burnout, Job Satisfaction, and Medical Malpractice among Physicians, in: Internation Journal of Medical Sciences 2013, Vol. 10, S. 1471–1478 (zit. *Chen* et al., International Journal of Medical Sciences 2013, Vol. 10, Seite)

Cherniss, Cary: Professional Burnout in Human Service Organizations, 1. Auflage, 1980 (zit. *Cherniss* (1980a), Seite)

ders.: Staff Burnout. Job Stress in the Human Services, 1. Auflage, 1980 (zit. *Cherniss* (1980b), Seite)

Deutsches Institut für Medizinische Dokumentation und Information (DIMDI), ICD-10 Klassifikation abrufbar unter http://www.dimdi.de/static/de/klassi/icd-10-who/kodesuche/onlinefassungen/htmlamtl2013/chapter-v.htm, zuletzt abgerufen am 5.6.2014 (zit. Deutsches Institut für Medizinische Dokumentation und Information (DIMDI), abrufbar unter http://www.dimdi.de/static/de/klassi/icd-10-who/kodesuche/onlinefassungen/htmlamtl2013/chapter-v.htm)

DGB, repräsentative Umfrage des DBG 2011 zum Thema „Arbeitshetze – Arbeitsintensivierung – Entgrenzung“, abrufbar unter http://www.dgb-index-gute-arbeit.de/downloads/publikationen/data/arbeitshetze_arbeitsintensivierung_entgrenzung_-_ergebnisse_der_repraesentativumfrage_2011.pdf, zuletzt abgerufen am 5.6.2014 (zit. repräsentative Umfrage des DBG 2011 zum Thema „Arbeitshetze – Arbeitsintensivierung – Entgrenzung“, abrufbar unter http://www.dgb-index-gute-arbeit.de/downloads/publikationen/data/arbeitshetze_arbeitsintensivierung_entgrenzung_-_ergebnisse_der_repraesentativumfrage_2011.pdf)

Enzmann, Dirk: Gestreßt, erschöpft oder ausgebrannt? Einflüsse von Arbeitssituation, Empathie und Coping auf den Burnoutprozeß, 1. Auflage, 1996 (zit. *Enzmann*, Seite)

Erfurter Kommentar zum Arbeitsrecht, 13. Auflage, 2013 (zit. ErfK/*Bearbeiter*)

Europäische Kommission Generaldirektion Beschäftigung und Soziales, Streß am Arbeitsplatz – ein Leitfaden, 1. Auflage, 2000 (zit. Europäische Kommission Generaldirektion Beschäftigung und Soziales, Streß am Arbeitsplatz – ein Leitfaden, 2000, Seite)

Faltermaier, Toni: Gesundheitspsychologie, in: Grundrisse der Psychologie, Band 21, 1. Auflage, 2005 (zit. *Faltermeier*, Seite)

Feichtinger, Christine / *Wolfschütz*, Gerald: Und wie geht's im Job?, ASZ – Das Arbeitsmedizinische Zentrum in Linz (zit. *Feichtinger/Wolfschütz*, Und wie geht's im Job, Seite)

Felfe, Jörg: Arbeits- und Organisationspsychologie 1. Arbeitsgestaltung, Motivation, Gesundheit, in: Grundriss der Psychologie, Band 23, 1. Auflage, 2012 (zit. *Felfe*, Seite)

Fischer, Thomas: Beck'sche Kurz-Kommentare Band 10: Strafgesetzbuch mit Nebengesetzen, 60. Auflage, 2013 (zit. *Fischer*, StGB, 60. Aufl. 2013, Vorschrift Randnummer)

Fitting, Karl (Begr.): Betriebsverfassungsgesetz Handkommentar, 26. Auflage, 2012 (zit. *Fitting* Paragraph Randnummer)

Force, Linda May: The influence of causal attribution on work exhaustion and turnover intention of traditional discipline engineers in the United States, Dissertation 2008 (zit. *Force*, Seite)

Forney, Deanne S. / *Wallace-Schutzman*, Fran / *Wiggers*, Thorne T.: Burnout among career development professionals: Preliminary findings and implications, in: Personal and Guidance Journal 60, 435–439 (zit. *Forney/Wallace-Schutzman/Wiggers*, Personal and Guidance Journal 60, Seite)

Francks, Heinrich Peter: Dosiskonzepte aus der Sicht der Unfallversicherungsträger, in: ZBl Arbeitsmed 2003, 40–44 (zit. *Francks*, ZBl Arbeitsmed 2003, Seite)

Franke, Edgar / *Molkentin*, Thomas (Hrsg.): Sozialgesetzbuch VII – Gesetzliche Unfallversicherung, Lehr- und Praxiskommentar, 2. Auflage, 2007 (zit. Franke/Molkentin/*Bearbeiter*)

Freudenberger, Herbert J.: Staff burn-out, in: Journal of Social Issues 30, 1974 (zit. *Freudenberger*, Journal of Social Issues 30, Seite)

Freudenstein, Thomas K.: Haftung für Arbeitsunfälle und deren Versicherung in Japan, in: ZJapanR 1996, Ausgabe Nr. 2, S. 137–141 (zit. *Freudenstein*, ZJapanR Nr. 2 (1996), Seite)

Fuchs, Maximilian: Beweisgrundsätze des zivilen Haftungsrechts und ihre Bedeutung für das Berufskrankheitenrecht, in: SGb 1997, 601–608 (zit. *Fuchs*, SGb 1997, Seite)

Fujimoto, Takashi: Long Working Hours and Stress – In Relation to the Measure against Long Working Hours and Overtime, in: Japan Labor Review, Vol. 3, No. 3, Sommer 2006, S. 23–40 (zit. *Fujimoto*, Japan Labor Review, Vol. 3, No. 3, Sommer 2006, Seite)

Furuya, Sugio: OCCUPATIONAL SAFETY AND HEALTH. KAROSHI AND KAROJISATSU IN JAPAN, in: Asian Labour Update 52, abrufbar unter http://www.anroev.org/wp-content/uploads/2012/05/OSH-ALU-52.pdf, zuletzt abgerufen am 5.6.2014 (zit. *Furuya*, Asian Labour Update 52, abrufbar unter http://www.anroev.org/wp-content/uploads/2012/05/OSH-ALU-52.pdf)

Gaul, Björn: Leistungsdruck, psychische Belastung & Stress – Arbeitsrechtliche Handlungserfordernisse, in: DB 2013, 60–65 (zit. *Gaul*, DB 2013, Seite)

Gemeinsame Erklärung Psychische Gesundheit in der Arbeitswelt v. 5.9.2013, abrufbar unter www.bmas.de/SharedDocs/Downloads/DE/PDF-Pressemitteilungen/gemeinsame-erklaerung-psychische-gesundheit-in-der-arbeitsweilt.pdf, zuletzt abgerufen am 5.6.2014

Ginal Jens / *Raif*, Alexander: Das „Burn-Out-Syndrom“ – Präventions- und Reaktionsmöglichkeiten des Arbeitgebers, in: ArbRAktuell 2012, 472 (zit. *Ginal/Raif*, ArbRAktuell 2012, Seite)

Grabitz, Ileana / *Wisdorff*, Flora: 1800 Prozent mehr Krankheitstage durch Burn-out, in: DIE WELT v. 27.1.2013, abrufbar unter http://www.welt.de/113159916, zuletzt abgerufen am 5.6.2014 (zit. *Grabitz/Wisdorff*, 1800 Prozent mehr Krankheitstage durch Burn-out, in: DIE WELT v. 27.1.2013, abrufbar unter http://www.welt.de/113159916)

Grobe, Thomas: Reaktive psychische Störung und wesentliche Bedingung, in: BPUVZ 2012, S. 192–197 (zit. *Grobe*, BPUVZ 2012, Seite)

Greif, Siegfried: Streß in der Arbeit – Einführung und Grundbegriffe, in: Greif/Bamberg/Semmer, Psychischer Streß am Arbeitsplatz, 1. Auflage, 1991 (zit. *Greif* in Greif/Bamberg/Semmer, Psychischer Streß am Arbeitsplatz, Seite)

Gutjahr, Lidija / *Hampe*, Ingrid-Beate: Gefährdungsbeurteilung von psychischen Belastungen aus arbeitsrechtlicher Sicht, in: DB 2012, 1208–1210 (zit. *Gutjahr/Hampe*, DB 2012, Seite)

Hanami, Tadashi A.: Labour Law and Industrial Relations in Japan, 2. überarb. Auflage, 1985 (zit. *Hanami*, Seite)

Härmä, Mikko.: Workhours in relation to work stress, recovery and health, in: Scandinavian Journal of Work, Environment and Health 2006, Vol. 32, S. 502–514 (zit. *Härmä*, Scandinavian Journal of Work, Environment and Health 2006, Vol. 32, Seite)

Hauck, Karl (Hrsg.): Sozialgesetzbuch, SGB VII, Kommentar, Stand März 2013 (zit. Hauck/*Bearbeiter*)

Hayashi, Takeshi / *Kobayashi*, Yasuki / *Yamaoka*, Kazue / *Yano*, Eiji: Effect of overtime work on 24-hour ambulatory blood pressure, in: Journal of Occupational and Environmental Medicine 1996, Vol. 38, S. 1007–1011 (zit. *Hayashi/Kobayashi/Yamaoka/Yano*, Journal of Occupational and Environmental Medicine 1996, Vol. 38, Seite)

Henke-Klar, Andrea: Unfall- und Gesundheitsschutz – ein Rechtsvergleich zwischen Japan und Deutschland, 1. Auflage, 2008 (zit. *Henke-Klar*, Seite)

Hien, Wolfgang: Restriktives Recht, restriktive Praxis: Das Elend mit den Berufskrankheiten, in: Soziale Sicherheit 2012, S. 382–391 (zit. *Hien*, SozSich 2012, Seite)

Hillert, A.: Burnout – Eine neue Krankheit? Symptomatik, Konzepte und versicherungsmedizinische Implikationen, in: VersMed 2008, 163 (zit. *Hillert*, VersMed 2008, 163)

Hiyama, Toru / *Yoshihara*, Masaharu: New occupational threats to Japanese pysicians: karoshi (death due to overwork) and karojisatsu (suicide due to overwork), in Occupational and Environmental Medicine 2008, Vol. 65, S. 428–429 (zit. *Hiyama/Yoshihara*, Occupational and Environmental Medicine 2008, Vol. 65, Seite)

Huismans, Christiane / *Pachabeyan*, Ellen: Im Blickpunkt: Coaching für Anwälte – Stress- und Burnout-Prophylaxe, in: BB 2012, VI–VII (zit. *Husimans/Pachabeyan*, BB 2012, Seite)

Hulst, Monique van der: Long workhours and health, in: Scandinavian Journal of Work, Environment and Health 2003, Vol. 29, S. 171–188 (zit. *Hulst*, Scandinavian Journal of Work, Environment and Health 2003, Vol. 29, Seite)

Igarashi, Kiyoshi: Einführung in das japanische Recht, 1. Auflage, 1990 (zit. *Igarashi*, Seite)

IG Metall, „Anti-Stress-Verordnung“, aburfbar unter http://www.igmetall.de/anti-stress-verordnung-eine-initiative-der-ig-metall-10336.htm, zuletzt abgerufen am 5.6.2014 (zit. IG Metall, „Anti-Stress-Verordnung", aburfbar unter http://www.igmetall.de/anti-stress-verordnung-eine-initiative-der-ig-metall-10336.htm)

Ikeda, Hiroshi: Gesundheitspolitik am Arbeitsplatz und Gewerkschaftsbewegung in Japan, in: Wahsner, Japans Arbeitsbeziehungen und Arbeitsrecht in Geschichte und Gegenwart, 1. Auflage, 1996, S. 65–72 (zit. *Ikeda* in Wahsner, Japans Arbeitsbeziehungen und Arbeitsrecht in Geschichte und Gegenwart, Gesundheitspolitik am Arbeitsplatz und Gewerkschaftsbewegung in Japan, Seite)

Ikezoe, Hirokuni: Diversification of „the Workplace" and Problems with Labor Law, in: Japan Labour Review, Vol. 10, No. 3, Sommer 2013, S. 70–87 (zit. *Ikezoe*, Japan Labour Review, Vol. 10, No. 3, Sommer 2013, Seite)

Ishida, Makoto: Death and Suicide from Overwork: The Japanese Workplace and Labour Law, in: Conaghan/Fischl/Klare, LABOUR LAW IN AN ERA OF GLOBALIZATION, 1. Auflage, 2002, S. 219–231 (zit. *Ishida* in Conaghan/Fischl/Klare, LABOUR LAW IN AN ERA OF GLOBALIZATION, Death and Suicide from Overwork: The Japanese Workplace and Labour Law, Seite)

Ishikawa, Akira / *Leetsch*, Ingo: Das japanische BGB in deutscher Sprache, 1. Auflage, 1985 (zit. *Ishikawa/Leetsch*, Seite)

Iwasaki, Kenji / *Takahashi*, Masaya / *Nakata*, Akinori: Health Problems due to Long Working Hours in Japan: Working Hours, Worker's Compensation (*Karoshi*), and Preventive Measures, in: Industrial Health 2006, Vol. 44, S. 537–540 (zit. *Iwasaki/Takahashi/Nakata*, Industrial Health 2006, Vol. 44, Seite)

Jaggi, Ferdinand: Burnout – praxisnah, 1. Auflage 2008 (zit. *Jaggi*, Seite)

Japan International Center for Occupational Safety and Health (JICOSH):

- Accumulated Fatigue May be Considered in the Standards for the Recognition of „Karoshi", abrufbar unter http://www.jniosh.go.jp/icpro/jicosh-old/english/topics/KaroshiMar22.html, zuletzt abgerufen am 5.6.2014

Japan International Cooperation Agency (JICA):

- Japan's Experience in Public Health And Medical Systems (March 2005), abrufbar unter http://jica-ri.jica.go.jp/IFIC_and_JBICI-Studies/english/publications/reports/study/topical/health/pdf/health_09.pdf, zuletzt abgerufen am 5.6.2014

Japan Institute for Labour Policy and Training (JILPT), eine Institution des Ministeriums für Gesundheit, Arbeit und Wohlfahrt:

- Labor Situation in Japan and Its Analysis: Detailed Exposition 2005/2006, abrufbar unter http://www.jil.go.jp/english/lsj/detailed/2005-2006.html, zuletzt abgerufen am 5.6.2014
- Labor Situation in Japan and Its Analysis: General Overview 2011/2012, abrufbar unter http://www.jil.go.jp/english/lsj/general/2011-2012.html, zuletzt abgerufen am 5.6.2014

Josephs, Hilary K.: Japan, in: Blainpain et al., The Global Workplace. International and Comparative Employment Law – Cases and Materials, 1. Auflage, 2007 (zit. *Josephs* in *Blanpain* et al., The Global Workplace. International and Comparative Employment Law – Cases and Materials, Japan, Seite)

Kanai, Atsuko: „Karoshi (Work to Death)" in Japan, in: Journal of Business Ethics 2009, Vol. 84, S. 209–216 (zit. *Kanai*, Journal of Business Ethics 2009, Vol. 84, Seite)

Kaschka, Wolfgang / *Korczak*, Dieter / *Broich*, Karl: Modediagnose Burn-out, in: Deutsches Ärzteblatt 2011, 781–787 (zit. *Kaschka/Korczak/Broich*, Deutsches Ärzteblatt 2011, Seite)

Kasseler Kommentar, Sozialversicherungsrecht, 74. Ergänzungslieferung, Stand Oktober 2012 (zit. KassKomm/*Bearbeiter*)

Kato, Tetsuro: The Political Economy of Japanese Karoshi (Death from Overwork), in: Hitotsubashi Journal of Social Studies 1994, Vol. 26, S. 41–54 (zit. *Kato*, Hitotsubashi Journal of Social Studies 1994, Vol. 26, Seite)

Kaufmann, Inge / *Pornschlegel*, Hans / *Udris*, Ivars: Arbeitsbelastung und Beanspruchung, in: Zimmermann, Humane Arbeit- Leitfaden für Arbeitnehmer, Band 5, 1. Auflage, 1982 (zit. *Kaufmann/Pornschlegel/Udris*, Arbeitsbelastung und Beanspruchung, Seite)

Kawahito, Hiroshi: Karoshi and Its Background, in: National Defense Counsel for the victims of Karoshi, KAROSHI. WHEN THE „CORPORATE WARRIOR" DIES, 1. Auflage, 1990 (zit *Kawahito* in *National Defense Counsel for the victims of Karoshi*, KAROSHI. WHEN THE „CORPORATE WARRIOR" DIES, Karoshi and Its Background, Seite)

Keller, Wolfgang: Multikausalität im Berufskrankheitenrecht – Rechtsprobleme des § 9 SGB VII bei konkurrierenden Ursachen –, in: SGb 2005, S. 205–210 (zit. *Keller*, SGb 2005, Seite)

Kidani, Kaiulani Eileen Sumi: JAPANESE CORPORATE WARRIORS IN PURSUIT OF A LEGAL REMEDY: THE STORY OF KAROSHI; OR „DEATH FROM OVERWORK" IN JAPAN, in: University of Hawaii Law Review, Vol. 21, S. 169–201 (zit. *Kidani*, University of Hawaii Law Review, Vol. 21, Seite)

Kiesche, Eberhard / *Wilke*, Matthias: Karojisatsu, in: dbr 2008, Heft 3, S. 21–22 (zit. *Kiesche/Wilke*, dbr 2008, Heft 3, Seite)

Kitagawa, Zentaro / *Pilny*, Karl H.: Verträge, Haftung und Kreditsicherheiten, in: Baum/Drobnig (Hrsg.), Japanisches Handels- und Wirtschaftsrecht, 1. Auflage, 1994 (zit. *Kitagawa/Pilny* in Baum/Drobnig, Japanisches Handels- und Wirtschaftsrecht, § 8 Verträge, Haftung und Kreditsicherheiten, Seite)

Kock, Martin: Pauschalabgeltung von Überstunden, in: DB 2012, S. 1328–1331 (zit. *Kock*, DB 2012, Seite)

Korczak, Dieter / *Kister*, Christine / *Huber*, Beate: Differentialdiagnostik des Burnout-Syndroms, in: Health Technology Assessment, Band 105, Deutsches Institut für Medizinische Dokumentation und Information (DIMDI), 1. Auflage, 2010 (zit. *Korczak/Kister/Huber*, Seite)

Kort, Michael: Inhalt und Grenzen arbeitsrechtlicher Personenfürsorgepflicht, in: NZA 1996, S. 854–858 (zit. *Kort*, NZA 1996, Seite)

Krämer, Daniel / *Seiwerth*, Stephan: Schwerpunktbereich Arbeits- und Sozialrecht: Der Arbeitsunfall, in: JuS 2013, S. 203–207 (zit. *Krämer/Seiwerth*, JuS 2013, Seite)

Kranig, Andreas: Japanisch-Deutscher Austausch zur Arbeitsunfallversicherung, in: BG 2007, S. 143–144 (zit. *Kranig*, BG 2007, Seite)

Krause, Clemens: Burnout erkennen und etwas dagegen tun, Vortrag auf dem Gesundheitstag Regierungspräsidium Tübingen vom 20.3.2012, Unterlagen abrufbar unter http://www.tuebingen-psychotherapie.de/Downloads/Vortrag%20Burnout_erkennen_Teilnehmerunterlagen.pdf, zuletzt abgerufen am 5.6.2014 (zit. *Krause*, Burnout erkennen und etwas dagegen tun, Vortrag auf dem Gesundheitstag Regierungspräsidium Tübingen vom 20.3.2012, Unterlagen abrufbar unter http://www.tuebingen-psychotherapie.de/Downloads/Vortrag%20Burnout_erkennen_Teilnehmerunterlagen.pdf)

Kreikebohm, Ralf / *Spellbrink*, Wolfgang / *Waltermann*, Raimund: Beck'sche Kurz-Kommentare Band 63: Kommentar zum Sozialrecht, 2. Auflage, 2011 (zit. KSW/*Bearbeiter*)

Küttner, Wolfdieter (Begr.): Personalbuch 2013, 20. Auflage, 2013 (zit. *Bearbeiter* in Küttner, Personalbuch 2013)

Kuwamura, Yumiko: Die Flexibilisierung des Arbeitsrechts und die Vertretung der Arbeitnehmer in Japan, RdA 2012, 155–159 (zit. *Kuwamura*, RdA 2012, Seite)

Kypta, Gabriele: Burnout – erkennen, überwinden, vermeiden, 1. Auflage, 2011 (zit. *Kypta*, Seite)

Lanz, Caroline: Burnout aus ressourcenorientierter Sicht im Geschlechtervergleich. Eine Untersuchung im Spitzenmanagement in Wirtschaft und Verwaltung, 1. Auflage, 2010 (zit. *Lanz*, Seite)

Laux, Lothar: Psychologische Streßkonzeptionen, in: Enzyklopädie der Psychologie: Motivation und Emotion Band 1: Theorien und Formen der Motivation, 1. Auflage, 1983 (zit. *Laux* in Enzyklopädie der Psychologie: Motivation und Emotion Band 1, Psychologische Streßkonzeptionen, Seite)

Lazarus, Richard S.: Stress and Emotion. A New Synthesis, 1. überarbeitete Auflage, 2006 (zit. *Lazarus*, Seite)

ders. / *Folkman*, Susan: Stress, appraisal, and coping, 1. Auflage, 1984 (zit. *Lazarus/Folkman*, Seite) *ders.* / *Launier*, Raymond: Streßbezogene Transaktion zwischen Person und Umwelt, in: Nitsch, Stress - Theorien, Untersuchungen, Maßnahmen, 1. Auflage, 1981 (zit. *Lazarus/Launier*, Seite)

Lee, Raymond T. / *Ashforth*, Blake E.: A meta-analytic examination of the correlates oft the three dimensions of job burnout, in: Journal of Applied Psychology 1996, S. 123–133 (zit. *Lee & Ashforth*)

Litzcke, Sven M. / *Schuh*, Horst: Stress, Mobbing und Burn-out am Arbeitsplatz, 5. Auflage, 2010 (zit. *Litzcke/Schuh*, Seite)

Lundberg, Ulf / *Hellström*, Birgitta: Workload and morning salivary cortisol in women, in: Work and Stress 2002, Vol. 16, S. 356–363 (zit. *Lundber/Hellström*, Work and Stress 2002, Vol. 16, Seite)

Manz, Rolf, Burnout, in: Windemuth/Jung/Petermann, Praxishandbuch psychische Belastungen im Beruf, 1. Auflage, 2010 (zit. *Manz* in Windemuth/Jung/Petermann, Praxishandbuch psychische Belastungen im Beruf, Burnout, Seite)

Marutschke, Hans-Peter: Einführung in das japanische Recht, 2. Auflage, 2010 (zit. *Marutschke*, Seite)

ders.: Das japanische Arbeitsrechtssystem, in: Baum/Stiege, Japan – Kultur und Recht. Eine Einführung, 1. Auflage, 1993, S. 81–99 (zit. *Marutschke* in Baum/Stiege, Japan – Kultur und Recht. Eine Einführung, Arbeitsrechtssystem, Seite)

ders.: Arbeitsordnungen und Tarifverträge japanischer Unternehmen, 1. Auflage, 1999 (zit. *Marutschke*, Arbeitsordnungen und Tarifverträge japanischer Unternehmen, Seite)

Maslach, Christine / *Jackson*, Susan: The measurement of experienced burnout, in: Journal of Occupational Behaviour 1981, S. 99–113 (zit. *Maslach/Jackson*, Journal of Occupational Behaviour 1981, Seite)

dies. / *Jackson*, Susan / *Leiter*, Michael: Maslach Burnout Inventory Manual (3d. ed.), 3. Auflage, 1996 (zit. *Maslach/Jackson/Leiter*, Maslach Burnout Inventory Manual (3d. ed.), 1996, Seite)

dies. / *Leiter*, Michael: Die Warheit über Burnout, 1. Auflage, 2001 (zit. *Maslach/Leiter*, Seite)

Matsuoka, Saburo: Japan's Individual Labor management Relation and the Law, in: Meiji Law Journal 2004, Vol. 11, S. 97–123 (zit. *Matsuoka*, Meiji Law Journal 2004, Seite)

ders.: Japanese Compliance – Law and Labor Law, in: Meiji Law Journal 2005, Vol. 12, S. 43–65 (zit. *Matsuoka*, Meiji Law Journal 2005, Seite)

McAlinn, Gerald Paul: Employment and Labor, in McAlinn, Japanese Business Law, 1. Auflage, 2007, S. 403–452 (zit. *McAlinn* in McAlinn, Japanese Business Law, Employment and Labor, Seite)

McGrath, Joseph E.: Streß und Verhalten in Organisationen, in: Nitsch, Stress – Theorien, Untersuchungen, Maßnahmen, 1. Auflage, 1981 (zit. *McGrath*, Seite)

Mehrtens, Gerhard / *Brandenburg*, Stephan: Neue Berufskrankheiten auf gesetzlicher Basis oder nach sozialpolitischen Wertentscheidungen?, in: ASUMed 1999, S. 378–379 (zit. *Mehrtens/Brandenburg*, ASUMed 1999, Seite)

Meinhardt, Falk: Die Änderung von Arbeitsbedingungen in Deutschland und Japan – ein Vergleich, in: ZVerglRWiss 104 (2005), S. 257–283 (zit. *Meinhardt*, ZVerglRWiss 104 (2005), Seite)

Ministerium für Gesundheit, Arbeit und Wohlfahrt (Ministry of Health, Labor and Wellfare, MHLW), Abteilung für Arbeitsrichtlinien:

- Mitteilung Nr. 1063 v. 12.12.2001, abrufbar unter http://www.mhlw.go.jp/houdou/0112/h1212-1.html (Japanisch), zuletzt abgerufen am 5.6.2014
- Annual Health, Labour and Welfare Report 2007–2008, abrufbar unter http://www.mhlw.go.jp/english/wp/wp-hw2/part2/p2c3s2.pdf, zuletzt abgerufen am 5.6.2014
- Kôsei Rôdô Hakusho 2004 (Japanisch), abrufbar unter www.mhlw.go.jp/wp/hakusyo/kousei/04/dl/2-4.pdf, zuletzt abgerufen am 5.6.2014
- Kôsei Rôdô Hakusho 2007 (Japanisch), abrufbar unter www.mhlw.go.jp/wp/hakusyo/kousei/07/dl/0203.pdf, zuletzt abgerufen am 5.6.2014
- Bericht des Beratungsausschusses v. 29.11.2011, abrufbar unter www.mhlw.go.jp/stf/shingi/2r9852000001wfoo-att/2r9852000001wfrr.pdf, zuletzt abgerufen am 5.6.2014
- Pressebericht Mai 2005, abrufbar unter http://www.mhlw.go.jp/houdou/2006/05/h0531-1.html, zuletzt abgerufen am 5.6.2014
- Broschüre „Worker's Compensation Insurance Application Pamphlet for Foreign Workers", abrufbar unter http://www.mhlw.go.jp/new-info/kobetu/roudou/gyousei/rousai/dl/zentai/eigo2.pdf, zuletzt abgerufen am 5.6.2014

Middlemiss, Sam: Employers' Liability for Occupational Stress and Death from Overwork (Karoshi) of workers in Japan, in: Kierkegaard (Hrsg.), Business & Law: Theory and Practice, 1. Auflage, 2008, S. 179–190 (zit. *Middlemiss*, in Kierkegaard (Hrsg.), Business & Law: Theory and Practice, Employers' Liability for Occupational Stress and Death from Overwork (Karoshi) of workers in Japan, Seite)

Miyano, Shinsuke: The Labour Unions, in: National Defense Counsel for the victims of Karoshi, KAROSHI. WHEN THE „CORPORATE WARRIOR" DIES, 1. Auflage, 1990 (zit. *Miyano* in National Defense Counsel for the victims of Karoshi, KAROSHI. WHEN THE „CORPORATE WARRIOR" DIES, The Labour Unions, Seite)

Mizushima, Ikuko: Workplace Harassment, Mental Health and the Law, in: Japan Labor Review, Vol. 10, Nr. 3, Sommer 2013, S. 40–55, abrufbar unter http://www.jil.go.jp/english/JLR/documents/2013/JLR39_all.pdf, zuletzt abgerufen am 5.6.2014 (zit. *Mizushima*, Japan Labor Review, Vol. 10, Nr. 3, Sommer 2013, Seite, abrufbar unter http://www.jil.go.jp/english/JLR/documents/2013/JLR39_all.pdf)

Mörcke, Andreas: „Ich bin vollkommen ausgebrannt" - Die „Volkskrankheit" Burnout aus arbeitsrechtlicher Sicht, in: BC 2012, S. 122–126 (zit. *Mörcke*, BC 2012, Seite)

Morioka, Koji: The Life Style of Japanese Workers, in: National Defense Counsel for the victims of Karoshi, KAROSHI. WHEN THE „CORPORATE WARRIOR" DIES, 1. Auflage, 1990 (zit. *Morioka* in National Defense Counsel for the victims of Karoshi, KAROSHI. WHEN THE „CORPORATE WARRIOR" DIES, The Life Style of Japanese Workers, Seite)

Morioka, Rika: Anti-karoshi activism in a corporate-centered society: medical, legal, and housewife activist collaborations in constructing death from overwork in Japan, Dissertation 2008 (zit. *Morioka*, Seite)

Münchener AnwaltsHandbücher

- Sozialrecht, 4. Auflage, 2013 (zit. *Bearbeiter* in Münchener AnwaltsHandbuch Sozialrecht) Münchener Handbuch zum Arbeitsrecht
- Band 1, 3. Auflage, 2009
- Band 2, 3. Auflage, 2009 (zit. MüArbR/*Bearbeiter*)

Müsch, Franz H.: Berufskrankheiten. Ein medizinisch-juristisches Nachschlagewerk, 1. Auflage, 2006 (zit. *Müsch*, Berufskrankheiten, Seite)

Nakata, Kunihiro: Verletzung der Fürsorgepflicht des Arbeitgebers bei Selbstmord eines Angestellten wegen Überarbeitung *(karôshi)*, in: ZJapanR Nr. 2 (1996), S. 142–145 (zit. *Nakata*, ZJapanR Nr. 2 (1996), Seite)

Neumann, Dirk / *Biebl*, Josef: Arbeitszeitgesetz. Kommentar, 15. Auflage, 2008 (zit. *Neumann/Biebl*, ArbZG, 15. Aufl. 2008, Paragraph Randnummer)

Nishimura, Kenichiro: Über das japanische Arbeitsunfallversicherungsrecht, in: FS Theodor Tomandl, 1998, S. 559–573 (zit. *Nishimura*, FS Tomandl, Seite)

ders.: Der Versicherungsumfang in der japanischen Unfallversicherung unter besonderer Berücksichtigung der Wegeunfälle, der schwerdefinierbaren Berufskrankheiten und der Asbestentschädigungsproblematik, in: Becker/Walser, Perspektiven der Unfallversicherung in Japan und Deutschland, 1. Auflage, 2008, S. 17–43 (zit. *Nishimura* in Becker/Walser, Perspektiven der Unfallversicherung in Japan und Deutschland, Wegeunfälle, Berufskrankheiten und Asbestentschädigung in der japanischen Unfallversicherung, Seite)

Nishitani, Satoshi: Vergleichende Einführung in das japanische Arbeitsrecht, 1. Auflage, 2003 (zit. *Nishitani*, Seite)

ders.: Das japanische Arbeitsrecht unter dem Einfluß der veränderten Arbeitsbeziehungen, in: Wahsner, Japans Arbeitsbeziehungen und Arbeitsrecht in Geschichte und Gegenwart, 1. Auflage, 1996, S. 73–82 (zit. *Nishitani* in Wahsner, Japans Arbeitsbeziehungen und Arbeitsrecht in Geschichte und Gegenwart, Das japanische Arbeitsrecht unter dem Einfluß der veränderten Arbeitsbeziehungen, Seite)

ders. / Marutschke, Hans-Peter: Arbeitsrecht, Sozialversicherung, Geschäftstätigkeit von Ausländern in Japan, in: Baum/Bälz, Handbuch Japanisches Handels- und Wirtschaftsrecht, 1. Auflage, 2011, S. 403–460 (zit. *Nishitani/Marutschke* in Baum/Bälz, Handbuch Japanisches Handels- und Wirtschaftsrecht, § 9 Arbeitsrecht, Seite Randnummer)

Nishiyama, Katsuo / *Johnson*, Jeffrey V.: Karoshi – Death from overwork: Occupational health consequences of the Japanese production management, in: International Journal of Health Services 1997, Vol. 27 (4), S. 625–641, abrufbar unter http://www.workhealth.org/whatsnew/lpkarosh.html, zuletzt abgerufen am 5.6.2014 (zit. *Nishiyama/Johnson*, International Journal of Health Services 1997, Vol. 27 (4), Seite, abrufbar unter http://www.workhealth.org/whatsnew/lpkarosh.html)

Nottage, Luke: Deliktsrecht und Produkthaftung, in: Baum/Bälz, Handbuch Japanisches Handels- und Wirtschaftsrecht, 1. Auflage, 2011, S. 533–566 (zit. *Nottage* in Baum/Bälz, Handbuch Japanisches Handels- und Wirtschaftsrecht, § 12 Deliktsrecht, Seite Randnummer)

N.N., Anhörung: Stress am Arbeitsplatz als ernster Problem, FD-ArbR 2013, 345965 (zit. FD-ArbR 2013, 345965)

N.N., Mehrere Länder starten Bundesratsinitiative für mehr Schutz vor psychischen Arbeitsbelastungen, *beck-aktuell* v. 17.4.2013, becklink 1026012 (zit. *beck-aktuell* v. 17.4.2013, becklink 1026012)

Obata, Fumiko: Karojisatsu – Selbstmord wegen Überarbeitung, in: AuR 2001, S. 129–132 (zit. *Obata*, AuR 2001, Seite)

dies.: Karojisatsu – Suicide as a Result of Overwork, in: Japan Labor Bulletin, Vol. 39, Nr. 11, November 2000, abrufbar unter http://www.jil.go.jp/jil/bulletin/year/2000/vol39-11/04.htm, zuletzt abgerufen am 5.6.2014 (zit. *Obata*, Japan Labor Bulletin, Vol. 39, Nr. 11, November 2000, abrufbar unter http://www.jil.go.jp/jil/bulletin/year/2000/vol39-11/04.htm)

Oda, Hiroshi: Japanese Law, 2. Auflage, 2002 (zit. *Oda*, Seite)

Ogura, Kazuya: Introduction, in: Japan Labor Review, Vol. 3, No. 3, Sommer 2006, S. 2–4 (zit. *Ogura*, Japan Labor Review, Vol. 3, No. 3, Sommer 2006, Seite) *ders.*: Contemporary Working Time in Japan – Legal System and Reality, in: Japan Labor Review, Vol. 3, No. 3, Sommer 2006, S. 5–22 (zit. *Ogura*, Japan Labor Review, Vol. 3, No. 3, Sommer 2006, Seite)

Okudaira, Masahiko: *Karoshi* (Death from Overwork) from a Medical Point of View, in: Japan Medical Association Journal 2004, Vol. 47, Nr. 5, S. 205–210 (zit. *Okudaira*, Japan Medical Association Journal 2004, Vol. 47, Nr. 5, Seite)

Onishi, Hiroki: "Stresst at work" in English law: A Japanese perspective, in: Professional Negligence 2010, Vol. 26 (3), S. 140–148 (zit. *Onishi*, Professional Negligence 2010, 26 (3), Seite)

Otsuka, Yasumasa / *Horita*, Yuji: Statistics on Suicides of Japanese workers, in: Japan Labor Review, Vol. 10, Nr. 4, Herbst 2013, S. 44–54, abrufbar unter http://www.jil.go.jp/english/JLR/documents/2013/JLR40_all.pdf, zuletzt abgerufen am 5.6.2014 (zit. *Otsuka/Horita*, Japan Labor Review, Vol. 10, Nr. 4, Herbst 2013, Seite, abrufbar unter http://www.jil.go.jp/english/JLR/documents/2013/JLR40_all.pdf)

Palandt, Otto (Begr.): Beck'sche Kurz-Kommentare Band 7: Bürgerliches Gesetzbuch, 72. Auflage, 2013 (zit. Palandt/*Bearbeiter*)

Park, Jungsun / *Kim*, Yangho / *Cheng*, Yawen / *Horie*, Seichi: A Comparison of the Recognition of Overwork-related Cardiovascular Disease in Japan, Korea, and Taiwan, in: Industrial Health 2012, Vol. 50, S. 17–23 (zit. *Park/Kim/Cheng/Horie*, Industrial Health 2012, Vol. 50, Seite)

Pines, Ayala: Keeping the Spark Alive: Preventing Burnout in Love and Marriage, 1. Auflage, 1988 (zit. *Pines*, Keeping the Spark Alive: Preventing Burnout in Love and Marriage, 1988)

dies.: Burnout: an existential perspective, in: Schaufeli/Maslach/Marek, Professional burnout: recent developments in theory and research, 1. Auflage, 1993 (zit. *Pines*, Seite)

Podehl, Jörg: Haftung des Arbeitgebers wegen Stress am Arbeitsplatz?, in: DB 2007, S. 2090–2093 (zit. *Podehl*, DB 2007, Seite)

Poppelreuter, Stefan / *Mierke*, Katja: Psychische Belastungen am Arbeitsplatz. Ursachen – Auswirkungen – Handlungsmöglichkeiten, 3. Auflage, 2008 (zit. *Poppelreuter/Mierke*, Seite)

Possnigg, Günther: Burnout und Karôshi – sind sie vergleichbar?, abrufbar unter http://www.burn-out.at/pages/einleitung.htm, zuletzt abgerufen am 5.6.2014

Rahn, Guntram: Rechtsdenken und Rechtsauffassung in Japan, Dissertation 1990 (zit. *Rahn*, Seite)

Richter, Peter / *Hacker*, Winfried: Belastung und Beanspruchung – Streß, Ermüdung und Burnout im Arbeitsleben, 1. Auflage, 1998 (zit. *Richter/Hacker*, Seite)

Ricke, Wolfgang: Anmerkung zu *BSG* v. 23.3.1999 – B 2 U 12/98 R, in: SGb 1999, S. 582–584 (zit. *Ricke*, SGb 1999, Seite)

ders.: Haftungsbegründende und haftungsausfüllende Kausalität in der gesetzlichen Unfallversicherung – Aus dem Leben eines Taugenichts!, in: BG 1996, S. 770–772 (zit. *Ricke*, BG 1996, Seite)

Rook, Marion: Theorie und Empirie in der Burnout-Forschung. Eine wissenschaftstheoretische und inhaltliche Standortbestimmung, 1. Auflage, 1998 (zit. *Rook*, Seite)

Rösing, Ina: Ist die Burnout-Forschung ausgebrannt? 3. Auflage, 2011 (zit. *Rösing*, Seite)

Rübartsch, Melanie: Motivationslos und ausgebrannt am Arbeitsplatz – Wie das Arbeitsrecht Burn-out-Kandidaten schützt, in: FOCUS MONEY online vom 15.07.2013, http://www.focus.de/finanzen/karriere/arbeitsrecht/tid-32332/motivationslos-und-ausgebrannt-am-arbeitsplatz-wie-das-arbeitsrecht-burn-out-kandidaten-schuetzt_aid_1042106.html, zuletzt abgerufen am 5.6.2014 (zit. *Rübartsch*, Motivationslos und ausgebrannt am Arbeitsplatz – Wie das Arbeitsrecht Burn-out-Kandidaten schützt, in: FOCUS MONEY online vom 15.07.2013, http://www.focus.de/finanzen/karriere/arbeitsrecht/tid-32332/motivationslos-und-ausgebrannt-am-arbeitsplatz-wie-das-arbeitsrecht-burn-out-kandidaten-schuetzt_aid_1042106.html)

Sasse, Stefan: Burn-out als arbeitsrechtliches Problem, in: BB S. 2013, 1717–1720 (zit. *Sasse*, BB 2013, Seite)

Schaub, Günter / *Koch,* Ulrich / *Linck,* Rüdiger *et al.* (Hrsg.): Arbeitsrechts-Handbuch

– 14. Auflage, 2011 (zit. Schaub/*Bearbeiter*)

Schaufeli, Wilmar B. / *Enzmann*, Dirk: The burnout companion to study & practice, 1. Auflage, 1998 (zit. *Schaufeli & Enzmann*, Seite)

Schlachter, Monika: Individualisierung der Arbeitsbeziehungen in Japan, in: ZVglRWiss 102 (2003), S. 116–138 (zit. *Schlachter*, ZVglRWiss 102 (2003), Seite)

dies.: Vertrauensarbeitszeit in Deutschland und Japan: kollektive Gestaltungsmöglichkeiten auf betrieblicher Ebene, in: Oetker/Preis/Rieble (Hrsg.), 50 Jahre Bundesarbeitsgericht, 2004, S. 1253–1272 (zit. *Schlachter*, in 50 Jahre Bundesarbeitsgericht, Vertrauensarbeitszeit in Deutschland und Japan, Seite)

dies. / Meinhard, Falk: Das flexible Arbeitsverhältnis – ein Blick nach Japan, in: RIW 2003, S. 764–773 (zit. *Schlachter/Meinhardt*, RIW 2003, Seite)

Schlaugat, Kerstin: Mobbing am Arbeitsplatz. Eine theoretische und empirische Analyse, 1. Auflage, 1999 (zit. *Schlaugat*, Seite)

Schliemann, Harald: Kommentar zum Arbeitszeitgesetz mit Nebengesetzen, 2. Auflage, 2013 (zit. *Schliemann*, ArbZG, 2. Aufl. 2013, Paragraph Randnummer)

Schmitt, Jochem (Hrsg.): Kommentar SGB VII – Gesetzliche Unfallversicherung, 4. Auflage, 2009 (zit. Schmitt/*Bearbeiter*)

Schneglberger, Judith: Burnout-Prävention unter psychodynamischem Aspekt. Eine Untersuchung von Möglichkeiten der nachhaltigen betrieblichen Gesundheitsförderung, 1. Auflage, 2010 (zit. *Schneglberger*, Seite)

Schönberger Alfred / *Mehrtens*, Gerhard / *Valentin*, Helmut (Hrsg.): Arbeitsunfall und Berufskrankheit, Rechtliche und medizinische Grundlagen für Gutachter, Sozialverwaltung, Berater und Gerichte, 8., völlig neub. Auflage, 2010 (zit. *Schönberger/Mehrtens/Valentin*, Kapitel, Seite)

Schrader, Arno: Mobbing und Burnout. Konsequenzen für die Betriebsratsarbeit!, in: AiB 2013, S 44–48 (zit. *Schrader*, AiB 2013, Seite)

Schulz, Peter: Stress- und Copingtheorien, in: Enzyklopädie der Psychologie: Gesundheitspsychologie Band 1: Gesundheitspsychologie, 1. Auflage, 2005 (zit. *Schulz* in Enzyklopädie der Psychologie: Gesundheitspsychologie Band 1, Stress- und Copingtheorien, Seite)

Schuster, Nadine / *Haun*, Sascha / *Hiller*, Wolfgang: Psychische Belastungen im Arbeitsalltag. Trainingsmanual zur Stärkung persönlicher Ressourcen, 1. Auflage, 2011 (zit. *Schuster/Haun/Hiller*, Seite)

Schwede, Joachim: Praxisleitfaden Gesetzliche Unfallversicherung (SGB VII), 2. Auflage, 2013 (zit. *Schwede*, Seite)

Seidler, Andreas / *Neinhaus*, Albert: Gibt es bei häufigen Krankheiten ein Verdopplungsrisiko? Arbeitsepidemiologische Anmerkungen zur Frage der Gruppentypik der Berufskrankheit Nr. 2108 BK, in: ZBl Arbeitsmed 1999, S. 74–79 (zit. *Seidler/Nienhaus*, ZBl Arbeitsmed, Seite)

ders. / *Hornung*, Jürgen / *Elsner*, Gine / *Pfahlberg*, Annette / *Gefeller*, Olaf: Anerkennung von Berufskrankheiten – Anwendung der Risikoverdopplung und alternativer Kausalität, in: ZBl Arbeitsmed 2001, S. 286–295 (zit. *Seidler* et. al., ZBl Arbeitsmed 2001, Seite)

Semmer, Norbert K. / *Udris*, Ivars: Bedeutung und Wirkung von Arbeit, in: Schuler, Lehrbuch Organisationspsychologie, 4. Auflage, 2007 (zit. *Semmer/Udris* in Lehrbuch Organisationspsychologie, Bedeutung und Wirkung von Arbeit, Seite)

Siemens Stephan / *Trittin*, Wolfgang: Burnout. Wie können Betriebsräte jetzt direkt im Betrieb helfen?, in: AiB 2012, S. 459–462 (zit. *Siemens/Trittin*, AiB 2012, Seite)

Sparks, Kate / *Cooper*, Cary L. / *Fried*, Yitzhak / *Shirom*, Arie: The effects of hours of work on health: A meta-analytic review, in: Journal of Occupational and Organizational Psychology 1997, Vol. 70, S. 391–408 (zit. *Sparks/Cooper/Fried/Shirom*, Journal of Occupational and Organizational Psychology 1997, Vol. 70, Seite)

Spellbrink, Wolfgang: Burn-out als Berufskrankheit?, in: WzS 2012, S. 259–266 (zit. *Spellbrink*, WzS 2012, Seite)

ders.: Psychische Erkrankungen im Recht der Gesetzlichen Unfallversicherung, in: SGb 2013, S. 154–162 (zit. *Spellbrink*, SGb 2013, Seite)

Starke, Dagmar: Kognitive, emotionale und soziale Aspekte menschlicher Problembewältigung. Ein Beitrag zur aktuellen Stressforschung, 1. Auflage, 2000 (zit. *Starke*, Seite)

Stoldt, Till-R.: Gibt es bald ein Gesetz gegen Stress?, in: DIE WELT v. 13.1.2013, abrufbar unter http://www.welt.de/112697913, zuletzt abgerufen am 5.6.2014 (zit. *Stoldt*, Gibt es bald ein Gesetz gegen Stress?, in: DIE WELT v. 13.1.2013, abrufbar unter http://www.welt.de/112697913)

Sugeno, Kazuo: Japanese Labor Law, 1. Auflage, 1992 (zit. *Sugeno*, Seite)

Suwa, Yasuo: Relation of Collective Agreement to Rules of Employment, in: Japan Labor Bulletin, Vol. 32, No. 3, März 1993, abrufbar unter http://www.jil.go.jp/jil/bulletin/year/1993/vol32-03.htm, zuletzt abgerufen am 5.6.2014 (zit. *Suwa*, Japan Labor Bulletin, Vol. 32, No. 3, März 1993, abrufbar unter http://www.jil.go.jp/jil/bulletin/year/1993/vol32-03.htm)

Takahashi, Yoko: Unpaid Overtime for White-collar workers, in: Japan Labor Review, Vol. 3, No. 3, Sommer 2006, S. 41–54 (zit. *Takahashi*, Japan Labor Review, Vol. 3, No. 3, Sommer 2006, Seite)

Takahashi, Kenji: Dasjapanische Arbeitsvertragsgesetz, in: ZIAS 2012, S. 174–184 (zit. *Takahashi*, ZIAS 2012, Seite)

The Japan Institute of Labour (JIL), eine Institution des Ministeriums für Gesundheit, Arbeit und Wohlfahrt:

- Japan Labor Bulletin, Vol. 38, No. 11, November 1999, abrufbar unter http://www.jil.go.jp/english/archives/bulletin/documents/199911.pdf, zuletzt abgerufen am 5.6.2014
- Japan Labor Bulletin, Vol. 41, No. 2, Februar 2002, abrufbar unter http://www.jil.go.jp/jil/bulletin/year/2002/vol41-02.htm, zuletzt abgerufen am 5.6.2014
- Japan Labor Bulletin, Vol. 42, No. 2, Februar 2003, abrufbar unter http://www.jil.go.jp/jil/bulletin/year/2003/vol42-02.pdf, zuletzt abgerufen am 5.6.2014
- Labor Situation in Japan and Its Analysis: General Overview 2011/2012, abrufbar unter http://www.jil.go.jp/english/laborsituation/general/2011-2012.html, zuletzt abgerufen am 5.6.2014
- The JIL Labor Flash, Vol. 9, vom 03.12.2001, abrufbar unter http://www.jil.go.jp/emm/bi/emm9.htm, zuletzt abgerufen am 5.6.2014

Tieste, Oliver: Karôshi, ein japanisches Phänomen? Ursachen und rechtliche Gründe für den Tod am Arbeitsplatz, 1. Auflage, 2000 (zit. *Tieste*, Karôshi, ein japanisches Phänomen?, Seite).

ders.: Der Tod durch Überarbeitung. Arbeits- und Sozialversicherungsrechtliche Hintergründe, Dissertation 2002 (zit. *Tieste*, Der Tod durch Überarbeitung, Seite)

ders.: Haftungsfall Stresserkrankung. Grenzen und Umfang der Haftung des Arbeitgebers für stressinduzierte Erkrankungen von Beschäftigten, Habilitationsschrift 2004 (zit. *Tieste*, Haftungsfall Stresserkrankung, Seite)

Tônai, Kazuhiro: Der Entschädigungsanspruch in Japan bei der Todesursache Überarbeitung („Karoshi"), in: Okayama Law Journal 1997, Vol. 47, S. 90–96 (zit. *Tônai*, Okayama Law Journal 1997, Vol. 47, Seite)

ders.: Arbeitsbeziehungen und Gewerkschaften in Japan, in: Wahsner, Japans Arbeitsbeziehungen und Arbeitsrecht in Geschichte und Gegenwart, 1. Auflage, 1996, S. 17–37 (zit. *Tônai* in Wahsner, Japans Arbeitsbeziehungen und Arbeitsrecht in Geschichte und Gegenwart, Arbeitsbeziehungen und Gewerkschaften in Japan, Seite)

von Trotha, Jan: Stress am Arbeitsplatz – Haftung des Arbeitgebers auf Schadensersatz für hieraus resultierende Gesundheitsschäden?, 1. Auflage, 2009 (zit. *von Trotha*, Seite)

Tung, Chen-Yin / *Chen*, Mei-Yen / *Ting*, Shu-Ping: Cognition and Correlations of Karoshi among Different Categories of Civil Servants in Taiwan, in: Journal of Occupational Safety and Health 2010, Vol. 18; S. 416–429 (zit. *Tung/Chen/Ting*, Journal of Occupational Safety and Health 2010, Vol. 18; Seite)

Uehata, Tetsunojo: A Medical Study of Karoshi, in: National Defense Counsel for the victims of Karoshi, KAROSHI. WHEN THE „CORPORATE WARRIOR" DIES, 1. Auflage, 1990 (zit. *Uehata* in National Defense Counsel for the victims of Karoshi, KAROSHI. WHEN THE „CORPORATE WARRIOR" DIES, A Medical Study of Karoshi, Seite)

Ueyanagi, Toshiro: Laws Concerning Karoshi, in: National Defense Counsel for the victims of Karoshi, KAROSHI. WHEN THE „CORPORATE WARRIOR" DIES, 1. Auflage, 1990 (zit. *Ueyanagi* in National Defense Counsel for the victims of Karoshi, KAROSHI. WHEN THE „CORPORATE WARRIOR" DIES, Laws Concerning Karoshi, Seite)

Uhl, Antje-Kathrin / *Polloczek*, Tobias: Ermittlung von psychischen Belastungen am Arbeitsplatz als „Regelung über Gesundheitsschutz" im Sinne von § 87 Abs. 1 Nr. 7 BetrVG, in: BB 2007, S. 2401–2405 (zit. *Uhl/Polloczek*, BB 2007, Seite)

Ulich, Eberhart: Arbeitspsychologie, 7. Auflage, 2011 (zit. *Ulich*, Seite)

Voss, Günther: Krank durch Arbeit – Mehrheit der Deutschen klagt über Stress im Job, in: SPIEGEL ONLINE vom 27.03.2012, http://www.spiegel.de/karriere/berufsleben/stress-im-job-und-die-belastung-durch-ueberstunden-nehmen-zu-a-824067.html, zuletzt abgerufen am 5.6.2014 (zit. *Voss*, Krank durch Arbeit – Mehrheit der Deutschen klagt über Stress im Job, in: SPIEGEL ONLINE vom 27.03.2012, http://www.spiegel.de/karriere/berufsleben/stress-im-job-und-die-belastung-durch-ueberstunden-nehmen-zu-a-824067.html)

Wada, Hajime: The Challenges concerning Current Issues in the Duty of Care for Occupational (Health and) Safety, in: Japanese Journal of Labour Studies, Nr. 601, August 2010, S. 37–45 (zit. *Wada*, Japanese Journal of Labour Studies, Nr. 601, August 2010, Seite); abrufbar unter http://www.jil.go.jp/institute/zassi/backnumber/2010/08/pdf/037-045.pdf (Japanisch), zuletzt abgerufen am 5.6.2014

ders.: Die Regelung der Arbeitsbedingungen in japanischen Betrieben, in: AuR 2002, S. 369–374 (zit. *Wada*, AuR 2002, Seite)

Wahsner, Roderich: Der Tarifvertrag in Japan und Deutschland, in: Wahsner, Japans Arbeitsbeziehungen und Arbeitsrecht in Geschichte und Gegenwart, 1. Auflage, 1996, S. 121–147 (zit. Wahsner, Japans Arbeitsbeziehungen und Arbeitsrecht in Geschichte und Gegenwart, Der Tarifvertrag in Japan und Deutschland, Seite)

Wallerath, Maximilian / *Rühr*, Christian: Besonderheiten und Grenzen kausaler Zusammenhänge im Recht der gesetzlichen Unfallversicherung, in: NZS 2007, S. 63–69 (zit. *Wallerath/Rühr*, NZS 2007, Seite)

Wannagat, Georg (Begr.): Sozialgesetzbuch, Kommentar zum Recht des Sozialgesetzbuchs, 17. Lieferung, Stand 2009 (zit. Wannagat/*Bearbeiter*)

Waseda Bulletin of Comparative Law Vol. 21, S. 131–135 (zit. Waseda Bulletin of Comparative Law Vol. 21, Seite)

Weber, Andreas: Das Burnout-Syndrom, in: Weber/Hörmann, Psychosoziale Gesundheit im Beruf, 1. Auflage, 2007 (zit. *Weber* in Weber/Hörmann, Psychosoziale Gesundheit im Beruf, Das Burnout-Syndrom, Seite)

ders. / Kraus, Thomas: Das Burnout-Syndrom – Eine Berufskrankheit des 21. Jahrhunderts?, in: ASUMed 2000, S. 180–188 (zit. *Weber/Kraus*, ASUMed 2000, Seite)

Weber, Hannelore: Das Stresskonzept in Wissenschaft und Laientheorie, 1. Auflage, 1987 (zit. *Weber*, Seite)

Wenchel, Karl: Psychische Belastungen am Arbeitsplatz. Ursachen – Auswirkungen – Handlungsmöglichkeiten, 1. Auflage, 2001 (zit. *Wenchel*, Seite)

Wiebauer, Bernd: Rechtssicherheit im Arbeitsschutz – Die neuesten Änderungen im Arbeitsschutzgesetz, in: ArbRAktuell 2013, 491 (zit. *Wiebauer*, ArbRAktuell 2013, 491)

Wilde, Klaus / *Schulte*, Karl: Volkskrankheiten als Berufskrankheiten? Grundsätzliche Bemerkungen zur sogenannten „Berufskrankheitenreife", in: SGb 2004, S. 599–608 (zit. *Wilde/Schulte*, SGb 2004, Seite)

Wimmer, Elisabeth: Multidimensionaler Perfektionismus und Burnout im Rahmen des Kognitiv-transaktionalen Stressmodells: Strukturgleichungsmodelle, Diplomarbeit 2011 (zit. *Wimmer*, Seite)

Windemuth, Dirk: Stress, in: Windemuth/Jung/Petermann, Praxishandbuch psychische Belastungen im Beruf, 1. Auflage, 2010 (zit. *Windemuth* in Windemuth/Jung/Petermann, Praxishandbuch psychische Belastungen im Beruf, Stress, Seite)

Woitowitz, Hans-Joachim: Arbeitsunfälle und Berufskrankheiten: Schwerpunktverlagerung zur Berufskrankheiten-Prävention begründbar, in: BG 1997, S. 665–669 (zit. *Woitowitz*, BG 1997, Seite)

ders.: Anerkennung von Berufskrankheiten aus der Sicht der Arbeitsmedizin, in: Zbl Arbeitsmed 2001, S. 62–268 (zit. *Woitowitz*, Zbl Arbeitsmed, Seite)

Wüstner, Kerstin: Karoshi-Syndrom, in: Vahlens Großes Personallexikon, 1. Auflage, 2009 (zit. *Wüstner* in Vahlens Großes Personallexikon, Karoshi-Syndrom, Seite)

Yamakawa, Ryuichi: The Enactment of the Labor Contract Act: Its Significance and Future Issues, in: Japan Labor Review, Vol. 6, No. 2, Frühling 2009, S. 4–21 (zit. *Yamakawa*, Japan Labor Review, Vol. 6, No. 2, Frühling 2009, Seite)

Yamamoto, Keizo: Vertragsrecht, in: Baum/Bälz, Handbuch Japanisches Handels- und Wirtschaftsrecht, 1. Auflage, 2011, S. 461–520 (zit. *Yamamoto* in Baum/Bälz, Handbuch Japanisches Handels- und Wirtschaftsrecht, § 10 Vertragsrecht, Seite Randnummer)

Yuki, Tomoshi / *Koizumi*, Akio: Subarachnoid Haemorrhage among employees: problems in Japanese social security law, in: Journal of Social Security Law 2011, Vol. 18, Ausgabe 2, S. 87–101 (zit. *Yuki/Koizumi*, Journal of Social Security Law 2011, Vol. 18, Ausgabe 2, Seite)

Zapf, Dieter / *Dormann*, Christian: Gesundheit und Arbeitsschutz, in: Schuler, Lehrbuch der Personalpsychologie, 2. Auflage, 2006 (zit. *Zapf/Dormann* in Schuler, Lehrbuch der Personalpsychologie, 23 Gesundheit und Arbeitsschutz, Seite)

ders. / *Semmer*, Norbert K.: Stress und Gesundheit in Organisationen, in: Enzyklopädie der Psychologie: Wirtschafts-, Organisations- und Arbeitspsychologie, Band 3: Organisationspsychologie – Grundlagen und Personalpsychologie, 1. Auflage, 2004 (zit. *Zapf/Semmer* in Enzyklopädie der Psychologie: Wirtschafts-, Organisations- und Arbeitspsychologie Band 3, Stress und Gesundheit in Organisationen, Seite)

Zapf, Ines: Flexibilität am Arbeitsmarkt durch Überstunden und Arbeitszeitkonten, IAB-Forschungsbericht 3/2012 (zit. *Zapf*, Flexibilität am Arbeitsmarkt durch Überstunden und Arbeitszeitkonten, IAB-Forschungsbericht 3/2012, Seite)

Zimmermann, Helmut: Arbeits- und strafrechtliche Folgen der Arbeitsleistung sog. High Potentials über die Grenzen der gesetzlichen Höchstarbeitszeit hinaus, in: AuR 2012, S. 7–10 (zit. *Zimmermann*, AuR 2012, Seite)

Zinke Eva / *Höfle*, Margit: Burnout, in: AiB 2001, S. 412–417 (zit. *Zinke/Höfle*, AiB 2001, Seite)

A. Einleitung

I. Vorwort

«Wirklich, er war unentbehrlich! Überall, wo was geschah.
zu dem Wohle der Gemeinden, er war tätig, er war da.
Schützenfest, Kasinobälle, Pferderennen, Preisgericht,
Liedertafel, Spitzenprobe, ohne ihn da ging es nicht.
Ohne ihn war nichts zu machen, keine Stunde hatt' er frei.
Gestern, als sie ihn begruben, war er richtig auch dabei.»
(Wilhelm Busch)

Auf die Frage „Wie geht's?" ist wohl mittlerweile eine der häufigsten Antworten „Bin im Stress!" Stress ist allgegenwärtig, fast jeder sieht sich täglich zahllosen Situationen ausgesetzt, die man als „stressig" empfindet. Dabei ist Stress eigentlich etwas völlig normales. Die Menschheit hätte bis heute wahrscheinlich gar nicht überlebt, gäbe es nicht die Stressreaktion und deren Ausprägungen. Wenn wir z.B. während der Autofahrt blitzschnell abbremsen, um den Fahrradfahrer nicht anzufahren der unsere Fahrbahn kreuzt, oder wir nach dem Baby schnappen, welches Bruchteile später vom Wickeltisch gefallen wäre. Dies sind alles Automatismen auf potentielle Gefahrensituationen.

Über Jahrtausende hat sich die Spezies Mensch von ihrer urzeitlichen Form zum Jäger und Sammler entwickelt und sieht sich heute als Mitglied einer modernen Informations- und Dienstleistungsgesellschaft. Dabei haben im Laufe der Zeit unzählige Errungenschaften und Erfindungen unser Leben beeinflusst und zumeist erleichtert. Auch unser Wertesystem hat sich über die Jahrhunderte hinweg verändert und ist immer noch einem stetigen Wandel unterworfen. Der menschliche Körper aber reagiert und funktioniert noch genauso wie zu Urzeiten. In bedrohlichen oder fordernden Situationen bereitet er sich automatisch auf Angriff oder Flucht vor. Angesichts von Gefahr kommt unser Körper in wenigen Momenten auf Hochtouren. Unsere Atmung wird schneller, der Puls beschleunigt sich und der Blutdruck steigt. Die Muskeln spannen sich an und werden optimal mit Sauerstoff versorgt, während unser Gehirn als Schaltzentrale in extremer Alarmbereitschaft ist und sich in der Folge die Aufmerksamkeit erhöht. So werden kurzfristig alle verfügbaren Kraftreserven mobilisiert und der Körper erhält die nötige Portion Energie, die zur Flucht oder zum Angriff erforderlich ist.

Was allerdings unseren Vorfahren das Überleben sicherte, ist heutzutage oft selbst zur Herausforderung und Gefahr geworden. Wir sehen uns vermehrt

Situationen ausgesetzt, welche Gefühle von Bedrohung, Angst und Überforderung hervorrufen. Beschleunigter technischer Fortschritt, zunehmende Globalisierung und Informationsübermaß führen zu einer allgemeinen Hektik und andauernden bzw. anhaltenden Reizüberflutung. Im Laufe der Zeit hat sich aber nicht nur das Arbeitsumfeld verändert, sondern auch die Arbeitsbelastungen. Während über Jahrtausende hinweg körperliche Belastungen den Hauptteil ausmachten, sind diese in den letzten Jahrhunderten durch den technischen Wandel und Fortschritt minimiert worden. Belastungsfaktoren physikalischen oder chemischen Ursprungs sind mittlerweile durch die Arbeitsmedizin beherrschbar geworden.

Gleichzeitig aber haben psychische und psychosoziale Belastungen im Rahmen von Flexibilisierung und Intensivierung der Arbeit, Zeitdruck und Rationalisierungsmaßnahmen deutlich an Zuwachs gewonnen. Dabei hat sich die Quantität der Arbeitsbelastung nicht sonderlich verändert, lediglich die Qualität. Das Belastungsspektrum hat sich von ehemals überwiegend physischen, hin zu psychosozialen Belastungen verschoben. Dies verdeutlicht z.B. ein Blick auf die Zahl der Erwerbsminderungsrenten: mit ca. 40 % aller Frühverrentungen stellen psychische Erkrankungen mittlerweile den Hauptgrund bzw. die häufigste Ursache für den vorzeitigen Bezug von Rente dar, 2001 waren es demgegenüber lediglich knapp 24 %.[1]

Dieses Übermaß an psychischen Belastungen führt zu neuen Problemen. Rufen wir uns nochmal die oben beschriebene Reaktion des menschlichen Körpers bei Gefahrensituationen ins Bewusstsein. Ist die Bedrohung durch erfolgten Angriff oder Flucht abgewehrt, so wird der Impuls geweckt sich hinzusetzen, vielleicht zu verschnaufen, jedenfalls sich auszuruhen. Körper und Geist benötigen nun eine Phase der Erholung und Entspannung, in der sich der Blutdruck senkt, sich die Atmung verlangsamt und sich der Herzschlag wieder normalisiert. Diese Phase ist aber zunehmend gestört. Unsere Vorfahren konnten noch die bereitgestellte Energie zur Flucht oder zum Angriff nutzen, unsereins bleibt das heutzutage meist verwehrt. Nach unserem Wertesystem, den moralischen Vorstellungen und Konventionen unserer Gesellschaft kann man nicht einfach seinen Vorgesetzten oder Kollegen angreifen, weil dieser einen systematisch schikaniert oder sich die Akten auf dem Schreibtisch stapeln und die Arbeitszeiten immer länger

1 Deutsche Rentenversicherung Bund, Studie Oktober 2011; vgl. hierzu BT-Drs. 17/13088, S. 1; *beck-aktuell* v. 17.4.2013, becklink 1026012; *Stoldt*, Gibt es bald ein Gesetz gegen Stress?, in: DIE WELT v. 13.1.2013, abrufbar unter http://www.welt.de/112697913 (zuletzt abgerufen am 5.6.2014); *Astheimer/Budras*, Keine Mails nach Feierabend, in: FAZ v. 7./8.12.2013, S. C 2.

werden. Auch kann man nicht aus einer Sitzung fliehen, in der man gerade wieder bloßgestellt wurde oder die leidigen Akten einfach in den Mülleimer werfen und beruhigt nach Hause gehen. Tut man dies dennoch, so muss man mit sozialer Ächtung und juristischen Sanktionen rechnen.

Dem modernen Menschen sind also die Möglichkeiten zum Energieabbau entzogen, welche durch Situationen der Bedrohung und Überforderung hervorgerufen werden. Es kommt zu einem Energiestau. Ferner bleibt man in ständiger Alarmbereitschaft, soweit sich der Organismus nicht erholen und entspannen kann, weil ein Stressor dem nächsten folgt. Der Übergang in eine Erholungsphase wird verzögert oder sogar ganz verhindert, wenn derlei Situationen länger andauern bzw. regelmäßig wiederkehren. Der Körper versucht natürlich solchen dauerhaften Anforderungen gerecht zu werden und reagiert hierauf. Aber im Gegensatz zum Regelkreis der Körpertemperatur, welche sich immer wieder auf den Ausgangs- bzw. Sollwert einpendelt (Prinzip der Homöostase), reagiert das Stresssystem anders. Dieses ist in der Lage, sich den erhöhten Beanspruchungen anzupassen und sich unter Dauerbelastung auf das erhöhte Leistungsniveau einzustellen (Prinzip der Allostase). Dauern der Stress und die Belastung sehr lange an, kann unser Körper sogar völlig die Fähigkeit verlieren, wieder auf das ursprüngliche und unschädliche Ruheniveau zurückzukehren. Der Sollwert hat sich dann dauerhaft verändert. Dass der menschliche Organismus einen solch verlängerten Erregungszustand bzw. hohes Aktivierungsniveau langfristig nicht verkraftet, leuchtet ein. Erschöpfung, psychische und körperliche Erkrankungen bis hin zum Tod sind die Folgen. Somit steht fest: was unseren steinzeitlichen Vorfahren noch das Leben rettete, kann für den heutigen Mensch schädlich sein.

Das insbesondere Arbeit krank machen kann, ist fast wöchentlich aus der Presse und den Medien zu entnehmen. Schlagzeilen wie „Motivationslos und ausgebrannt am Arbeitsplatz – Wie das Arbeitsrecht Burn-out-Kandidaten schützt“,[2] „Krank durch Arbeit – Mehrheit der Deutschen klagt über Stress im Job“[3] oder

---

2 *Rübartsch*, Motivationslos und ausgebrannt am Arbeitsplatz – Wie das Arbeitsrecht Burn-out-Kandidaten schützt, in: FOCUS MONEY online vom 15.07.2013, http://www.focus.de/finanzen/karriere/arbeitsrecht/tid-32332/motivationslos-und-ausgebrannt-am-arbeitsplatz-wie-das-arbeitsrecht-burn-out-kandidaten-schuetzt_aid_1042106.html (zuletzt abgerufen am 5.6.2014).

3 *Voss*, Krank durch Arbeit – Mehrheit der Deutschen klagt über Stress im Job, in: SPIEGEL ONLINE vom 27.03.2012, http://www.spiegel.de/karriere/berufsleben/stress-im-job-und-die-belastung-durch-ueberstunden-nehmen-zu-a-824067.html (zuletzt abgerufen am 5.6.2014).

„Psychisch krank durch Stress – Diagnose: Ausgebrannt und leer gepresst“[4] verdeutlichen die Brisanz und Aktualität dieser Themen. Aber auch in der gedruckten Literatur finden sich solch schöne Titel wie „Gestreßt, erschöpft oder ausgebrannt?“ oder „Bevor der Job krank macht - Wie uns die heutige Arbeitswelt in die seelische Erschöpfung treibt und was man dagegen tun kann“. Zeigen lässt sich eine Zunahme dieser Problematik auch anhand von Statistiken. So hat die Anzahl der Fehlzeiten durch Arbeitsunfähigkeit (AU) bei psychischen Erkrankungen im Laufe der letzten Jahre zugenommen: ca. 54 Millionen Fehltage gehen auf das Konto von psychischen Störungen. Das macht ungefähr 13 % aller Fehltage in Deutschland aus, womit sie hinter Skelett- und Muskelkrankheiten bundesweit auf Platz 2 liegen. 2001 betrug dieser Anteil mit 33 Millionen Fehltagen nur 6,6 %, 1980 waren es gerade einmal 2 %.[5] Die durchschnittliche Krankheitsdauer beträgt dabei rund 30 Tage.[6] Die statistischen Daten bzgl. Burn-out sind noch weitaus alarmierender: Die DAK weist für das Jahr 2012 10 Fehltage wegen Burn-out pro 100 Versicherte aus. 2004 waren dies lediglich 0,6 Fehltage, so dass es zwischen 2004 und 2012 zu einer Steigerung der Fehltage um 1.666 % oder anders ausgedrückt um fast das 17-fache kam.[7] Die durchschnittliche Erkrankungsdauer bei Burn-out beträgt hierbei 37,1 Tage.[8] Bei AOK-Versicherten haben sich die Arbeitsunfähigkeitstage je 100 Mitglieder aufgrund Burn-outs von 0,8 Fehltage 2004 auf 7,2 Fehltage im Jahre 2010 um fast das 9-fache gesteigert.[9] Die Erhebungen der BKK weisen 0,5 Krankheitstage im Jahr 2004 und 8,7 Krankheitstage 2011 pro 100 Versicherte

---

4 *Bohsem*, Psychisch krank durch Stress – Diagnose: Ausgebrannt und leer gepresst, in: Süddeutsche.de vom 09.07.2010, http://www.sueddeutsche.de/karriere/psychisch-krank-durch-stress-diagnose-ausgebrannt-und-leer-gepresst-1.972289 (zuletzt abgerufen am 5.6.2014).

5 BT-Drs. 17/13088, S. 1; DAK Gesundheitsreport 2013, S. 17; *beck-aktuell* v. 17.4.2013, becklink 1026012; *Stoldt*, Gibt es bald ein Gesetz gegen Stress?, in: DIE WELT online v. 13.1.2013, abrufbar unter http://www.welt.de/112697913 (zuletzt abgerufen am 5.6.2014); *Astheimer/Budras*, Keine Mails nach Feierabend, in: FAZ v. 7./8.12.2013, S. C 2; *Borghardt*, Burn-out – Spinning für Führungskräfte, in: ZEIT ONLINE v. 7.6.2012, abrufbar unter http://www.zeit.de/karriere/beruf/2012-05/unternehmen-arbeitgeber-burn-out (zuletzt abgerufen am 5.6.2014).

6 Bundespsychotherapeutenkammer (BPtK), BPtK-Studien zur Arbeitsunfähigkeit – Psychische Erkrankungen und Burnout 2012, S. 4.

7 DAK Gesundheitsreport 2013, S. 49.

8 DAK Gesundheitsreport 2013, S. 50.

9 Wissenschaftliches Institut der AOK (WIdO), Pressmitteilung vom 19.4.2011, S. 1.

wegen Burn-out auf, was eine Steigerung um das 18-fache darstellt.[10] Die Bundespsychotherapeutenkammer (BPtK) hat 2012 in einer Metaanalyse die statistischen Angaben der großen gesetzlichen Krankenkassen (DAK, AOK, BKK und TK) zu AU, psychischen Erkrankungen und Burn-out ausgewertet. Demnach entfielen 2004 lediglich 0,67 Fehltage pro 100 Versicherte auf das Burn-out-Syndrom, während es 2011 bereits 9,1 Fehltage waren. Die Anzahl der betrieblichen Fehlzeiten aufgrund von Burn-out-Erkrankungen ist diesen Angaben zufolge um fast 1.400 % bzw. das 14-fache gestiegen.[11] Die Krankheitsdauer beträgt dabei durchschnittlich 26 Tage.[12] Hochgerechnet auf die über 34 Millionen gesetzlich-krankenversichert Beschäftigten ergibt dies gem. Schätzungen der AOK eine Gesamtbetroffenenanzahl von ca. 100.000 Personen im Jahre 2010, welche für mehr als 1,8 Millionen Fehltage sorgten.[13]

Diese Zahlen machen aber auch eine andere Dimension des arbeitsbedingten Stresses und des Burn-out-Syndroms deutlich: eine Häufung von Fehlzeiten, Behandlungen und Therapiemaßnahmen führt auf organisationaler Ebene zu erhöhten Kosten und letztendlich zu volkswirtschaftlichen Schäden. Geht man davon aus, dass ein Fehltag das Unternehmen i.d.R. 400 EUR kostet, und berücksichtigt man die oben erwähnten, überdurchschnittlich langen Fehlzeiten bei psychischen Störungen, so dürften die Kosten bei Ausfall eines einzigen Mitarbeiters schnell in den fünfstelligen Bereich gehen.[14] Das Statistische Bundesamt beziffert die volkswirtschaftlichen Schäden, welche der deutschen Wirtschaft durch psychische Erkrankungen jährlich entstehen, auf ungefähr 29 Milliarden EUR.[15] Laut Europäischer Agentur für Sicherheit und Gesundheitsschutz am Arbeitsplatz summieren sich die volkswirtschaftlichen Folgekosten bzgl. Burn-out-Erkrankungen innerhalb der EU auf knapp 20 Milliarden EUR pro Jahr.[16] In Zukunft werden

---

10 *Grabitz/Wisdorff*, 1800 Prozent mehr Krankheitstage durch Burn-out, in: DIE WELT v. 27.1.2013, abrufbar unter http://www.welt.de/113159916 (zuletzt abgerufen am 5.6.2014).

11 Bundespsychotherapeutenkammer (BPtK), BPtK-Studien zur Arbeitsunfähigkeit – Psychische Erkrankungen und Burnout 2012, S. 3.

12 Bundespsychotherapeutenkammer (BPtK), BPtK-Studien zur Arbeitsunfähigkeit – Psychische Erkrankungen und Burnout 2012, S. 9.

13 Wissenschaftliches Institut der AOK (WIdO), Pressmitteilung vom 19.4.2011, S. 1.

14 *Borghardt*, Burn-out – Spinning für Führungskräfte, in: ZEIT ONLINE v. 7.6.2012, abrufbar unter http://www.zeit.de/karriere/beruf/2012-05/unternehmen-arbeitgeber-burn-out (zuletzt abgerufen am 5.6.2014).

15 vgl. BT-Drs. 17/13088, S. 2.

16 *Mörcke*, BC 2012, 122.

sich diese Zahlen eher erhöhen als vermindern. Damit wird ein vermeintliches Einzelproblem in der Summe zu einem Problem für Arbeitgeber, Politik und Rechtsprechung. Doch nicht nur monetäre Probleme sind die Folgen. So müssen Arbeitgeber die Ausfälle der Mitarbeiter durch geschicktes Personalmanagement, Logistik und Planung kompensieren. Auf volkswirtschaftlicher Ebene werden dem Arbeitsmarkt auf längere Zeit bzw. dauerhaft wichtige Arbeitskräfte entzogen, sei es aufgrund von Arbeitsunfähigkeit, Frühverrentnung oder Tod. Diese Auswirkungen treffen insbesondere bei Burn-out und Karôshi/Karô-jisatsu zu.

Es ist also zu erkennen, dass sowohl auf Seiten und zugunsten des Betroffenen, der unter Burn-out leidet, als auch des Arbeitgebers, in dessen Betrieb diese Problematik geschieht und letztendlich auch für den Gesetzgeber, Handlungsbedarf besteht. Effektives Stressmanagement ist dabei das A und O. Kurzfristig lassen sich damit die Probleme der Betroffenen lösen und wirtschaftliche Kosten minimieren. Langfristig führen Präventions- und Eindämmungsmaßnahmen zu weniger Absentismus, einer effizienteren Arbeitsorganisation und Mitarbeiterzufriedenheit. Dabei ist das Arsenal an Maßnahmen zur Bekämpfung und Vermeidung von arbeitsbedingtem Stress genauso vielfältig wie die Ursachen und Auslöser der Stressreaktion selbst.

Diese Arbeit will sich mit dem häufigsten und aktuell viel diskutierten Thema im Kontext von arbeitsbedingtem Stress befassen: Burn-out. Dieses Phänomen soll aus Sicht der Arbeitspsychologie erläutert und erklärt, Ursachen und Folgen aufgezeigt werden und somit als Fundament für eine rechtliche Betrachtung herhalten. Als Diplom-Wirtschaftsjurist ist es dem Autor ein Anliegen, nicht nur juristische Probleme vertieft zu betrachten – wobei dies natürlich den Schwerpunkt dieser Arbeit bildet – sondern auch Probleme im Rahmen der Organisations- und Personalpsychologie näher zu beleuchten und somit eine ganzheitliche und umfassende Betrachtung zu ermöglichen. Denn nur so kann ein so komplexes Thema wie Burn-out adäquat angegangen und analysiert werden, ohne dabei einseitig oder oberflächlich zu bleiben. Eine rechtliche Analyse der Burn-out Problematik scheint indes geboten und ist längst überfällig, weil in den letzten Jahren – wie oben bereits gezeigt – ein gravierender Anstieg der Burn-out-Erkrankungen zu beobachten war und es bis dato ungeklärt ist, ob und inwieweit Arbeitnehmern Kompensationsleistungen zustehen.

II. Gang der Untersuchung

Die Frage nach der Haftung für die Erkrankung von Arbeitnehmern an Burn-out als psycho-sozialer Gesundheitsschaden erfordert eine umfassend dezidierte Ursache-Wirkungsanalyse bzgl. derjenigen Mechanismen, welche innerhalb der Arbeitstätigkeit sowie im Privatbereich krankheitsauslösenden bzw. krankheitsfördernden Einfluss auf die mentale und physische Konstitution nehmen. Hierzu ist eine multidisziplinäre Untersuchung vonnöten, die sowohl arbeitsmedizinisch-/arbeitspsychologisch-pathologische Aspekte, die Auseinandersetzung mit den herrschenden Stresstheorien/-konzepten als auch deren sozial- und zivilrechtliche Einordnung umfasst. Zu diesem fachübergreifenden Ansatz gehört auch ein rechtsvergleichender Blick nach Japan. Denn das, was die Japaner als „Tod durch Überarbeitung" (Karôshi) bzw. „Selbstmord wegen Überarbeitung" (Karô-jisatsu) bezeichnen, stellt sich bei näherer Betrachtung als ein Unterfall bzw. möglicher Krankheitsverlauf von Burn-out dar. Die japanische Rechtsentwicklung der dort typischen Phänomene Karôshi und Karô-jisatsu ist folglich als wegweisend im Hinblick auf den praktischen Umgang mit psychischen Erkrankungen im Allgemeinen und Burn-out im Speziellen zu sehen, so dass zu untersuchen ist, inwieweit die dortigen Erkenntnisse in die deutsche Rechtspraxis übertragen werden können. All dies bedingt die Aufteilung der Arbeit in drei Schwerpunkte: eine aktuelle – sowohl arbeitsmedizinische als auch arbeitspsychologische – Bestandsaufnahme der verschiedenen Stresstheorien und Burn-out-Modelle, einschließlich deren Wirkung, Symptome und Ätiologie (*Kapitel B.*), eine sozio-kulturelle, medizinische und rechtliche Beschreibung von Karôshi und Karô-jisatsu, einschließlich der Gemeinsamkeiten und Unterschiede zu Deutschland (*Kapitel C.*), sowie eine umfassende sozialrechtliche Bewertung dahingehend, ob Burn-out als Versicherungsfall nach deutschem Unfallversicherungsrecht zu entschädigen ist, einschließlich der Reflektion der im vorhergehenden Kapitel gewonnenen japanischen Erkenntnisse (*Kapitel D.*). Burn-out wird dementsprechend von allen Facetten her beleuchtet und analysiert. Damit sind Ziel und Anspruch der vorliegenden Arbeit klar: die multidisziplinäre Untersuchung des Phänomens Burn-out.

Das zweite Kapitel *B. Grundlagen* ist in zwei größere Themenkomplexe unterteilt. Denn bevor überhaupt mit einer rechtlichen Evaluation begonnen werden kann, ist in einem vorherigen Schritt zunächst zu klären, was Stress überhaupt ist, wie er entsteht und welche Auswirkungen er auf den menschlichen Organismus hat (1. Themenkomplex, Abschnitt *B. I.* und *B. II.*). Dabei wird versucht die Begriffe Stress, Belastung und Beanspruchung anhand verschiedener Definitionen und Modelle plastisch fassbar zu machen. Es wird zu zeigen sein, dass weder eine allgemein akzeptierte Stressdefinition existiert noch eine allumfassende Stresstheorie. Vielmehr gibt es verschiedene Ansatzpunkte, die Entstehung und Folgen von Stress zu beschreiben. Ebenfalls wird erklärt, was Stressoren sind und wie sie auf den Körper wirken. Sodann ist in einem zweiten Themenkomplex auf das Phänomen Burn-out als eine mögliche Folge von (arbeitsbedingtem) Stress einzugehen und eine Verknüpfung zu den allgemeinen Stresstheorien herzustellen (Abschnitt *B. III.*). Hierbei wird unter Rückgriff auf aktuelle Meinungen in der Burn-out-Forschung aufgezeigt, dass es sich um ein sehr junges Forschungsgebiet handelt und es dementsprechend noch viele Defizite aufweist. Tatsächlich gibt es reichlich wenig Konsens bzgl. einer allgemeingültigen Definition, der Symptomatik und des Krankheitsverlaufs sowie möglicher Messinstrumente. Ein zentraler Punkt wird in diesem Zusammenhang die Klärung der Ursachen von Burn-out einnehmen. Anhand zwei prominenter Modelle wird nachzuweisen sein, dass es sich bei Burn-out um eine durch die Arbeitstätigkeit verursachte Krankheit handelt. Auch wird eine eigenständige, juristisch handhabbare Definition von Burn-out entwickelt, die den zuvor erläuterten medizinischen Gesichtspunkten Rechnung trägt.

Nachdem die medizinisch-psychologischen Grundlagen geklärt wurden, werden im dritten Kapitel *C. Karôshi/Karô-jisatsu* diese beiden typischen Erscheinungsformen und –folgen von psychischer Arbeitsbelastung in Japan umfassend thematisiert. Die Entwicklung vom ursprünglich sozio-medizinischen Forschungsgegenstand hin zu einem komplexen rechtlichen Problem soll hierbei die Richtschnur bilden. Nachdem die japanischen Begriffe und deren Bedeutung erklärt wurden, folgt eine kurze arbeitsmedizinische Erläuterung des vorherrschenden Modells nach *Uehata* sowie die Verknüpfung von Burn-out und Karôshi/Karô-jisatsu (Abschnitt *C. I* und *C. II.*). Hier erschließt sich dem Leser dann auch, warum der Verfasser gerade diese beiden Phänomene für einen Rechtsvergleich gewählt hat. Denn es wird zu zeigen sein, dass sowohl Karôshi als auch Karô-jisatsu eine mögliche Ausprägungsform von Burn-out darstellen und die hierzu gewonnenen Kenntnisse somit grds. übertragbar für eine Beurteilung der Haftungsproblematik in Deutschland sind. Viele der im ersten *Kapitel B.* bereits erläuterten Begriffe und Theorien finden in diesem Zusammenhang nochmals Erwähnung. Anschließend ist in einem umfangreicheren Themenkomplex der materiell-rechtliche Rahmen von Karôshi/Karô-jisatsu zu erläutern (Abschnitt *C. III.*). Dem westlichen Betrachter dürfte dabei auffallen, dass das japanische Zivilrecht viele Überschneidungen zum europäischen Rechtskreis, insb. zum deutschen aber auch zum französischen Recht, aufweist. Neben vielen Gemeinsamkeiten gibt es aber auch deutliche Unterschiede. So wird vor allem unter Berücksichtigung sozio-kultureller und geschichtlicher Punkte aufgezeigt, dass und warum das japanische Arbeitsrecht viel flexibler ist als dessen deutsches Pendant. Die komplexen und streng hierarchischen Verhaltens- und Umgangsformen, die andere Rechtsmentalität und hochvolatile wirtschaftliche Entwicklungen stellen einige dieser Punkte dar. In diesen Themenkomplex fällt auch die Erläuterung der verschiedenen Haftungsinstitute hinsichtlich arbeitsbedingter

Erkrankungen im japanischen Recht. Auch hier ist zwischen Zivil- und Sozialrecht zu unterscheiden. In einem dritten Themenkomplex werden schließlich die japanische Rechtsentwicklung und der gesetzgeberische Umgang mit Karôshi und Karô-jisatsu umfassend dargestellt. Dem Leser wird dabei deutlich, dass die Analyse und Betrachtung der beiden japanischen Phänomene von außerordentlicher Bedeutung für die rechtliche Beurteilung von Burn-out sind, da viele kompensationsrechtliche Aspekte in Japan bereits vom Gesetzgeber, der Rechtsprechung und dem Schrifttum hinreichend evaluiert und thematisiert wurden, so dass aufgrund der vorher aufgezeigten Nähe beider Rechtskreise ein Vergleich nicht nur möglich, sondern durchaus geboten ist. Zwar liegen mit den Arbeiten „Karôshi, ein japanisches Phänomen?"[17] sowie „Der Tod durch Überarbeitung"[18] Werke vor, die vor allem den Problemkreis Karôshi bereits bearbeitet haben. Allerdings weisen diese z.T. gravierende handwerkliche Mängel und fachliche Ungenauigkeiten auf und sind zudem nicht mehr aktuell, weil in der Zwischenzeit eine Vielzahl an wichtiger Rechtsprechung und maßgeblichen Gesetzesänderungen ergangen sind. Eine neuerliche, akkurate(re) Aufarbeitung ist unter diesen Gesichtspunkten damit mithin unumgänglich.

In Kapitel *D.* folgt sodann die (sozial-)rechtliche Bewertung von Burn-out hierzulande. In einer in dieser umfassenden Form und Tiefe in Deutschland bisher nicht erfolgten Analyse wird untersucht, ob Burn-out de lege lata ein Versicherungsfall der gesetzlichen Unfallversicherung darstellt und somit von den Betroffenen Leistungen aus dem SGB VII gefordert werden können. Zwar kommen theoretisch sowohl Arbeitsunfall als auch Berufskrankheit in Frage, der Schwerpunkt liegt aber bei der Beurteilung der Berufskrankheitenreife von Burn-out (Abschnitt *D. I. 2. a)*), da ein Arbeitsunfall evident an der Subsumtion unter den Unfallbegriff scheitert (Abschnitt *D. I. 2 b)*). Die größte Herausforderung dieses Kapitels liegt darin, die Kausalität im Sinne der hochkomplexen Theorie der wesentlichen Bedingung nachzuweisen. Großen Einfluss auf diese Bewertung haben vor allem auch die arbeitsmedizinischen und arbeitspsychologischen Erkenntnisse des ersten *Kapitels B.* Es wird zu zeigen sein, dass Burn-out alle anderen Tatbestandsmerkmale einer Berufskrankheit mehr oder weniger sicher erfüllt, jedoch eine Aufnahme als Listenkrankheit an den bis dato mangelnden epidemiologischen und statistischen Erkenntnisse der Wissenschaft scheitert. Der Transfer juristischer Erkenntnisse bzgl. Karôshi und Karô-jisatsu erfolgt im

---

17 *Tieste*, Karôshi, ein japanisches Phänomen? Ursachen und rechtliche Gründe für den Tod am Arbeitsplatz, 1. Auflage 2000.

18 *Tieste*, Der Tod durch Überarbeitung. Arbeits- und Sozialversicherungsrechtliche Hintergründe, Dissertation 2002.

Anschluss (Abschnitt *D. II.*). Den Abschluss dieser Arbeit bilden die Aufzählung der gewonnenen Erkenntnisse in Thesenform sowie ein kritischer Ausblick (*Kapitel E.*).

Hinsichtlich der schuldrechtlichen sowie deliktsrechtlichen Haftung des Arbeitgebers für stressinduzierte Gesundheitsschäden wurden durch die Habilitationsschrift *Tiestes*[19] und die Dissertation *von Trothas*[20] alle zivilrechtlichen Haftungsinstitute umfassend analysiert und besprochen. Daneben gibt es noch eine Vielzahl an dezidierten Aufsatzpublikationen zu diesem Problemkreis.[21] Von einer ausführlichen Bewertung dieses Komplexes wurde aus Gründen der Redundanz und vor allem auch wegen der Aktualität der gerade genannten Arbeiten Abstand genommen, da kein großer, neuartiger Wissensgewinn zu erreichen gewesen wäre. Burn-out ist, wie in *Kapitel B.* zu erläutern sein wird, lediglich eine spezielle Form der Stresserkrankung, so dass alle in den oben erwähnten wissenschaftlichen Publikationen gewonnenen Erkenntnisse sich unmittelbar hierauf übertragen lassen. Bezüglich anderer arbeitsrechtlicher sowie betriebsverfassungsrechtlicher Fragen und Probleme im Zusammenhang mit Burn-out und anderen Stresserkrankungen sei zudem auf das einschlägige Schrifttum verwiesen.[22]

Schließlich muss noch etwas zur Multidisziplinarität gesagt werden. Die eingehende Befassung mit Bereichen wie der Verhaltensforschung, Arbeits- und Biomedizin sowie der Epidemiologie ist unerlässlicher und integraler Bestandteil dieser Arbeit, um für die juristische Bewertung in sozialrechtlicher und zivilrechtlicher Hinsicht valide und verwertbare Ergebnisse zu erlangen. Der rechtsvergleichende Ansatz, wonach Erkenntnisse und Lösungskonzepte in Japan für den deutschen Rechtskreis und dessen nachfolgende Entwicklung analysiert und verwertet werden sollen, rundet die multidisziplinäre Intention dieser Abhandlung ab. Naturgemäß ist ein solches Vorgehen auch immer der Kritik der einzelnen, thematisierten Forschungsdisziplinen ausgesetzt und muss sich in gewisser Weise auch mit dem

---

19 *Tieste*, Haftungsfall Stresserkrankung.

20 *von Trotha*, Stress am Arbeitsplatz – Haftung des Arbeitgebers auf Schadensersatz für hieraus resultierende Gesundheitsschäden?

21 vgl. nur *Kort*, NZA 1996, 854 ff.; *Podehl*, DB 2007, 2090 ff.; *Sasse*, BB 2013, 1717 ff.

22 umfassend hierzu *Riffelt*, Zwischenstopp Burnout; vgl. außerdem *Angermaier*, AiB 2001, 405 ff.; *Gaul*, DB 2013, 60 ff.; *Ginal/Raif*, ArbRAktuell 2012, 472; *Gutjahr/Hampe*, DB 2012, 1208 ff.; *Huismans/Pachabeyan*, BB 2012, VI f.; *Mörcke*, BC 2012, 122 ff.; *Sasse*, BB 2013, 1717 ff.; *Schrader*, AiB 2013, 44 ff.; *Siemens/Trittin*, AiB 2012, 459 ff.; *Uhl/Polloczek*, BB 2007, 2401 ff.; *Zinke/Höfle*, AiB 2001, 412 ff.

Vorwurf der Beliebigkeit konfrontiert sehen. Deswegen wird von vornherein klargestellt, dass diese Arbeit nicht den Anspruch erhebt, abschließende und gesicherte medizinische Erkenntnisse zu liefern. Dies wäre im Rahmen der vorliegenden Arbeit und der zugrunde gelegten Zielsetzung auch gar nicht zu verwirklichen. Vielmehr wurde versucht, die wesentlichen Punkte der jeweiligen Fachdisziplinen unter Berücksichtigung der vorherrschenden Meinungen in Literatur und Forschung darzustellen und somit einer nachfolgenden rechtlichen Bewertung zugänglich zu machen. Wie aus den bisherigen Ausführungen zur Vorgehensweise ersichtlich wird, ist das vornehmliche Ziel dieser Arbeit den haftungsrechtlichen status quo von Burn-out zu eruieren. Es wird also lediglich analysiert, ob Burn-out de lege lata kompensiert werden kann bzw. ob de lege ferenda eine Aufnahme als Berufskrankheit in die Berufskrankheitenverordnung möglich ist. Nicht Kern dieser Arbeit ist hingegen die Frage, wie Burn-out zukünftig de lege ferenda zu normieren wäre, um eine unfallversicherungsrechtliche Haftung zu erreichen. Dies würde im Hinblick auf den hier verfolgten multidisziplinären Ansatz den Rahmen bei weitem sprengen. Lediglich bei dem Versuch die Erkenntnisse aus dem Rechtsvergleich mit Japan ins deutsche Recht zu übertragen, wird am Rande auf die Möglichkeit der Schaffung einer Berufskrankheit „psychische Erkrankung“ sowie auf eine mögliche extensive Auslegung des Unfallbegriffes kurz eingegangen.

B. Grundlagen

I. Belastung und Stress – Definitionen und grundlegende Modelle

1. Definition

Der aus dem Lateinischen stammende, englische Begriff „Stress“ (lat. stringere = zusammendrücken, zusammenziehen[23]) wird in der heutigen Zeit recht unterschiedlich gebraucht. Ursprünglich kommt dieser Begriff aus der Materialprüfung und bedeutet Druck, Belastung, Gewicht oder aber Anspannung und Verzerrung von Metallen oder Glas.[24] Es handelt sich also um die Einwirkung einer äußeren Kraft auf eine Struktur, die ab einer gewissen Druckintensität zur Verformung führt.[25] Im Alltag beschreiben wir damit einerseits auslösende Bedingungen von Stress (z.B. „Der Zeitdruck bei meiner Arbeit stresst mich“). Andererseits wird der Begriff „Stress“ verwendet, um die Reaktion auf solche auslösenden Bedingungen wie Zeit- und Leistungsdruck zu beschreiben, und damit auch den aktuellen Zustand („Ich fühle mich belastet und stehe unter Stress“).[26] Auch in der Stressforschung gibt es terminologische Unklarheiten. Der Begriff „Stress“ wird uneinheitlich gebraucht und unterlief im Verlauf der Zeit verschiedenen Deutungen und Definitionsversuchen. Zwangsläufig führte dies zu Auseinandersetzungen zwischen Wissenschaftlern über eine eher breite oder enge Definition, über physiologische oder psychologische Theorien und über angemessene und unangemessene Messmethoden.[27] In diesem Zusammenhang wird von manchen Forschern sogar von „babylonischer Sprachverwirrung“[28] bzw. „babylonisches Begriffswirrwarr“[29] gesprochen, ja schon fast

---

23 *Litzcke/Schuh*, S. 6; *Barthold/Schütz*, S. 21; Europäische Kommission Generaldirektion Beschäftigung und Soziales, Streß am Arbeitsplatz – ein Leitfaden, 2000, S. 3.

24 *von Trotha*, S. 27; *Litzcke/Schuh*, S. 6; Bundesverband der Unfallkassen, Psychische Belastungen am Arbeits- und Ausbildungsplatz – ein Handbuch, S. 51.

25 *Allenspach/Brechbühler*, S. 18.

26 *Barthold/Schütz*, S. 21.

27 *Greif* in Greif/Bamberg/Semmer, Psychischer Streß am Arbeitsplatz, S. 4.

28 *Schlaugat*, S. 46.

29 *Barthold/Schütz*, S. 21; *Zapf/Semmer* in Enzyklopädie der Psychologie: Wirtschafts-, Organisations- und Arbeitspsychologie Band 3, Stress und Gesundheit in Organisationen, S. 1008.

beklagt. Dies soll ein kurzer Abriss von Definitionen während der letzten hundert Jahre verdeutlichen:[30]

Cannon (1914) bezeichnet Stress als „unspezifische Antwort des Organismus auf die Störung des homöostatischen Gleichgewichts und als den Versuch, dieses Gleichgewicht wiederherzustellen"

Selye (1936): „Stress ist keine mechanische, sondern eine individuelle Reaktion des Organismus auf äußere Reize"

Lazarus (1966): „Stress ist der Zustand eines Individuums (oder allgemeiner: eines Lebewesens), das sich entweder physisch oder psychisch bedroht sieht"

Kagan (1970): „Stress ist der physiologische Zustand, der den Organismus zur Aktion vorbereitet"

Levi (1972): „Stress ist die unspezifische Reaktion des Körpers auf irgendeine Anforderung, die an ihn gestellt wird"

Janke (1974): „Stress ist ein psychisches oder somatisches Geschehen, das hinsichtlich seiner Intensität und/oder Dauer von der individuellen Normallage abweicht"

Kosmolinskij (1976): „Stress ist das System der Reaktionen des Organismus auf emotionale Reize (oder Stressoren) bedeutender Stärke, die gerichtet sind auf die Schaffung eines neuen Adaptionsniveaus oder die Formierung des Verhaltens des Organismus als Antwort auf sich veränderte Bedingungen"

Lazarus und Launier (1978): „Stress ist ein Ereignis, bei dem die Umwelt oder innere Anforderungen die adaptiven Ressourcen eines Individuums, eines sozialen Systems oder Gewebesystems in Anspruch nehmen oder übersteigen"

Sudadov (1981): „Stress ist die Entstehung bei Konfliktsituationen, wenn der Mensch aus verschiedenen Gründen seine führenden sozialen oder biologischen Bedürfnisse nicht befriedigen und die beruflich, sozial, persönlich oder biologisch notwendigen Resultate nicht erreichen kann"

Hacker und Richter (1984): „Stress ist die Reaktion auf unannehmbar oder bedrohlich erlebte, konflikthafte Fallbeanspruchungen, die aus starker Über- oder Unterforderung der Leistungsvoraussetzungen beziehungsweise dem ‚In-Frage-Stellen' wesentlicher Ziele einschließlich sozialer Rollen entstehen"

Greif (1991): „Stress ist ein subjektiv intensiv unangenehmer Spannungszustand, der aus der Befürchtung entsteht, dass eine stark aversive, subjektiv zeitlich nahe (oder bereits eingetretene) und subjektiv lang andauernde Situation sehr wahrscheinlich nicht vollständig kontrollierbar ist, deren Bewältigung aber subjektiv wichtig erscheint"[31]

---

30 Aufzählung nach *Allenspach/Brechbühler*, S. 19.

31 *Greif* in Greif/Bamberg/Semmer, Psychischer Streß am Arbeitsplatz, S. 13.

Temml und Hubalek (1995): „Stress ist eine individuelle Reaktion des Organismus auf äußere oder innere Reize, wobei die Reaktion auf den einwirkenden Stressor abhängt von der Einstellung des Einzelnen zu den Belastungen, von der Struktur der Persönlichkeit sowie von der Stabilität des Ichs"

Auch die Europäische Kommission hat ihrerseits eine Definition von „arbeitsbedingtem Stress" aufgestellt, jedoch ebenfalls mehrmals revidiert und geändert:

1997 lautete sie: „Arbeitsbedingter Streß ist eine emotionale und psychophysiologische Reaktion auf ungünstige und schädliche Aspekte der Arbeit, des Arbeitsumfeldes und der Arbeitsorganisation. Stress ist ein Zustand, der durch hohe Aktivierungs- und Belastungsniveaus gekennzeichnet ist und oft mit dem Gefühl verbunden ist, man könne die Situation nicht bewältigen."[32]

2000 wird der arbeitsbedingte Stress definiert als „die emotionale, kognitive, verhaltensmäßige und physiologische Reaktionen auf negative und schädliche Aspekte der Arbeit, der Arbeitsumgebung und der Arbeitsorganisation. Dieser Zustand ist charakterisiert durch starke Erregung und Sorge und häufig durch ein Gefühl der Unzulänglichkeit."[33]

Wie gesehen existiert die einzig wahre und richtige Definition von Stress nicht. Es hängt vielmehr von der wissenschaftstheoretischen Grundposition, der fachwissenschaftlichen Perspektive und dem favorisierten Praxisfeld ab, welche Definition man nun favorisiert.[34]

Den meisten Definitionen gemein sind allerdings folgende Merkmale für Stress:

- anhaltende physische/psychische Belastung oder Beanspruchung bzw. schädliche Reize
- durch Konflikte/negativ empfundene Ereignisse verursachter seelischer Druck bzw. Spannungszustand
- eine subjektive bzw. individuelle Reaktion auf die Umwelt und Umgebung

Diese Gemeinsamkeiten aller Definitionen sollen für die nachfolgenden Erläuterungen als Grundannahmen fungieren.

32 nach Bundesverband der Unfallkassen, Psychische Belastungen am Arbeits- und Ausbildungsplatz – ein Handbuch, S. 51.

33 Europäische Kommission Generaldirektion Beschäftigung und Soziales, Streß am Arbeitsplatz – ein Leitfaden, 2000, S. 4; *Windemuth* in Windemuth/Jung/Petermann, Praxishandbuch psychische Belastungen im Beruf, Stress, S. 334.

34 *Schlaugat*, S. 47.

2. Belastung und Beanspruchung

Wichtiger als der Versuch einer eindeutigen Definition ist jedoch die Beantwortung der Frage „Wie funktioniert Stress und wie läuft eine Stressreaktion ab?" Hierzu erscheint es zunächst sinnvoll einige wichtige Begriffe im Rahmen von arbeitsbedingtem Stress, welche im Verlauf dieser Arbeit noch häufiger auftauchen werden, zu erläutern.

a) Belastungs-Beanspruchungsmodell nach Rohmert & Rutenfranz

Das sogenannte Belastungs-Beanspruchungs-Konzept bietet einen ersten Zugang zum Stressverständnis. Denn vor allem in den deutschsprachigen Arbeitswissenschaften[35] und ihren Disziplinen wie Arbeitspsychologie, Arbeitsmedizin und Ergonomie finden sich die Begriffe „Belastung" und „Beanspruchung", um die Wirkungen der Arbeitsbedingungen auf den Menschen zu beschreiben. Das vorliegende Modell geht auf die Arbeiten von *Rohmert & Rutenfranz* zurück, deren vor fast 40 Jahren publizierter Forschungsbericht „Arbeitswissenschaftliche Beurteilung der Belastung und Beanspruchung an unterschiedlichen industriellen Arbeitsplätzen" zu den am häufigsten rezipierten Aufsätzen in der Arbeitswissenschaft zählt.[36] Dieses Konzept wurde 1987 in eine deutsche Norm übertragen (DIN Norm Nr. 33405) und hat 1991, 1996 und 2004 Niederschlag in internationalen Normen zum Thema psychische Belastungen (ISO 10075, Teil 1–3) gefunden.

b) Begriffserläuterungen

Unter **psychischer Belastung** versteht man „die Gesamtheit der erfassbaren Einflüsse, die von außen auf den Menschen zukommen und auf ihn psychisch einwirken" (Deutsches Institut für Normung, 1987). Dabei sind Belastungsdauer und Belastungshöhe entscheidend für die Wirkung auf den Menschen.[37] In der Regel tritt dabei nicht nur ein einzelner Belastungsfaktor auf, sondern es kommt zu einer Mehrfachbelastung. Die verschiedenen Ursachen können sich dabei verstärken

---

35 *Semmer/Udris* in Lehrbuch Organisationspsychologie, Bedeutung und Wirkung von Arbeit, S. 172; *Ulich*, S. 471.

36 *Bamberg* in Schuler et al., Handbuch der Psychologie Band 6: Handbuch der Arbeits- und Organisationspsychologie, S. 141.

37 *Felfe*, S. 98.

oder unabhängig voneinander wirken.[38] Typische Belastungsfaktoren im Arbeitskontext sind Lärm, Hitze, Zeitdruck oder Informationsvielfalt.[39]

Psychische Beanspruchung hingegen ist „die individuelle, zeitlich unmittelbare und nicht langfristige Auswirkung der psychischen Belastung im Menschen in Abhängigkeit von seinen individuellen Voraussetzungen und seinem Zustand" (Deutsches Institut für Normung, 1987). Hierunter zählen insbesondere Unter-/Überforderung, Bedrohung und Frustration.[40] Zudem muss man zwischen positiven Beanspruchungsfolgen (Anregungs-, Lern- und Trainingseffekte) und negativen Beanspruchungsfolgen (psychische Ermüdung, Monotonie und psychische Sättigung) unterscheiden.[41] All diesen Faktoren gemein ist, dass sie zu körperlichen und psychischen Störungen sowie Erkrankungen führen können.

Während also Belastung einen objektiven Faktor bzw. Größe beschreibt, meint Beanspruchung die subjektive Folge derartiger Belastungen im bzw. für den Menschen. So können gleiche Belastungen unterschiedliche Beanspruchungen bei verschiedenen Personen auslösen.[42]

Bei einem Ungleichgewicht zwischen den gestellten Anforderungen und den individuellen Kompetenzen und Ressourcen kommt es zu einer **Über-/Unterforderung.**[43] Überforderung bei der Arbeit tritt z.B. auf, wenn eine große Arbeitsmenge unter erheblichem Zeitdruck zu bewältigen (quantitative Überforderung) oder die Arbeitsaufgabe schlicht zu schwierig und komplex ist (qualitative Überforderung). Dieser Zustand führt langfristig zu **psychischer Ermüdung.**[44] Kennzeichnend hierfür ist eine geminderte Leistungsfähigkeit, die zu einem Effizienzverlust führt. Wahrnehmung, Aufmerksamkeit und Konzentration sind beeinträchtigt und lassen stark nach. Erholung kann durch eine Unterbrechung der Tätigkeit erreicht werden.[45] Ist zu wenig Arbeit vorhanden (quantitative Unterforderung) oder besteht diese aus eintönigen Routinearbeiten ohne die Möglichkeit eigene

---

38 *Allenspach/Brechbühler*, S. 20 f.

39 *Poppelreuter/Mierke*, S. 15.

40 *Allenspach/Brechbühler*, S. 21; *Barthold/Schütz*, S. 67.

41 *Allenspach/Brechbühler*, S. 21; *Barthold/Schütz*, S. 23; *Felfe*, S. 98; *Greif* in Greif/Bamberg/Semmer, Psychischer Streß am Arbeitsplatz, S. 4; *Poppelreuter/Mierke*, S. 18; *Wenchel*, S. 16 f.

42 *Poppelreuter/Mierke*, S. 18; *Wenchel*, S. 16.

43 *Allenspach/Brechbühler*, S. 21.

44 *Allenspach/Brechbühler*, S. 21; *Barthold/Schütz*, S. 67; *Poppelreuter/Mierke*, S. 23; *Wenchel*, S. 20 f.

45 *Allenspach/Brechbühler*, S. 21; *Barthold/Schütz*, S. 68; *Felfe*, S. 107; *Poppelreuter/Mierke*, S. 28; *Semmer/Udris* in Lehrbuch Organisationspsychologie, Bedeutung und Wirkung von Arbeit, S. 176; *Ulich*, S. 476; *Wenchel*, S. 26.

Fähigkeiten und Fertigkeiten gezielt einzusetzen (qualitative Unterforderung), so spricht man von Unterforderung. Bei längerer Fortwirkung mündet dies in den Zustand der **Monotonie.**[46] Dabei sind sich Monotonie und psychische Ermüdung sehr ähnlich, auch bei der Monotonie nimmt die Reaktions- und Leistungsfähigkeit ab, Langeweile und Desinteresse sind kennzeichnend. Der wesentliche Unterschied besteht neben den verschiedenen Ursachen in den Gegenmaßnahmen: Wechsel oder Bereicherung der Tätigkeit verschaffen hier Abhilfe.[47]

Verläuft eine Situation anders als gedacht oder werden die persönlichen Bedürfnisse, Wünsche und Erwartungen nicht erfüllt, so reagiert man mit **Frustration**. Gefühle der Enttäuschung und Ungerechtigkeit stellen sich ein, Wut und Aggression sind die Folgen.[48] Dies mündet nicht selten in einen Zustand der **psychischen Sättigung**. Dieser tritt nicht nur bei gleichförmigen und sich ständig wiederholenden Tätigkeiten ein, sondern insbesondere auch bei fehlenden Sinnzusammenhängen, also einem Widerspruch zwischen den eigenen Wertvorstellungen und Erwartungen und den Anforderungen der Arbeit.[49] Resignation, Ablehnung und Unrast kennzeichnen diese Beanspruchungsfolge.[50] Neue Sinngebung, individuelle Zielbildung und der Wechsel der Tätigkeit können diesen Zustand verbessern.[51]

3. Stresstheorien

Nachdem nun die wichtigsten Begriffe erläutert wurden, sollen nachfolgend verschiedene Stresskonzepte bzw. Stresstheorien näher betrachtet werden. In der Literatur werden solche theoretischen Ansätze häufig in drei Kategorien eingeteilt: reizzentrierte Stresstheorien, reaktionsorientierte Stresstheorien und kognitive oder interaktionale bzw. transaktionale Stresstheorien.[52]

---

46 *Allenspach/Brechbühler*, S. 21; *Barthold/Schütz*, S. 68; *Poppelreuter/Mierke*, S. 23; *Wenchel*, S. 21.

47 *Allenspach/Brechbühler*, S. 22; *Barthold/Schütz*, S. 69; *Felfe*, S. 107; *Poppelreuter/Mierke*, S. 28; *Semmer/Udris* in Lehrbuch Organisationspsychologie, Bedeutung und Wirkung von Arbeit, S. 176; *Ulich*, S. 481; *Wenchel*, S. 25 f.

48 *Allenspach/Brechbühler*, S. 23.

49 *Allenspach/Brechbühler*, S. 23; *Barthold/Schütz*, S. 69; *Felfe*, S. 107.

50 *Felfe*, S. 107; *Poppelreuter/Mierke*, S. 28; *Wenchel*, S. 26.

51 *Allenspach/Brechbühler*, S. 23; *Barthold/Schütz*, S. 69.

52 Europäische Agentur für Sicherheit und Gesundheitsschutz am Arbeitsplatz, Zum Stand der Erforschung von arbeitsbedingtem Stress, S. 32 ff.; *Burisch*, S. 81; *Enzmann*, S. 31; *Schlaugat*, S. 47; *Schulz* in Enzyklopädie der Psychologie: Gesundheitspsychologie Band 1, Stress- und Copingtheorien, S. 219; *Weber*, S. 13.

Bei reizzentrierten Stresstheorien wird berufsbedingter Stress als aversiver oder schädlicher Aspekt der Arbeitsumgebung konzeptualisiert und im Sinne einer unabhängigen Variable über bestimmte Reiz-, Situations- oder Umweltmerkmale operationalisiert, von denen angenommen wird, dass sie bei jeder Person, ungeachtet ihrer kognitiven Verarbeitung, dieselben Funktionsstörungen auslösen bzw. Angst hervorrufen.[53]

Reaktionsorientierte Ansätze fassen Stress hingegen als die allgemeinen physiologischen, psychischen oder verhaltensmäßigen Störungsreaktionen und Auswirkungen vielfältigster aversiver oder schädlicher Reize auf. Dabei ist Stress hier als abhängige Variable zu sehen.[54]

Bei den interaktionalen/transaktionalen Konzepten wird arbeitsbedingter Stress als dynamische Wechselwirkung zwischen der Person und ihrem Arbeitsumfeld gesehen.[55]

Die beiden am weitesten beachteten und meist rezipierten Stresstheorien, nämlich der physiologische Ansatz nach *Selye* und sodann das transaktionale Modell von *Lazarus & Mitarbeiter*, sollen nachfolgend kurz erläutert werden.

a) Physiologische Stresstheorie nach Selye

Dieses Stresskonzept geht auf die Arbeit des Biochemikers *Hans Selye* (1907–1982) zurück. Er war es auch, der den Begriff Stress in der medizinischen Forschung einführte bzw. popularisierte und somit die moderne Stressforschung begründete.[56] Deswegen und aufgrund seiner fast 70-jährigen Forschung und Veröffentlichung von über 35 Büchern zu diesem Thema gilt er zu Recht als „Vater der Stressforschung".[57]

1936 führte er auf der Suche nach einem bis dato unbekannten Eierstockhormon verschiedene Versuche und Experimente an Ratten durch. Dabei injizierte er ihnen ein Hormon, das aus den Eierstöcken von Kühen gewonnen wurde.[58]

---

53 Europäische Agentur für Sicherheit und Gesundheitsschutz am Arbeitsplatz, Zum Stand der Erforschung von arbeitsbedingtem Stress, S. 32; *Schlaugat*, S. 47.

54 Europäische Agentur für Sicherheit und Gesundheitsschutz am Arbeitsplatz, Zum Stand der Erforschung von arbeitsbedingtem Stress, S. 32 f.; *Schlaugat*, S. 47.

55 Europäische Agentur für Sicherheit und Gesundheitsschutz am Arbeitsplatz, Zum Stand der Erforschung von arbeitsbedingtem Stress, S. 32; *Schulz* in Enzyklopädie der Psychologie: Gesundheitspsychologie Band 1, Stress- und Copingtheorien, S. 219.

56 *Barthold/Schütz*, S. 32; *Laux* in Enzyklopädie der Psychologie: Motivation und Emotion Band 1, Psychologische Streßkonzeptionen, S. 457.

57 *Barthold/Schütz*, S. 32.

58 *Barthold/Schütz*, S. 32; *Allenspach/Brechbühler*, S. 25.

Auffällig war hierbei, dass stets drei Symptome bzw. Reaktionen gemeinsam zu beobachten waren:

- die Vergrößerung der Nebennierenrinde
- die Schrumpfung von Milz, Thymusdrüse, Lymphknoten und anderen Strukturen des Lymphsystems
- und schließlich blutendende Magen- und Zwölffingerdarmgeschwüre

Dieser Symptomkomplex wurde später als „Stresstriade" bezeichnet.[59] Nachdem in einer großangelegten Studie alle Professoren von *Selyes* Institut das Experiment wiederholten und das Hormon Ratten injizierten, stellte sich zur Verwunderung *Selyes* heraus, dass die Reaktion der Ratten umso stärker ausfiel, je geringer die Erfahrung der beteiligten Professoren war.

aa) Allgemeine Adaptionssyndrom (AAS)

Dies machte *Selye* stutzig und er begann nach der Ursache hierfür zu suchen. Im Rahmen seiner Forschung beobachtete er, dass die Ratten dieselbe Symptomatik auch zeigten, wenn andere Arten von Belastung auf sie wirkten. Er setzte sie extremen Temperaturen und starkem Lärm aus, entzog ihnen die Nahrung oder ließ sie in überbevölkerten Käfigen vegetieren. Die körperliche Reaktion in allen Fällen war jedoch die gleiche. Die Antwort des Körpers war also nicht auf die Wirkung des injizierten Hormons zurückzuführen, sondern auf eine allgemeine und unspezifische Reaktion des Organismus auf unangenehme und belastende Situationen. Damit war auch das Problem um die Versuche der Professoren und deren unterschiedlich schwere Auswirkungen gelöst: erfahrene Professoren waren in der Lage, den Ratten das Hormon schmerzfreier zu injizieren als der wissenschaftliche Nachwuchs des Instituts.[60] *Selye* bezeichnete die Reaktion des Körpers als Allgemeines Adaptionssyndrom und gliederte es in drei Phasen:[61]

---

59 *Barthold/Schütz*, S. 32; *Allenspach/Brechbühler*, S. 25.

60 *Barthold/Schütz*, S. 32; *Allenspach/Brechbühler*, S. 25 f.

61 Europäische Agentur für Sicherheit und Gesundheitsschutz am Arbeitsplatz, Zum Stand der Erforschung von arbeitsbedingtem Stress, S. 33; *Burisch*, S. 81 ff.; *Barthold/Schütz*, S. 33; *Allenspach/Brechbühler*, S. 27 f.; *Faltermaier*, S. 76; *Felfe*, S. 98 f.; *Laux* in Enzyklopädie der Psychologie: Motivation und Emotion Band 1, Psychologische Streßkonzeptionen, S. 457 ff.; *Schulz* in Enzyklopädie der Psychologie: Gesundheitspsychologie Band 1, Stress- und Copingtheorien, S. 219 ff; *Zapf/Semmer* in Enzyklopädie der Psychologie: Wirtschafts-, Organisations- und Arbeitspsychologie Band 3, Stress und Gesundheit in Organisationen, S. 1019.

1) Alarmphase/-reaktion
   Diese wird durch akute Einwirkung eines Stressors unmittelbar ausgelöst. Dabei wird nach einer kurzen Schockphase in der Gegenschockphase die sog. Hypothalamus-Hypophysen-Nebennierenrinden-Achse (HHNA) aktiviert, welches zur vermehrten Ausschüttung der Hormone Noradrenalin, Adrenalin und Cortisol führt. Diese erhöhen den Blutdruck, beschleunigen den Pulsschlag, erhöhen den Blutzucker und veranlassen die Aktivierung des sympathischen Nervensystems. Glukose- und Fettreserven werden aus den Energiespeichern der Körpers freigesetzt, um die Atmung zu beschleunigen und die Muskulatur zu spannen. Während die Verdauungs- und Sexualfunktionen reduziert bzw. ausgeschaltet werden, erhöht sich die Durchblutung von Herz, Muskeln und Gehirn, wodurch sich die Sauerstoffversorgung der Lungen und des Gehirns verbessern. Der Körper ist zur Flucht oder Angriff bereit.[62]
2) Widerstands-/Resistenzphase
   Hier setzt nun eine Anpassungsreaktion ein, indem der Körper versucht, der Alarmreaktion entgegenzuwirken und das innere Gleichgewicht wiederherzustellen. War nur ein kurzzeitiger Stressor der Auslöser (z.B. ein lauter Knall oder ein Gegenstand auf der Straße während der Autofahrt), dann folgt nun eine Phase der Erholung, in welcher die physiologischen Parameter auf ihr Ausgangsniveau zurückkehren und die Symptome der Stressreaktion allmählich nachlassen. Der Körper beruhigt sich und man bemerkt, dass der Organismus Energiereserven verbraucht hat, denn man fühlt sich erschöpft und sucht Erholung. Folgt auf einen Stressor der nächste oder hält dieser längere Zeit an, so kommt der Organismus in die Widerstandsphase. Zwar ist der Körper nun widerstandsfähiger gegenüber dem auslösenden Stressor, er verbleibt aber auch in ständiger Alarmbereitschaft und die ausgeschütteten Stresshormone werden nun nicht mehr abgebaut. Der Organismus versucht sich an diesen Zustand der Daueranspannung und Dauerbelastung anzupassen, jedoch verliert

62 Europäische Agentur für Sicherheit und Gesundheitsschutz am Arbeitsplatz, Zum Stand der Erforschung von arbeitsbedingtem Stress, S. 33; *Burisch*, S. 82; *Barthold/Schütz*, S. 33; *Allenspach/Brechbühler*, S. 27; *Faltermaier*, S. 76; *Felfe*, S. 98 f.; *Laux* in Enzyklopädie der Psychologie: Motivation und Emotion Band 1, Psychologische Streßkonzeptionen, S. 458; *Zapf/Semmer* in Enzyklopädie der Psychologie: Wirtschafts-, Organisations- und Arbeitspsychologie Band 3, Stress und Gesundheit in Organisationen, S. 1019.

er mit der Zeit seine Selbstregulationsfähigkeiten. Der Körper ist nun bei der Bewältigung neuer Anforderungen nicht mehr sehr belastbar.[63]

3) Erschöpfungsphase
Natürlich sind der Adaptionsfähigkeit und Widerstandskraft des Organismus Grenzen gesetzt. Wirkt der Stressor genügend lange und intensiv, kommt es zur sog. Erschöpfungsphase. Die Anpassungsfähigkeit ist voll ausgeschöpft, zu viele wichtige Stoffe wurden ausgeschüttet und zu viel Energie verbraucht, so dass nun ein Mangel entstanden ist. Nach *Selye* verbraucht nämlich jede Stressreaktion sog. „Anpassungsernegie", sodass nach fehlenden oder zu kurzen Regenerationsphasen ein irreversibles Defizit eintritt. Das Immunsystem ist geschwächt, gravierende Störungen des menschlichen Körpers wie Bluthochdruck, Schlafstörungen, Gereiztheit, Verdauungsbeschwerden und Herz-Kreislauf-Erkrankungen können die Folge sein. Lebenserhaltende Mechanismen und Prozesse stagnieren und es kann im schlimmsten Fall zum Zusammenbruch des ganzen Organismus führen, der letztendlich im Tod endet. Dieses Phänomen bzw. die Auswirkung einer solchen Erschöpfungsphase wird in Japan als „Karôshi" bezeichnet.[64]

bb) Kritik an Selyes Stresstheorie

Einerseits wird der Zeitverlauf der physiologischen Reaktion kritisiert. Denn es ist schwierig, zwischen solchen physiologischen Veränderungen, die nach *Selye* Stress indizieren, und anderen genau zu unterscheiden.[65]

---

63 Europäische Agentur für Sicherheit und Gesundheitsschutz am Arbeitsplatz, Zum Stand der Erforschung von arbeitsbedingtem Stress, S. 33; *Burisch*, S. 82; *Barthold/Schütz*, S. 33; *Allenspach/Brechbühler*, S. 27 f.; *Faltermaier*, S. 76; *Felfe*, S. 98 f.; *Laux* in Enzyklopädie der Psychologie: Motivation und Emotion Band 1, Psychologische Streßkonzeptionen, S. 459; *Zapf/Semmer* in Enzyklopädie der Psychologie: Wirtschafts-, Organisations- und Arbeitspsychologie Band 3, Stress und Gesundheit in Organisationen, S. 1019.

64 Europäische Agentur für Sicherheit und Gesundheitsschutz am Arbeitsplatz, Zum Stand der Erforschung von arbeitsbedingtem Stress, S. 33; *Burisch*, S. 82 f.; *Barthold/Schütz*, S. 33; *Allenspach/Brechbühler*, S. 27 f.; *Faltermaier*, S. 76; *Felfe*, S. 98 f.; *Laux* in Enzyklopädie der Psychologie: Motivation und Emotion Band 1, Psychologische Streßkonzeptionen, S. 459; *Zapf/Semmer* in Enzyklopädie der Psychologie: Wirtschafts-, Organisations- und Arbeitspsychologie Band 3, Stress und Gesundheit in Organisationen, S. 1019.

65 Europäische Agentur für Sicherheit und Gesundheitsschutz am Arbeitsplatz, Zum Stand der Erforschung von arbeitsbedingtem Stress, S. 34 m.w.N.

Andererseits wird bemängelt, dass sich die Forschungsergebnisse, die *Selye* aus Tierversuchen gewonnen und dann direkt auf den Menschen übertragen hat, nicht ohne weiteres bei Humanexperimenten replizieren lassen, weil anzunehmen war, dass die Stressreaktion ein allgemeiner biologischer Mechanismus sei.[66]

Außerdem wird das physiologische Modell als zu simpel angesehen, da es auf einem relativ einfachen Reiz-Reaktions-Paradigma beruht. Dieses Stresskonzept ist aber nicht geeignet, um der Komplexität des menschlichen Wesens gerecht zu werden, denn es lässt individuelle Unterschiede der Personen außer Acht.[67] Somit wird eine weitere Schwachstelle deutlich: die Unspezifität.[68] Bei reaktionsorientierten Ansätzen wird davon ausgegangen, dass das als Stress bezeichnete Reaktionsmuster bzw. -schema in ähnlicher Form bei allen Reizen auftritt. Nicht jeder reagiert aber auf den gleichen Reiz mit derselben Reaktion.[69] Neben der Eigenschaft des Reizes kommt es maßgeblich auf die Umwelt- und Umgebungsbedingungen an, sowie auf die Wechselwirkung zwischen Person und diesen verschiedenen Umgebungen. Bei *Selye* ist das Individuum lediglich ein passives Medium, dass wie ein Automat auf Auslöser mit bestimmten Reaktionen antwortet.[70] Mittlerweile hat sich allerdings in der Psychologie die komplementäre Annahme zu *Selyes* Konzept theoretisch durchsetzen können und empirisch nachweisen lassen. Demnach können sich Stressreaktionen interindividuell unterscheiden und sogar situationsspezifisch intraindividuell variieren.[71]

b) Transaktionales Stressmodell nach Lazarus & Mitarbeiter

Während *Selyes* Konzept ab Anfang der 50er Jahre als Standardmodell in Wissenschaft und Öffentlichkeit maßgebend war und einer breiten Rezeption und Diskussion unterlag, begann ab Mitte der 70er Jahre eine Trendwende. *Selyes* Konzept sah sich zunehmender Kritik ausgesetzt und in der (arbeits-)psychologischen Fachwelt, ja sogar interdisziplinär, zeichnete sich nach anfänglichem Streit ein allgemeiner Konsens ab. Das transaktionale Stressmodell von *Lazarus & Mitarbeiter*

---

66 *Faltermaier*, S. 76 f. m.w.N.; *Laux* in Enzyklopädie der Psychologie: Motivation und Emotion Band 1, Psychologische Streßkonzeptionen, S. 460.

67 Europäische Agentur für Sicherheit und Gesundheitsschutz am Arbeitsplatz, Zum Stand der Erforschung von arbeitsbedingtem Stress, S. 34 f.

68 Europäische Agentur für Sicherheit und Gesundheitsschutz am Arbeitsplatz, Zum Stand der Erforschung von arbeitsbedingtem Stress, S. 34; *Felfe*, S. 28; *Weber*, S. 15.

69 *Faltermaier*, S. 74.

70 Europäische Agentur für Sicherheit und Gesundheitsschutz am Arbeitsplatz, Zum Stand der Erforschung von arbeitsbedingtem Stress, S. 35; *Allenspach/Brechbühler*, S. 28.

71 *Greif* in Greif/Bamberg/Semmer, Psychischer Streß am Arbeitsplatz, S. 9.

fungierte hierbei als Grundlage und darf heute aufgrund seines maßgeblichen Einflusses und breiter Anerkennung als das Standardkonzept betrachtet werden.[72]

Lazarus begann bereits in den 50er Jahren das Stressgeschehen vor dem Hintergrund der genannten reiz- und reaktionsorientierten Konzepte zu untersuchen. Ihm wurde aber schnell klar, dass diese Modelle einerseits zu einfach waren, um die Komplexität und den Zusammenhang zwischen Stressursachen und Stressfolgen adäquat zu beschreiben, da sich diese auf nur einen Variablenbereich beschränkten. Zum anderen wurden subjektive Prozesse der Wahrnehmung und Bewertung völlig ausgeklammert.[73] Daraufhin entwickelte er sein eigenes transaktionales Modell, welches nicht lediglich eine bestimmte Reizkonstellation bzw. ein bestimmtes psychologisches, physiologisches oder biochemisches Reaktionsmuster beschreibt, sondern von einer subjektiven, reziproken und dynamischen Beziehung zwischen der Person und ihrer Umwelt ausgeht, wobei komplexe Transaktionsprozesse zwischen den Anforderungen der Situation und dem handelnden Individuum stattfinden.[74] So wird „Stress" als

> *„Beziehungs- oder transaktionales Konzept behandelt, das bestimmte Anpassungsprozesse zwischen einem System (z.B. einer Person) und seiner Umwelt beschreibt."*[75]

Und „psychologischer Stress" ist nach *Lazarus/Folkman*

> *„die Beziehung zwischen Individuum und Umwelt, die von dem Individuum als seine eigenen Ressourcen auslastend oder überschreitend und als sein Wohlbefinden gefährdend bewertet wird."*[76]

Das transaktionale Modell beschreibt also, warum verschiedene Personen bzw. eine Person zu verschiedenen Zeitpunkten in gleichartigen Situationen nicht die gleichen Stressreaktionen erleben. Die wechselseitige Beziehung bzw. Interaktion zwischen Person und Umwelt (daher die Bezeichnung „transaktional") wird in diesem Konzept durch zwei Prozesse entscheidend dargestellt: kognitive Bewertungsprozesse (*cognitive appraisals*) und Bewältigungsmöglichkeiten (*coping*).

Dabei entscheiden die kognitiven Bewertungsprozesse, ob eine spezifische Wechselbeziehung bzw. Transaktion zwischen Individuum und Umwelt als stressig wahrgenommen wird („Habe ich ein Problem?"); wohingegen Coping

---

72 *Barthold/Schütz*, S. 27; *Enzmann*, S. 38; *Faltermaier*, S. 77, 79; *Greif* in Greif/Bamberg/Semmer, Psychischer Streß am Arbeitsplatz, S. 9; *Schlaugat*, S. 47.

73 *Schlaugat*, S. 47.

74 *Greif* in Greif/Bamberg/Semmer, Psychischer Streß am Arbeitsplatz, S. 9; *Weber*, S. 17.

75 *Lazarus/Launier*, S. 220.

76 Übersetzung des Autors nach *Lazarus/Folkman*, S. 19.

die Strategien und Möglichkeiten umfasst, mit dem die Person die als stressig wahrgenommenen Anforderungen/Herausforderungen reguliert und diesen entgegenwirkt („Wie kann dem begegnet werden?"). [77]

aa) Bewertungsprozesse

Die Bewertungsprozesse werden nach *Lazarus & Mitarbeiter* in drei Formen unterteilt: [78]

- primärer Bewertungsprozess (*primary appraisal*), welcher eine fortlaufende Überwachung der reziproken Beziehung zwischen Individuum und Umwelt und Einschätzung in Bezug auf das eigene Wohlbefinden umfasst [79]
- sekundärer Bewertungsprozess (*secondary appraisal*), welcher eine eingehende Analyse und Entwicklung von Bewältigungsstrategien beinhaltet, um eine mögliche Beeinträchtigung des Wohlergehens abzuwenden [80]
- und Neubewertung (*reappraisal*), welche durch die Verarbeitung und Reflexion von Informationen über die eigene Situation und Reaktion charakterisiert ist, wenn das Individuum bereits versucht hat bzw. gerade versucht, die belastende Situation zu bewältigen [81]

(1) Primäre Bewertung

Beispiel: [82]

Herr Miller ist als erfahrener Associate neu in die Arbeitsrechtspraxis der Großkanzlei Laboris gekommen. Es bestand für ihn bisher wenig Zeit, sich mit allen Kollegen vertraut zu machen und vertiefte Einblicke in die täglichen Arbeitsabläufe zu gewinnen. Denn bereits nach drei Tagen wird ihm ein umfangreiches Restrukturierungsprojekt eines der wichtigsten Mandantinnen der Großkanzlei von einem Seniorpartner mit folgenden Worten übertragen: „Enttäuschen Sie mich nicht!"

Bei der Ereigniseinschätzung handelt es sich um eine Evaluation der Person-Umwelt-Beziehung in Hinblick auf das subjektive Wohlergehen des Individuums

---

77 Europäische Agentur für Sicherheit und Gesundheitsschutz am Arbeitsplatz, Zum Stand der Erforschung von arbeitsbedingtem Stress, S. 41; *Enzmann*, S. 37 f.; *Lazarus/Folkman*, S. 31.

78 *Lazarus*, S. 75 ff.; *Lazarus/Folkman*, S. 31 ff.

79 Europäische Agentur für Sicherheit und Gesundheitsschutz am Arbeitsplatz, Zum Stand der Erforschung von arbeitsbedingtem Stress, S. 41.

80 *Faltermaier*, S. 78.

81 *Allenspach/Brechbühler*, S. 31; *Faltermaier*, S. 78.

82 angelehnt an *Barthold/Schütz*, S. 28.

nach den Kategorien *irrelevant, günstig/positiv* oder *stressrelevant/belastend.*[83] Auf Situationen, die als irrelevant oder günstig/positiv eingestuft wurden, folgt nach *Lazarus* keine weitere Reaktion/Einschätzung, da keine schädigenden Auswirkungen auf das Wohlbefinden zu befürchten sind.[84] Dies bedeutet jedoch nicht, dass die Situation nicht später noch als bedrohlich wahrgenommen werden kann.[85] Wird eine Transaktion jedoch als stressrelevant/belastend empfunden, so tritt eine Anpassungsreaktion ein bzw. der Stressprozess wird ausgelöst.[86] Stressrelevante/belastende Bewertungen treten dabei in drei Formen auf:[87]

- Schädigung/Verlust (*harm or loss*)
- Bedrohung (*threat*)
- Herausforderung (*challenge*)

Schädigung/Verlust bedeutet, eine Beeinträchtigung des Wohlbefindens ist bereits eingetreten; es handelt sich insoweit um eine retrospektive Bewertung. Bedrohung beinhaltet eine zukünftige Beeinträchtigung; der Schaden ist zwar noch nicht eingetreten, wird aber antizipiert. Bei der Herausforderung werden im Gegensatz zur Bedrohung positive Folgen/Nutzen aus einer zukünftigen Auseinandersetzung erwartet; die eigentlich belastende Situation kann unter Anstrengungen gemeistert werden.[88]

83 *Allenspach/Brechbühler*, S. 30; *Barthold/Schütz*, S. 27; *Burisch*, S. 85; *Enzmann*, S. 38; *Faltermaier*, S. 78; *Lazarus/Folkman*, S. 32; *Schlaugat*, S. 49; *Schulz* in Enzyklopädie der Psychologie: Gesundheitspsychologie Band 1, Stress- und Copingtheorien, S. 223; *Schuster/Haun/Hiller*, S. 32; *Starke*, S. 7; *Zapf/Dormann* in Schuler, Lehrbuch der Personalpsychologie, 23 Gesundheit und Arbeitsschutz, S 706.

84 *Barthold/Schütz*, S. 27; *Lazarus/Folkman*, S. 32; *Schlaugat*, S. 49.

85 *Schuster/Haun/Hiller*, S. 32.

86 *Barthold/Schütz*, S. 27; *Faltermaier*, S. 78.

87 *Allenspach/Brechbühler*, S. 31; *Barthold/Schütz*, S. 27 f.; *Burisch*, S. 85; *Enzmann*, S. 38; *Faltermaier*, S. 78; *Lazarus*, S. 76; *Lazarus/Folkman*, S. 32 f.; *Schlaugat*, S. 49; *Schulz* in Enzyklopädie der Psychologie: Gesundheitspsychologie Band 1, Stress- und Copingtheorien, S. 223; *Schuster/Haun/Hiller*, S. 32; *Starke*, S. 7; *Zapf/Dormann* in Schuler, Lehrbuch der Personalpsychologie, 23 Gesundheit und Arbeitsschutz, S 706.

88 *Barthold/Schütz*, S. 27 f.; *Burisch*, S. 85; *Faltermaier*, S. 78; *Lazarus/Folkman*, S. 32 f.; *Schlaugat*, S. 49; *Schulz* in Enzyklopädie der Psychologie: Gesundheitspsychologie Band 1, Stress- und Copingtheorien, S. 223; *Schuster/Haun/Hiller*, S. 32; *Starke*, S. 7; *Zapf/Dormann* in Schuler, Lehrbuch der Personalpsychologie, 23 Gesundheit und Arbeitsschutz, S 706.

Auf das Eingangsbeispiel übertragen lassen sich verschiedene Konstellationen darstellen:[89]

Herr Miller kann die ihm auferlegte Aufgabe und aktuelle Situation unterschiedlich bewerten:

- irrelevant: „Geht in Ordnung. Alles Routine!"
- günstig/positiv: „Interessantes Mandat! Endlich mal was Neues. Gut, dass mein Chef mich ausgewählt hat."
- stressrelevant:
  - „Warum denn ich? Die nächsten Wochenenden sind damit gestorben." (Schädigung/Verlust)
  - „Wenn das mal gutgeht. Ich darf jetzt keinen Fehler machen." (Bedrohung)
  - „Das ist meine Chance, mich hier zu beweisen! Ich werde mich sehr anstrengen." (Herausforderung)

Natürlich läuft eine solche Bewertung nicht so stringent und voneinander losgelöst ab, auch schließen sich die Bewertungskategorien nicht zwangsläufig gegenseitig aus.[90] Insbesondere die Einschätzung einer Situation als Bedrohung oder Herausforderung ist eng miteinander verknüpft und läuft meist simultan ab. Es kommt dann lediglich auf das subjektive Empfinden an, ob die Lage als überwiegend bedrohend oder herausfordernd evaluiert wird. Auch kann eine Transaktion zunächst als bedrohend angesehen werden und später dann als herausfordernd und umgekehrt. So z.B. wenn sich die Umweltbedingungen ändern.

> *„Threat and challenge are not necessarily mutually exclusive. […] We want to emphasize that we do not view threat and challenge appraisals as poles of a single continuum. As we stated above, threat and challenge can occur simultaneously and must be considered as seperate, although often related constructs. […] A situation that is appraised as more threatening than challenging can come to be appraised as more challenging than threatening […] through changes in the environment"*[91]

(2) Sekundäre Bewertung

Wurde nach einer ersten Bewertung eine Situation als stressrelevant bewertet, so erfolgt nun ein sekundärer Bewertungsprozess. In diesem komplexen Prozess werden die persönlichen Bewältigungsfähigkeiten bzw. -möglichkeiten in Bezug auf das stressauslösende Ereignis geprüft, eingeschätzt und ausgewählt („Welche Copingstrategien stehen mir zur Verfügung?"). Sodann werden die entsprechenden

89 wieder angelehnt an *Barthold/Schütz*, S. 28 f.

90 *Schneglberger*, S. 58.

91 *Lazarus/Folkman*, S. 33 f.

Erfolgsaussichten eruiert, wobei sowohl Wirksamkeitserwartungen („Mit welcher Wahrscheinlichkeit lassen sich diese Copingstrategien effektiv ausführen?") als auch Ergebniserwartungen („Wie gut sind die mir zur Verfügung stehenden Copingstrategien geeignet, das gewünschten Ergebnis herbeizuführen?") von Bedeutung sind.[92] Während es also bei der primären Bewertung um das subjektive Wohlbefinden geht, spielen bei der sekundären Bewertung die subjektiven Ressourcen die entscheidende Rolle. Es werden demzufolge alle Ressourcen überprüft, die persönlich verfügbar erscheinen,[93] um die Konsequenzen eines Verlusts abzumildern, eine Bedrohung abzuwenden oder auf eine Herausforderung einzugehen. Eine Einschätzung erfolgt sowohl auf Merkmalen der Person selbst (z.B. Kompetenzen, Ziele, Wertvorstellungen, etc.) als auch auf Umweltmerkmalen (z.B. Vorhandensein eines sozialen Netzes).[94] Dabei ist es unerheblich, ob die Ressourcen tatsächlich (objektiv) zur Verfügung stehen, entscheidend ist allein die subjektiv wahrgenommene Bewältigungsmöglichkeit.[95]

Wichtig aber ist festzuhalten, dass die Bezeichnung der ersten beiden Prozesse (primäre und sekundäre Bewertung) weder eine strikte zeitliche Abfolge noch eine unterschiedliche Gewichtung impliziert. Vielmehr sind beide Prozesse miteinander verknüpft und beeinflussen sich gegenseitig.[96] So hat die sekundäre Bewertung Rückwirkung auf die primäre, denn eine Situation wird in der Regel nur dann als Bedrohung wahrgenommen, wenn unzureichende Bewältigungsmöglichkeiten antizipiert werden.[97] Insoweit ist die Begriffswahl etwas unglücklich und missverständlich, was auch *Lazarus & Mitarbeiter* bereits erkannt haben.[98]

> *„The choice of terminology, ‚primary' and ‚secondary', was unfortunate fort wo reasons. First these terms suggest, errouneously, that one is more important (i.e., primary) than the other, or that one precedes the other in time. Neither of these meanings is intended. […] It is awkward to try to change terms after they have found a place in the literature, however, so we think it is wise not to replace ‚primary' and ‚secondary' with connotatively more accurate terms."*

92 *Enzmann*, S. 39; *Lazarus/Folkman*, S. 35; *Schneglberger*, S. 58 f.

93 *Schuster/Haun/Hiller*, S. 33.

94 *Starke*, S. 9.

95 *Lanz*, S. 45.

96 *Barthold/Schütz*, S. 27; *Burisch*, S. 86; *Schlaugat*, S. 49; *Schneglberger*, S. 59; *Zapf/Dormann* in Schuler, Lehrbuch der Personalpsychologie, 23 Gesundheit und Arbeitsschutz, S. 706 f.

97 *Barthold/Schütz*, S. 29.

98 *Lazarus/Folkman*, S. 31.

Präziser sind die Termini *Ereigniseinschätzung* (primärer Bewertung) und *Ressourcenwahrnehmung* (sekundäre Bewertung).[99]

Auf das Eingangsbeispiel bezogen könnte sich Herr Miller im Rahmen der sekundären Bewertung folgende Gedanken machen:[100]

- „Ich kenne mich hier noch gar nicht richtig aus, wie soll ich das denn bloß schaffen?"
- „Ich habe meine Aufgaben bisher immer meistern können."
- „Sollte mir bestimmtes Wissen fehlen, so kann ich mir dieses immer noch aneignen."

(3) Neubewertung

Es wurde bereits thematisiert, dass sich primäre und sekundäre Bewertungsprozesse zeitlich nicht voneinander abgrenzen lassen, dies ist beim Prozess der Neubewertung anders. Dieser tritt nämlich nur dann ein, wenn nach bereits vollzogenen ersten beiden Bewertungen neue Informationen aus der Umwelt verarbeitet werden.[101] Denn die Transaktionen zwischen Individuum und Umwelt unterliegen einem stetigen Wandel und müssen somit immer wieder neu evaluiert werden. So kann eine vormals belastende Situation nach erfolgreicher Bewältigung beim nächsten Mal als nicht mehr so belastend bzw. lediglich als Herausforderung wahrgenommen werden.[102] Somit beeinflussen die Erfahrungen, die eine Person in einer aktuellen Situation macht, die Bewertungen und die Reaktionen in zukünftigen Situationen.[103]

bb) Bewältigungsstrategien

Während es bisher nur um die Einschätzung und Wahrnehmung einer Situation ging, baut der zweite Teil des transaktionalen Stressmodells auf dem sog. Coping – konkreter Versuch einer Person, die belastende Situation zu bewältigen – auf. Dabei verstehen *Lazarus/Folkman* Coping als:

> *„constantly changing cognitive and behavioral efforts to manage specific external and/or internal demands that are appraised as taxing or exceeding the resources of the person."*[104]

---

99 *Starke*, S. 7.
100 angelehnt an *Barthold/Schütz*, S. 29.
101 *Lazarus/Folkman*, S. 38; *Schneglberger*, S. 59.
102 *Faltermaier*, S. 78 f; *Schuster/Haun/Hiller*, S. 33.
103 *Lanz*, S. 46.
104 *Lazarus/Folkman*, S. 141.

Dieser Definition immanent ist die transaktionale Ausrichtung, denn Bewältigung bezieht sich jeweils auf die subjektiv wahrgenommenen Anforderungen („specific … demands … appraised"). Auch eine zeitliche Komponente ist enthalten, wenn Copingbemühungen als sich ständig verändernd („constantly changing") beschrieben werden. Stressgeschehen und darauf bezogene Bewältigung sind als dynamisch und prozesshaft zu verstehen. Ferner wird von Bemühungen („efforts") gesprochen. Dies setzt irgendeine Anstrengung bzw. bewusste Entscheidung über das konkrete Vorgehen/Unterlassen voraus und bedeutet eben nicht, dass eine Person automatisch auf Stressreize reagiert bzw. sich an Veränderungen anpasst.[105]

Coping bezieht sich nach *Lazarus & Mitarbeiter* auf zwei Aspekte: zum einen auf das stressauslösende Problem, zum anderen auf die dadurch ausgelösten Stressemotionen. So wird folglich auch zwischen problemorientiertem und emotionsorientiertem Coping unterschieden.[106]

Während problemorientierte Bewältigungsversuche auf die positive Veränderung der Personen-Umwelt-Beziehung gerichtet sind, also primär eine Änderung der sachbezogenen Anforderungen, die zu den Belastungen geführt haben, dient die emotionsorientierte Bewältigung der Regulation der hierdurch ausgelösten und belastenden Emotionen.[107] Für beide Determinanten werden noch vier inhaltliche Formen von Bewältigung unterschieden: Coping kann erstens darin bestehen, nach Informationen zu suchen, zweitens direkte Handlungen vorzunehmen, drittens Handlungen zu unterlassen/Handlungsimpulse zu unterdrücken und schließlich Belastungen durch intrapsychische Prozesse zu bewältigen.[108]

Anschaulich verdeutlicht werden soll dieses abstrakte Konzept durch Anwendung auf das Beispiel von Herr Miller und seinem Restrukturierungsmandat:

a) problemorientiertes Coping
   - sich sogleich auf die Suche nach einschlägiger Rechtsprechung zum Restrukturierungsprojekt machen (Informationssuche)
   - seine Kollegen um Hilfe bitten (direkte Handlung)
   - das Projekt nicht durch eine impulsive Beleidigung seines Chefs zu gefährden (Handlungsimpulse unterdrücken)

---

105 *Faltermaier*, S. 100.

106 *Lazarus*, S. 114; *Lazarus/Folkman*, S. 150.

107 *Barthold/Schütz*, S. 29; *Burisch*, S. 86; *Faltermaier*, S. 101; *Lanz*, S. 46; *Schneglberger*, S. 60; *Semmer/Udris* in Lehrbuch Organisationspsychologie, Bedeutung und Wirkung von Arbeit, S. 179; *Starke*, S. 10; *Zapf/Dormann* in Schuler, Lehrbuch der Personalpsychologie, 23 Gesundheit und Arbeitsschutz, S 707.

108 *Faltermaier*, S. 101; *Starke*, S. 11.

- die übertragene Aufgabe und die damit verbundenen Belastungen akzeptieren (intrapsychische Bewältigung)

b) emotionsorientiertes Coping
- sich sogleich auf die Suche nach Stressbewältigungsliteratur machen (Informationssuche)
- sich ruhige und entspannende Musik anhören (direkte Handlung)
- keine Medikamente/Alkohol zu sich nehmen (Handlungen unterlassen)
- die übertragene Aufgabe und die damit verbundenen Belastungen verdrängen (intrapsychische Bewältigung)

Zudem ist zu erwähnen, dass problemorientiertes Coping meist dann eingesetzt wird, wenn eine Situation als grundsätzlich beherrschbar wahrgenommen wird, wohingegen emotionsorientiertes Coping zum Einsatz kommt, wenn eine Situationskontrolle nicht möglich scheint.[109]

cc) Zwischenergebnis

Zusammengefasst bedeutet dies: eine Person empfindet nach dem gerade beschriebenen transaktionalen Stressmodell immer dann Stress, wenn erstens ein Ereignis als bedrohlich für das Wohlbefinden bewertet wird und zweitens geglaubt wird, man verfüge nicht über effektive und ausreichende Bewältigungsfähigkeiten und Bewältigungsmöglichkeiten. Ferner wird das Erleben vom Prozess des Coping beeinflusst, da eine Person während und nach einem solchen Bewältigungsprozess die eingesetzten Strategien als nicht hinreichend effektiv bewerten kann und über das Erlebte noch einmal reflektiert.[110]

Die Abläufe und Prozesse im transaktionalen Stressmodell soll nachfolgende Grafik nochmals veranschaulichen und zusammenfassen.

109 *Lanz*, S. 46.
110 *Schlaugat*, S. 51.

Grafik: Transaktionales Stressmodell nach Lazarus & Mitarbeiter[111]

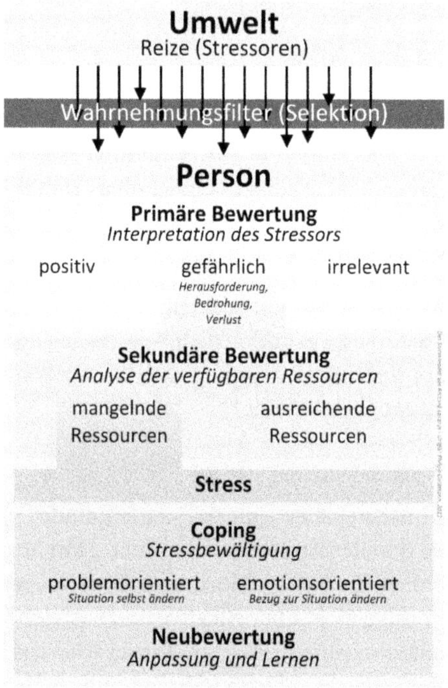

dd) Kritik am transaktionalen Stresskonzept

Größter Kritikpunkt an dem Konzept von *Lazarus* ist, dass durch die methodologische Dynamik und Komplexität des Modells eine eindeutige empirische Überprüfung und Bewertung unmöglich ist.[112]

> *„Zur umfassenden Überprüfung des transaktionalen Modells wäre es für jeden gegebenen hypothetischen Stressor, etwa Lärm oder Zeitdruck, erforderlich, alle theoretisch denkbaren, möglicherweise individuell moderierenden oder situativ beeinflußbaren Bewertungen und individuell verschiedenen Bewältigungsstrategien und Kompetenzen zu untersuchen.*

---

111 Grafik „Das Stressmodells von Richard Lazarus", erstellt von *Philipp Guttmann*, 2012, http://de.wikipedia.org/wiki/Datei:Stressmodell_von_Richard_Lazarus.png, zuletzt abgerufen am 5.6.2014.

112 *Faltermaier*, S. 79; *Greif* in Greif/Bamberg/Semmer, Psychischer Streß am Arbeitsplatz, S. 10; *Schlaugat*, S. 51; *Schulz* in Enzyklopädie der Psychologie: Gesundheitspsychologie Band 1, Stress- und Copingtheorien, S. 223; *Weber*, S. 18.

Die möglichen Dimensionen und Interaktionen wären dabei so vielfältig, daß aus dem Modell nahezu beliebige kausale Wirkungshypothesen abgeleitet werden können."[113]

Zu diesem „Beliebigkeitsproblem" kommt erschwerend noch hinzu, dass in diesem Modell viele Komponenten nur unzureichend ausgearbeitet sind[114] bzw. es zu unbestimmt[115] und unvollständig in Bezug auf die Berücksichtigung stressauslösender Bedingungen[116] ist. Auch werden im Modell keine konkreten individuellen Voraussetzungen miteinbezogen und auch keine spezifischen Strategien zur Stressbewältigung thematisiert[117] und es lassen sich nur schwer substantielle Aussagen über Prädiktoren von Stressempfindungen, Stressreaktionen und Stressfolgen ableiten.[118]

Schließlich machen *Lazarus/Folkman* selber deutlich, dass ihr Ansatz die Gefahr zirkulärer Schlüsse beinhaltet, indem sie konstatieren:

„*Phenomenology has negative connotations that could throw into question certain aspects of our cognitive approach: first, that appraisal is a private, subjective process that has an uncertain relationship to the objective environment; second, that the concept of appraisal is inevitably circular, because in order to predict the emotional or adaptional outcome we must ask the person how he or she construes events; in turn, the subjective appraisal itself can only be verified by reference to the very outcome we want to predict.*"[119]

Allerdings ist *Faltermaier*[120] zuzustimmen, dass es in der psychologischen Stressforschung bislang kaum adäquate Alternativen gibt.

c) Zusammenfassung

Wie gesehen gibt es keine eindeutige und abschließende Definition des Begriffs „Stress". Auch wurden im Laufe der Jahre zahlreiche Theorien zur Beschreibung und Erklärung dieses Phänomens entwickelt. Die beiden prominentesten sind die physiologische Stresstheorie nach *Selye* und das transaktionale Konzept von *Lazarus & Mitarbeiter*.

Selyes Theorie als reaktionsorientierter Ansatz baut auf dem von ihm entwickelten *Allgemeinen Adaptionssyndrom* (AAS) auf. Empirisch basierend auf einer

---

113 *Greif* in Greif/Bamberg/Semmer, Psychischer Streß am Arbeitsplatz, S. 10.
114 *Schlaugat*, S. 52.
115 *Weber*, S. 17.
116 *Schuster/Haun/Hiller*, S. 34.
117 *Lanz*, S. 47.
118 *Enzmann*, S. 40.
119 *Lazarus/Folkman*, S. 46.
120 *Faltermaier*, S. 79.

Vielzahl tierischer Experimente erkannte *Selye* ein allgemeines und unspezifisches Reaktionsmuster, welches zeitlich in drei Phasen eingeteilt werden kann: bei erster Konfrontation mit dem (schädlichen) Reiz zeigt der Körper zunächst eine *Alarmreaktion*. Bei andauernder Einwirkung des Stressors werden in der *Widerstandsphase* alle Kräfte mobilisiert, um sich soweit wie möglich der Situation anzupassen. Wird der schädliche Einfluss des Reizes weiter fortgesetzt, so kommt es in einer finalen *Erschöpfungsphase* zu irreversiblen Schäden des Organismus.

Die kognitive Bewertung ist der zentrale Punkt im Modell von *Lazarus & Mitarbeiter*. Ausgehend von einer transaktionalen Beziehung zwischen Individuum und Umwelt wird angenommen, dass Personen Situationen dahingehend überprüfen, ob diese für sie subjektiv irrelevant, positiv oder stressrelevant sind (*primäre Bewertung*). Das Ereignis wird – in Abhängigkeit der jeweiligen Einschätzung – als Gewinn, Herausforderung, Bedrohung oder Schädigung/Verlust wahrgenommen. In einem zweiten Schritt wird dann eruiert, ob zur Bewältigung genügend Ressourcen und Kontrollmöglichkeiten zur Verfügung stehen, wobei sowohl personale wie auch soziale Ressourcen berücksichtigt werden (*sekundäre Bewertung*). Beide Bewertungsprozesse sind miteinander verknüpft und erst wenn ein Ungleichgewicht bzw. eine Diskrepanz zwischen den Anforderungen und den subjektiv zur Verfügung stehenden Ressourcen festgestellt wird, kommt es zu einer Stressreaktion. Neue Informationen können zu einer *Neubewertung* führen. Aus der Interaktion von Ereigniseinschätzung- und Ressourcenwahrnehmung resultieren Bewältigungsanstrengungen (*coping*), die entweder problemorientierter oder emotionsorientierter Natur sind.

II. Stressreaktion und Folgen

Nachdem im vorigen Abschnitt erläutert wurde wie Stress entsteht, soll in diesem Kapitel nun geklärt werden, wie eine Stressreaktion abläuft und welche Auswirkungen dies für den Körper und die Gesundheit hat.

1. Stressoren und Stressreaktion

Wie in Kapitel 2. gesehen sind die Begriffspaare Belastung und Beanspruchung sehr allgemein: unter psychischen Belastungen lassen sich alle beliebigen Umgebungsfaktoren subsumieren und alle beliebigen Reaktionen bzw. Folgen als psychische Beanspruchung bezeichnen.[121] Deswegen erscheint es sinnvoll die Begriffe

---

121 *Greif* in Greif/Bamberg/Semmer, Psychischer Streß am Arbeitsplatz, S. 4 f.

Stressor und Stressreaktion einzuführen und diese den sehr allgemeinen Begriffen Belastung und Beanspruchung unterzuordnen.[122]

a) *Stressoren*

Im Alltag bestimmen verschiedene Faktoren unser Leben und wirken auf uns ein. So beeinflusst die Persönlichkeit und die genetische Veranlagung unser Handeln, genauso wie unsere Mitmenschen und Umwelt. Dabei entfalten einige dieser Faktoren negative Auswirkungen auf unsere Gesundheit. Solche Faktoren, welche das Auftreten von Stressreaktionen sowie deren Folgen fördern, bezeichnet man als Stressoren. Anders gesagt: **Stressoren** „sind hypothetische Faktoren, die mit erhöhter Wahrscheinlichkeit „Streß" (oder „Streßempfindungen") auslösen".[123] Gemeint sind damit Objekte, Reize, Situationen und Ereignisse, welche abhängig von ihrer Stärke und den Bewältigungsfähigkeiten einer Person zu einer Stressreaktion führen können.[124] Diese sehr subjektiven Bedingungen müssen nicht zwangsläufig bei jeder Person zu einer Stressreaktion führen, vielmehr hängt das Ausmaß auch vom individuellen Befinden und der eigenen Persönlichkeit ab. Demnach können unterschiedliche Personen ungleich anders auf ein und denselben Stressor reagieren.[125] Wie gesehen führt die individuelle Bewertung einer Situation zu einer subjektiven Reaktion. Dabei wird eine Stressreaktion oft durch das gemeinsame Auftreten unterschiedlicher Stressoren bedingt, welche sich nicht nur ergänzen, sondern sich auch gegenseitig verstärken können.[126]

Da es auch im Arbeitskontext eine vielfältige aber kaum überschaubare Anzahl potentieller Stressoren gibt, erscheint eine gewisse Strukturierung und Klassifikation unumgänglich, um die Komplexität dieses Themas etwas zu reduzieren. Im Laufe der Zeit wurden aus diesen pragmatischen Überlegungen verschiedene Klassifikationsversuche unternommen.[127] Eine solche Klassifikation unterliegt naturgemäß einer gewissen Willkür, auch kann keine abschließende

122 *Greif* in Greif/Bamberg/Semmer, Psychischer Streß am Arbeitsplatz, S. 6 f.; in diesem Sinne wohl auch *Wenchel*, S. 22.

123 *Greif* in Greif/Bamberg/Semmer, Psychischer Streß am Arbeitsplatz, S. 13.

124 *Allenspach/Brechbühler*, S. 20.

125 *Allenspach/Brechbühler*, S. 20; *Barthold/Schütz*, S. 26.

126 *Allenspach/Brechbühler*, S. 23; *Barthold/Schütz*, S. 62.

127 vgl. etwa *Allenspach/Brechbühler*, S. 40; *Felfe*, S. 104; *Laux* in Enzyklopädie der Psychologie: Motivation und Emotion Band 1, Psychologische Streßkonzeptionen, S. 473; *McGrath*, Stress und Verhalten in Organisationen, S. 460; *Semmer/Udris* in Lehrbuch Organisationspsychologie, Bedeutung und Wirkung von Arbeit, S. 174;

oder vollzählige Aufstellung erfolgen. Eines wird beim Betrachten solcher Aufzählungen aber deutlich: die Arbeitstätigkeit ist offensichtlich mit verschiedenen Stressoren verbunden, welche potentiell krank machen können. Dabei erleben die meisten Arbeitnehmer bei ihrer täglichen Tätigkeit eine Vielzahl der nachfolgend aufgeführten Stressoren.

Tabelle: Stressoren im Arbeitskontext[128]

Physische Bedingungen	► Umgebungsbedingungen (Lärm, Hitze, Lichtverhältnisse) ► einseitige Körperhaltung (ständiges Stehen, Arbeit über Kopf) ► giftige Stoffe ► technische Einrichtung, Werkstoffe
Arbeitsaufgabe und Arbeitsorganisation	► qualitative und quantitative Über-/Unterforderung ► hoher Zeitdruck, Überstunden, mangelnde Planbarkeit, flexible Arbeitszeiten ► große Intensität: hohe Konzentrationsnotwendigkeiten, geforderte Daueraufmerksamkeit ► Rollenstress (Rollenüberforderung, Rollenkonflikt, Rollenambiguität) ► zu kleiner Handlungs- und Entscheidungsspielraum ► Probleme in der Arbeitsorganisation (fehlendes Material, unvollständige Informationen, mangelhafte Werkzeuge, häufige Arbeitsunterbrechungen und Störungen) ► problematisches Führungsverhalten der Vorgesetzten
Soziale Bedingungen	► soziale Konflikte (Vorgesetzte, Kollegen) ► Mobbing ► hohe soziale Abhängigkeit (Kooperationszwänge) ► Umgang mit schwierigen Kunden/Mandanten/Patienten ► soziale Dichte (Überbelegung) ► soziale Isolation (Unterbelegung)
Organisationale Bedingungen	► Gratifikationskrisen ► erlebte organisationale Ungerechtigkeit ► problematische Informationspolitik ► Konflikt zwischen Arbeit und Privatleben

Europäische Kommission Generaldirektion Beschäftigung und Soziales, Streß am Arbeitsplatz – ein Leitfaden, 2000, S. 15.

128 nach *Barthold/Schütz*, S. 63; sowie *Schuster/Haun/Hiller*, S. 43.

b) Stressreaktion

Stressempfinden/Stressreaktion bezeichnet die Reaktion auf Anforderungen in einer als wichtig eingeschätzten Situation, die mit den vorhandenen Mitteln und Fähigkeiten nicht bzw. nicht angemessen gemeistert werden kann.[129] Stressreaktionen beschreiben also die unmittelbar auf Stressoren folgenden psychischen Zustände und Verhaltensweisen. Diese sind also nicht zu verwechseln mit den langfristigen Folgen von Stress, welche im nachfolgenden Kapitel näher erläutert werden. Dabei können solche Reaktionen auf verschiedenen Ebenen auftreten:[130] die Stressreaktion beeinflusst die Art und Weise der Informationsverarbeitung und des Denkens (kognitive Ebene), äußert sich in beobachtbarem Verhalten (behaviorale Ebene), hat Auswirkungen auf Emotionen (emotionale Ebene) und zeigt sich auch in physiologischen Veränderungen (körperliche Ebene).

aa) Kognitive Ebene

Im Rahmen der Stressreaktion sind auf kognitiver Ebene besonders die Wahrnehmung, das Denken und das Problemlösen betroffen. Stress beansprucht die mentale Kapazität und bindet die Aufmerksamkeit, es kommt zum sog. „Tunnelblick". Dabei wird die Wahrnehmung eingeschränkt und man fokussiert sich auf einen bestimmten Stressor während die Aufmerksamkeit für andere Informationen und Reize als den Stressor eingeschränkt wird. Da das Denken nun gezielt auf den Stressor gerichtet ist und die Gedanken um das akute Problem kreisen, geht ein Teil der Objektivität verloren und irrationale Denkmuster treten auf. Es wird oft die naheliegendste (Not-)Lösung gewählt, welche aber meist nicht die Beste ist. Damit ist die Problemlösungs- und Entscheidungskompetenz beeinträchtigt. Man beschäftigt sich nur noch mit den negativen Folgen und grübelt über die Ursache der Stressreaktion. Eine „Leere im Kopf", Denkblockaden, Wortfindungsstörungen und Minderung der Gedächtnisleistung können

129 *Allenspach/Brechbühler*, S. 20; *Barthold/Schütz*, S. 24; *Greif* in Greif/Bamberg/Semmer, Psychischer Streß am Arbeitsplatz, S. 13.

130 *Barthold/Schütz*, S. 31; *Laux* in Enzyklopädie der Psychologie: Motivation und Emotion Band 1, Psychologische Streßkonzeptionen, S. 476; *Litzcke/Schuh*, S. 24; *Schuster/Haun/Hiller*, S. 35; *Windemuth* in Windemuth/Jung/Petermann, Praxishandbuch psychische Belastungen im Beruf, Stress, S. 335; *Zapf/Semmer* in Enzyklopädie der Psychologie: Wirtschafts-, Organisations- und Arbeitspsychologie Band 3, Stress und Gesundheit in Organisationen, S. 1013.

die Folge sein.[131] Insgesamt kommt es also zu Leistungseinbußen[132] bzw. –verschlechterungen.[133]

bb) Behaviorale Ebene

Diese Ebene umfasst das beobachtbare Verhalten einer Person, also das, was diese in einer belastenden Situation sagt oder tut.[134] Da die Wahrnehmung, das Denken sowie das Problemlösen und Entscheiden während einer Stressreaktion beeinträchtigt ist, bleibt eine Auswirkung auf das Verhalten nicht aus.[135] Es sind grundsätzlich drei Reaktionen auf einen Stressor denkbar:[136] die aktive Reaktion (Kontrollieren), die sich in höherer Anstrengung oder aber Flucht äußert; das Tolerieren, also das Akzeptieren verbunden mit der Hoffnung auf Besserung; sowie das passive Ertragen (Resignieren), welches auch in die schlichte Ignoranz des Stressors münden kann. Jedoch kann jede dieser Verhaltensweisen auch in negative Folgen umschlagen; so kann die aktive Reaktion in Aggression und Gereiztheit enden (Konflikte mit Kollegen), die passive Reaktion in Selbstzweifel und Ängstlichkeit („Hinschmeißen").[137] Auf den Arbeitskontext übertragen bedeutet dies, dass sich Stressreaktionen in hastigem und ungeduldigem Verhalten zeigen (Verzicht auf Pausen/Mittagessen, schnelleres Arbeiten zu Lasten der Qualität), zu Betäubungsverhalten führen (erhöhte und unkontrollierte Einnahme von Medikamenten, Alkohol und Nikotin) oder sich in unkoordiniertem Verhalten äußern (mehrere Dinge gleichzeitig erledigen, mangelnde Planung/

---

131 *Barthold/Schütz*, S. 38 f.; *Litzcke/Schuh*, S. 24 f.; *Schuster/Haun/Hiller*, S. 38 f.; *Windemuth* in Windemuth/Jung/Petermann, Praxishandbuch psychische Belastungen im Beruf, Stress, S. 335; *Zapf/Semmer* in Enzyklopädie der Psychologie: Wirtschafts-, Organisations- und Arbeitspsychologie Band 3, Stress und Gesundheit in Organisationen, S. 1015 ff.

132 *Litzcke/Schuh*, S. 25.

133 *Zapf/Semmer* in Enzyklopädie der Psychologie: Wirtschafts-, Organisations- und Arbeitspsychologie Band 3, Stress und Gesundheit in Organisationen, S. 1017.

134 *Schuster/Haun/Hiller*, S. 39.

135 *Windemuth* in Windemuth/Jung/Petermann, Praxishandbuch psychische Belastungen im Beruf, Stress, S. 335.

136 *Litzcke/Schuh*, S. 30.

137 *Litzcke/Schuh*, S. 30; *Windemuth* in Windemuth/Jung/Petermann, Praxishandbuch psychische Belastungen im Beruf, Stress, S. 335.

Ordnung)[138]. Damit lässt auch hier die Leistung sowohl quantitativ als auch qualitativ nach.[139]

cc) *Emotionale Ebene*

Auf dieser Ebene entstehen sehr unterschiedliche Empfindungen, von Aggression über Angst bis hin zur Hilflosigkeit. Personen reagieren dabei nervös, unsicher, gehetzt, unzufrieden und empfinden Schuldgefühle.[140] Es kommt immer häufiger zu Gefühlsausbrüchen, ebenso schwächen sich moralische Zwänge ab.[141] Auch fühlen sich Personen oft wertlos, das Gefühl, gesund zu sein schwindet und das subjektive Wohlbefinden nimmt ab.[142] Im Arbeitskontext zeigen sich auch Formen berufsrelevanter Angst. Zum einen entsteht eine gewisse Besorgtheit angesichts von Leistungsanforderungen, welche als selbstwertbedrohlich eingeschätzt werden (Leistungsangst). Zum anderen kommt es zur sog. sozialen Angst. Diese äußert sich dadurch, dass man sich fürchtet vor einer Gruppe zu sprechen oder mit dem Vorgesetzten zu verhandeln.[143]

dd) *Körperliche Ebene*

Die physiologischen Auswirkungen von Stressoren wurden bereits im Kapitel zu *Selyes* Stressmodell beschrieben.[144] Ohne dies nochmals zu wiederholen sei so viel gesagt: bei der physiologischen Stressreaktion kommt es zu einem Zusammenspiel von zentralem Nervensystem und Hormonsystem. Dabei werden unterschiedliche Organe aktiviert und Hormone freigesetzt. Die Reaktion ist gekennzeichnet von erhöhtem Pulsschlag und Blutdruck sowie erhöhter Muskelaktivität. Des Weiteren werden Stresshormone wie Adrenalin und Cortisol ausgeschüttet.[145]

---

138 *Barthold/Schütz*, S. 39 f.; *Litzcke/Schuh*, S. 31; *Schuster/Haun/Hiller*, S. 39; *Windemuth* in Windemuth/Jung/Petermann, Praxishandbuch psychische Belastungen im Beruf, Stress, S. 335; *Zapf/Semmer* in Enzyklopädie der Psychologie: Wirtschafts-, Organisations- und Arbeitspsychologie Band 3, Stress und Gesundheit in Organisationen, S. 1016 f.

139 *Windemuth* in Windemuth/Jung/Petermann, Praxishandbuch psychische Belastungen im Beruf, Stress, S. 335.

140 *Barthold/Schütz*, S. 39; *Litzcke/Schuh*, S. 26; *Schuster/Haun/Hiller*, S. 39.

141 *Barthold/Schütz*, S. 39; *Litzcke/Schuh*, S. 26.

142 *Litzcke/Schuh*, S. 26; *Windemuth* in Windemuth/Jung/Petermann, Praxishandbuch psychische Belastungen im Beruf, Stress, S. 335.

143 *Litzcke/Schuh*, S. 27.

144 vgl. hierzu Kapitel B. I. 3. a).

145 *Windemuth* in Windemuth/Jung/Petermann, Praxishandbuch psychische Belastungen im Beruf, Stress, S. 335.

2. Stresssymptome und Beanspruchungsfolgen

Im vorigen Abschnitt wurden die kurzfristigen Folgen und Reaktion auf Stress thematisiert. Ebenfalls wurde im Rahmen des Belastungs-Beanspruchungs-Konzept unter dem Begriff Beanspruchung vor allem kurzfristige Folgen von Belastungen aufgezeigt. In diesem Zusammenhang[146] waren daneben einige längerfristige Folgen (psychische Ermüdung, Monotonie und psychische Sättigung) zu erläutern. Chronischer Stress hat jedoch eine Vielzahl an langfristigen und dauerhaften Auswirkungen. Auch hier ist wieder zischen verschiedenen Ebenen zu unterscheiden. Einen Überblick soll nachfolgende Tabelle geben.

Tabelle: Klassifikation möglicher Stresssymptome und Beanspruchungsfolgen[147]

		kurzfristig/akut	**langfristig/chronisch**
Physiologisch, somatisch		► erhöhte Herzfrequenz ► Blutdrucksteigerung ► Adrenalinausschüttung ► («Stresshormone»)	► koronare Herzerkrankung ► Magen-Darm-Geschwüre ► Schlafstörungen ► Libidoverlust
Psychisch (Erleben)		► Anspannung ► Frustration ► Ärger ► Panik	► Ermüdung/Monotonie/Sättigung ► Resignation ► Depression ► Burn-out
Verhaltens-mäßig	**individuell**	► Leistungsschwankung ► nachlassende Konzentration ► Fehler ► schlechte sensumotorische Koordination	► vermehrter Nikotin-, Alkohol-, Tablettenkonsum ► Fehlzeiten ► Absentismus
	sozial	► Konflikte ► Streit ► Aggression gegen andere ► Rückzug (Isolierung) innerhalb und außerhalb der Arbeit	

146 vgl. hierzu Kapitel B. I. 2. b).

147 überarbeitete Version von *Kaufmann/Pornschlegel/Udris*, Arbeitsbelastung und Beanspruchung, S. 24; vgl. auch *Allenspach/Brechbühler*, S. 33; *Barthold/Schütz*, S. 41 ff.; *Litzcke/Schuh*, S. 33 ff.; *Schuster/Haun/Hiller*, S. 40 f.

III. Burn-out

«Es ist nicht gut, wie du das tust.
Du machst dich zu müde, dazu auch das Volk, das mit dir ist.
Das Geschäft ist dir zu schwer, du kannst es allein nicht ausrichten»
(2. Mose 18, 17–18)

Wer hätte gedacht, dass bereits im Buch der Bücher ein Phänomen beschrieben wird, das in den letzten Jahren immer mehr an Brisanz und öffentlicher Aufmerksamkeit erfuhr. Die Rede ist von „Burn-out". Erstaunlich ist, wie präzise doch die Beschreibung in der Bibel auf dieses Syndrom hinzudeuten scheint. Tatsächlich fühlen sich die Betroffenen meist leer, erschöpft und ausgebrannt. Doch nicht nur man selbst, auch die Umwelt („das Volk") leidet unter den Burn-out-Folgen: Stimmungsschwankungen, Zynismus und Desinteresse führen häufig zu Konflikten oder Ausgrenzung; im organisationalen Kontext führt Burn-out zu erheblichem finanziellen und organisatorischen Aufwand. Auch an einem anderen wichtigen Punkt setzt diese Darstellung an: Betroffene sind mit ihrer aktuellen Situation überfordert bzw. können ihren eigenen Anforderungen nicht mehr gerecht werden und benötigen Hilfe von außen, um wieder ein „normales" Leben führen zu können. Nachdem bisher die Ursachen, Entstehung und Folgen von Stress und allgemeiner Belastungen erläutert wurden, soll nun das Burn-out-Syndrom als Folge von Dauerstress und langfristiger Belastung im Mittelpunkt stehen.

1. Allgemeines

Wie obiges Bibelzitat zeigt, ist die Symptomatik von Burn-out bereits lange bekannt. Im wahrsten Sinne des Wortes „populär" wurde das Syndrom aber erst Anfang der 70er Jahre des vergangen Jahrhunderts. Zwar hat schon Shakespeare das Wort „to burn out" verwendet,[148] welches sowohl mit „Durchbrennen" als auch „Ausbrennen" übersetzt werden kann.[149] Einzug in die Wissenschaft erhielt dieser Begriff aber durch den deutschstämmigen US-Psychoanalytiker Herbert J. Freudenberger, welcher in seinem Artikel „Staff burn-out"[150] von 1974 dieses Phänomen erstmals ausführlich beschreibt. Damit begann die „Pionierphase"[151]

148 *Burisch*, S. 6; Rook, S. 100.

149 *Burisch*, S. 7; *Rook*, S. 100 ff., welcher die Bildhaftigkeit des Begriffes erläutert und beide Übersetzungen für anwendbar hält.

150 *Freudenberger*, Journal of Social Issues 30, 159 ff.

151 *Rook*, S. 56; *Rösing*, S. 42; *Scheglberger*, S. 27; *Wimmer*, S. 10.

der Burn-out-Forschung und löste einen wahren Boom[152] und eine Flut an Publikationen und Forschungsarbeiten aus.[153] Seit dieser Zeit hat sich der Ausdruck Burn-out zu einem der wichtigsten Begriffe entwickelt, um die negativen Folgen und Begleiterscheinungen der Arbeitstätigkeit zu beschreiben und zu analysieren.[154] Diese erste Phase ist durch ihren hohen Praxisbezug, wonach durch deskriptive Studien und qualitative Erhebungsmethoden (z.B. Beobachtungen oder Interviews) die Symptomatik aufgezeigt werden sollte, charakterisiert. Ab Anfang der 80er Jahre wurde diese Pionierphase dann allmählich durch die „empirische Phase" abgelöst.[155] Hauptaugenmerk war nun nicht mehr die Beschreibung der Symptome, sondern die empirische Validierung dieser und die Entwicklung standardisierter Messverfahren. Wichtig ist auch, mit einem heute immer noch teilweise vorherrschenden Irrtum aufzuräumen. Zwar befassten sich die ersten Forschungsarbeiten mit sog. „helfenden Berufe" bzw. „Kontaktberufe" aus den Bereichen Sozialarbeit, Krankenpflege und schulische Ausbildung. Jedoch kann Burn-out nicht nur bei solchen Berufsfeldern auftreten und ist dementsprechend nicht auf einzelne, spezifische Berufe beschränkt und determiniert, sondern kann bei jedweder Arbeitstätigkeit zu den noch zu klärenden Symptomen führen.[156]

2. Definitionsprobleme

«Burn-out ist wie Pornographie –
ich bin nicht sicher, ob ich es definieren kann,
aber wenn ich es sehe, weiß ich, was es ist.»[157]
(Richard Bolles)

Diese Feststellung *Bolles* gibt die heutige Lage sehr gut wieder. Wie schon die eindeutige Definition von Stress[158] bereitet auch der Definitionsversuch von Burn-out

---

152 *Enzmann*, S. 21.

153 Schätzungen gehen von weit über 6.000 Arbeiten (einschließlich über 900 Dissertationen) zu dem Thema Burn-out aus, vgl. *Burisch*, Vorwort zur dritten Auflage, VIII; eine gute Übersicht findet sich bei *Rösing*, S. 46 f.

154 *Enzmann*, S. 21.

155 *Rook*, S. 56; *Rösing*, S. 43; *Scheglberger*, S. 27; *Wimmer*, S. 11.

156 *Barthold/Schütz*, S. 59; *Burisch*, S. 17 ff.; *Enzmann*, S. 26 ff.; *Felfe*, S. 108; *Poppelreuter/Mierke*, S. 106; *Schneglberger*, S. 28; *Schuster/Haun/Hiller*, S. 41.

157 Übersetzung des Autors nach *Forney/Wallace-Schutzman/Wiggers*, Personal and Guidance Journal 60, 435 (436).

158 Vgl. Kapitel B. I. 1.

einige Probleme. Denn diese Versuche sind entweder zu umfassend oder zu spezifisch.[159] Ein solch defizitärer Theoriestatus des Burn-out-Konzepts gestaltet eine (rechtliche) Auseinandersetzung mit dieser Thematik als schwierig, insbesondere wenn verschiedene Personen über Burn-out sprechen und implizit doch etwas anderes meinen. Speziell in populärwissenschaftlichen Publikationen und Beiträgen in den Medien ist Burn-out zu einem Sammelbegriff für ein breites Spektrum uneinheitlicher Symptome geworden,[160] wobei der Übergang zu anderen Krankheitsbildern wie Depression oder Neurasthenie fließend ist. Dem Umstand geschuldet, dass eine allgemein akzeptierte, rein verbale Definition in der Burn-out-Forschung fehlt, hat nach *Burisch* für das Phänomen Burn-out zur Folge, dass es „beinahe alles und damit nichts ist".[161] Nichtsdestotrotz ist eine vorherige Klärung des Begriffes notwendig, auch im Hinblick auf die später zu erfolgende juristische Bewertung.

a) Bisherige Definitionsversuche

Bevor der Autor eine eigene Interpretation für die später zu erfolgende juristische Bewertung liefert, soll nachfolgende Tabelle zunächst einen Überblick über die Versuche geben, den Burn-out-Begriff verbal zu definieren.

---

159 *Bodin*, S. 17; *Burisch*, S. 14.
160 *Lanz*, S. 54.
161 *Burisch*, S. 20.

Tabelle: Einschlägige Definitionsversuche des Begriffs „Burn-out"[162]

Autor (Jahr)	Definition
Freudenberger (1974)	Burnout ist versagen, abnützen oder erschöpft werden durch außerordentliche Verausgabung an Energie, Kraft oder Ressourcen.
Freudenberger (1981)	Ausbrennen bedeutet: sich entleeren. Die eigenen körperlichen und seelischen Ressourcen erschöpfen. Sich selbst bei dem Versuch zerstören, unter Aufbietung aller Kräfte unrealistische Erwartungen zu verwirklichen, die selbstgesetzt oder vom Wertesystem der Gesellschaft aufgezwungen sind.
Cherniss (1980)	Burnout ist das Resultat eines transaktionalen Prozesses, der sich aus Arbeitsbelastungen, Streß und psychologischer Anpassung zusammensetzt, in welcher ein ursprünglich engagierter Mitarbeiter sich als Reaktion auf die in der Arbeit erfahrenen Stressoren und den erlebten Streß von seiner Arbeit zurückzieht.
Edelwich & Brodsky (1980)	Burnout ist ein fortschreitender Abbau von Idealismus, Energie, Zielstrebigkeit und Anteilnahme als Resultat der Arbeitsbedingungen.
Farber (1983)	Burnout kann als letzte Stufe in einer ganzen Kette von erfolglosen Versuchen zur Bewältigung negativer Streßbedingungen angesehen werden.
Pines, Aronson & Kafry (1983)	Burnout ist ein Zustand von körperlicher, einstellungsmäßiger und emotionaler Erschöpfung durch emotionalen Streß.
Brill (1984)	Burnout ist ein über Erwartungen vermittelter, arbeitsbezogener, dysphorischer und disfunktionaler Zustand eines Individuums ohne stärkere psychopathologische Beeinträchtigungen, welches (1) schon eine Weile lang angemessene Leistungen und affektive Reaktionen in derselben Arbeitssituation gezeigt hat, und das (2) ohne Hilfe von außen oder Veränderung seiner Umweltbedingungen nicht wieder zu seinen früheren Standards zurückfinden wird.
Maslach & Jackson (1984)	Burnout ist ein Syndrom, zusammengesetzt aus emotionaler Erschöpfung, Depersonalisierung und dem Gefühl reduzierter Leistungsfähigkeit.
Burisch (1994)	Burnout ist eine innere Erschöpfung die in jedem Beruf auftreten kann. In Gang gesetzt wird der Burnoutprozeß durch Autonomieeinbußen, die Ergebnisse gestörter Handlungsepisoden sind.

162 Nach *Burisch*, S. 17 ff.; *Rook*, S. 109 f.; *Wimmer*, S. 12.

Autor (Jahr)	Definition
Schaufeli & Enzmann (1998)	Burnout ist ein dauerhafter, negativer, arbeitsbezogener Seelenzustand „normaler" Individuen. Er ist in erster Linie von Erschöpfung gekennzeichnet, begleitet von Unruhe und Anspannung (distress), einem Gefühl verringerter Effektivität, gesunkener Motivation und der Entwicklung disfunktionaler Einstellungen und Verhaltensweisen bei der Arbeit. Diese psychische Verfassung entwickelt sich nach und nach, kann dem betroffenen Menschen aber lange unbemerkt bleiben. Sie resultiert aus einer Fehlanpassung von Intentionen und Berufsrealität. Burnout erhält sich wegen ungünstiger Bewältigungsstrategien, die mit dem Syndrom zusammenhängen, oft selbst aufrecht.
Jaggi (2008)[163]	Burnout ist eine körperliche, emotionale und geistige Erschöpfung aufgrund beruflicher Überlastung. Dabei handelt es sich nicht um Arbeitsmüdigkeit, sondern um einen fortschreitenden Prozess, der mit wechselhaften Gefühlen der Erschöpfung und Anpassung einhergeht.
Barthold & Schütz (2010)[164]	Das Burnout-Syndrom umfasst Erschöpfung, die sich auf emotionaler, physiologischer und kognitiver Ebene zeigen kann, sowie Distanzierung von der Tätigkeit, die sich in einer negativen, zynischen Einstellung und Rückzugsverhalten äußert.

b) *Eigene Definition für den juristischen Kontext*

> „Burn-out ist eine durch erhöhte und dauerhafte Beanspruchung und Belastung bei der Arbeit hervorgerufene Krankheit, welche insbesondere durch ein Gefühl der Erschöpfung, verminderter Leistungsfähigkeit und Rückzug von der Arbeit gekennzeichnet ist und deren Folgen langfristig zur Arbeitsunfähigkeit führen. Es resultiert aus einer Wechselwirkung zwischen den besonderen Arbeitsanforderungen einerseits und den individuellen Bewältigungsstrategien und Persönlichkeitsmerkmale des Arbeitnehmers andererseits. Dabei bedingen nicht einzelne, abgrenzbare Beanspruchungen und Belastungen, sondern die Zusammenfassung mehrerer Einzelakte in einem Prozess die Erkrankung."

Zuerst einmal ist festzuhalten, dass in dieser Arbeit und somit auch im juristischen Kontext Burn-out als ein Konstrukt der Arbeitstätigkeit zu sehen ist. Zwar wird später noch zu zeigen sein, dass die Ätiologie (Verursachung) von Burn-out zum Teil divergierend diskutiert und alles andere als eindeutig ist. Dennoch soll als Prämisse die Beziehung von Burn-out und Arbeitskontext unterstellt werden.

163 *Jaggi*, S. 6.
164 *Barthold/Schütz*, S. 61.

Zwar wurde Burn-out auch im Privatleben beobachtet.[165] In der vorliegenden rechtlichen Auseinandersetzung soll aber im Rahmen der Burn-out-Problematik vor allem das Spannungsverhältnis von immer flexibleren Arbeitsanforderungen und den daraus resultierenden gesundheitlichen Beeinträchtigungen betrachtet und analysiert werden. Probleme der Verursachung sind im juristischen Kontext nicht im Vorfeld zu klären, sondern ein Diskussionspunkt im Rahmen der Kausalitätsprüfung. Deswegen beschreibt die vorliegende Definition Burn-out als eine Krankheit die ***bei der Arbeit*** hervorgerufen wird. Dies deckt sich auch mit der vorherrschenden Meinung in der Arbeitspsychologie, „Burn-out als ein berufsspezifisches Streßphänomen"[166] anzusehen. Dabei soll das Merkmal „im Beruf" weit aufgefasst werden. Die Erledigung von Tätigkeiten während der regulären Arbeitszeit und am Arbeitsplatz bzw. im Betrieb soll dafür nicht ausreichend sein und wäre in der Praxis auch zu eng. Denn vielfach resultiert Burn-out gerade daraus, dass zu viel – temporal wie lokal – gearbeitet wird, also sowohl Tätigkeiten außerhalb der regulären Arbeitszeit erbracht werden als auch die Arbeit mit nach Hause genommen oder während der Zugfahrt/dem Flug erledigt wird, um die vom Arbeitgeber vorgegebenen terminlichen Fristen einzuhalten. Aus diesem Grund ist vielmehr auf diejenige Arbeitsleistung abzustellen, welche aufgrund des Inhalts des Arbeitsverhältnisses und auf dieser Grundlage ergangener allgemeiner oder Einzelanweisungen zu erledigen ist.

Damit wird auch gleich das nächste Merkmal angesprochen: ***Krankheit***. Im Arbeitsrecht ist unter Krankheit „ein regelwidriger Körper- und Geisteszustand zu verstehen, der einer Heilbehandlung bedarf"[167]. Im Unfallversicherungsrecht wird Krankheit als „ein regelwidriger Körper- und Geisteszustand, der von der durch das Leitbild des gesunden Menschen geprägten Norm abweicht"[168] verstanden und ist damit weitergefasst als der arbeitsrechtliche Begriff. Einige Definitionen aus obiger Tabelle beschreiben Burn-out als einen Prozess, und dies trifft aus arbeitspsychologischer und medizinischer Sicht richtigerweise wohl zu,[169] jedoch ist aus juristischer Perspektive die Frage, ob es sich um einen Zustand oder Prozess handelt, irrelevant. Zwar mag dies zu Abgrenzungsschwierigkeiten führen können[170], das ist aber ohne Belang. Erheblich im rechtlichen Sinne ist allein, ob

165 vgl. *Pines*, Keeping the Spark Alive: Preventing Burnout in Love and Marriage, 1988.

166 *Enzmann*, S. 47.

167 *BAG* v. 26.7.1989 AP LohnFG § 1 Nr. 86; v. 7.12.2005, NZA 2006, 880.

168 *BSG* v. 29.11.1973, Breith 1974, 570 (573).

169 *Bodin*, S. 18; *Burisch*, S. 19; *Manz* in Windemuth/Jung/Petermann, Praxishandbuch psychische Belastungen im Beruf, Burnout, S. 364 f.; *Rösing*, S. 72.

170 *Burisch*, S. 18.

jemand an Burn-out leidet, und nicht in welchem Grade er betroffen ist oder in welchem Stadium des Burn-out-Prozesses er sich gegenwärtig befindet. Ebenfalls ist Burn-out in der Internationalen Klassifikation der Krankheiten und gesundheitlichen Störungen (ICD-10) unter dem Schlüssel Z73.0 als „Zustand der totalen Erschöpfung" aufgeführt. Danach ist Burn-out lediglich eine Zusatzdiagnose und keine eigenständige Krankheit. Relevanz hat diese Klassifikation jedoch nur für die Diagnose durch einen Arzt. Dass Burn-out ein regelwidriger Zustand ist, der einer Heilbehandlung bedarf, dürfte indes wohl unstreitig sein. Und allein darauf kommt es rechtlich an.

Die Begriffe ***Beanspruchung*** und ***Belastung*** wurden auch mit Bedacht ausgewählt. Diese sind national und international normiert und anerkannt[171] und stellen adäquate Tatbestandsmerkmale zur Kausalitätsbeurteilung von Burn-out dar. Wie schon angedeutet, sind sich Experten über die genaue Verursachung von Burn-out nicht einig, so dass die Merkmale Beanspruchung und Belastung allgemein und weit genug gefasst sind, um die meisten Sachverhalte und Theorien hierunter zu subsumieren. Insbesondere gilt dies für die beiden prominentesten und am weitesten verbreiteten theoretischen Ansätze von Burn-out, die persönlichkeitszentrierten Modelle (v.a. von *Freudenberger* und *Burisch* vertreten) sowie die arbeits-und organisationspsychologischen Konzepte (z.B. das klientenstresszentrierte Modell von *Maslach* oder das arbeitsstresszentrierte Konzept von *Cherniss*).[172]

Da sich Beanspruchung und Belastung nur auf kurzfristige Einflüsse sowie deren zeitnahen Folgen beziehen und Burn-out regelmäßig nicht durch wenige punktuelle Einwirkungen entsteht, wird durch die Adjektive ***erhöhte*** und ***dauerhafte*** sichergestellt, dass einzelne schädigende Ereignisse nicht unter den Burn-out-Begriff fallen und somit der Bezug zur Ätiologie gewahrt bleibt. Es findet hier also eine Ein- bzw. Abgrenzung zu anderen Krankheiten statt.

Sodann enthält die hier konzipierte juristische Definition auch noch vermeintlich „typische" ***Symptome*** des Burn-out-Syndroms. Das Wort „insbesondere" soll, wie es in vielen Normen und Vorschriften der Fall ist, darauf hinweisen, dass die Aufzählung nicht abschließend ist. Betrachtet man die drei aufgeführten Symptome, fällt die Ähnlichkeit zu den Merkmalen des Maslach-Burnout-Inventory (MBI)[173] auf. Dies wurde bei der Auswahl bewusst als Grundlage gewählt, da es in der Praxis das am häufigsten verwendete Messinstrument ist.[174] Allerdings wurden die Begriffe nicht eins-zu-eins übernommen, sondern erfahren in der

171 vgl. Kapitel B. I. 2. a).

172 *Wimmer*, S. 19.

173 vgl. Kapitel B. III. 5.

174 *Burisch*, S. 36.

vorliegenden Definition eine leichte Abwandlung. So spricht das MBI lediglich von emotionaler Erschöpfung, richtigerweise ist diese Komponente aber nicht nur auf die emotionale Ebene beschränkt, sondern muss um physiologische und kognitive Aspekte erweitert werden.[175] Deswegen wurde in die Definition nur der Begriff Erschöpfung ohne jedwedes Adjektiv aufgenommen. Aus dem Merkmal Depersonalisierung im MBI wurde Rückzug von der Arbeit in vorliegender Definition. Dieser Begriff ist plakativer, wenn auch enger. Zudem passt der Begriff Depersonalisierung nicht in eine allgemeine Definition, denn dieser bedeutet eine negative Einstellung gegenüber Menschen, und eignet sich somit nicht für Berufe, welche nicht so sehr auf Menschen orientiert sind.[176] Schließlich ist der Begriff der verminderten Leistungsfähigkeit ohne Änderung in die Definition eingeflossen. Durch diese sprachliche Modifikation lassen sich unter die Definition mehr Konstellationen und Fälle subsumieren als dies beim MBI der Fall wäre.

Schließlich wird am Ende des ersten Satzes der Definition noch der Bezug zu den Folgen für den Arbeitgeber erkenntlich. Während vorgenannte Symptome die Burn-out-Situation aus der Perspektive des Betroffenen schildern, enthält die Formulierung ***„deren Folgen langfristig zur Arbeitsunfähigkeit führen“*** auch eine organisationale Komponente. Infolge der Erschöpfung und verminderten Leistungsfähigkeit kommt es zwangsläufig zu graduellen Einbußen bzw. vermehrtem Ausbleiben der Arbeitstätigkeit, bei Rückzug von der Arbeit fällt diese schließlich ganz aus. Im Ergebnis führt Burn-out zur Arbeitsunfähigkeit, der Betroffene kann also seine vertraglich geschuldete Tätigkeit objektiv nicht mehr ausüben bzw. sollte diese objektiv nicht ausüben, weil die Heilung dadurch verhindert oder verzögert wird.[177]

Im zweiten Satz wird sodann die Ätiologie in die Definition integriert. Durch die im ersten Satz erfolgte Beschränkung auf „Belastung und Beanspruchung bei der Arbeit hervorgerufene Krankheit“ wurde die zentrale Ursache – arbeitsbedingter Stress – schon kurz angedeutet. Burn-out resultiert aber –wie an anderer Stelle noch zu zeigen sein wird[178] – nicht nur aus ***beruflichen Faktoren***, sondern als multikausale Erkrankung spielen auch die ***persönliche Disposition*** und ***Coping*** als Mitursache bei der Entstehung von Burn-out eine Rolle. Somit verknüpft dieser Satz die Erkenntnisse der persönlichkeitszentrierten und der arbeits- bzw. organisationspsychologischen Erklärungskonzepte, welche wiederum auf dem transaktionalen Stressmodell aufbauen.

175 *Barthold/Schütz*, S. 59 m.w.N.

176 vgl. *Rösing*, S. 71.

177 ErfK/*Dörner/Reinhard*, EFZG, 13. Aufl. 2013, § 3 Rn. 9.

178 vgl. hierzu Kapitel B. III. 6.

Der ***dritte Satz*** betont nochmals, dass es sich bei Burn-out um einen Prozess handelt. Durch diesen Satz soll der Schwierigkeit Rechnung getragen werden, dass Burn-out ein individuelles Problem und damit schwer verallgemeinerbar ist. Man kann nicht pauschal Grenz- oder Richtwerte festlegen nach dem Motto „Nach X Überstunden im Zeitraum Y erkrankt man an Burn-out". Vielmehr kommt es neben den Arbeits- und Organisationsbedingungen auch auf die Persönlichkeitsstruktur und das Bewältigungsverhalten des Einzelnen an, ob überhaupt und ggf. wann Burn-out auftritt.[179] Für das Entstehen spielen also mehrere Faktoren eine Rolle, die oft nur schwer voneinander abzugrenzen sind. In der medizinischen wie auch der juristischen Praxis dürfte es wohl unmöglich sein, den genauen Zeitpunkt zu bestimmen, ab wann Burn-out das erste Mal vorliegt, sowie den letzten Stressor, der Burn-out ausgelöst hat. Aus diesem Grund sind ***nicht einzelne Ereignisse und Einwirkungen*** maßgebend, sondern eine ***Gesamtbetrachtung aller Beanspruchungen und Belastungen***. Diese sind dann dahingehend zu überprüfen, ob sie in ihrer Intensität geeignet waren Burn-out zu verursachen.

Abschließend muss noch gesagt werden, dass die hier vorgenommene rechtliche Einordnung und Begriffsbestimmung von Burn-out nicht den Anspruch auf medizinische oder arbeitspsychologische Richtigkeit erhebt. Obwohl – wie gezeigt – in diesen Disziplinen kein eindeutiger Konsens zu erkennen ist, soll die juristische Definition einen möglichst großen Bereich erfassen und fungiert somit als ein weiterer Mosaikstein im Gefüge Burn-out. Insbesondere ermöglicht die vorgenommene Definition zukünftige Entwicklungen in Forschung und Wissenschaft Rechnung zu tragen, da durch die z.T. unbestimmten Begriffe neue Erkenntnisse direkt einfließen können und sich somit auf die Definition auswirken.

3. Symptomatik

Burn-out weist eine sehr vielschichtige und breit gefächerte Symptomatik auf. Dabei können diese Symptome nach *Burisch*[180] in sieben Kategorien unterteilt werden.[181] Festzuhalten ist, dass nicht alle nachfolgend aufgezeigten Symptome bei

179 vgl. *LSG Baden-Württemberg* v. 16.8.2001 – L 7 U 18/01, Rn. 25 (zit. nach juris); *Spellbrink*, SGb 2013, 154 (158).

180 *Burisch*, S. 25 ff.

181 *Schaufel & Enzmann*, S. 21 ff. unterscheiden hingegen affektive, kognitive, körperliche, verhaltensmäßige und motivationale Symptome.

jedem Burn-out-Patient auftreten müssen, tatsächlich hängt Verlauf und Ausprägung in großem Maße auch von der jeweiligen Person und deren Umwelt ab.[182]

a) Kategorie 1: Warnsymptome in der Anfangsphase

„Wer ausbrennt, muss einmal gebrannt haben"[183], diese Ansicht war früher weit verbreitet. Heutzutage wird davon ausgegangen, dass es vor allem in der Anfangsphase zu *erhöhtem Energieeinsatz* kommt.[184] Dieser äußert sich z.B. in freiwilliger unbezahlter Mehrarbeit, Beschränkung der sozialen Kontakte auf Klienten/Kunden/Mandanten und einem Gefühl der Unentbehrlichkeit. Einhergehend kommt es zu zunehmender Erschöpfung und der Unfähigkeit Abschalten zu können, was letztlich zu einem Energiemangel führt.[185]

b) Kategorie 2: Reduziertes Engagement

Diese Kategorie ist von idealistischer Überhöhung der Arbeit und einem daraus resultierenden emotionalen, kognitiven und verhaltensmäßigen Rückzug von Kunden, Kollegen, Freunden und der Arbeit selbst geprägt.[186] Aus früherer Begeisterung und freiwilliger Mehrarbeit wird nun Überdruss und es folgt ein allmählicher Rückzug von der Arbeit. Hier finden sich also die Erscheinungen, die in dem später zu erläuternden MBI als *Depersonalisation* bezeichnet und gemessen werden.[187] Die Arbeit wird in zunehmendem Maße als negativ und Strapaze erlebt.[188] Selbst den Feierabend oder das Wochenende kann der Betroffene nicht genießen, da seine Gedanken ständig um die bald wieder aufzunehmende lästige Arbeit kreisen.[189]

c) Kategorie 3: Emotionale Reaktionen und Schuldzuweisungen

Unter diese Einordnung fallen Schuldzuweisungen und damit einhergehend aggressive oder depressive Reaktionen. Es sind hierbei zwei Möglichkeiten denkbar:

---

182 *Burisch*, S. 27; *Forney/Wallace-Schutzman/Wiggers*, Personal and Guidance Journal 60, S. 436 f.; *Manz* in Windemuth/Jung/Petermann, Praxishandbuch psychische Belastungen im Beruf, Burnout, S. 367; *Schneglberger* S. 33; *Wimmer*, S. 16.

183 *Pines*, S. 41.

184 *Burisch*, S. 27; *Schneglberger* S. 33; *Wimmer*, S. 14.

185 *Burisch*, S. 27; *Wimmer*, S. 14.

186 *Burisch*, S. 29; *Schneglberger* S. 33.

187 *Burisch*, S. 29; *Wimmer*, S. 15.

188 *Schneglberger* S. 33; *Wimmer*, S. 15.

189 *Burisch*, S. 30.

entweder man sucht die Schuld für den aktuellen unbefriedigenden Zustand bei sich selbst („ich bin ungeeignet", „ich bin ein Versager"), dann kommt es überwiegend zu depressiven Reaktionen und Gefühlen wie Selbstmitleid, Angst oder Hilflosigkeit. Oder man weist die Schuld anderen bzw. der Umwelt zu („ich bin falsch ausgebildet worden", „das ‚System' lässt keine sinnvolle Arbeit zu"), woraufhin vornehmlich aggressive Verhaltensmuster wie Gereiztheit, Intoleranz und Vorwurfsverhalten gegenüber anderen auftreten.[190] Oft wird diesen emotionalen Reaktionen ein appellativer Charakter im Sinne eines *Hilferufs* zugeschrieben.[191]

d) Kategorie 4: Abbau

Einbußen bei Motivation und Kreativität sowie kognitiver Leistungsabfall charakterisieren die nächste Untergruppe. Dabei steht diese in besonderer Wechselwirkung zu den anderen bereits genannten Kategorien und äußert sich vor allem durch Konzentrations- und Gedächtnisschwächen, verminderte Flexibilität und „reiner Dienst nach Vorschrift".[192]

e) Kategorie 5: Verflachung

Diese Kategorie ist eng mit Kategorie 4 verbunden und führt deren Symptome fort. Aufgrund von Desinteresse und Gleichgültigkeit an der Arbeit und Umwelt kommt es schließlich zur Vereinsamung. Freunde und Kollegen wenden sich nun von dem Betroffenen ab, da dieser ihnen keine Aufmerksamkeit mehr schenkt bzw. schenken kann.[193] Insgesamt kommt es also zu einer „Verflachung des emotionalen, sozialen und geistigen Lebens".[194]

f) Kategorie 6: Psychosomatische Reaktionen

Parallel zu den Symptomen der Anfangsphase kommt es zu Schlaf- und Verdauungsstörungen, Kopfschmerzen und Verspannungen. Die Schwelle zu erhöhtem Suchtmittelkonsum (Nikotin, Alkohol, Drogen) sinkt vielfach. Auch schwerwiegende Auswirkungen wie koronare Herzkrankheiten oder Magengeschwüre können auftreten.[195]

---

190 *Burisch*, S. 31 f.; *Schneglberger* S. 34; *Wimmer*, S. 15.
191 *Burisch*, S. 33.
192 *Burisch*, S. 33.; *Schneglberger* S. 34; *Wimmer*, S. 15.
193 *Burisch*, S. 33 f.; *Schneglberger* S. 34; *Wimmer*, S. 15.
194 *Burisch*, S. 33.
195 *Burisch*, S. 34.; *Schneglberger* S. 34 f.; *Wimmer*, S. 15.

g) Kategorie 7: Verzweiflung

Im Endstadium kommt es schließlich zu *existentieller Verzweiflung* und Suizidgedanken. Während es bisher lediglich temporär zu einem Gefühl der Hilflosigkeit kam, verdichtet sich dieses nun zu einem chronischen Gefühl der Hoffnungslosigkeit („Das Leben hat keinen Sinn mehr“).[196]

In nachfolgender Tabelle sind die gerade erläuterten Kategorien nochmals übersichtlich zusammengefasst.

Tabelle: vereinfachte Burn-out-Symptomatik nach Burisch[197]

Kategorie		**Symptome**
1. Warnsymptome der Anfangsphase	*a) Überhöhter Energieeinsatz*	► freiwillige unbezahlte Mehrarbeit ► Beschränkung sozialer Kontakte auf Kunden/Mandanten ► Gefühl der Unentbehrlichkeit
	b) Erschöpfung	► Nicht-abschalten-können ► Energiemangel
2. Reduziertes Engagement	*a) Für Kunden, Mandanten, etc.*	► Größere Distanz zu Kunden ► Meidung von Kontakt mit Kunden/Kollegen
	b) Für andere allgemein	► Verlust von Empathie ► Zynismus
	c) Für die Arbeit	► Negative Einstellung zur Arbeit ► Widerwillen und Überdruss
	d) Erhöhte Ansprüche	► Gefühl mangelnder Anerkennung
3. Emotionale Reaktionen; Schuldzuweisung	*a) depressive Reaktionen*	► Selbstmitleid ► Unbestimmte Angst und Nervosität ► Hilflosigkeits-/Ohnmachts-gefühle
	b) aggressive Reaktionen	► Reizbarkeit ► Intoleranz ► Vorwürfe an andere

196 *Burisch*, S. 34.; *Schneglberger* S. 35; *Wimmer*, S. 15.

197 angelehnt an *Burisch*, S. 25 f.; *Kypta*, S. 66 ff.; *Schneglberger*, S. 30 ff.

Kategorie		Symptome
4. Abbau	*a) der kognitiven Leistungs-fähigkeit*	► Konzentrations- und Gedächtnisschwäche ► Entscheidungsunfähigkeit
	b) der Motivation	► Verringerte Initiative ► „Dienst nach Vorschrift“
	c) der Kreativität	► Verminderte Phantasie ► Verminderte Flexibilität
	d) Entdifferenzierung	► Rigides Schwarzweißdenken
5. Verflachung	*a) des emotionalen Lebens*	► Gleichgültigkeit
	b) des sozialen Lebens	► Meidung informeller Kontakte ► Einsamkeit
	c) des geistigen Lebens	► Aufgabe von Hobbys ► Langeweile
6. Psychosomatische Reaktionen		► Schlafstörungen ► Muskelverspannungen ► Verdauungsstörungen ► erhöhter Suchtmittelkonsum (Nikotin, Alkohol, Drogen) ► Magen-Darm-Geschwüre ► koronare Herzerkrankungen
7. Verzweiflung		► Negative Einstellung zum Leben ► Hoffnungslosigkeit ► Existentielle Verzweiflung ► Suizidabsichten

4. Verlauf

Wie bereits festgestellt, handelt es sich bei Burn-out um einen Prozess. Zwangsläufig gliedert sich ein solcher in mehrere Phasen, wobei ein solches Phasenkonzept nicht unumstritten ist.[198] Schon die erfolgte Gliederung in verschiedene Symptomkategorien kann in gewisser Weise als Beschreibung der Verlaufsstadien von Burn-out gesehen werden, jedoch können sich einzelne Kategorien überlagern, eine chronologische Reihenfolge sei zwar impliziert, aber nicht notwendigerweise immer gegeben.[199] Dennoch haben die führenden Burn-out-Forscher verschiedene Modelle zur Beschreibung des Verlaufs der Erkrankung aufgestellt.

---

198 *Burisch*, S. 40 f.; *Manz* in Windemuth/Jung/Petermann, Praxishandbuch psychische Belastungen im Beruf, Burnout, S. 365.

199 *Burisch*, S. 27; *Kypta*, S. 71; *Schneglberger* S. 33; *Wimmer*, S. 15.

Nachfolgende Tabelle soll diese Phasentheorien zusammenfassen und einen Überblick gewähren.

Tabelle: Übersicht Burn-out-Phasentheorien[200]

Freudenberger	Cherniss	Lauderdale	Edelwich	Maslach
Phase 1 Empfindendes Stadium ► *chronische Müdigkeit* ► *höherer Energieeinsatz*	***Phase 1 Berufsstress*** ► *Anforderungen übersteigen die Ressourcen*	***Phase 1 Verwirrung*** ► *gelegentliche Angst* ► *Schlaflosigkeit* ► *Energiemangel*	***Phase 1 Idealistische Begeisterung*** ► *Selbstüberschätzung* ► *höherer Energieeinsatz*	***Phase 1 a Emotionale Erschöpfung*** ► *Müdigkeit bei Gedanken an Arbeit*
Phase 2 Empfindungsloses Stadium ► *Gleichgültigkeit* ► *Zynismus* ► *Reizbarkeit* ► *Psychosomatische Beschwerden* ► *Depressionen*	***Phase 2 Stillstand*** ► *Angst* ► *Reizbarkeit* ► *Ermüdung* ► *Erschöpfung*	***Phase 2 Frustration*** ► *Ärger* ► *Gereiztheit* ► *Migräne* ► *Alkohol- und Tablettenkonsum*	***Phase 2 Stillstand*** ► *Enttäuschungen* ► *Rückzug* ► *Familienleben leidet*	***Phase 1 b Physische Erschöpfung*** ► *Schlafstörungen* ► *Kopfschmerzen*
	Phase 3 Defensive Bewältigunsversuche ► *Emotionale Abkopplung* ► *Rückzug* ► *Zynismus* ► *Rigidität*	***Phase 3 Verzweiflung*** ► *Zynismus* ► *Mistrauen* ► *Rückzug* ► *Apathie*	***Phase 3 Frustration*** ► *Machtlosigkeit* ► *Drogengebrauch*	***Phase 2 Dehumanisierung*** ► *Rückzug* ► *Vermeidung der Arbeit* ► *Schuldgefühle*
			Phase 4 Apathie ► *Verzweiflung* ► *Resignation*	***Phase 3 Terminales Stadium*** ► *Widerwillen* ► *gegen alles*

5. Messung von Burn-out – Maslach Burnout Inventory (MBI)

Da es keine allgemein akzeptierte Definition für Burn-out gibt und auch ein konkreter Verlauf bzw. eine einheitliche Symptomatik kontrovers diskutiert werden, ist bis dato auch kein standardisiertes Messverfahren/-instrument bekannt,

200 nach *Burisch*, S. 39 f.; *Manz* in Windemuth/Jung/Petermann, Praxishandbuch psychische Belastungen im Beruf, Burnout, S. 366.

welches Burn-out verlässlich diagnostizieren könnte.[201] Nichtsdestotrotz wurden einige Versuche unternommen, Burn-out mithilfe unterschiedlicher Methoden einer Diagnose zuzuführen.[202] Als sog. „Goldstandard“ wird in über 90% der bis heute veröffentlichten empirischen Studien das 1981 von *Christine Maslach* entwickelte und im Laufe der Jahre mehrfach überarbeitete Maslach-Burnout-Inventory (MBI) als Messinstrument verwendet.[203] Aus diesem Grund soll dieses Instrument etwas näher betrachtet werden.

In seiner ursprünglichen Version besteht das MBI aus 22 Items, die in drei Skalen/Dimensionen gegliedert sind:[204]

- Emotionale Erschöpfung („emotional exhaustion“, EE, 9 Items)
- Depersonalisation (DP, 5 Items)
- Leistungsfähigkeit („personal accomplishment“, PA, 8 Items)

Das MBI wurde mehrfach überarbeitet und heute liegen drei unterschiedliche Versionen vor:[205] eine Variante für den Sozial- und Dienstleistungsbereich (MBI Human Services Survey, MBI-HSS), eine für den pädagogischen Bereich (MBI Educators Survey, MBI-ES) und zusätzlich noch eine Version für Berufstätige aller Art (MBI General Survey, MBI-GS). Nachfolgende Grafik zeigt das MBI-GS in der autorisierten deutschen Übersetzung von *Büssing*.

201 *Kaschka/Korczak/Broich*, Deutsches Ärzteblatt 2011, 781 (784); *Manz* in Windemuth/Jung/Petermann, Praxishandbuch psychische Belastungen im Beruf, Burnout, S. 367.

202 eine gute Übersicht zu den verschiedenen Messinstrumenten findet sich bei *Burisch*, S. 34 ff.; sowie *Schaufeli/Enzmann*, S. 66 zu weniger gebräuchlichen Verfahren.

203 *Burisch*, S. 36; *Korczak/Kister/Huber*, S. 20; *Rösing*, S. 69.

204 *Maslach/Jackson*, Journal of Occupational Behaviour 1981, 99 (102 f.).

205 vgl. hierzu die dritte Auflage des MBI Manuals, *Maslach/Jackson/Leiter*, Maslach Burnout Inventory Manual (3d. ed.), 1996.

Grafik: Maslach Burnout Inventory – General Survey[206]

Im Folgenden finden Sie einige Aussagen zu Gefühlen, die sich auf Ihre Arbeit beziehen. Falls bei Ihnen das angesprochene Gefühl nie auftritt, kreuzen Sie bitte „nie" an. Falls das angesprochene Gefühl bei Ihnen auftritt bzw. Sie das Gefühl kennen, geben Sie bitte an wie häufig das Gefühl bei Ihnen auftritt.

	Wie oft haben Sie das Gefühl?					
	nie	sehr selten	eher selten	mach- mal	eher oft	sehr oft
1.Ich fühle mich durch meine Arbeit ausgebrannt.	☐	☐	☐	☐	☐	☐
2. Am Ende des Arbeitstages fühle ich mich verbraucht.	☐	☐	☐	☐	☐	☐
3. Ich fühle mich durch meine Arbeit gefühlsmäßig erschöpft.	☐	☐	☐	☐	☐	☐
4. Ich habe in meiner Arbeit viele lohnenswerte Dinge erreicht.	☐	☐	☐	☐	☐	☐
5. Ich fühle mich bereits müde, wenn ich morgens aufstehe und den nächsten Arbeitstag vor mir habe.	☐	☐	☐	☐	☐	☐
6. Den ganzen Tag zu arbeiten, ist für mich wirklich anstrengend.	☐	☐	☐	☐	☐	☐
7. Ich kann die Probleme, die in meiner Arbeit entstehen, effektiv lösen.	☐	☐	☐	☐	☐	☐
8. Ich habe das Gefühl, dass ich einen effektiven Beitrag für dieses Unternehmen leiste.	☐	☐	☐	☐	☐	☐
9. Seitdem ich in diesem Unternehmen arbeite, habe ich weniger Interesse an meiner Arbeit.	☐	☐	☐	☐	☐	☐
10. Meine Begeisterung für meine Arbeit hat abgenommen.	☐	☐	☐	☐	☐	☐
11. Ich leiste meiner Meinung nach gute Arbeit.	☐	☐	☐	☐	☐	☐
12. Ich bin gut gelaunt, wenn ich in meiner Arbeit etwas erreicht habe.	☐	☐	☐	☐	☐	☐
13. Ich möchte nur meine Arbeit tun und in Ruhe gelassen werden.	☐	☐	☐	☐	☐	☐
14. Ich bin zynischer geworden, ob ich mit meiner Arbeit irgendeinen Beitrag leiste.	☐	☐	☐	☐	☐	☐
15. Ich bezweifle den Wert meiner Arbeit.	☐	☐	☐	☐	☐	☐
16. Bei meiner Arbeit bin ich sicher, dass ich die Dinge effektiv erledige.	☐	☐	☐	☐	☐	☐

206 Grafik aus *Feichtinger/Wolfschütz*, Und wie geht's im Job, S. 14.

Problematisch bei diesem Messinstrument ist, dass Definition und Messung von Burn-out zusammenfallen, Burn-out also das ist, was das MBI misst.[207] Ebenso unklar bleibt die Frage, wo Burn-out anfängt bzw. ab wann von Burn-out gesprochen werden kann,[208] denn nach *Maslach* ist eine Person umso stärker von Burn-out betroffen, je höher die Werte in den Skalen EE und DP und je niedriger die Werte in der Skala PA sind.[209] Ab welchem Wert nun genau Burn-out vorliegt, sagt das MBI nicht. Das MBI dient folglich nicht der klinischen Praxis, sondern soll der Wissenschaft helfen das Burn-out-Syndrom besser zu erforschen und ergründen.[210] Dies entspricht der ursprünglichen Intention von *Maslach/Jackson*, welche in ihrem ersten Artikel zum MBI bereits ausführen:

> *„The items for the Maslach Burnout Inventory (MBI) were designed to measure hypothesized aspects of the burnout syndrome.“*[211]

> und

> *„The development of the MBI was based on the need for an instrument to assess experienced burnout in a wide range of human service workers. Its inclusion in future research studies will allow us to achieve a better understanding of the personal, social and institutional variables that either promote or reduce the occurrence of burnout.“*[212]

Die verschiedenen Fragebögen dienen also lediglich einer „semiquantitativen Erfassung“[213], einer Selbsteinschätzung[214] und geben Auskunft darüber, ob die betreffende Person in einem Burn-out-Prozess mehr oder weniger weit fortgeschritten ist.[215]

---

207 *Manz* in Windemuth/Jung/Petermann, Praxishandbuch psychische Belastungen im Beruf, Burnout, S. 367.
208 *Burisch*, S. 16; *Kypta*, S. 47; *Manz* in Windemuth/Jung/Petermann, Praxishandbuch psychische Belastungen im Beruf, Burnout, S. 367.
209 *Maslach/Jackson*, Journal of Occupational Behaviour 1981, 99 (101).
210 *Korczak/Kister/Huber*, S. 21.
211 *Maslach/Jackson*, Journal of Occupational Behaviour 1981, 99 (100).
212 *Maslach/Jackson*, Journal of Occupational Behaviour 1981, 99 (112).
213 *Kaschka/Korczak/Broich*, Deutsches Ärzteblatt 2011, 781 (783).
214 *Jaggi*, S. 2; *Kypta*, S. 46.
215 *Burisch*, S. 16.

6. Ursachen

„Beim Burnout können wir so lange nicht von einer Ätiologie sprechen, solange es kein umschriebenes Krankheitsbild darstellt.“[216]
(Rolf Manz)

So vielfältig wie die Definitionsversuche ist auch die kausale Erklärung des Burn-out-Syndroms. Je nachdem, wo die Hauptursachen vermutet werden, lassen sich die Erklärungsmodelle in persönlichkeitszentrierte sowie arbeits-/organisationspsychologische gruppieren.[217] Persönlichkeitszentrierte Modelle fokussieren vor allem Personenmerkmale bzw. spezifische innerpsychische Strukturen und Prozesse, während die (Arbeits-)Umwelt der entscheidende Faktor bei den arbeits- und organisationspsychologischen Konzepten ist.[218] Die letztgenannten Ansätze zeichnen sich besonders durch ihre Vielschichtigkeit aus, weil hier unterschiedliche Merkmale aus der Arbeitswelt als Ursachen herangezogen werden,[219] zumeist unter Bezugnahme des Stressmodells von *Lazarus*. Denn dieses Modell zeigt, dass Arbeitsstress aus dem Ungleichgewicht zwischen externen Anforderungen und individuellen Ressourcen der Bewältigung entsteht. Da in dieser Arbeit Burn-out vornehmlich im Arbeitskontext thematisiert wird, beschränkt sich die nachfolgende kurze Beschreibung der Ätiologie auf arbeits- und organisationspsychologische Erklärungsmodelle.

a) Maslachs klientenstresszentriertes Modell

Wenn international ein Name untrennbar mit dem Begriff Burn-out verbunden wird, so ist dies wohl der von *Christine Maslach*. Seit den 1970er Jahren hat sie die Burn-out-Forschung maßgeblich beeinflusst und mitgestaltet. Neben zahlreichen Veröffentlichungen haben wir ihr (unter Zusammenarbeit von *Susan E. Jackson*) das MBI zu verdanken, welches heute überwiegend als das Burn-out

---

216 *Manz* in Windemuth/Jung/Petermann, Praxishandbuch psychische Belastungen im Beruf, Burnout, S. 368.

217 *Wimmer*, S. 19; ähnlich *Schneglberger*, S. 37; *Weber* differenziert hingegen zwischen einer „Makroebene“ (unbewältigter chronischer Stress), einer „Mesoebene“ (Person-Environment-Misfit) und einer „Mikroebene“ (Diskrepanz Erwartung – Realität), *Weber* in Weber/Hörmann, Psychosoziale Gesundheit im Beruf, Das Burnout-Syndrom, S. 77; *Manz* unterscheidet zwischen tiefenpsychologischen, lerntheoretischen und organisationstheoretischen Modellen, *Manz* in Windemuth/Jung/Petermann, Praxishandbuch psychische Belastungen im Beruf, Burnout, S. 368 ff.

218 *Rook*, S. 40.

219 *Schneglberger*, S. 37.

Messinstrument herangezogen wird. Auch mit den Ursachen von Burn-out hat sie sich befasst. Nach *Maslach* besteht Burn-out aus den drei Komponenten emotionale Erschöpfung, Depersonalisierung und Leistungsunzufriedenheit, die auch für das MBI maßgeblich sind. Zentraler Aspekt ist hierbei die emotionale Erschöpfung, welche aus lang anhaltenden Stresssituationen resultiert und insbesondere Gefühle der emotionalen Überlastung und Ausgelaugtsein bezeichnet.[220] Dabei setzt emotionale Erschöpfung vorhergehende emotionale Erregung voraus, so dass Burn-out folglich nicht durch Unterforderung oder Monotonie verursacht wird. Die Bemühungen, sich von den emotionalen Belastungen zu befreien, führen häufig zu einem Verlust an Mitgefühl und negativen Einstellungen gegenüber den Klienten. Diese Depersonalisation wird als vergeblicher Versuch angesehen, sich vor weiter Erschöpfung zu schützen.[221] Eine solche Depersonalisierung führe wiederum zu einem verringerten persönlichen Wirksamkeitserleben und zu Leistungsunzufriedenheit. Dies rührt daher, dass besonders bei Kontaktberufen ein Mindestmaß an Empathie, Verständnis und Wertschätzung gegenüber Kunden, Mandanten und Patienten erwartet wird, folglich das genaue Gegenteil einer depersonalisierten Haltung. „Man hat das Gefühl, nicht mehr soviel wie vorher bzw. nicht mehr genügend zu leisten, das Soll nicht mehr erfüllen zu können."[222] *Maslach* sieht die Ursachen für Burn-out also zunächst in strukturellen Merkmalen der Arbeitssituation.[223] Demnach haben vor allem klientenspezifische Stressoren (wie z.B. Probleme in der Interaktion mit Klienten oder Konfrontation mit Siechtum und Tod) eine vorrangige Bedeutung für die Entwicklung von Burn-out.[224] Diese Ansichten waren aber zunächst nur auf helfende Berufe bezogen. Später jedoch liefern *Maslach/Leiter* „sechs Missverhältnisse zwischen Arbeit und Person"[225], welche für alle Berufsgruppen als Ursachen für Burn-out gelten sollen:

- *Arbeitsüberlastung* (immer intensivere und komplexere Arbeit führt zu Erschöpfung und Überlastung
- *Mangel an Kontrolle* (geringe individuelle Autonomie durch detaillierte Richtlinien und Vorgaben „von Oben")

220 *Wimmer*, S. 27.
221 *Enzmann*, S. 25.
222 *Wimmer*, S. 27.
223 *Maslach/Leiter*, S. 19 f.
224 *Enzmann*, S. 29; *Rook*, S. 40; *Wimmer*, S. 27.
225 *Maslach/Leiter*, S. 28, 41 ff.; vgl. auch *Schneglberger*, S. 38.

- *Unzureichende Belohnung* (weniger Gehalt, Prestige und Sicherheit bei immer höherer Arbeitsintensität und damit Verlust der Freude an der Arbeit)
- *Zusammenbruch der Gemeinschaft* (Verlust der Sicherheit des Arbeitsplatzes und kurzfristige Profitorientierung zerstören persönliche Beziehungen und untergraben Teamarbeit)
- *Fehlen von Fairness* (Konzentration auf kurzfristigen finanziellen Erfolg führt zu Verlust von Vertrauen, Offenheit und Respekt)
- *Widersprüchliche Werte* (Außendarstellung und -werbung der Unternehmen mit ausgezeichnetem Service und Produktionsabläufen, während tatsächlich die Qualität der Arbeit leidet; dies führt zu Wertekonflikten bei der Belegschaft)

b) Cherniss arbeitsstresszentriertes Modell

Zwar mag *Maslach* besonders in der populärwissenschaftlichen und Laienliteratur häufiger vertreten sein und zitiert werden, jedoch hat *Cary Cherniss* kurz nach seiner Promotion in Yale ein Projekt gestartet, „das bis heute in der Burnout-Forschung einmalig geblieben ist".[226] Aus diesem Grunde soll es hier etwas ausführlicher erörtert werden. Das Besondere an diesem Projekt ist, dass eine kleine Gruppe von 28 Personen (je sieben Psychologen, Gymnasiallehrer, Krankenschwestern und Rechtsanwälte) sowohl zu Beginn als auch am Ende ihres ersten Berufsjahres und dann nochmal zwölf Jahre später befragt wurden. Und zwar nicht mithilfe eines Fragebogens, sondern durch teilstrukturierte Interviews.[227] Freilich ist diese Methode um ein vielfaches aufwendiger, liefert aber auch deutlich bessere und validere Ergebnisse. Dass die Befragung und Auswertung mehrere Jahre nach sich zog, dürfte wohl der Grund sein, warum eine solche Untersuchung bis dato nur einmal vorgenommen wurde.[228]

Abgeleitet aus den Ergebnissen dieser Interviews sieht *Cherniss* Burn-out als Resultat eines transaktionalen Prozesses,[229] welcher maßgeblich durch defensives Coping gekennzeichnet ist und baut sein Burn-out-Modell auf Grundlage von *Lazarus* Stresstheorie (siehe ausführlich hierzu Kapitel B. I. 3. b)) auf: „Burnout ist das Resultat eines transaktionalen Prozesses, der sich aus Arbeitsbelastungen, Streß und psychologischer Anpassung zusammensetzt, in welcher ein ursprünglich engagierter Mitarbeiter sich als Reaktion auf die in der Arbeit

226 *Burisch*, S. 64; so auch *Wimmer*, S. 30, 32.
227 *Cherniss* (1980a), S. IX ff.
228 *Burisch*, S. 65.
229 *Cherniss* (1980b), S. 17 ff.

erfahrenen Stressoren und den erlebten Streß von seiner Arbeit zurückzieht."[230]
Nach *Cherniss* gibt es acht Stressoren der Arbeitsumgebung und zwei Persönlichkeitsmerkmale, welche Burn-out vorwiegend auslösen:

- *Qualität des Einführungsprozesses* (orientation process)[231]: keine Orientierungsphase mit langsam ansteigenden Anforderungen während der ersten Wochen des neuen Berufes; „Wurf ins kalte Wasser"
- *Arbeitsbelastung* (workload)[232]: quantitative und qualitative Überbelastung
- *intellektuelle Anregung* (intellectual stimulation)[233]: wenig abwechslungsreiche Tätigkeiten, sondern eher Routineaufgaben; qualitative Unterforderung
- *Klientenkontakt* (scope of client contact)[234]: Beziehung zu Klienten, Patienten und Mandanten reduziert sich nur auf deren Probleme und ist sehr einseitig; keine enge Verbindung
- *Professionelle Autonomie* (professional autonomy)[235]: geringer Entscheidungsspielraum; einengende bürokratische Vorschriften
- *Arbeitsziele* (institutional goals)[236]: kaum/keine eindeutig und verbindlich definierte Ziele
- *Führung* (leadership/supervision)[237]: wenig Rat und Hilfestellung durch Vorgesetzte; kaum Lob und konstruktive Kritik; mangelndes Feedback
- *Verhältnis zu Kollegen* (professional isolation/social atmosphere)[238]: generationsspezifische Wertekonflikte; Konkurrenz statt Kooperation; keine Rückendeckung oder Stütze
- *Karriereorientierung* (career orientation)[239]:
  a) sozial engagiert; Arbeit wird als Mittel betrachtet die Welt zu verändern
  b) freischaffend; Prioritäten liegen außerhalb des Berufs (z.B. Familie)
  c) karriereorientiert; Arbeit dient als Sprungbrett zu mehr Status, Macht oder Geld

230 deutsche Übersetzung nach *Rook*, S. 109 von *Cherniss* (1980b), S. 18.
231 *Cherniss* (1980a), S. 158 ff.
232 *Cherniss* (1980a), S. 161 ff.
233 *Cherniss* (1980a), S. 163 ff.
234 *Cherniss* (1980a), S. 165 ff.
235 *Cherniss* (1980a), S. 167 ff.
236 *Cherniss* (1980a), S. 170 ff.
237 *Cherniss* (1980a), S. 172 ff.
238 *Cherniss* (1980a), S. 177 ff.
239 *Cherniss* (1980a), S. 189 ff.

d) selbstbestimmt individuell; Arbeit dient allein der Selbstverwirklichung ohne politische oder monetäre Motivation

- *Unterstützung/Beanspruchung außerhalb der Arbeit* (supports/demands outside of work)[240]: keine stabilen oder harmonischen Beziehungen; kein Rückhalt innerhalb der Familie/Freundeskreis

Die Frage, ob sich Burn-out dann auch tatsächlich entwickelt, hängt maßgeblich davon ab, ob und wie dieser Stress bewältigt werden kann. Problemorientiertes und aktives Coping führt zu einer Stressreduktion und im Idealfall zu Problemlösungen.[241] Gegenüber anderen Stressreaktionen ist Burn-out jedoch vor allem dadurch gekennzeichnet, dass der Betreffende Arbeitsstress (u.U. nach zunächst aktiveren, aber erfolglosen Bewältigungsversuchen) mit defensiven Bewältigungsstrategien zu überwinden versucht. So z.B. mit emotionaler Distanz von der Arbeit, Meiden von Klienten-/Patienten- oder Mandantenkontakten sowie Zynismus, Rückzug und Rigidität.[242] *Enzmann* fasst die Kernpunkte dieses Modells ganz gut zusammen indem er festhält: „Die Burnoutursachen können im Rahmen des transaktionalen Streßkonzeptes verortet werden. Zwar spielen auch tätigkeitsspezifische Stressoren, zu denen auch der Umgang mit Klienten gehört, eine Rolle, der Kern des Burnout kann jedoch letztendlich verstanden werden als defensive Bewältigung der Konfrontation mit Stressoren, die sich aus organisationellen Bedingungen der Arbeit ergeben. Arbeitsbezogene Stressoren und Coping sind zentrale Elemente in der Entwicklung von Burnout.“[243]

c) Zwischenergebnis

Beide Ansätze verorten die Ursachen von Burn-out überwiegend in der Arbeitsumgebung und Organisation. Während bei *Maslach* der andauernde emotional beanspruchende Kontakt mit anderen Menschen die zentrale Ursache für Burnout darstellt, ist es bei *Cherniss* das defensive Coping und der damit verbundene Rückzug von der Arbeit. Besonders das letztgenannte Modell erfährt aufgrund der „Tiefe der Auseinandersetzung und der Anschaulichkeit des Interviewmaterials“[244] in der Forschung große Wertschätzung.[245] An *Maslachs* Konzept wird vor allem kritisiert, dass es subjektive Faktoren und Persönlichkeitsmerkmale gänzlich außer

240 *Cherniss* (1980a), S. 188.
241 *Burisch*, S. 72.
242 *Cherniss* (1980b), S. 21; *Rook*, S. 45.
243 *Enzmann*, S. 45.
244 *Burisch*, S. 73.
245 vgl. *Burisch*, S. 73; *Wimmer*, S. 32.

Acht lässt und nicht erläutert wird, wie und aufgrund welcher empirischer Forschungen diese sechs Faktoren entstanden sind.[246] Zudem sind diese Faktoren so allgemein gehalten, „dass es wahrscheinlich überhaupt keinen Beruf gibt, indem keiner dieser Faktoren eine Rolle spielt"[247] mit der Folge, dass eigentlich jeder Berufstätige in jedem Beruf massiv Burn-out-gefährdet ist.

Bei der Erläuterung der Ursachen wurden bewusst Ansätze ausgeklammert, die sich nur mit der individuellen Persönlichkeit befassen und auf die Umwelt (insb. Arbeitskontext) - wenn überhaupt - nur unwesentlich eingehen. Nichtsdestotrotz würde auch bei den persönlichkeitszentrierten Modellen Burn-out nicht entstehen, entfielen äußere Einflüsse. Vielmehr ist davon auszugehen, dass Burn-out aus dem Zusammenspiel beider Komponenten - gefährdetem Individuum und gefährdenden Umweltbedingungen - entsteht.[248] Burn-out resultiert also aus einer Wechselwirkung zwischen den besonderen Arbeitsanforderungen einerseits und der individuellen Situation des Arbeitnehmers und dessen Persönlichkeitsmerkmalen andererseits.[249]

7. Burn-out und Stress

Vergleicht man Symptome (Kap. B. III. 3.) und Verlauf (Kap. B. III. 4.) von Burn-out mit dem AAS (Allgemeines Adaptionssyndrom, Kap. B. I. 3. a)), so wird man feststellen, dass viele der beobachtbaren körperlichen Anzeichen von Burn-out identisch sind mit den Ergebnissen der physiologischen Stressforschung.[250] Diese erklärt das Zustandekommen wichtiger Symptome und enthält Parameter, welche in der Burn-out-Forschung als Indikatoren verwendet werden sollten.[251] Es verwundert also nicht, dass Stress ein „Schlüsselphänomen"[252] für das Verständnis von Burn-out darstellt und von fast jedem namhaften Burn-out-Forscher erwähnt und in die jeweiligen Modelle und Ansätze miteinbezogen wurde.[253] Auch die in den beiden vorherigen Abschnitten erläuterten Burn-out-Konzepte berücksichtigten Stress als maßgebendes Kriterium, *Cherniss* baut sein Modell sogar um das transaktionale Stresskonzept auf. Verbindet man beide Gebiete, so ist

---

246 *Burisch*, S. 53; *Wimmer*, S. 27.

247 *Wimmer*, S. 28.

248 *Burisch*, S. 198; *Schneglberger*, S. 40.

249 *Richter/Hacker*, S. 147; BGHW, Handbuch Psychische Belastung am Arbeitsplatz, S. 48.

250 *Burisch*, S. 81; *Litzcke/Schuh*, S. 158.

251 *Burisch*, S. 103.

252 *Weber/Kraus*, ASUMed 2000, 180 (181).

253 vgl. nur *Burisch*, S. 76 m.w.N.

Burn-out im Rahmen der Stressforschung das Resultat langfristiger bzw. chronischer Stresseinwirkungen,[254] umgekehrt wird Stress in der Burn-out-Forschung als einer der maßgeblichen Auslöser für Burn-out am Arbeitsplatz angesehen.[255]

IV. Zusammenfassung

Dieser erste große Themenschwerpunkt diente der Erläuterung und Erklärung, was unter „Burn-out" genau zu verstehen ist, wie es entsteht und gemessen wird. Ohne eine vertiefte physiologische, arbeits- und organisationspsychologische Auseinandersetzung mit der Thematik ist auch eine ernsthafte juristische Interpretation nicht möglich bzw. zu oberflächlich. Es hat sich gezeigt und wurde herausgearbeitet, dass Burn-out vor allem durch Überbelastung und Überbeanspruchung im Beruf, welche vom betreffenden Individuum nicht mehr kompensiert bzw. bewältigt werden kann, ausgelöst wird. Plakativ ausgedrückt handelt es sich um eine schlechte Passung zwischen Person und Umwelt. Das bedeutet, Burn-out ist ein subjektives und individuelles Problem. Wie beim Stress so ist auch bei Burn-out festzustellen, dass jede Person auf ein und dieselbe Arbeitsumgebung bzw. unter gleichen äußeren Umständen anders reagiert, so dass bei dem einen Burn-out auftreten mag, wohingegen bei gleichen Anforderungen ein anderer nicht ausbrennt. Dies hängt maßgeblich von Arbeits-, Organisations- und Personenvariablen, Copingprozesse und Kontrollmöglichkeiten ab. Auch wenn es von manchen Forschern bezweifelt wird, so ist für diese Arbeit davon auszugehen, dass Burn-out ein Phänomen der Arbeitstätigkeit ist und überwiegend hier auftritt und beobachtet werden kann. Maßgebende burn-out-auslösende Stressoren im Arbeits- und Organisationskontext sind vor allem Überforderung (qualitative und quantitative), Zeitdruck, Monotonie, geringe Autonomie, unzureichendes Feedback und Konflikte mit Kollegen, Kunden und Vorgesetzen (inklusive Mobbing). Als Hauptsymptom wird die körperliche, geistige und emotionale Erschöpfung gesehen, welche im Wege des Selbstschutzes zum allmählichen Rückzug von der Arbeit führt. Dabei muss beachtet werden, dass Betroffene nicht von Haus aus etwa unmotiviert oder wenig belastbar sind. Im Gegenteil: gerade sehr engagierte und pflichtbewusste Personen sind besonders anfällig für Burn-out. Deswegen gelten als personale Risikofaktoren auch Persönlichkeitsmerkmale wie Perfektionismus sowie Erfolgs- und Leistungsorientiertheit. Eine allgemeine „Burn-out-Persönlichkeit" gibt es jedoch nicht. In der Anfangsphase der Burn-out-Forschung wurde es vor allem mit sozialen und

254 *Enzmann*, S. 46; *Litzcke/Schuh*, S. 158.

255 *Jaggi*, S. 8; *Lanz*, S. 52 spricht von der „Stresserkrankung Burnout".

helfenden Berufen assoziiert. Diese Ansicht ist mittlerweile überkommen, Burn-out kann bei jedem Beruf auftreten und ist nicht auf eine bestimmte Personengruppe reduziert, auch wenn es bei manchen Berufsgruppen augenscheinlich häufiger auftritt als bei anderen.

Es hat sich auch gezeigt, dass sowohl in der Stress- als auch in der Burn-out-Forschung in vielen Punkten kein allgemeiner Konsens erzielt werden kann. Definition, Symptomatik und Ätiologie werden hierbei insbesondere kritisch und eingehend diskutiert. In dieser Hinsicht ist die Burn-out-Forschung noch als relativ junger Forschungszweig anzusehen, wo es noch viel zu vereinheitlichen und systematisieren gibt und gilt. Dies hat natürlich zur Folge, dass auch die juristische Auseinandersetzung erschwert wird, weil es kaum allgemeine oder vom Großteil der Forschung gebilligte Punkte gibt. Nichtsdestotrotz wurde versucht, die umfangreichen Forschungsergebnisse und Beiträge in einzelne gemeinsame Kernpunkte zusammenzufassen und somit ein verträgliches Mindestmaß an Anknüpfungspunkten für die nachfolgende rechtliche Aufarbeitung zu liefern.

C. Karôshi/Karô-jisatsu – Geltendmachung haftungsrechtlicher Ansprüche in Japan

«Sometimes the way people die highlights the contradictions and dilemmas inherent in the societies in which they lived»[256]
(Makoto Ishida)

I. Begriffsklärung

Der japanische Begriff 過労死 (*karôshi*) setzt sich aus drei *Kanji* (Schriftzeichen) zusammen: 過 (*ka*) bedeutet so viel wie „übertreiben, Übermaß", 労 (*rou* bzw. in der hier verwendeten Schreibweise *rô*) ist das Kanji für „Arbeit". Die Kombination 過労 (*karou* bzw. *karô*) wird mit „Überarbeitung, Belastung" übersetzt. Das letzte Kanji 死 (*shi*) steht für „Tod, Ableben".[257] Die gebräuchliche Übersetzung für *karôshi* ist „death from overwork"[258] im Englischen und „Tod durch Überarbeitung"[259] im Deutschen. Der Terminus „Karôshi" wurde erstmals durch *Uehata* 1978 bei der 51. jährlichen Konferenz der Japanischen Gesellschaft für Arbeitsschutz geprägt[260]

256 *Ishida* in Conaghan/Fischl/Klare, LABOUR LAW IN AN ERA OF GLOBALIZATION, Death and Suicide from Overwork: The Japanese Workplace and Labour Law, S. 228.

257 vgl. hierzu auch die Ausführungen bei *Tieste*, Der Tod durch Überarbeitung, S. 20.

258 *Kawahito* in *National Defense Counsel for the victims of Karoshi*, KAROSHI. WHEN THE „CORPORATE WARRIOR" DIES, Karoshi and Its Background, S. 8; *Josephs* in *Blanpain* et al., The Global Workplace. International and Comparative Employment Law – Cases and Materials, Japan, S. 529; *Kidani*, University of Hawaii Law Review, Vol. 21, 169 (170); *Onishi*, Professional Negligence 2010, 26 (3), S. 140 (143).

259 *Tieste*, Der Tod durch Überarbeitung, S. 23; *Henke-Klar*, S. 46; *Nishitani*, S. 200; *ders./Marutschke* in Baum/Bälz, Handbuch Japanisches Handels- und Wirtschaftsrecht, § 9 Arbeitsrecht, S. 429 Rn. 92; *Wüstner* in Vahlens Großes Personallexikon, Karoshi-Syndrom, S. 574.

260 *Tieste*, Haftungsfall Stresserkrankung, S. 27; *Park/Kim/Cheng/Horie*, Industrial Health 2012, Vol. 50, 17 (18); *Iwasaki/Takahashi/Nakata*, Industrial Health 2006, Vol. 44, 537 (538); ILO Case Study: Karoshi: Death from overwork, 23.4.2013, abrufbar unter http://www.ilo.org/safework/info/publications/WCMS_211571/lang--en/index.htm, zuletzt abgerufen am 5.6.2014.

und fungierte zunächst als sozio-medizinischer Begriff.[261] Erst Ende der 80er Jahre des vorigen Jahrhunderts wurde der Begriff von Opferanwälten aufgenommen, indem sie eine japanweite „Karoshi-Hotline" einführten.[262] So wurde der Begriff einer breiten Öffentlichkeit zugänglich und damit zunehmend auch in der gerichtlichen Praxis sowie im juristischen Schrifttum verbreitet, so dass er mittlerweile als etablierter rechtlicher terminus technicus im Japanischen angesehen werden kann.

Neben Karôshi gibt es auch noch das Phänomen des sog. 過労自殺 (*karô-jisatsu*). Dieser Begriff wird mit „Selbstmord wegen Überarbeitung"[263] oder „Selbsttötung wegen übermäßig langer Arbeitszeiten"[264] übersetzt und beschreibt den meist depressiv bedingten Suizid von Arbeitnehmern im Zusammenhang mit massenhaft angehäuften Überstunden und berufsbedingtem Stress bzw. psychischer Beanspruchung.

II. Ätiologie

1. Karôshi-Modell nach *Uehata*

Der japanische Mediziner *Tetsunojo Uehata* begann bereits Mitte der 70er Jahre des vorherigen Jahrhunderts mit der wissenschaftlichen Untersuchung dieses Phänomens. Ausgangspunkt waren Klagen von Hinterbliebenen auf Kompensationszahlungen aus der gesetzlichen Unfallversicherung.[265] *Uehata* wurde von den Hinterbliebenen als Gutachter und Sachverständiger konsultiert und sollte einen kausalen Zusammenhang von betrieblicher Arbeit und dem vermeintlichen Tod

---

261 *Morioka*, S. 5; *Uehata* in National Defense Counsel for the victims of Karoshi, KAROSHI. WHEN THE „CORPORATE WARRIOR" DIES, A Medical Study of Karoshi, S. 98; *Iwasaki/Takahashi/Nakata*, Industrial Health 2006, Vol. 44, 537 (538); *Kato*, Hitotsubashi Journal of Social Studies 1994, Vol. 26, 41 (44); *Ishida* in Conaghan/Fischl/Klare, LABOUR LAW IN AN ERA OF GLOBALIZATION, Death and Suicide from Overwork: The Japanese Workplace and Labour Law, S. 220; ILO Case Study: Karoshi: Death from overwork, 23.4.2013, abrufbar unter http://www.ilo.org/safework/info/publications/WCMS_211571/lang--en/index.htm, zuletzt abgerufen am 5.6.2014.

262 *Kawahito* in *National Defense Counsel for the victims of Karoshi*, KAROSHI. WHEN THE „CORPORATE WARRIOR" DIES, Karoshi and Its Background, S. 6; *Morioka*, S. 12.

263 *Obata*, AuR 2001, 129.

264 so *Nishitani/Marutschke* in Baum/Bälz, Handbuch Japanisches Handels- und Wirtschaftsrecht, § 9 Arbeitsrecht, S. 429 Rn. 92.

265 Erste gerichtliche Entscheidung bzgl. Karôshi durch *DG Tokyo* v. 15.10.1970, Hanrei Jihô 21, 610.

durch Überarbeitung nachweisen.[266] Im Rahmen dieser fast 20 Jahre umfassenden Forschung entwickelte er das Standard-Modell zu Karôshi und liefert folgende sozio-medizinische Definitionen:

> *„condition in which psychologically unsound work processes are allowed to continue in a way that disrupts the worker's normal work and life rhythms, leading to a build-up of fatigue in the body and a chronic condition of overwork accompanied by a worsening of preexistent high blood pressure and hardening of the arteries and finally resulting in a fatal breakdown"*[267]

> sowie

> *„Karoshi is a socio-medical term used in qualifying for workers' compensation, especially in cases of cardio-vascular disease brought on by excessive work load and occupational stress."*[268]

Eine aktuellere Definition von *Hosokawa*, einem frühen Mitstreiter *Uehatas*, lautet: „a condition in which overwork brings the disruption of biorhythm and results in the fatal breakdown of life-maintaining mechanisms".[269] Zentrales Merkmal in *Uehatas* Modell ist der Aufbau von *fatigue* (chronische *Ermüdung* bzw. *Übermüdung*). Er beschreibt es wie folgt: „I propose that karo (excessive fatigue from overwork) is the product of accumulated fatigue and karoshi is the end product of karo".[270] Ursächlich für die Bildung von *fatigue* sind seiner Ansicht nach drei Faktoren: harte physische Arbeit, übermäßig lange Arbeitszeiten (durch Überstunden, keine Pausenzeiten/Freizeit, Nacht- und Schichtarbeit, viele Dienstreisen oder andere, den biologischen Rhythmus des Menschen beeinflussende Faktoren) sowie mentaler arbeitsbedingter Stress (z.B. aufgrund zu hoher Anforderungen bzw. Verantwortung, einseitiger Versetzung durch den Arbeitgeber oder Konflikte am Arbeitsplatz),[271] wobei der Schwerpunkt auf den letzten beiden Ursachen

---

266 *Tieste*, Haftungsfall Stresserkrankung, S. 27.

267 zitiert nach *Kawahito* in *National Defense Counsel for the victims of Karoshi*, KAROSHI. WHEN THE „CORPORATE WARRIOR" DIES, Karoshi and Its Background, S. 8; *Tieste*, Haftungsfall Stresserkrankung, S. 29.

268 *Uehata* in National Defense Counsel for the victims of Karoshi, KAROSHI. WHEN THE „CORPORATE WARRIOR" DIES, A Medical Study of Karoshi, S. 98.

269 zitiert nach *Morioka*, S. 91.

270 *Uehata* in National Defense Counsel for the victims of Karoshi, KAROSHI. WHEN THE „CORPORATE WARRIOR" DIES, A Medical Study of Karoshi, S. 100.

271 *Kawahito* in *National Defense Counsel for the victims of Karoshi*, KAROSHI. WHEN THE „CORPORATE WARRIOR" DIES, Karoshi and Its Background, S. 8; *Uehata* in National Defense Counsel for the victims of Karoshi, KAROSHI. WHEN THE „CORPORATE WARRIOR" DIES, A Medical Study of Karoshi, S. 99; vgl. auch *Tieste*,

liegt.[272] Dabei verursacht die Anhäufung von *fatigue* (wohl in Anlehnung ans *Selyes* Stresstheorie) eine durch Stresshormone induzierten Erhöhung des Blutdrucks, Verhärtung der Arterien und gesteigerten Blutgerinnung die letztendlich zu Hirnblutungen, Schlaganfall und Herzinfarkt führen.[273]

2. Andere Theorien bzgl. der Verursachung

Schon *Uehata* hat in seinem Modell zwischen externen und internen Umwelteinflüssen/-stressoren unterschieden.[274] Eine ähnliche Differenzierung nehmen auch andere Kommentatoren in Japan vor. In der Tat ist Karôshi kein isoliert persönliches Phänomen. Auf der Ebene der Umwelt- bzw. Organisationsbedingungen werden vor allem eine schlechte Wirtschaftslage, Restrukturierungen sowie Stellenabbau und damit Arbeitsverdichtung, womit der Druck auf Arbeitnehmer zunimmt und zu erhöhtem Stress am Arbeitsplatz führt, verantwortlich für Karôshi gemacht.[275] Daneben resultiert der Fortschritt bzgl. Informations- und Kommunikationstechnologien in gesteigerter Produktivität und damit auch gesteigertem Wettbewerb und bedingt erhöhten Druck auf Arbeitnehmer länger zu arbeiten.[276] Einen sozio-juristischen Ansatz verfolgt *Kidani* und beschreibt Karôshi zunächst als Folge einer kommunitaristischen Arbeitseinstellung: „Ironically, the communitarian work ethic that has made Japan into an economic giant is now contributing to the demise of its work force through what is called

---

Haftungsfall Stresserkrankung, S. 28 sowie *Kidani*, University of Hawaii Law Review, Vol. 21, 169 (172 f.).

272 *Uehata* in National Defense Counsel for the victims of Karoshi, KAROSHI. WHEN THE „CORPORATE WARRIOR" DIES, A Medical Study of Karoshi, S. 101 „and the disease progresses more rapidly as excessive work loads and strong emotional stress continues".

273 *Kawahito* in *National Defense Counsel for the victims of Karoshi*, KAROSHI. WHEN THE „CORPORATE WARRIOR" DIES, Karoshi and Its Background, S. 8; *Uehata* in National Defense Counsel for the victims of Karoshi, KAROSHI. WHEN THE „CORPORATE WARRIOR" DIES, A Medical Study of Karoshi, S. 100.

274 *Uehata* in National Defense Counsel for the victims of Karoshi, KAROSHI. WHEN THE „CORPORATE WARRIOR" DIES, A Medical Study of Karoshi, S. 100, sowie Abb. III-10-1 im Anschluss an sein Kapitel; vgl. auch Abb. 2.1 bei *Morioka*, S. 99.

275 *Hiroshi Kawahito* in Asienspiegel v. 30.10.2009, abrufbar unter http://asienspiegel.ch/2009/10/arbeiten-bis-zum-umfallen/, zuletzt abgerufen am 5.6.2014; vgl. auch Japan Labor Bulletin, Vol. 42, No. 2, Februar 2003, S. 1, abrufbar unter http://www.jil.go.jp/english/archives/bulletin/documents/200302.pdf, zuletzt abgerufen am 5.6.2014.

276 *Iwasaki/Takahashi/Nakata*, Industrial Health 2006, Vol. 44, 537 (539 f.).

"karôshi," or "death from overwork." Karoshi represents the "dark side" of Japanese communality."[277] Zu beachten sei auch der Stellenwert des japanischen Rechts in der Gesellschaft, welcher doch wesentlich von der Rolle des Rechts in westlichen Zivilisationen abweicht.[278] In Japan erfolgte dieser Prozess um ein wesentliches schneller als im Westen: innerhalb knapp eines Jahrhunderts (beginnend mit der Meiji-Restauration und findet seinen Abschluss in den Folgen der Niederlage im Zweiten Weltkrieg und der amerikanischen Besatzung).[279] Das japanische Rechtssystem ist dadurch recht informell ausgestaltet und hauptsächlich determiniert durch ungeschriebene soziale Normen wie „Loyalität", „stoische Schicksalsergebenheit" und „Wir-Gefühl".[280] Japan ist natürlich keine „gesetzesfreie" Gesellschaft, aber im Gegensatz zu westlichen Jurisdiktionen wird das japanische Recht in Bezug auf die Durchsetzung von Individualinteressen im Arbeitsrecht vielfach kritisch als „an heirloom sword that is no more than an ornament or a prestige symbol" bezeichnet.[281] Allerdings wehrt sich *Kidani* dagegen, Karôshi lediglich als sozio-ökonomisches Problem bzw. tragisches Einzelschicksal zu betrachten. Vielmehr liegt eine gewichtige Ursache ihrer Meinung nach auch in der mangelhaften Regulierung und Überwachung des japanischen Arbeitsschutzrechts begründet. Konkret rügt sie die vielen Ausnahmen im Arbeitszeitrecht und deren „nie erfolgte strikte Durchsetzung" sowie die rigiden Vorgaben und Anerkennungskriterien des Unfallversicherungsrechts.[282]

277 *Kidani*, University of Hawaii Law Review, Vol. 21, 169 (170).

278 In Europa und Amerika ist das Rechtsbewusstsein vor allem geprägt von der Etablierung und Durchsetzung der Menschen- und Bürgerrechte im Rahmen von tiefgreifenden „Umwälzungen" (Revolutionen) im Laufe der letzten Jahrhunderte. Hierbei ist der Begriff Revolution weit auszulegen: prägend waren nicht nur abrupte Umstürze des Herrschaftssystems wie z.B. der amerikanische Unabhängigkeitskrieg oder die Französische Revolution; auch die über Jahrhunderte erfolgte langsame Abkehr vom Feudalsystem, die Trennung von Staat und Kirche und vor allem die Auswirkungen der Aufklärung sind hier von tragender Bedeutung.

279 *Kidani*, University of Hawaii Law Review, Vol. 21, 169 (177 f.).

280 „the Japanese people operate on the basis of an informal legal system built on loyalty, acquiescence, and group identity", *Kidani*, University of Hawaii Law Review, Vol. 21, 169 (177).

281 *Bergeson/Yamamoto Oba*: Japan's New Equal Employment Opportunity Law: Real Weapon or Heirloom Sword?, 1986 B.Y.U.L. Rev. 865, zit. nach *Kidani*, University of Hawaii Law Review, Vol. 21, 169 (176 f.).

282 „The prevalence of karôshi highlights two particular areas of Japanese law that have fallen short of their purpose of protecting the rights of workers and their families: (1) the work hour regulations in the Labor Standard Law, [...] and (2) the worker's

Sie kritisiert: „Japanese law has generally failed to afford workers meaningful protection from karoshi. The law's deficiencies in protecting Japanese workers is especially evident in Japan's Labor Standards Law and Worker's Compensation Insurance Law."[283] Demnach ist vor allem die Legislative zur Handlung aufgefordert.[284] „[I]nefficacy of the law or its mal enforcement" benennt es *Onishi*.[285] Auch *Ishida* sieht sowohl Karôshi als auch Karô-jisatsu als gravierendes sozialjuristisches Problem und verortet deren Ursache in der „grauenvollen Härte/Rauheit japanischer Arbeitsplätze"[286] und „den Schwächen im japanischen Arbeitsrecht".[287] Sie spricht in diesem Zusammenhang von „Mittäterbeziehung zwischen Arbeitsrecht und dem Auftreten von Karôshi/Karô-jisatsu".[288] Sie geht sogar so weit zu behaupten, dass „das japanische Arbeitsrechtssystem die soziale Gewaltherrschaft der vereinigten Unternehmensgemeinschaft aus Arbeit und

---

compensation system. […] For example, while the Japanese government revised the Labor Standard Law to implement a forty hour week, it simultaneously allowed many exceptions, and never strictly enforced the regulation. […] Moreover, the standards or the Worker's Accident Compensation Insurance Law are so rigid that families of karôshi victims are rarely able to recover benefits. […] It is thus inaccurate to characterize karôshi solely as socio-economic or as a personal tragedy; efforts to eradicate karôshi will be futile without concrete legal remedies." *Kidani*, University of Hawaii Law Review, Vol. 21, 169 (170 f.)

283 *Kidani*, University of Hawaii Law Review, Vol. 21, 169 (183); auf den folgenden Seiten analysiert sie anschaulich und kritisch, warum die gesetzliche Regulierung und Normierung in Japan ineffektiv zur Vorbeugung von Karôshi ist.

284 „This paper explores karoshi as a deeply-rooted socio-economic problem that is sorely in need of legal remedies", *Kidani*, University of Hawaii Law Review, Vol. 21, 169 (171) sowie „the problem of karoshi is so deeply-rooted that ending its occurrence will demand the force of the real law", *Kidani*, University of Hawaii Law Review, Vol. 21, 169 (183).

285 *Onishi*, Professional Negligence 2010, 26 (3), S. 140 (143).

286 „the grim severity of the Japanese workplace", *Ishida* in Conaghan/Fischl/Klare, LABOUR LAW IN AN ERA OF GLOBALIZATION, Death and Suicide from Overwork: The Japanese Workplace and Labour Law, S. 219.

287 „weaknesses in Japanese labour law", *Ishida* in Conaghan/Fischl/Klare, LABOUR LAW IN AN ERA OF GLOBALIZATION, Death and Suicide from Overwork: The Japanese Workplace and Labour Law, S. 219.

288 „the 'accomplice' relationship between the occurrence of *karoshi* and *karô-jisatsu* and labour law", *Ishida* in Conaghan/Fischl/Klare, LABOUR LAW IN AN ERA OF GLOBALIZATION, Death and Suicide from Overwork: The Japanese Workplace and Labour Law, S. 223.

Management verstärkt und vervielfacht hat".[289] Gemäßigter, aber inhaltlich auf derselben Linie sind auch andere Autoren im Schrifttum. So bezeichnet *Miyano* japanische Arbeitsplätze ebenfalls als „raue Umgebung, in welcher japanische Arbeitnehmer an Überarbeitung sterben".[290] Betreffend das Arbeitsrechtssystem führt *Ikeda* aus:

> *„Als Gründe für das hohe Maß an Arbeitsunfällen und Berufskrankheiten, für die Verschlechterung des Gesundheitszustandes der Arbeiter und für die Zunahme von ‚Karoshi' dürften u.a. auch Mängel im System der Sicherheits- und Gesundheitskontrollen in den Betrieben und die durch zahlreiche Überschreitungen sich äußernde mangelnde Effektivität des Arbeitsstandardgesetzes und des Sicherheits- und Gesundheitsgesetzes anzusehen sein."*[291]

Vor allem die Legislative und dort das Ministerium für Gesundheit, Arbeit und Wohlfahrt als das Entscheidungsorgan über die Anerkennung von Entschädigungszahlungen aus Unfallversicherung sieht Überstunden als primären Faktor der Erschöpfung und Überarbeitung mit höchster Wahrscheinlichkeit kausal für Karôshi an.[292] Diese Betrachtungsweise ist nicht unbegründet. In verschiedenen Studien wurde belegt, dass die Dauer der Arbeitszeit einen Zusammenhang zur (psychischen) Gesundheit aufweist. Dies gilt sowohl für Überstunden[293] als

---

289 „Japan's labour law system has reinforced and reproduced the social despotism of the unified company community of labour and management", *Ishida* in Conaghan/Fischl/Klare, LABOUR LAW IN AN ERA OF GLOBALIZATION, Death and Suicide from Overwork: The Japanese Workplace and Labour Law, S. 223.

290 „harsh environment in which Japanese workers are dying from overwork", *Miyano* in National Defense Counsel for the victims of Karoshi, KAROSHI. WHEN THE „CORPORATE WARRIOR" DIES, The Labour Unions, S. 82.

291 *Ikeda* in Wahsner, Japans Arbeitsbeziehungen und Arbeitsrecht in Geschichte und Gegenwart, Gesundheitspolitik am Arbeitsplatz und Gewerkschaftsbewegung in Japan, S. 68 f.

292 Japan Labor Bulletin, Vol. 41, No. 2, Februar 2002, abrufbar unter http://www.jil.go.jp/english/archives/bulletin/documents/200201.pdf, zuletzt abgerufen am 5.6.2014; Labor Situation in Japan and Its Analysis: General Overview 2011/2012, S. 90, abrufbar unter http://www.jil.go.jp/english/lsj/general/2011-2012.html, zuletzt abgerufen am 5.6.2014; AuR 2002, 142; *Araki/Iwasaki*, JMAJ 2005, Vol. 48, 92 (96); wohl auch The JIL Labor Flash, Vol. 9, 2001, abrufbar unter http://www.jil.go.jp/english/emm/2001-2003/2001/index.htm, zuletzt abgerufen am 5.6.2014.

293 vgl. *Hayashi/Kobayashi/Yamaoka/Yano*, Journal of Occupational and Environmental Medicine 1996, Vol. 38, 1007 ff.; *Lundberg/Hellström*, Work and Stress 2002, Vol. 16, 356 ff.; *Fujimoto*, Japan Labor Review, Vol. 3, No. 3, Sommer 2006, S. 23 ff.

auch die Länge der wöchentlichen Arbeitszeit.[294] Unregelmäßige Arbeitszeiten, Arbeitsdichte, fehlende Pausenzeiten, häufige Dienstreisen, sich häufig wiederholende Nacht- und Schichtarbeit, Arbeitsumgebung (Lärm, Hitze, Kälte, etc.), mentaler Arbeitsstress (kaum/keine Rückmeldung oder Unterstützung von Vorgesetzten, Über-/Unterforderung) gelten laut Ministerium für Gesundheit, Arbeit und Wohlfahrt ebenfalls als Ursache.[295] Auch im juristischen Schrifttum wurde die Diskussion wieder aufgenommen. So reüssiert *Tônai* „‚Karôshi' liegt in einer durch Übermüdung ausgelösten Erkrankung der Kreislauforgane begründet".[296] Nach *Ishida* bedeutet Karôshi die Anhäufung von fatigue aufgrund zu hohen Arbeitspensums, welches letztlich im Tod mündet.[297] Auch sie sieht die Primärursache in extrem langen Arbeitszeiten[298] und hält fest: „extrem lange Arbeitszeiten [...] sind der makroskopische Faktor, welcher Karôshi und Karô-jisatsu zu sozialen Problemen werden lässt".[299] In neuerer Zeit ist der Trend zu erkennen, dass exzessive Arbeitszeiten als Hauptursache nicht mehr in Frage gestellt werden und man sich nunmehr vor allem um die Beschreibung der Auswirkungen und (präventive) Eindämmung von Karôshi bemüht.[300]

---

294 vgl. Metaanalysen von *Sparks/Cooper/Fried/Shirom*, Journal of Occupational and Organizational Psychology 1997, Vol. 70, 391 ff.; *Hulst*, Scandinavian Journal of Work, Environment and Health 2003, Vol. 29, 171 ff.; *Härmä*, Scandinavian Journal of Work, Environment and Health 2006, Vol. 32, 502 ff.

295 Japan Labor Bulletin, Vol. 41, No. 2, Februar 2002, abrufbar unter http://www.jil.go.jp/english/archives/bulletin/documents/200201.pdf, zuletzt abgerufen am 5.6.2014; The JIL Labor Flash, Vol. 9, 2001, abrufbar unter http://www.jil.go.jp/english/emm/2001-2003/2001/index.htm; AuR 2002, 142.

296 *Tônai*, Okayama Law Journal 1997, Vol. 47, 90 (96).

297 *Ishida* in Conaghan/Fischl/Klare, LABOUR LAW IN AN ERA OF GLOBALIZATION, Death and Suicide from Overwork: The Japanese Workplace and Labour Law, S. 220.

298 *Ishida* in Conaghan/Fischl/Klare, LABOUR LAW IN AN ERA OF GLOBALIZATION, Death and Suicide from Overwork: The Japanese Workplace and Labour Law, S. 223; zustimmend *Kidani*, University of Hawaii Law Review, Vol. 21, 169 (179): „Perhaps the primary reason behind karoshi's existence is the disproportionately high number of hours that Japanese employees work annually".

299 „extremely long working hours [...] are the macroscopic factor behind *karoshi* and *karojisatsu* becoming social problems", *Ishida* in Conaghan/Fischl/Klare, LABOUR LAW IN AN ERA OF GLOBALIZATION, Death and Suicide from Overwork: The Japanese Workplace and Labour Law, S. 224.

300 vgl. z.B. *Kanai*, Journal of Business Ethics 2009, Vol. 84, 209. Dieser bezeichnet Karôshi lapidar als „a fatal syndrome resulting from long work hours" bzw. „Karoshi is one of the consequences of working long hours, deteriorating an employee's health" und beschreibt sodann eingehend die Folgen und Maßnahmen zur Bekämpfung.

Erwähnt werden muss aber auch, dass vor allem einige Mediziner in Japan das Phänomen Karôshi und die Handhabung der Legislative und Judikative bzgl. Kausalität und Ätiologie kritisieren. *Yuki/Koizumi* weisen zutreffender Weise darauf hin, dass die japanische Administration und die Gerichte den Fokus allein auf das erdrückende Arbeitspensum und die Anzahl der Überstunden richten und dabei epidemiologische Faktoren außer Acht lassen. Deswegen gäbe es eine Kluft zwischen medizinischer Wissenschaft und rechtlicher Auslegung.[301] Sie führen weiter aus:

> „*While current Japanese social security law and labour law, court judgments and administrative interpretations focus on the time period factor to understand the risk of developing SAH* (= Subarachnoid Haemorrhage, Anm. d. Verf.), *in reality, the primary risk factor indicating a rupture of a cerebral aneurism is its size. There is a clear gap between current law and the medical knowledge upon which the law should be based. The current approach focuses on secondary knowledge and is not an effective preventive measure for SAH. Provided that accumulated onerous workload might accelerate growth of cerebral aneurysm, it is hard to believe that shortening the work-period could reduce its size!"*[302]

Sie geben auch zu bedenken, dass die kausale Beziehung zwischen arbeitsbedingten Faktoren und dem Auftreten von Karôshi keine Stufe erreicht, die einen Anspruch auf Kompensation aus der Unfallversicherung/dem Zivilrecht rechtfertigt, soweit man epidemiologische Erkenntnisse ordnungsgemäß und exakt anwendet.[303] Deswegen ermahnen sie den Gesetzgeber, die derzeitigen rechtlichen Rahmenbedingungen einer umfassenden Revision zu unterziehen, um die aktuell defizitäre Lage zu beseitigen.[304] Noch weiter geht *Okudaira* mit ihrer Kritik. Ihrer Meinung nach existiere Karôshi im medizinischen Sinne gar nicht, da hierfür die „medizinische Basis“[305] im Hinblick auf Pathologie und Ätiologie fehle.[306] Sie führt sodann aus:

---

301 *Yuki/Koizumi*, Journal of Social Security Law 2011, Vol. 18, Ausgabe 2, S. 87 (89).

302 *Yuki/Koizumi*, Journal of Social Security Law 2011, Vol. 18, Ausgabe 2, S. 87 (100).

303 *Yuki/Koizumi*, Journal of Social Security Law 2011, Vol. 18, Ausgabe 2, S. 87 (100).

304 „In conclusion the current laws should be subjected to a multifaceted review with a view to undertaking reforms to eliminate the deficiencies in the way that SAH among employees, and its consequences, is dealt with under social security law and other relevant legal arrangements.", *Yuki/Koizumi*, Journal of Social Security Law 2011, Vol. 18, Ausgabe 2, S. 87 (101).

305 *Okudaira*, Japan Medical Association Journal 2004, Vol. 47, Nr. 5, S. 205 „the concept of karoshi does not have a firm medical basis [...] Karoshi then is a condition that should not exist [...]“.

306 *Okudaira*, Japan Medical Association Journal 2004, Vol. 47, Nr. 5, S. 205 (207 f.).

„Karoshi *is understood as cerebral and/or cardiac disease, or death resulting from cerebral and/or cardiac disease, 'triggered' or 'induced' by excessive fatigue accumulation due to overwork. However, fatigue has not been shown to be a direct cause of cerebral and/or cardiac disease, and no specific morphological changes specific to fatigue have been identified. In other words, there is no rationale for recognizing* karôshi *as a disease. Thus, the concept of* karôshi *does not stand on firm medical ground. Rather, it should be regarded as a social concept promoted by employees or the families of employees exposed to harsh working conditions that suddenly developed cerebral and/or cardiac disease or died from such disease, and by the mass media. It no more than symbolizes the wish of the employees or their families, that such disease/death be recognized as a prescribed occupational disease."*[307]

Für Karô-jisatsu sehen *Hiyama/Yoshihara* die Ursachen in Versagen bei der Arbeit (geforderte Ziele werden nicht erreicht), immer größer werdender Verantwortungsbereich und arbeitsbedingter psycho-sozialer Stress.[308] Die *ILO* kommt in einer aktuellen Studie zu einem ähnlichen Ergebnis und weist Nacht- und Schichtarbeit, arbeitsbedingter Stress aufgrund Frustration (Unternehmensziele werden nicht erreicht), erzwungene Aufhebungsverträge/Kündigungen sowie Mobbing als Hauptrisikofaktoren aus.[309] In die gleiche Richtung tendiert *Ishida* indem sie ausführt: „the cause of overwork-induced suicide is not only the physical burden caused by excessive work such as long hours; for a high proportion it is also the mental stress arising from frustration, at being unable to attain a goal".[310] Validere und reliablere Ergebnisse liefert eine Studie von *Amagasa/Nakayama/Takahashi*. Diese untersuchten im Zeitraum von 1983 bis 2000 zwei Dutzend Fälle von Karô-jisatsu. Ergebnis dieser Studie ist, dass fast ausschließlich Männer von Karô-jisatsu betroffen sind und diese mittelrangige Managementpositionen innehatten.[311] Auffallend war auch, dass keines der Opfer psychische Vorerkrankungen aufwies oder an einer Persönlichkeitsstörung litt. Auch im familiären Umfeld und deren Krankheitsgeschichte gab es zuvor noch keine Suizidversuche oder ähnliche Auffälligkeiten.[312] Als Hauptursache für Karô-jisatsu wurde arbeitsbedingter Stress

---

307 *Okudaira*, Japan Medical Association Journal 2004, Vol. 47, Nr. 5, S. 205 (208).

308 *Hiyama/Yoshihara*, Occupational and Environmental Medicine 2008, Vol. 65, 428 (429).

309 ILO Case Study: Karoshi: Death from overwork, 23.4.2013, abrufbar unter http://www.ilo.org/safework/info/publications/WCMS_211571/lang--en/index.htm, zuletzt abgerufen am 5.6.2014.

310 *Ishida* in Conaghan/Fischl/Klare, LABOUR LAW IN AN ERA OF GLOBALIZATION, Death and Suicide from Overwork: The Japanese Workplace and Labour Law, S. 222.

311 *Amagasa/Nakayama/Takahashi*, Journal of Occupational Health 2005, Vol. 47, S. 157 (158).

312 *Amagasa/Nakayama/Takahashi*, Journal of Occupational Health 2005, Vol. 47, S. 157 (158).

ausgemacht, welcher sich in zwei Kategorien unterteilen lässt: einmal durch die Arbeitsplatzumgebung induzierter Stress (z.B. Versetzungen, Betriebsänderungen/Changing-Prozesse, geringe soziale Unterstützung und Konflikte am Arbeitsplatz), auf der anderen Seite Stress durch die Arbeit an sich (z.B. lange Arbeitszeiten, übermäßiges Arbeitspensum).[313] Alle Opfer wiesen als Beanspruchungsfaktoren geringe soziale Unterstützung, hohe geistige und psychische Anforderungen sowie geringe Autonomie und Handlungsfreiheit auf.[314] Diese waren vor allem dadurch gekennzeichnet, dass die Beziehung zwischen dem Opfer und dem Vorgesetzten gestört war, die Position es erforderte sehr zügig und hart zu arbeiten, eine viel zu hohe Arbeitsmenge zu bewältigen war und die Opfer weder Entscheidungsgewalt über die Art der zu erledigenden Aufgaben hatten noch über Arbeitszeitsouveränität verfügten. Im Durchschnitt leistete jedes Opfer fünf Überstunden pro Tag. Zudem erfolgte keinerlei emotionale Unterstützung im beruflichen Umfeld.[315] All dies bedingte und führte letztendlich zu Karô-jisatsu.

Es lässt sich also für beide Phänomene festhalten, dass die Ursachen vor allem im Arbeits- und Organisationsumfeld auszumachen sind, also hauptsächlich arbeitsbedingter Stress und ähnliche Faktoren. Begünstigt wird dies durch die vagen und laschen arbeitsrechtlichen Normen, welche dem Arbeitgeber sehr flexible Instrumente zum Arbeitseinsatz seiner Arbeitnehmer ermöglichen. Alles in allem ist der prägnanten Zusammenfassung *Inoues* nichts hinzuzufügen:

> *„Just as egoistic and anomic suicides symbolize the anxiety and despair of the individualistic society, karoshi symbolizes the tension and distress of a hyperindustrialized and secularized communitarian society, not of a primitive and religious community. It symbolizes the deep-seated dilemma of contemporary Japanese society."*[316]

3. Typische Opfer

Die meisten Karôshi-Opfer befinden sich zwischen dem Ende des 30. und dem Ende des 50. Lebensjahres, wobei die Anzahl der 20jährigen in den letzten

313 *Amagasa/Nakayama/Takahashi*, Journal of Occupational Health 2005, Vol. 47, S. 157 (158).

314 *Amagasa/Nakayama/Takahashi*, Journal of Occupational Health 2005, Vol. 47, S. 157 (159 f.).

315 *Amagasa/Nakayama/Takahashi*, Journal of Occupational Health 2005, Vol. 47, S. 157 (161).

316 zit. nach *Ishida* in Conaghan/Fischl/Klare, LABOUR LAW IN AN ERA OF GLOBALIZATION, Death and Suicide from Overwork: The Japanese Workplace and Labour Law, S. 229.

Jahren rapide anstieg.[317] Interessanterweise kommt Karôshi sowohl bei Angestellten (also Personen, die überwiegend mentale und geistige Tätigkeiten ausführen) als auch bei Arbeitern (Personen, die überwiegend körperliche Arbeit verrichten) vor.[318] Dabei reicht die Bandbreite von Vertriebs-, und Finanzmitarbeiter über Ingenieure bis hin zu Bauarbeitern, Taxi- und LKW-Fahrern. Auch der öffentliche Dienst ist hiervon nicht ausgenommen. Schließlich ist noch zu beachten, dass die überwiegende Anzahl der Opfer Männer sind und weibliche Fälle vermehrt bei Krankenschwestern und Lehrern auftreten.[319] Aufgrund dieser großen Bandbreite bezeichnet *Ishida* Karôshi als „classless death".[320]

Genaue Angaben zu den jährlichen Opfern sind nicht möglich, da einerseits das Ministerium für Gesundheit, Arbeit und Wohlfahrt als Träger der Unfallversicherung ein gesteigertes Eigeninteresse hat, die Opferzahlen möglichst gering zu halten und deswegen nur die beantragten sowie stattgegebenen Fälle von Kompensationsleistungen wegen Karôshi und Karô-jisatsu statistisch erfasst und veröffentlicht. Auf der anderen Seite dürften die von den Opferanwälten propagierten Zahlen wohl als übertrieben anzusehen sein. Man geht aber davon aus, dass die jährliche Dunkelziffer der Opfer von Karôshi und Karô-jisatsu ca. 10.000 beträgt.[321] Natürlich ist der Tod durch Überarbeitung kein ausschließlich auf Japan beschränktes Phänomen, sondern dürfte in allen Teilen der Welt vorzufinden sein.

---

317 *Morioka*, S. 6; *Ishida* in Conaghan/Fischl/Klare, LABOUR LAW IN AN ERA OF GLOBALIZATION, Death and Suicide from Overwork: The Japanese Workplace and Labour Law, S. 220.

318 *Kawahito* in *National Defense Counsel for the victims of Karoshi*, KAROSHI. WHEN THE „CORPORATE WARRIOR" DIES, Karoshi and Its Background, S. 7; *Ishida* in Conaghan/Fischl/Klare, LABOUR LAW IN AN ERA OF GLOBALIZATION, Death and Suicide from Overwork: The Japanese Workplace and Labour Law, S. 220; *Kidani*, University of Hawaii Law Review, Vol. 21, 169 (173).

319 *Morioka*, S. 6; *Ishida* in Conaghan/Fischl/Klare, LABOUR LAW IN AN ERA OF GLOBALIZATION, Death and Suicide from Overwork: The Japanese Workplace and Labour Law, S. 220 f.; *Kidani*, University of Hawaii Law Review, Vol. 21, 169 (173).

320 *Ishida* in Conaghan/Fischl/Klare, LABOUR LAW IN AN ERA OF GLOBALIZATION, Death and Suicide from Overwork: The Japanese Workplace and Labour Law, S. 220.

321 *Hiroshi Kawahito* in Asienspiegel v. 30.10.2009, abrufbar unter http://asienspiegel.ch/2009/10/arbeiten-bis-zum-umfallen/; ebenso *Kato*, Hitotsubashi Journal of Social Studies 1994, Vol. 26, 41 (44); *Ishida* in Conaghan/Fischl/Klare, LABOUR LAW IN AN ERA OF GLOBALIZATION, Death and Suicide from Overwork: The Japanese Workplace and Labour Law, S. 227; *Ikeda* in Wahsner, Japans Arbeitsbeziehungen und Arbeitsrecht in Geschichte und Gegenwart, Gesundheitspolitik am Arbeitsplatz und Gewerkschaftsbewegung in Japan, S. 67.

Allerdings gibt es wohl keine andere Nation, die so sehr unter den Folgen leidet wie Japan.[322]

Tabelle: Beispielsfälle von Karôshi und Karô-jisatsu

Jahr	Tätigkeit der Opfer	Anzahl der Überstunden	Höhe der Entschädigung	anerkannt durch
2007	McDonald's Filialleiterin	> 80 Std./Monat	unbekannt	Arbeitsstandardaufsichtsamt Kanagawa[324]
2010	Geschäftsführer eines Restaurants	200 Std./Monat	195 Mio. ¥ (ca. 1,57 Mio. €)	DG Kagoshima[325]
2010	Angestellter einer Restaurantkette	> 100 Std./Monat	78,63 Mio. ¥ (ca. 872.000 $)	DG Kyoto[326]
2010	Manager im Baugewerbe	ø 123 Std./Monat im Zeitraum von 9 Monaten	130 Mio. ¥ (ca. 1,15 Mio. €)	Ministerium für Gesundheit, Arbeit und Wohlfahrt[327]

322 *Ogura*, Japan Labor Review, Vol. 3, No. 3, Sommer 2006, S. 5, „thus overwork does not seem to be a problem unique to Japan, but there is, perhaps, no other country suffering so seriously from the problem".

323 vgl. Süddeutsche.de v. 29.10.2009, abrufbar unter http://www.sueddeutsche.de/karriere/ueberarbeitung-in-japan-schuften-bis-zum-tod-1.148349, zuletzt abgerufen am 5.6.2014; Asienspiegel v. 30.10.2009, abrufbar unter http://asienspiegel.ch/2009/10/arbeiten-bis-zum-umfallen/ (zuletzt abgerufen am 5.6.2014).

324 höchste Entschädigungszahlung bisher; Opfer liegt jetzt im Koma; Asienspiegel v. 16.02.2010, abrufbar unter http://asienspiegel.ch/2010/02/ein-schadenersatz-in-millionenhohe/ (zuletzt abgerufen am 5.6.2014).

325 erstmals auch Konzernleitung persönlich haftbar, da Pflicht nicht nachgekommen, Arbeitszeiten der Angestellten hinsichtlich der Gesundheitsgefahren richtig abzuwägen; Asienspiegel v. 27.05.2010, abrufbar unter http://asienspiegel.ch/2010/05/die-chefetage-wird-zur-kasse-gebeten/ (zuletzt abgerufen am 5.6.2014); Asahi Shimbun v. 26.05.2010, abrufbar unter http://www.asahi.com/english/TKY201005250384.html (zuletzt abgerufen am 5.6.2014), The Japan Times v. 26.05.2010, abrufbar unter http://www.japantimes.co.jp/news/2010/05/26/national/79-million-awarded-over-karoshi/#.UkU103l-Nj4 (zuletzt abgerufen am 5.6.2014).

326 Asienspiegel v. 27.02.2011, abrufbar unter http://asienspiegel.ch/2011/02/staatlich-genehmigte-überarbeitung/ (zuletzt abgerufen am 5.6.2014); The Japan Times v. 24.02.2011, abrufbar unter http://www.japantimes.co.jp/news/2011/02/24/national/kins-suit-targets-firm-state-over-workers-suicide-after-overwork/#.UkQFWHl-Nj4 (zuletzt abgerufen am 5.6.2014); The Wall Street Journal v. 25.02.2011, abrufbar unter http://blogs.wsj.com/japanrealtime/2011/02/25/workers-suicide-sparks-lawsuit/ (zuletzt abgerufen am 5.6.2014).

4. Karôshi, Karô-jisatsu und Burn-out

«Karoshi *victims do not kill themselves - they ‚burn away*'»[327]
(Tatsuo Inoue)

Rückschlüsse aus der rechtlichen Beurteilung von Karôshi und Karô-jisatsu in Japan für die Bewertung von Burn-out im juristischen Kontext in Deutschland sind nur dann möglich, wenn zum einen die japanischen Normen und Bestimmungen große Kongruenz zu den jeweiligen deutschen Vorschriften aufweisen. Die Ähnlichkeit zwischen beiden Jurisdiktionen sowohl hinsichtlich unfallversicherungsrechtlicher Bestimmungen als auch zivilrechtlicher Normen ist unstreitig gegeben und wird an späterer Stelle noch ausführlich thematisiert. Daneben bedarf es aber auch Überschneidungen zwischen Karôshi/Karô-jisatsu und Burn-out selbst. Tatsächlich weisen alle drei Phänomene einen engen Bezug zueinander auf. Überarbeitung/Überbelastung ist sowohl Ursache für Karôshi/Karô-jisatsu als auch für Burn-out.[328] Die Auslöser von Karôshi – harte physische Arbeit, übermäßig lange Arbeitszeiten sowie mentaler arbeitsbedingter Stress – und Burn-out – Überforderung (qualitative und quantitative), Zeitdruck, Monotonie, geringe Autonomie, unzureichendes Feedback und Konflikte mit Kollegen, Kunden und Vorgesetzen (inklusive Mobbing) – überschneiden sich deutlich. Noch augenscheinlicher sind die Gemeinsamkeiten von Karô-jisatsu und Burn-out: Hauptursachen von Karô-jisatsu sind geringe soziale Unterstützung, hohe physische und psychische Anforderungen/Beanspruchung sowie geringe Autonomie und Handlungsfreiheit. Auch die beiden Hauptsymptome der drei Phänomene, körperliche, geistige und emotionale Erschöpfung bei Burn-out und *karô* (Überarbeitung) bzw. *fatigue* bei Karôshi/Karô-jisatsu weisen große Ähnlichkeit auf. Geradezu frappierend sind die Überschneidungen der konkreten Symptome von Burn-out und Karô-jisatsu: Schlafstörungen, Kopfschmerzen, Muskelverspannungen, Verdauungsstörungen, Engegefühl in der Brust, sexuelle Probleme, erhöhter Alkohol-/Tabakkonsum, veränderte Ernährungsgewohnheiten, Meidung von Gesprächen, Hoffnungslosigkeit und Suizidgedanken wurden als Symptome von Karô-jisatsu ausgemacht[329] und

327 zitiert nach *McAlinn* in McAlinn, Japanese Business Law, Employment and Labor, S. 443.

328 *Hiyama/Yoshihara*, Occupational and Environmental Medicine 2008, Vol. 65, 428 (429).

329 *Amagasa/Nakayama/Takahashi*, Journal of Occupational Health 2005, Vol. 47, S. 157 (161).

all diese finden sich auch bei Burn-out wieder.[330] Wenn man Burn-out in *Uehatas* Modell integrieren wollte, dann würde es eine weitere Folge von *fatigue* auf dem Weg zum finalen Zusammenbruch (Tod) sein.[331] Umgekehrt würde der Aufbau von *fatigue* in den hier besprochenen Burn-out-Theorien der Bildung von chronischem Stress bzw. die Nichtbewältigung von Stressoren im Rahmen des Copings entsprechen. Burn-out ist – wie gezeigt – das Resultat langfristiger bzw. chronischer Stresseinwirkungen,[332] und diese überhäufige und dauernde Beanspruchung wird als einer der maßgeblichen Auslöser für Burn-out am Arbeitsplatz angesehen.[333] Verdeutlicht man sich noch einmal die Phasen des Burn-out-Verlaufs, so steht am Ende immer ein Zusammenbruch der in den schlimmsten Fällen sogar im Tod resultieren kann, entweder wenn die psycho-somatischen Folgen von Burn-out dies bewirken oder es zum Suizid kommt. Karôshi würde dementsprechend vor allem unter Kategorie 6 (Psychosomatische Reaktionen) und Karô-jisatsu unter Kategorie 7 (Verzweiflung) der Burn-out-Symptomatik nach *Burisch* eingeordnet werden. Schließlich zeichnet sich Kategorie 6 auch durch das Auftreten von koronaren Herzkrankheiten, einer der Hauptfolgen von fatigue im Modell *Uehatas*, aus.[334] Kategorie 7 ist bestimmt durch ein chronisches Gefühl der Hoffnungslosigkeit („Das Leben hat keinen Sinn mehr") und Suizidgedanken.[335] Unstreitig lehnt sich das von *Uehata* entwickelte Karôshi-Modell auch sehr an *Selyes* Stresstheorie und allgemeinem Adaptionssyndrom an. Am Ende in *Selyes* Konzept, der sog. Erschöpfungsphase, kommt es nämlich zu gravierenden Störungen des menschlichen Körpers, die sich u.a. Bluthochdruck und Herz-Kreislauf-Erkrankungen äußern und bei stetiger Belastung und mangelnden Erholungsphasen schließlich auch zum Tod führen.

Bei all diesen Gemeinsamkeiten und Überschneidungen drängt sich einem die Frage auf, ob Karôshi und Karô-jisatsu nicht zwei spezielle und extreme Fälle von Burn-out darstellen. Dass *Uehata* den Begriff Burn-out nicht ausdrücklich in seinen Ansätzen berücksichtigt hat, dürfte wohl daran liegen, dass es sich bei diesem Begriff zu Zeiten der Entwicklung des Modells um ein relativ neues wissenschaftliches Konzept gehandelt hat.[336] Gleiches galt vice versa für die Erwähnung

330 vgl. Kapitel B. III. 3. bzgl. der Burn-out-Symptomatik.
331 *Tieste*, Haftungsfall Stresserkrankung, S. 33, 129.
332 *Enzmann*, S. 46; *Litzcke/Schuh*, S. 158.
333 *Jaggi*, S. 8; *Lanz*, S. 52 spricht von der „Stresserkrankung Burnout".
334 *Burisch*, S. 34.; *Schneglberger* S. 34 f.; *Wimmer*, S. 15.
335 *Burisch*, S. 34.; *Schneglberger* S. 35; *Wimmer*, S. 15.
336 vgl. *Tieste*, Haftungsfall Stresserkrankung, S. 77.

von Karôshi im Rahmen von Burn-out.[337] In neuerer Zeit wird Karôshi zwar in der Burn-out-Literatur explizit genannt,[338] dies jedoch nur am Rande und ohne ausführlich auf das Phänomen einzugehen. *Tieste* bezeichnet Burn-out als „integrale[n] Bestandteil des Modells [Uehatas] und damit als grundlegende Voraussetzung für einen Karôshi-Tod".[339] Die Verknüpfung beider arbeitsbedingter Erkrankungen und damit einhergehend auch die Möglichkeit, diese auf rechtlicher Ebene zu vergleichen, werden durch folgende Aussagen *Tiestes* verdeutlicht:

> *„Im Karôshi-Modell führt die durch psychische Überbelastung hervorgerufene, individuell bedingte* Erholungsunfähigkeit, *kombiniert mit verminderten Erholungszeiten zum Aufbau von* fatigue *als Vorstufe des* Burnout-Syndroms *– der extremen physischen und psychischen Erschöpfung. Die Verknüpfung mit den Karôshi-spezifischen Erkrankungen erfolgt dabei über die Folgen des* Burnouts, *nämlich entweder letztendlichen Überlastung des athero-sklerotischen Systems oder den aus einer gefühlsmäßigen Abstumpfung und Gefühlen persönlicher Inkompetenz folgenden depressiven Störungen mit Gedanken der Aussichtslosigkeit und der Aufgabe (Selbstmord). Hier findet sich die Erklärung der Verknüpfung des* Burnouts, *der […] zwar nicht notwendige aber mögliche Komponente im Kausalverlauf der Karôshi-spezifischen Todesfolgen ist."*[340]

Karôshi/Karô-jisatsu stellen somit eine der möglichen[341] Endfolgen von Burn-out dar. Beide Phänomene dürften also auch in Deutschland auftreten, allerdings

---

337 *Uehatas* Konzept wurde zwischen Ende der 70er Jahre und Ende der 80er Jahre des vorigen Jahrhunderts entwickelt, die in dieser Arbeit maßgeblichen Burn-out-Modelle *Maslachs* und *Cherniss* wurden Anfang der 80er Jahre konzipiert und bis in das neue Jahrtausend immer wieder weiterentwickelt und revidiert, *Burisch* intensive Studien und Theorien hatten ihren Anfang in den 80er Jahren.

338 vgl. z.B. *Burisch*, S. 83; *Chen* et al., International Journal of Medical Sciences 2013, Vol. 10, S. 1471 (1472, 1477); *Force*, S. 6; *Tung/Chen/Ting*, Journal of Occupational Safety and Health 2010, Vol. 18; S. 416 (418); *Kiesche/Wilke*, dbr 2008, Heft 3, 21 (22); *Berg*, Pharmazeutische Zeitung, Ausgabe 36/2007, abrufbar unter http://www.pharmazeutische-zeitung.de/index.php?id=3631 (zuletzt abgerufen am 5.6.2014); *Hiyama/Yoshihara*, Occupational and Environmental Medicine 2008, Vol. 65, 428; vgl. auch *Krause*, Burnout erkennen und etwas dagegen tun, Vortrag auf dem Gesundheitstag Regierungspräsidium Tübingen vom 20.3.2012, Unterlagen abrufbar unter http://www.tuebingen-psychotherapie.de/Downloads/Vortrag%20Burnout_erkennen_Teilnehmerunterlagen.pdf (zuletzt abgerufen am 5.6.2014); *Possnigg*, Burnout und Karôshi – sind sie vergleichbar?, abrufbar unter http://www.burn-out.at/pages/einleitung.htm (zuletzt abgerufen am 5.6.2014).

339 *Tieste*, Haftungsfall Stresserkrankung, S. 99.

340 *Tieste*, Haftungsfall Stresserkrankung, S. 99.

341 dies bedeutet, dass weder jeder Burn-out-Verlauf zwangsläufig mit Karôshi/Karô-jisatsu enden muss (Karôshi/Karô-jisatsu ist nur eines von mehreren Endszenarien),

werden sie anders bezeichnet und wahrgenommen. An der Tatsache, dass es sich – juristisch betrachtet – um ein und dasselbe Problem handelt, ändert die Bezeichnung bzw. medizinische Einstufung nichts. Damit steht einer möglichen Übertragung der japanischen Sichtweise und Beurteilung von Karôshi/Karô-jisatsu auf die deutsche Anerkennungspraxis bzgl. Burn-out nichts entgegen.

III. Materiellrechtlicher Rahmen

Bevor die einzelnen Probleme der Einordnung von Karôshi in das japanische Normengeflecht thematisiert und analysiert werden, soll zuerst ein Überblick über die wichtigsten sozialrechtlichen und zivilrechtlichen Bestimmungen in Japan gegeben werden. Es wird zu zeigen sein, dass sowohl die Vorschriften der Unfallversicherung (insb. Arbeitsunfall und Berufskrankheit) als auch die zivilrechtlichen Haftungsinstitute (Haftung wegen Pflichtverletzung und aus unerlaubter Handlung) sich sehr eng an die jeweiligen deutschen Vorschriften anlehnen und damit einer Rechtsvergleichung besonders zugänglich sind. Allerdings gibt es auch gewisse Unterschiede (z.B. Haftungsausschluss des Arbeitgebers), welche nachfolgend herausgearbeitet werden

1. Arbeitsrecht/Arbeitszeitrecht

Begonnen werden soll aber mit einem Überblick über die relevanten allgemeinen arbeitsrechtlichen Vorschriften in Japan, insb. der Regelung der Arbeitszeiten. Es wurde nämlich gezeigt, dass Karôshi im Wesentlichen zwei Hauptursachen/Beanspruchungsfaktoren hat: arbeitsbedingter Stress und übermäßig lange Arbeitszeiten.[342] Beide Faktoren führen zur Bildung von *fatigue* und münden schließlich in *Karô* (Überarbeitung). Deswegen ist eine differenzierte Erläuterung der Arbeitszeitbestimmungen in Japan unumgänglich.

a) Arbeitsstandardgesetz

Wichtigstes Gesetz des japanischen Arbeitsschutzrechts ist das sog. Arbeitsstandardgesetz (労働基準法 = Rôdô kijun-hô,[343] im Folgenden ASG), welches am 7. April 1947 erlassen wurde und die allgemeinen Arbeitsbedingungen regelt. Es enthält u.a. Vorschriften zu Entgelt (Art. 24 ff. ASG), Beschäftigung von

---

noch muss jedes Karôshi-/Karô-jisatsu-Opfer notwendigerweise vorher an einem Burn-out erkrankt sein.

342 *Tieste*, Karôshi, ein japanisches Phänomen?, S. 23, 56.

343 Gesetz Nr. 49/1947.

Jugendlichen (Art. 56 ff. ASG), Regelung zur in Japan eminent wichtigen Arbeitsordnung (Art. 89 ff. ASG), Strafvorschriften (Art. 117 ff. ASG) und schließlich auch Regelungen zur Arbeitszeit und Urlaub (Art. 32 ff. ASG). Die große Bedeutung des ASG liegt nicht zuletzt auch darin begründet, dass das japanische BGB (民法 = Minpô, im Folgenden JBGB) lediglich neun Paragraphen (§§ 623-631 JBGB) zum Recht der Dienstleistung (雇用 = koyô) enthält.[344]

Das ASG gilt grds. für sämtliche Arbeitnehmer in allen Betrieben mit Ausnahme der mit Verwaltungsaufgaben betrauten Staatsbediensteten.[345] Damit erstreckt sich der Anwendungsbereich mittlerweile auf alle Privatunternehmen. Dies zeigt sich insb. daran, dass vor der Novellierung des Gesetzes in Art. 8 ASG 17 verschiedene Sparten von Unternehmen als Beispiele aufgezählt und diese Liste nun in den Anhang des Gesetzes verschoben wurde, um den Geltungsbereich des ASG für alle Privatunternehmen zu verdeutlichen.[346] Arbeitnehmer (労働者 = rôdôsha) i.S.d. Gesetzes ist diejenige Person, „die unabhängig von der Art der Tätigkeit in einem Unternehmen oder Betrieb beschäftigt ist und Lohn erhält“[347] (Art. 9 ASG).

b) *Arbeitsordnung*

Für die Arbeitsbedingungen japanischer Arbeitnehmer spielt die Arbeitsordnung (就業規則 = shûgyô kisoku) eine elementare, wenn nicht sogar die wichtigste Bedeutung.[348] Dabei darf man sich nicht durch die Begrifflichkeit täuschen lassen. Wie die nachfolgenden Ausführungen zeigen werden, unterscheidet

---

344 *Marutschke*, S. 205; *Nishitani/Marutschke*, in Baum/Bälz, Handbuch Japanisches Handels- und Wirtschaftsrecht, § 9 Arbeitsrecht, S. 405 Rn. 4.

345 *Marutschke*, S. 206; *Nishitani/Marutschke*, in Baum/Bälz, Handbuch Japanisches Handels- und Wirtschaftsrecht, § 9 Arbeitsrecht, S. 409 Rn. 17.

346 *Nishitani*, S. 14.

347 so *Marutschke*, S. 206 f.; *Nishitani/Marutschke*, in Baum/Bälz, Handbuch Japanisches Handels- und Wirtschaftsrecht, § 9 Arbeitsrecht, S. 409 Rn. 17; ähnlich Übersetzung bei *Nishitani*, S. 14: „jemand der ungeachtet der Art seiner beruflichen Tätigkeit in einem Unternehmen oder Büro arbeitet und dafür Entgelt erhält“; vgl. auch *Sugeno*, S. 77: „worker shall mean one who is employed at an enterprise or place of business […] and receives wages therefrom, without regard to the occupation".

348 *Marutschke*, S. 212; *Nishitani*, S. 104; *ders./Marutschke*, in Baum/Bälz, Handbuch Japanisches Handels- und Wirtschaftsrecht, § 9 Arbeitsrecht, S. 422 Rn. 67; *Sugeno*, S. 90; *Tieste*, Der Tod durch Überarbeitung, S. 62; *Meinhardt*, ZVerglRWiss 104 (2005), 257 (271); *Schlachter*, ZVglRWiss 102 (2003), 116 (128 f.); *dies./Meinhardt*, RIW 2003, 764 (767); *Suwa*, Japan Labor Bulletin, Vol. 32, No. 3, März 1993, abrufbar unter http://www.jil.go.jp/english/archives/bulletin/documents/199303.pdf (zuletzt abgerufen am 5.6.2014); *Wada*, AuR 2002, 369 (371).

sich die japanische Arbeitsordnung in erheblichem Maße von ihrem deutschen Namenspendant, der durch Betriebsvereinbarung statuierten Arbeitsordnung i.e.S., welche vor allem Arbeitspläne und Dienstvorschriften enthält. Die japanische Arbeitsordnung ist vielmehr eine normativ für alle Beschäftigten wirkende, allein durch den Arbeitgeber schriftlich formulierte „Rahmen-Betriebsvereinbarung“, welche sämtliche Arbeitsbedingungen einschließlich der Arbeitszeit, Entgeltzahlung und des Ausscheidens aus dem Unternehmen umfasst.

aa) Form, Melde- und Publikationspflicht

Jeder Arbeitgeber in Japan, der ständig zehn oder mehr Arbeitnehmer beschäftigt, ist verpflichtet für jede Betriebsstätte eine Arbeitsordnung zu verfassen und diese dem zuständigen Arbeitsstandardaufsichtsamt (労働基準局 = rôdô kijunkyoku) vorzulegen (Art. 89 Abs. 1 ASG). Von allen Betrieben, auf die das ASG Anwendung findet, sind lediglich 20% verpflichtet, eine Arbeitsordnung zu verfassen. Die meisten japanischen Betriebe erreichen jedoch diese Schranke nicht.[349] Die Arbeitsordnung ist zudem schriftlich zu fixieren[350] und gem. Art. 106 ASG den Arbeitnehmern bekannt zu machen. Dies kann entweder durch Aushang oder Auslage an einem jederzeit erreichbaren Ort im Betrieb geschehen[351] oder durch Abrufbarkeit im firmeneigenen Intranet.[352] Eine Verletzung dieser Bekanntmachungspflicht gegenüber den Arbeitnehmern hat allerdings keine Folgen für den Arbeitgeber.[353] Dies führt kurioserweise häufig dazu, dass die Arbeitnehmer keine Kenntnis über die für sie geltenden Arbeitsbedingungen haben[354] bzw. erlangen können, denn das Arbeitsstandardaufsichtsamt, welches ein Exemplar besitzt, verweigert in der Praxis zumeist die Einsichtnahme.[355] Auch Art. 15 Abs. 1 ASG i.V.m. Art. 5, 52-2 Durchführungsverordnung ASG vermögen hieran nichts zu ändern. Nach Art. 15 Abs. 1 ASG ist der Arbeitgeber zwar gehalten, dem Beschäftigten die

---

349 vgl. Daten bei *Wada*, AuR 2002, 369 (370): dieser spricht von insgesamt 4,53 Mio. Betrieben, wovon allerdings nur 910.000 unter den Anwendungsbereich des Art. 89 Abs. 1ASG fallen; was ca. 20% entspricht.

350 *Marutschke*, S. 211; *Nishitani*, S. 105; *ders./Marutschke*, in Baum/Bälz, Handbuch Japanisches Handels- und Wirtschaftsrecht, § 9 Arbeitsrecht, S. 422 Rn. 64; *Sugeno*, S. 91; *Schlachter/Meinhardt*, RIW 2003, 764 (767).

351 *Yamakawa*, Japan Labor Review, Vol. 6, No. 2, Spring 2009, S. 12, 13.

352 *Nishitani*, S. 109; *Sugeno*, S. 94.

353 anders allerdings durch den neu eingeführten Art. 7 ArbVG, siehe hierzu nachfolgende Ausführungen in Abschnitt D. III. 1. b) dd).

354 *Marutschke*, Arbeitsordnungen und Tarifverträge japanischer Unternehmen, S. 7.

355 *Nishitani*, S. 109.

Arbeitsbedingungen bei Abschluss des Arbeitsvertrages deutlich klar zu machen, Art. 5 Abs. 2 Durchführungsverordnung ASG bestimmt, dass die wesentlichen Arbeitsbedingungen dem Arbeitnehmer schriftlich auszuhändigen sind. Schließlich ist in Art. 52-2 Durchführungsverordnung ASG geregelt, dass die Bekanntmachung i.S.d. Art. 106 ASG entweder als Kopie an einem allgemein zugänglich Ort im Betrieb, schriftlich zu Händen der jeweiligen Arbeitnehmer oder auf elektronischem Wege zu erfolgen hat. Japanische Arbeitgeber berücksichtigen diese Vorschriften in der Praxis häufig nicht.[356] *Nishitani* stellt hierzu fest: „manche japanische Unternehmen tendieren dazu, sich mitunter heftig dagegen zu wehren, dass ihre Arbeitsordnungen außerhalb bekannt werden; manchmal versuchen sie sogar, sie vor ihren eigenen Beschäftigten geheim zu halten".[357] *Marutschke* schließt daraus: „Solche Umstände lassen die Befürchtung zu, daß ein Arbeitgeber möglicherweise Arbeitsbedingungen festlegt, die für den Arbeitnehmer besonders nachteilig sind oder dessen Freiheit und Rechte weitgehend einschränken."[358] Ein Verschlusshalten geschieht wohl auch, weil die Nicht-Offenlegung der Arbeitsbedingungen materiell-rechtlich gesehen keine Bedeutung (z.B. bzgl. Schadensersatzforderungen o.ä.) aufweist.[359] Denn ein Verstoß gegen Art. 106 ASG führe nicht automatisch zur Unwirksamkeit der Arbeitsordnung.[360] Es gibt aber auch Tendenzen in der Rechtsprechung und Lehre, die der Arbeitsordnung eine privatrechtliche Wirkung absprechen, soweit sie nicht der Mehrheit der Arbeitnehmer auf irgendeine Weise bekannt gemacht worden sei.[361]

Die Gesetzeslage in Deutschland ist im Prinzip die gleiche,[362] jedoch mit weitreichenderen Folgen für den Arbeitgeber bei Nichteinhaltung. § 2 NachwG

---

356 vgl. *Nishitani/Marutschke*, in Baum/Bälz, Handbuch Japanisches Handels- und Wirtschaftsrecht, § 9 Arbeitsrecht, S. 420 Rn. 59 f.; *Schlachter*, ZVglRWiss 102 (2003), 116 (125).

357 *Nishitani*, S. 105; zur Schwierigkeit Arbeitsordnungen von namhaften japanischen Unternehmen zu erhalten siehe *Marutschke*, Arbeitsordnungen und Tarifverträge japanischer Unternehmen, S. 2.

358 *Marutschke*, Arbeitsordnungen und Tarifverträge japanischer Unternehmen, S. 7.

359 vgl. *Nishitani/Marutschke*, in Baum/Bälz, Handbuch Japanisches Handels- und Wirtschaftsrecht, § 9 Arbeitsrecht, S. 420 Rn. 59 f.; *Meinhardt*, ZVerglRWiss 104 (2005), 257 (270).

360 *DG Tokyo* v. 14.2.2000, Rôhan 780, 9; *Nishitani*, S. 110; *Sugeno*, S. 102.

361 *DG Tokyo* v. 25.9.1998, Rôhan 746, 7; *DG Osaka* v. 7.9.1998, Rôhan 748, 86; vgl. auch *Marutschke*, Arbeitsordnungen und Tarifverträge japanischer Unternehmen, S. 24; eine solche Tendenz weist auch das Urteil des *OGH* v. 10.10.2003, Rôhan 861, 5 auf, vgl. Besprechung in ZJapanR 2005, 288 f.

362 *Meinhardt*, ZVerglRWiss 104 (2005), 257 (270).

verpflichtet den Arbeitgeber zwingend, einen Monat nach dem vereinbarten Beginn des Arbeitsverhältnisses die wesentlichen Vertragsbedingungen schriftlich niederzulegen, die Niederschrift zu unterzeichnen und sie dem Arbeitnehmer auszuhändigen. Die Vorschrift hat allerdings nur deklaratorischen Charakter und berührt die Wirksamkeit des Arbeitsvertrages nicht. Weder die Begründung des Arbeitsverhältnisses noch dessen materieller Inhalt werden durch das NachwG konstitutiv an eine Formvorschrift gebunden.[363] Allerdings kann die Nichterfüllung seiner Nachweispflichten - im Gegensatz zu Japan - Schadensersatzansprüche gem. §§ 286, 280, 249 BGB für den Arbeitgeber nach sich ziehen.[364] Zudem kann der Arbeitnehmer vor dem Arbeitsgericht im Urteilsverfahren Erfüllungsansprüche aus § 2 NachwG auf Niederlegung, Unterzeichnung und Aushändigung der Niederschrift geltend machen, welche nach § 888 ZPO vollstreckt werden.[365] Die deutschen Nachweispflichten begründen also eine selbständig einklagbare Nebenpflicht des Arbeitgebers[366] und schaffen somit ein höheres Schutzniveau als in Japan.

bb) Inhalt

Gem. Art. 89 Abs. 1 ASG müssen folgende Punkte zwingend[367] in jeder Arbeitsordnung aufgeführt sein:

- Zeitangabe für Arbeitsbeginn/-ende, Regelungen für Arbeitspausen, Ruhetage und Jahresurlaub sowie Einzelheiten bzgl. Schichtdienst
- Festlegung des Entgelts, Berechnungs- und Zahlungsart sowie Zeitpunkt, zu dem das Entgelt spätestens gezahlt werden muss, Einzelheiten zur Beförderung
- Einzelheiten zum Ausscheiden aus dem Betrieb

Zudem sind nachfolgende Aspekte aufzunehmen, sofern sie tatsächlich im Betrieb praktiziert werden bzw. Anwendung finden:

---

363 *BAG* v. 21.8.1997 - 5 AZR 713/96, NZA 1998, 37; ErfK/*Preis*, NachwG, 13. Aufl. 2013, Einf. Rn. 6; Schaub/*Linck*, 14. Aufl. 2011, § 32 Rn. 36.

364 ErfK/*Preis*, NachwG, 13. Aufl. 2013, Einf. Rn. 13; Schaub/*Linck*, 14. Aufl. 2011, § 32 Rn. 40 ff. jeweils m.w.N.

365 ErfK/*Preis*, NachwG, 13. Aufl. 2013, Einf. Rn. 12.

366 ErfK/*Preis*, NachwG, 13. Aufl. 2013, Einf. Rn. 13.

367 *Marutschke*, S. 211; *Nishitani*, S. 110; *ders./Marutschke*, in Baum/Balz, Handbuch Japanisches Handels- und Wirtschaftsrecht, § 9 Arbeitsrecht, S. 422 Rn. 65; *Sugeno*, S. 92.

- bei Zahlung eines Ausscheidegeldes: Festlegung des Personenkreises, der Festsetzung, Berechnung und Zahlung sowie Zeitpunkt der Auszahlung
- Mindestlohn- und Bonusregelungen
- vom Arbeitnehmer zu tragende Kosten für Verpflegung, Arbeitsmittel u.ä.
- Einzelheiten zu Sicherheit und Sauberkeit am Arbeitsplatz
- Einzelheiten zur Berufsbildung
- Bestimmungen zur Arbeitsunfallentschädigung und Entgeltfortzahlung bei nicht arbeitsbedingten Erkrankungen
- Art und Umfang von Auszeichnungen und Disziplinarstrafen

Was den Inhalt betrifft, regelt die Arbeitsordnung also eigentlich alles, was das Arbeitsverhältnis prägt und in Deutschland eher im Arbeitsvertrag zu verorten ist. Der Grund, warum in Japan sogar die essentialia negotii nicht in einem Arbeitsvertrag fixiert werden, liegt darin, dass Japaner in Bezug auf das Arbeitsverhältnis „kein hinreichend ausgebildetes Vertragsbewusstsein"[368] haben und Arbeitsverträge regelmäßig nicht schriftlich festgelegt werden.[369] Aufgrund dieses mangelnden Bewusstseins sehen sich die meisten Arbeitnehmer nicht als Vertragspartner des Unternehmens, sondern eher als faktischer Teil der Unternehmensgemeinschaft bzw. -familie[370] und gehen deswegen davon aus, dass die Arbeitsbedingungen durch den Arbeitgeber jeweils konkret festgelegt werden.[371]

cc) Beteiligung der Arbeitnehmervertreter

Die Beteiligung der Arbeitnehmer bzw. Arbeitnehmervertreter bei der Aufstellung oder Änderung der Arbeitsordnung ist im Vergleich zur eminenten Bedeutung dieses Instituts für den einzelnen Arbeitnehmer sehr schwach und dürftig ausgeprägt. Im Gegensatz zu Deutschland, wo ein Arbeitsvertrag nur durch beiderseitigen Konsens zwischen Arbeitnehmer und Arbeitgeber bzw. eine Betriebsvereinbarung nur durch die Betriebsparteien (Arbeitgeber und Betriebsrat) zustande kommt, kann der japanische Arbeitgeber den Inhalt der Arbeitsbedingungen weitgehend

---

368 *Nishitani/Marutschke*, in Baum/Bälz, Handbuch Japanisches Handels- und Wirtschaftsrecht, § 9 Arbeitsrecht, S. 420 Rn. 60; ähnlich *Nishitani*, S. 102 „Traditionell haben [...] in Japan Arbeitgeber und Arbeitnehmer kaum das Bewusstsein, einen Arbeitsvertrag abzuschließen"; sowie *Marutschke*, Arbeitsordnungen und Tarifverträge japanischer Unternehmen, S. 2 „auch das Bewußtsein, einen Arbeitsvertrag geschlossen zu haben, ist bei den Vertragsparteien oft nur schwach ausgeprägt".

369 *Meinhardt*, ZVerglRWiss 104 (2005), 257 (270).

370 *Nishitani*, S. 102.

371 *Nishitani/Marutschke*, in Baum/Bälz, Handbuch Japanisches Handels- und Wirtschaftsrecht, § 9 Arbeitsrecht, S. 421 Rn. 60.

autonom bestimmen und abändern.[372] Die Zustimmung des einzelnen Arbeitnehmers oder des Arbeitnehmervertreters ist nicht erforderlich, vielmehr muss nach Art. 90 ASG die Arbeitnehmervertretung lediglich gehört und deren Meinung schriftlich mit der Arbeitsordnung beim Arbeitsstandardaufsichtsamt eingereicht werden. Im Ergebnis bedeutet das, dass selbst wenn die Mehrheit der Arbeitnehmer die betreffende Arbeitsordnung ablehnt, sie dennoch wirksam zustande kommen kann.[373] Es handelt sich also weder um ein echtes Mitbestimmungsrecht noch um ein Mitwirkungsrecht, sondern lediglich um ein Anhörungsrecht[374] und somit die schwächste Form der Beteiligung. Eine echte Beteiligung ist nur dann gewährleistet, wenn eine starke Unternehmensgewerkschaft auf den Abschluss eines Tarifvertrages zur Regelung der Arbeitsbedingungen dringt bzw. die zwischen Gewerkschaft und Arbeitgeber ausgehandelten Konditionen direkt in die Arbeitsordnung aufgenommen werden.[375]

Wird das durch Gesetz vorgegebene Verfahren bei der Aufstellung der Arbeitsordnung missachtet, so droht dem Arbeitgeber eine Geldbuße (Art. 120 ASG). Allerdings ist nicht bekannt, dass in der Praxis eine solche jemals verhängt worden ist.[376] Die Frage, ob die Beteiligung konstitutiv oder nur deklaratorisch für die Wirksamkeit der Arbeitsordnung ist, wird im Schrifttum und Rechtsprechung uneinheitlich gesehen, eine höchstrichterliche Entscheidung fehlt bis dato. Die

---

372 *Marutschke*, S. 212; *ders.*, Arbeitsordnungen und Tarifverträge japanischer Unternehmen, S. 14; *Nishitani*, S. 106; *ders./Marutschke*, in Baum/Bälz, Handbuch Japanisches Handels- und Wirtschaftsrecht, § 9 Arbeitsrecht, S. 423 Rn. 68; *ders.* in Wahsner, Japans Arbeitsbeziehungen und Arbeitsrecht in Geschichte und Gegenwart, Das japanische Arbeitsrecht unter dem Einfluß der veränderten Arbeitsbeziehungen, S. 76; *Meinhardt*, ZVerglRWiss 104 (2005), 257 (271); *Schlachter*, ZVglRWiss 102 (2003), 116 (129); *Schlachter/Meinhardt*, RIW 2003, 764 (767); *Wada*, AuR 2002, 369 (370).

373 *Marutschke*, Arbeitsordnungen und Tarifverträge japanischer Unternehmen, S. 14; *Araki*, Comparative Labor Law & Policy Journal, Vol. 28, 2006-2007, S. 251 (256).

374 „With regard to the employee's right to express their views, however, this right obligates employers only to request the workers' opinion while recognizing the employer's unilateral right to establish the work rules. It has not, of course, attained the character of German law, which accords joint decision-making authority to employees' representative bodies (*i.e.*, co-determination); nor does it impose a duty of discussion on employers." *Sugeno*, S. 93; idS auch *Meinhardt*, ZVerglRWiss 104 (2005), 257 (271); sowie *Wada*, AuR 2002, 369 (370.)

375 *Nishitani/Marutschke*, in Baum/Bälz, Handbuch Japanisches Handels- und Wirtschaftsrecht, § 9 Arbeitsrecht, S. 422 f. Rn. 68.

376 *Nishitani*, S. 109.

wohl h.M. geht davon aus, dass die Missachtung des Beteiligungsrechtes keine Konsequenzen für die Wirksamkeit hat.[377] Das *OG Hiroshima* hat in einer älteren Entscheidung[378] allerdings die Änderung einer Arbeitsordnung für unwirksam erklärt, bei der die Arbeitnehmervertretung nicht angehört wurde. Richtigerweise dürfte wohl der Ansicht *Nishitanis* zu folgen sein, wonach solche Fälle im Sinne der Theorie der Wirksamkeitsvoraussetzung nach BetrVG zu behandeln sind: Eine verfahrensfehlerhafte Arbeitsordnung entfaltet im Verhältnis Arbeitnehmer - Arbeitgeber keine Wirkung, und der Arbeitgeber kann sich insoweit wegen des Verfahrensverstoßes nicht auf die Unwirksamkeit der Arbeitsordnung berufen, allerdings sollen dem Arbeitnehmer dadurch keine Nachteile entstehen, wenn er sich trotzdem an die nichtige Arbeitsordnung hält.[379] *Nishitani* nennt hierzu folgendes Beispiel: ordnet der Arbeitgeber Überstunden an, ohne eine entsprechende Bestimmung unter Anhörung der Arbeitnehmervertretung in der Arbeitsordnung statuiert zu haben, so muss der Arbeitnehmer dieser Aufforderung nicht nachkommen. Leistet er sie dennoch, so ist das Entgelt - trotz Verstoßes gegen das Beteiligungsrecht - zu zahlen.[380]

dd) Wirkung der Arbeitsordnung

Hierzu, insbesondere zum Verhältnis zwischen den in der Arbeitsordnung festgelegten Arbeitsbedingungen und dem Arbeitsvertrag, besteht ein großer Meinungsstreit in Japan. *Wada* bezeichnet diesen Disput als „eines der ewig ungelösten Probleme des Arbeitsrechts".[381] Im ASG werden in zwei Vorschriften zur Wirkung und Wirksamkeit Aussagen gemacht. Einerseits bestimmt Art. 92 ASG, dass die Arbeitsordnung nicht im Widerspruch zu Gesetzen und Rechtsverordnungen als auch den im Betrieb geltenden Tarifverträgen stehen darf. Hieraus ergibt sich, dass Arbeitsordnungen in der Normenhierarchie unter den Tarifverträgen stehen,[382]

---

377 *DG Osaka* v. 20.5.1996, Rôhan 697, 42; ebenso wohl auch *DG Kobe* v. 10.8.1981, Rôhan 375, 31; *Sugeno*, S. 102; *Meinhardt*, ZVerglRWiss 104 (2005), 257 (271 f.); *Schlachter/Meinhardt*, RIW 2003, 764 (767) m.w.N.

378 *OG Hiroshima* v. 25.1.1985 zit. nach *Nishitani*, S. 109.

379 *Nishitani*, S. 111.

380 *Nishitani*, S. 111.

381 *Wada*, AuR 2002, 369 (372).

382 *Sugeno*, S. 95; *Marutschke*, Arbeitsordnungen und Tarifverträge japanischer Unternehmen, S. 27; *Schlachter/Meinhardt*, RIW 2003, 764 (767); *Schlachter*, ZVglRWiss 102 (2003), 116 (125); *Suwa*, Japan Labor Bulletin, Vol. 32, No. 3, März 1993, abrufbar unter http://www.jil.go.jp/english/archives/bulletin/documents/199303.pdf (zuletzt abgerufen am. 5.6.2014); *Wada*, AuR 2002, 369 (371).

und zwar unabhängig von deren Günstigkeit.[383] Noch wichtiger und Stein des Anstoßes für den Meinungsstreit ist jedoch Art. 93 ASG: demnach sind Arbeitsverträge in dem Umfang ungültig, in welchem sie Arbeitsbedingungen festlegen, die nicht den Standards der Arbeitsordnung entsprechen. Die ungünstigen Bestimmungen im Arbeitsvertrag werden durch die Arbeitsordnung ersetzt.

Einzelvertragliche Regelungen dürfen also das in der Arbeitsordnung statuierte Niveau nicht unterschreiten und sind nur wirksam, wenn sie günstiger sind. Nach Art. 93 ASG gewährleistet die Arbeitsordnung also einen Mindeststandard für Arbeitsbedingungen im Betrieb und entfaltet damit eine „quasinormative“[384] bzw. „bevorrechtigte“[385] Wirkung. Diese Vorschrift in Art. 93 ASG dient den Anhängern der *Normenlehre* als Ausgangspunkt und Rechtfertigung. Die Vertreter dieser Ansicht sehen in der Arbeitsordnung eine Art Rechtnorm mit gewisser normativer Wirkung, so dass im Ergebnis dort geregelte Angelegenheiten – unabhängig vom Willen der Vertragsparteien – als Arbeitsbedingungen rechtliche Geltung erlangen.[386] Im Ergebnis führt dies zu einer unmittelbaren und zwingenden Wirkung, die vergleichbar mit § 77 Abs. 4 S. 1 BetrVG in Bezug auf die Wirkung von Betriebsvereinbarungen ist.[387] Die Gegenteilige Auffassung sieht in der Arbeitsordnung lediglich „ein Muster für den Arbeitsvertrag“ und will Arbeitsbedingungen nur im Wege des (konkludenten)[388] Einverständnisses zwischen den Vertragsparteien als rechtlich wirksam ansehen (sog. *Vertragslehre*).[389]

---

383 *Schlachter*, ZVglRWiss 102 (2003), 116 (125); *Wada*, AuR 2002, 369 (372); bestätigt wurde diese nicht unumstrittene Ansicht durch die Entscheidung des *OGH* v. 27.3.1997, Rôhan 713, 27 im sog. „Asahi-Seeversicherungs“-Fall.

384 *Schlachter/Meinhardt* RIW 2003, 764 (767).

385 „preemptive effect” *Sugeno*, S. 95.

386 *Marutschke*, S. 212; *ders.*, Arbeitsordnungen und Tarifverträge japanischer Unternehmen, S. 18 f.; *Nishitani*, S. 106 f.; *ders./Marutschke*, in Baum/Bälz, Handbuch Japanisches Handels- und Wirtschaftsrecht, § 9 Arbeitsrecht, S. 423 Rn. 69; *ders.* in Wahsner, Japans Arbeitsbeziehungen und Arbeitsrecht in Geschichte und Gegenwart, Das japanische Arbeitsrecht unter dem Einfluß der veränderten Arbeitsbeziehungen, S. 76 f.; *Meinhardt*, ZVerglRWiss 104 (2005), 257 (279 f.); *Schlachter/Meinhardt*, RIW 2003, 764 (767); ausführlich hierzu *Sugeno*, S. 96.

387 *Nishitani*, S. 107.

388 *Schlachter*, ZVglRWiss 102 (2003), 116 (130), diese Konstruktion ist also hierzulande vergleichbar mit dem Geltungsgrund für Allgemeine Geschäftsbedingungen. Zu beachten ist hier allerdings, dass in Japan keine Inhaltskontrolle entsprechend der §§ 305 ff. BGB stattfindet, *Meinhardt*, ZVerglRWiss 104 (2005), 257 (279).

389 *Marutschke*, S. 212; *ders.*, Arbeitsordnungen und Tarifverträge japanischer Unternehmen, S. 17 f.; *Nishitani*, S. 106 f.; *ders./Marutschke*, in Baum/Bälz, Handbuch

Konsequenz der letztgenannten Ansicht wäre allerdings, dass selbst dann, wenn eine Arbeitsordnung günstigere Regeln als der Arbeitsvertrag enthält, die individuell ausgehandelten und in diesem Fall schlechteren Arbeitsbedingungen Vorrang haben müssten.[390]

Die Rechtsprechung geht seit dem Grundsatzurteil des *OGH* im sog. „Shûhoku-Bus“-Fall von einer vermittelnden Dritten Ansicht, der *Typenvertragslehre*[391] aus. In der Entscheidung des Großen Senats v. 25.12.1968[392] wird der Rechtsnormcharakter der Arbeitsordnung zwar hervorgehoben, allerdings nur, soweit der Inhalt sachlich gerechtfertigt sei. Im Ausgangsfall ging es um die Herabsetzung des Ruhestandsalters auf 55 Jahre, welche auch rückwirkend gelten sollte. Der *OGH* führt zum Charakter der Arbeitsordnung aus, bei ihr handele es sich nicht lediglich um eine Art gesellschaftliche Sozialnorm, sondern vielmehr um „eine auf Tatsachen und Gewohnheit beruhende Rechtsnorm“[393] gem. Art. 92 JBGB. Zu beachten ist dabei, dass die Arbeitsordnung grds. für alle Arbeitnehmer eines Betriebs gelte, und zwar unabhängig davon, ob der einzelne Arbeitnehmer vom Inhalt oder der Existenz der Arbeitsordnung Kenntnis hat. Ebenfalls nicht ausschlaggebend sei, ob das individuelle Einverständnis des jeweiligen Arbeitnehmers vorliege.[394] „Im Hinblick auf das Wesen der Arbeitsordnung, einheitliche und standardisierte Regeln für die Arbeitsbedingungen zu erstellen, dürften sich die einzelnen Arbeitnehmer jedoch deren Anwendung nicht widersetzen, sofern die betreffenden Regelungen sachlich gerechtfertigt seien“.[395]

Japanisches Handels- und Wirtschaftsrecht § 9 Arbeitsrecht, S. 423 Rn. 69; *Meinhardt*, ZVerglRWiss 104 (2005), 257 (279); *Schlachter/Meinhardt*, RIW 2003, 764 (767); ausführlich hierzu *Sugeno*, S. 96 f.

390 so zu Recht *Nishitani*, S. 107; idS auch *Schlachter*, ZVglRWiss 102 (2003), 116 (130), welche es aber als unproblematisch ansieht, da es sich hierbei ja um die Einführung von Vergünstigungen handelt.

391 *Marutschke*, S. 212; *Nishitani/Marutschke*, in Baum/Bälz, Handbuch Japanisches Handels- und Wirtschaftsrecht, § 9 Arbeitsrecht, S. 423 Rn. 70; *Nishitani*, S. 112 spricht von „Mustervertragslehre“; *Sugeno*, S. 98 charakterisiert es als „fixed-contract-theory“.

392 *OGH* (Großer Senat) v. 25.12.1968, Minshû 22, 3459.

393 zit. nach *Marutschke*, S. 212; *Nishitani/Marutschke*, in Baum/Bälz, Handbuch Japanisches Handels- und Wirtschaftsrecht, § 9 Arbeitsrecht, S. 423 Rn. 70.

394 *Marutschke*, Arbeitsordnungen und Tarifverträge japanischer Unternehmen, S. 20; *Araki*, Comparative Labor Law & Policy Journal, Vol. 28, 2006–2007, S. 251 (256); *Meinhardt*, ZVerglRWiss 104 (2005), 257 (280).

395 *OGH* (Großer Senat) v. 25.12.1968, Minshû 22, 3459; *Marutschke*, S. 212; *Nishitani*, S. 113.

Die in ständiger Rechtsprechung[396] aufgestellten Grundsätze des *OGH* wurden schließlich in Art 7 des 2007 neu erlassenen Arbeitsvertragsgesetzes (ArbVG)[397] gesetzlich verankert:

> *Schließen Arbeitnehmer und Arbeitgeber einen Arbeitsvertrag und setzt der Arbeitgeber den Arbeitnehmer über die Arbeitsordnung in Kenntnis, in der die Arbeitsbedingungen in vernünftigem Umfang geregelt sind, so richtet sich der Inhalt des Arbeitsvertrages nach den in der Arbeitsordnung festgelegten Bedingungen.*[398]

Für die Wirkung der Arbeitsordnung bedeutet dies nun, dass Bedingungen der Arbeitsordnung bei Abschluss des Arbeitsvertrages zum Vertragsinhalt werden[399] und für die Vertragsparteien somit bindend sind, soweit die Arbeitsordnung den Arbeitnehmern allgemein bekannt gemacht worden[400] und deren Inhalt vernünftig ausgestaltet ist.[401] Explizite Kenntnis des Inhalts der Arbeitsordnung ist hingegen nicht erforderlich.[402] An den „Vernunfts"-Test sind keine besonders strengen Anforderungen zu stellen,[403] dieser erfolgt durch die Rechtsprechung[404] nur sehr oberflächlich.[405] Schließlich bedarf es auch keiner individuellen Zustimmung des Arbeitnehmers. Vielmehr wird bereits in der Manifestation der Arbeitsordnung ein solcher Konsens gesehen.[406] *Wada* zieht in diesem Zusammenhang ein

---

396 so unter anderem *OGH* v. 10.10.2003, Rôhan 861, 5; v. 7.9.2000, Minshû 54, 2075; v. 28.2.1997, Minshû 51, 705; v. 28.11.1991, Minshû 45, 1270; v. 13.3.1986, Rôhan 470, 6.

397 労働契約法 (rôdô keiyaku-hô), Gesetz Nr. 72/2007.

398 Übersetzung nach *Marutschke*, S. 213; *Nishitani/Marutschke*, in Baum/Bälz, Handbuch Japanisches Handels- und Wirtschaftsrecht, § 9 Arbeitsrecht, S. 423 Rn. 71.

399 so bereits *Suwa*, Japan Labor Bulletin, Vol. 32, No. 3, März 1993, abrufbar unter http://www.jil.go.jp/english/archives/bulletin/documents/199303.pdf (zuletzt abgerufen am 5.6.2014).

400 zu den Anforderungen hierzu vgl. Ausführungen unter C. III.1.aa).

401 *Yamakawa*, Japan Labor Review, Vol. 6, No. 2, Spring 2009, S. 11.

402 vgl. *Marutschke*, S. 213; *Nishitani/Marutschke*, in Baum/Bälz, Handbuch Japanisches Handels- und Wirtschaftsrecht, § 9 Arbeitsrecht, S. 423 f. Rn. 72; *Meinhardt*, ZVerglRWiss 104 (2005), 257 (280); *Schlachter/Meinhardt*, RIW 2003, 764 (768).

403 *Kuwamura*, RdA 2012, 155 (157).

404 vgl. nur *OGH* v. 28.11.1991, Minshû 45, 1270.

405 *Marutschke*, S. 213; *Nishitani/Marutschke*, in Baum/Bälz, Handbuch Japanisches Handels- und Wirtschaftsrecht, § 9 Arbeitsrecht, S. 424 Rn. 72.

406 *Matsuoka*, Meiji Law Journal 2004, 97 (108 f.): „The stipulations in the concrete rules of Employment or the trade agreement are regarded as the individual worker's consent".

resignierendes Fazit: „Es gibt daher keine hinreichenden Vorkehrungen, die Umstände und den individuellen Willen der ArbN hinreichend zu berücksichtigen.“[407]

ee) Nachteilige Änderung der Arbeitsordnung

Viel problematischer als die reine Wirkung der Arbeitsordnung ist die Frage, ob der Arbeitgeber einseitig die in der Arbeitsordnung festgelegten Arbeitsbedingungen zum Nachteil der jeweiligen Beschäftigten ändern kann. Dieses Problemfeld gehört seit Jahren zu dem am meisten thematisierten und am heftigsten umstrittenen Diskussionsobjekt im japanischen Arbeitsrecht[408] und führt – für japanische Verhältnisse – häufig zu gerichtlichen Auseinandersetzungen.[409] Schwierig wird es z.B. immer dann, wenn der Arbeitgeber beabsichtigt, Arbeitnehmer über die vertraglich geregelte Arbeitszeit bzw. sogar über die gesetzlich festgeschriebene Höchstarbeitszeit hinaus zu beschäftigen und dies durch eine Änderung der Arbeitsordnung erreichen will. Dass eine für den Arbeitnehmer zum Nachteil gereichende Änderung der Arbeitsordnung nicht ohne weiteres möglich sein kann, leuchtet ein. Zum einen würde dies das in Art. 2 Abs. 1 ASG normierte Grundprinzip des japanischen Arbeitsrechts, wonach die Arbeitsbedingungen gleichberechtigt von Arbeitgeber und Arbeitnehmer festzulegen sind, aushebeln und unterminieren.[410] Zudem wäre es ein massiver Eingriff in das synallagmatische Vertragsgefüge, wenn es zu einer sofortigen Bindung an die verschlechterten Vertragsbedingungen käme, ohne dass der Arbeitnehmer hiergegen vorgehen könnte. Jedoch muss auch berücksichtigt werden, dass insbesondere aufgrund des Charakters des Arbeitsverhältnisses als Dauerschuldverhältnis und damit einhergehend der auf einen langfristigen Zeitraum angelegten Arbeitsbeziehungen es zu starr wäre, eine Änderung der Arbeitsbedingungen überhaupt nicht zuzulassen.[411]

Im Laufe der Jahre haben Rechtsprechung und Lehre Konzepte entwickelt, um diesen Konflikt zu lösen. Wie bereits erläutert, hatte die Entscheidung des Großen Senates des *OGH* aus dem Jahre 1968 maßgeblich zur Konkretisierung

---

407 *Wada*, AuR 2002, 369 (373).

408 *Marutschke*, S. 213; *Nishitani*, S. 111; *ders./Marutschke*, in Baum/Bälz, Handbuch Japanisches Handels- und Wirtschaftsrecht, § 9 Arbeitsrecht, S. 424 Rn. 73; *Meinhardt*, ZVerglRWiss 104 (2005), 257 (279); *Wada*, AuR 2002, 369 (373).

409 *Takahashi*, ZIAS 2012, 174 (176).

410 *Marutschke*, Arbeitsordnungen und Tarifverträge japanischer Unternehmen, S. 20; *Nishitani*, S. 111; *Sugeno*, S. 98: „those rules […] would fly in the face of that law".

411 *Marutschke*, S. 213; *Nishitani/Marutschke*, in Baum/Bälz, Handbuch Japanisches Handels- und Wirtschaftsrecht, § 9 Arbeitsrecht, S. 424 Rn. 73.

und rechtlichen Qualifizierung der Arbeitsordnung beigetragen. In diesem Urteil wurde aber auch die Ansicht des *OGH* zur Nachteiligen Änderung bereits vorgezeichnet, indem dieser ausführte, dass sich Arbeitnehmer der Anwendung neu aufgestellter bzw. abgeänderter Arbeitsordnungen nicht widersetzen dürften, soweit diese Regelungen *sachlich gerechtfertigt* sind.[412] Dieses Kriterium wurde im Laufe der Jahre durch den *OGH* immer weiter konkretisiert,[413] sodass es bei der Auslegung dieses Begriffs durch die Rechtsprechung mittlerweile zu einer umfassenden Billigkeitskontrolle ähnlich des § 315 BGB kommt.[414] Beurteilungskriterien sind demnach das Ausmaß der Benachteiligung aufgrund der Änderung, die inhaltliche Notwendigkeit einer Änderung, das Vorhandensein von Ausgleichsmechanismen (z.B. höheres Entgelt), der Verhandlungsverlauf und die etwaige Zustimmung der Gewerkschaft bzw. des Arbeitnehmervertreters.[415] Seit der „Daishi Ginkô"-Entscheidung[416] wird vor allem besonderes Gewicht auf das Kriterium Zustimmung der Gewerkschaft/Arbeitnehmervertretung gelegt.[417] Die sachliche Rechtfertigung könne demnach vermutet werden, wenn die Mehrheitsgewerkschaft der Änderung zugestimmt hat.[418] In Sachen Änderung der Arbeitszeiten tendiert der *OGH* dazu, eher die Interessen des Arbeitgebers an einer Änderung zu berücksichtigen,[419] wohingegen die Instanzrechtsprechung mehr in Sachen Arbeitnehmer entscheidet.[420]

412 *OGH* (Großer Senat) v. 25.12.1968, Minshû 22, 3459; *Nishitani*, S. 113.

413 so insbesondere durch *OGH* v. 7.9.2000, Minshû 54, 2075; v. 28.2.1997, Minshû 51, 705; (Großer Senat) v. 16.2.1988, Minshû 42, 60 und v. 25.11.1983, Rôhan 418, 21.

414 *Nishitani*, S. 113.

415 vgl. nur *OGH* v. 7.9.2000, Minshû 54, 2075; *Marutschke*, S. 213; *Nishitani*, S. 113; *ders./Marutschke*, in Baum/Bälz, Handbuch Japanisches Handels- und Wirtschaftsrecht, § 9 Arbeitsrecht, S. 424 Rn. 75; *Sugeno*, S. 100 f.; *Meinhardt*, ZVerglRWiss 104 (2005), 257 (280); *Schlachter/Meinhardt*, RIW 2003, 764 (769).

416 *OGH* v. 28.2.1997, Minshû 51, 705; vgl. auch Kurzzusammenfassung bei *Wada*, AuR 2002, 369 (373).

417 *Meinhardt*, ZVerglRWiss 104 (2005), 257 (280); *Schlachter/Meinhardt*, RIW 2003, 764 (769); *Yamakawa*, Japan Labor Review, Vol. 6, No. 2, Spring 2009, S. 16; allerdings relativiert durch die Entscheidungen des *OGH* v. 22.9.2000, Rôhan 788, 17 und v. 7.9.2000, Minshû 54, 2075: „it is hardly appropriate to regard the agreement of the labor union as a factor important for consideration in determining the rationality of the change"

418 *OGH* v. 28.2.1997, Minshû 51, 705; *Nishitani*, S. 114.

419 vgl. bspw. *OGH* v. 22.9.2000, Rôhan 788, 17; v. 12.9.2000, Rôhan 788, 23; allerdings im Sinne der Arbeitnehmer entscheidend v. 7.9.2000, Minshû 54, 2075.

420 so z.B. *OG Sapporo* v. 4.9.1997, Rôhan 722, 35; *OG Sendai* v. 28.5.1997, Rôhan 716, 21.

Die Position und Rechtsprechung des *OGH* wird im Schrifttum kritisiert. Beanstandet wird zum einen, dass den betrieblichen Bedürfnissen eine große Bedeutung zukommt und die Rechtswirksamkeit der nachteiligen Arbeitsordnungsänderung deswegen durchweg bejaht wird.[421] Ferner seien die vom *OGH* aufgestellten Beurteilungskriterien der sachlichen Rechtfertigung viel zu „abstrakt"[422] und deswegen sei „eine zuverlässige Einschätzung nicht möglich".[423] Zudem sei aufgrund der relativ schwachen Unternehmensgewerkschaften zweifelhaft, ob durch die Angemessenheitskontrolle „ein effektiver Schutz der Beschäftigten zu erreichen ist".[424] *Schlachter* weist noch auf ein anderes, ernst zu nehmendes Problem dieser Rechtsprechung hin: dadurch, dass das Mitwirken und die Zustimmung der Mehrheitsgewerkschaft zum „Super"-Indiz für die Billigkeit der Maßnahme geworden ist, lassen sich auch zunächst nicht von dem Geltungsbereich eines Tarifvertrages erfasste Arbeitnehmer in diesen miteinbeziehen. Selbst wenn diese Minderheit einem anderen, günstigeren Tarifvertrag unterliegt, würden für sie die neuen, nachteiligen Regelungen gelten und die Erfolgschancen eines gerichtlichen Vorgehens gegen diese nachteilige Änderung ist unter derartigen Umständen verschwindend gering.[425] Tatsächlich hat der *OGH* im sog. „Nissan"-Fall sogar das Vorgehen eines Unternehmens für legitim erachtet, wonach dieses zunächst Tarifverhandlungen mit der Mehrheitsgewerkschaft geführt hatte, um sodann die Verhandlungsergebnisse den Vertretern von Minderheitsgewerkschaften als für das Unternehmen bindend vorzugeben.[426]

Trotz aller Kritik in der Literatur hat der japanische Gesetzgeber auch in diesem Fall allein die vom *OGH* aufgestellten Grundsätze bei der Normierung des ArbVG berücksichtigt. Zwar bestimmt Art. 9 ArbVG: *„Der Arbeitgeber darf ohne Zustimmung des Arbeitnehmers durch eine Änderung der Arbeitsordnung die Arbeitsbedingungen, die Inhalt des Arbeitsvertrages sind, nicht zum Nachteil des Arbeitnehmers*

421 *Nishitani* in Wahsner, Japans Arbeitsbeziehungen und Arbeitsrecht in Geschichte und Gegenwart, Das japanische Arbeitsrecht unter dem Einfluß der veränderten Arbeitsbeziehungen, S. 77; *Meinhardt*, ZVerglRWiss 104 (2005), 257 (282).

422 *Nishitani*, S. 114.

423 *Nishitani/Marutschke*, in Baum/Bälz, Handbuch Japanisches Handels- und Wirtschaftsrecht, § 9 Arbeitsrecht, S. 425 Rn. 76; *Yamakawa*, Japan Labor Review, Vol. 6, No. 2, Spring 2009, S. 17.

424 *Schlachter/Meinhardt*, RIW 2003, 764 (769).

425 *Schlachter*, ZVglRWiss 102 (2003), 116 (131).

426 *OGH* v. 23.4.1985, Minshû 39, 739.

verändern.“[427] Art. 10 ArbVG relativiert dies allerdings, sofern die Änderung der Arbeitsordnung den Arbeitnehmern bekannt gemacht wird und die Neuregelung bzgl. des Ausmaßes der erfolgten Benachteiligung sachlich gerechtfertigt ist.[428]

Im Ergebnis kann also festgehalten werden, dass eine einseitige nachteilige Änderung der Arbeitsordnung durch den Arbeitgeber erfolgen kann, soweit eine sachliche Rechtfertigung hierfür gegeben ist. Es ist der Ansicht von *Schlachter/Meinhardt* zuzustimmen, wenn diese feststellen: „Hohe Arbeitsplatzsicherheit wird nur um den Preis einer großzügigen Befugnis zur einseitigen Gestaltung der Arbeitsbedingungen gewährt.“[429] *Araki* sieht dies genauso indem er konstatiert: „The implication of this rule is that courts give priority to employment security, and in exchange for it, employees are expected to accept and be subject to reasonable changes in working conditions.”[430]

c) Arbeitszeit und Überstunden/Mehrarbeit im Rechtsvergleich

aa) Arbeitszeit

Die grundlegende Vorschrift zur Höchstarbeitszeit in Japan findet sich in Art. 32 Abs. 1 S. 1, 2 ASG. Demnach beträgt die wöchentliche Höchstarbeitszeit 40 Stunden (Art. 32 Abs. 1 S. 1 ASG) bzw. die tägliche Höchstarbeitszeit acht Stunden (Art. 32 Abs. 1 S. 2 ASG), wobei Ruhepausen darin nicht eingerechnet sind. Gemeint ist damit „nur die tatsächlich abgeleistete Arbeitszeit“[431], also die Zeit, in der der Arbeitnehmer „tatsächlich zur Arbeit veranlasst ist“[432]. Die Gesamtarbeitszeit (Arbeitsstunden plus Pausenzeiten) wird in Japan als „Zeit bis Dienstschluss“[433] bzw. „kontrollierte Stunden“[434] bezeichnet und ist, abgesehen von den Vorschriften über die Pausenzeiten, keinen einschränkenden Regelungen

---

427 Übersetzung nach *Nishitani/Marutschke*, in Baum/Bälz, Handbuch Japanisches Handels- und Wirtschaftsrecht, § 9 Arbeitsrecht, S. 425 Rn. 77.

428 vgl. ausführlich zur Auslegung von Art. 9 und 10 ArbVG: *Yamakawa*, Japan Labor Review, Vol. 6, No. 2, Spring 2009, S. 13 ff.

429 *Schlachter/Meinhardt*, RIW 2003, 764 (769); ebenso *Meinhardt*, ZVerglRWiss 104 (2005), 257 (282); ähnlich *Sugeno*, S. 100 „While generally withholding binding effects from changes opposed by workers, it [the Supreme Court, *Anm. d. Verf.*] places upon the courts burden of finetuning workers’ interest in order to achieve collective treatment of working conditions and flexibility in enterprise management”.

430 *Araki*, Comparative Labor Law & Policy Journal, Vol. 28, 2006–2007, S. 251 (257).

431 *Nishitani*, S. 205.

432 *Sugeno*, S. 258; *Tieste*, Karôshi, ein japanisches Phänomen?, S. 35.

433 *Nishitani*, S. 205.

434 *Sugeno*, S. 258; *Tieste*, Karôshi, ein japanisches Phänomen?, S. 35.

im Gesetz unterworfen und bietet somit viel Gestaltungsraum für den Arbeitgeber.[435] Nach Art. 35 Abs. 1 ASG muss zudem mindestens ein Tag in der Woche arbeitsfrei sein.

Das deutsche Arbeitszeitgesetz (ArbZG) enthält im Grundsatz gleiche bis sehr ähnliche Bestimmungen. So ist die tägliche Höchstarbeitszeit ebenfalls auf acht Stunden begrenzt (§ 3 S. 1 ArbZG). Nach § 2 Abs. 1 S. 1 ArbZG zählen die Ruhepausen ebenso nicht zur Arbeitszeit. Aus § 3 Abs. 1 i.V.m. § 9 Abs. 1 ArbZG ergibt sich eine sechstägige Arbeitswoche, damit ist auch in Deutschland mindestens ein Tag in der Woche arbeitsfrei. Eine ausdrückliche Beschränkung der wöchentlichen Höchstarbeitszeit ist im deutschen Arbeitszeitrecht nicht enthalten. In der ArbeitszeitRL 2003/88/EG findet sich hingegen in Art. 6 lit. b die Einschränkung, dass die durchschnittliche Arbeitszeit pro Siebentageszeitraum 48 Stunden nicht überschreiten darf. Da aber in Deutschland eine Arbeitswoche – wie gesehen – aus sechs Werktagen besteht, ergibt sich eine der ArbeitszeitRL entsprechende wöchentliche Höchstarbeitszeit von sechs Werktagen à acht Stunden = 48 Wochenstunden auf Umwegen.[436]

Dem aufmerksamen Leser dürfte nicht entgangen sein, dass zwar die höchstzulässige tägliche Arbeitszeit in Japan und Deutschland gleichermaßen acht Stunden pro Tag beträgt und in beiden Ländern auch jeweils mind. ein Tag pro Woche arbeitsfrei ist, allerdings die wöchentliche Höchstarbeitszeit von 40 Stunden in Japan deutlich geringer ist als die 48 Stunden in Deutschland. Man muss sich also zwangsläufig die Frage stellen, warum sich Japan massiven Problemen in Bezug auf die Arbeitszeit ausgesetzt sieht, wo doch in Japan augenscheinlich eine stärkere Begrenzung der zulässigen Arbeitszeiten vorgenommen wurde. Die Beantwortung dieser Frage hat zum einen sozio-kulturelle Gründe, ist aber auch durch rechtliche Vorgaben und vor allem Ausnahmen von Vorschriften bedingt. So reicht ein Vergleich der zulässigen Höchstarbeitszeiten bei weitem nicht aus, um negative Entwicklungen zu erklären. Miteinbezogen werden müssen auch noch Regelungen betreffend Ruhepausen, Ruhezeiten, Ruhetage, Urlaub und Überstundenregelungen[437]. Darüber hinaus mag es zwar eine geringere wöchentliche Höchstarbeitszeit in Japan geben, allerdings gibt es im

---

435 *Ishida* in Conaghan/Fischl/Klare, LABOUR LAW IN AN ERA OF GLOBALIZATION, Death and Suicide from Overwork: The Japanese Workplace and Labour Law, S. 224; *Nishitani*, S. 205 f.; *Sugeno*, S. 231; *Tieste*, Karôshi, ein japanisches Phänomen?, S. 35; *Hanami*, S. 67 Rn. 102, S. 69 Rn. 106.

436 vgl. ErfK/*Wank*, ArbZG, 13. Aufl. 2013, § 3 Rn. 5; *Tieste*, Karôshi, ein japanisches Phänomen?, S. 37; siehe auch *BAG* v. 21.4.2005–6 AZR 287/04 – zit. nach juris.

437 siehe nachfolgende Abschnitte.

Vergleich zu Deutschland auch eine wesentlich größere Anzahl von Ausnahmebestimmungen, welche dem japanischen Arbeitgeber eine weitgehende Flexibilisierung der Arbeitszeit, und zwar in größerem Umfang als es einem deutschen Arbeitgeber möglich wäre, gestattet. Zu diesen Ausnahmen zählen u.a. Überstunden im Katastrophenfall bzw. wenn sie im öffentlichen Dienst notwendig werden (Art. 33 ASG), Überstunden, welche durch betriebliche Vereinbarung festgelegt werden (Art. 36 ASG), Überstunden mit Zeitausgleich während unterschiedlicher Zeiträume (Art. 32 Abs. 2, 4 und 5 ASG), Gleitzeitarbeit (Art. 32 Abs. 3 ASG), betriebsextern abgeleistete Arbeitszeiten (Art. 38 Abs. 2 ASG), Arbeit nach Ermessen (Art. 38 Abs. 3, 4 ASG) sowie der Ausschluss aus dem Anwendungsbereich für leitende Angestellte und andere bestimmte Arbeitnehmer (Art. 41 ASG). Nach Auffassung des Autors ergibt sich aber auch gerade aus der wöchentlichen Höchstarbeitszeit von 40 Stunden negative Entwicklungen zulasten der Arbeitnehmer. Denn japanische Unternehmen sehen sich gezwungen, vermehrt (unbezahlte) Überstunden anzuordnen bzw. einzufordern, um in Sachen Effizienz und Effektivität mit z.B. deutschen Wettbewerbern konkurrieren zu können. So wird aus der Ausnahme die Regel. Wo in Deutschland Überstunden und Mehrarbeit eher einen Sonderfall darstellen und nicht alltäglich anfallen, ist dies in Japan wohl Usus und Bestandteil des „Normalarbeitsverhältnisses".[438] Eine solche Entgrenzung führt bei den betreffenden Arbeitnehmern naturgemäß auch zu einer anderen Wahrnehmung. Überstunden und Mehrarbeit werden als gegeben und notwendig erachtet, sie verlieren den Ausnahme- und Sondercharakter und werden eher hingenommen als hierzulande, gehören sie doch zu einem augenscheinlich „normalen" Arbeitsalltag dazu.

Daneben gibt es natürlich auch noch andere, sozio-kulturelle Erklärungen, warum in Japan so viel gearbeitet wird. Die tradierte Standardfloskel „die Japaner arbeiten eben gerne und sind sehr fleißig" ist in der öffentlichen Meinung in Deutschland häufig anzutreffen und genügt meist als profane Erklärung. Die Mentalität der Japaner, besonders arbeitsam zu sein, resultiere schließlich in den übermäßigen Überstunden. Dabei wird es viele hierzulande erstaunen, wenn sie erführen, dass die Japaner deutsche Arbeitnehmer als weitaus beflissener und fleißiger ansehen.[439]

---

438 „overtime work in Japan has deviated from its role as a buffer for employment adjustment and has become routine", *Ishida* in Conaghan/Fischl/Klare, LABOUR LAW IN AN ERA OF GLOBALIZATION, Death and Suicide from Overwork: The Japanese Workplace and Labour Law, S. 225.

439 *Nishitani* in Wahsner, Japans Arbeitsbeziehungen und Arbeitsrecht in Geschichte und Gegenwart, Gesetzliche Regelung der Arbeitszeit in Japan, S. 84.

Diese vermeintlich abgedroschenen Worthülsen enthalten dennoch ein Fünkchen Wahrheit. Ob die Japaner wirklich gerne arbeiten, mag der Autor nicht beurteilen können, jedenfalls zeigen die meisten japanischen Arbeitnehmer allerdings eine größere Verbundenheit zu ihrem Arbeitgeber als dies in Europa oder Nord-Amerika der Fall ist. Dies dürfte auf das – mittlerweile zwar aufgeweichte, aber immer noch vorhandene – Prinzip der Anstellung auf Lebenszeit (終身雇用制度 = shûshin koyô-seido) zurückzuführen sein.[440] Aus eigener Erfahrung des Verfassers während zahlreicher Gespräche mit Japanern unterschiedlichster Altersgruppen und sozialen Umfeldes im Rahmen eines Studienaufenthaltes wurde deutlich, dass das Unternehmen eine Art zweite Familie für den betreffenden Arbeitnehmer darstellt. Besonders Großunternehmen warten mit guten betrieblichen Sozialleistungen und Sozialeinrichtungen auf,[441] weit verbreitet ist auch der gemeinsame Bar- oder Karaokebesuch nach Dienstschluss mit Arbeitskollegen und Vorgesetzten[442] oder die verschiedenen Freizeit- und Bildungsveranstaltungen der Unternehmensgewerkschaften, welche ebenfalls zum Aufbau und zur Verstärkung des Betriebszugehörigkeitsgefühls beitragen.[443] Eine solche Verbundenheit mit dem eigenen Unternehmen bzw. Arbeitgeber zeigt sich in besonderem Maße, wenn man einen Japaner nach seiner Tätigkeit fragt. Sehr oft bekommt man dann keine präzise Angabe der Position, sondern lediglich allgemeine Bezeichnungen wie Bankangestellter (銀行員 = ginkô-in) bei Sumitomo Mitsui oder Mitarbeiter (会社員 = kaisha-in) bei Toyota. Wo man also in Deutschland die genaue Berufsbezeichnung und Position innerhalb der Unternehmenshierarchie angibt, begnügt sich der Japaner mit generellen Umschreibungen und legt viel mehr Wert auf die Angabe Teil dieser oder jener Unternehmens„familie" zu sein. Für Japaner ist die Zugehörigkeit zu einem bestimmten Unternehmen wichtiger als der ausgeübte Beruf selbst.[444] Die traditionelle kollektivistische Denkweise der Japaner spielt

---

440 *Nishitani* in Wahsner, Japans Arbeitsbeziehungen und Arbeitsrecht in Geschichte und Gegenwart, Gesetzliche Regelung der Arbeitszeit in Japan, S. 84.

441 *Nishitani* in Wahsner, Japans Arbeitsbeziehungen und Arbeitsrecht in Geschichte und Gegenwart, Das japanische Arbeitsrecht unter dem Einfluß der veränderten Arbeitsbeziehungen, S. 74.

442 *Tieste*, Karôshi, ein japanisches Phänomen?, S. 57.

443 *Nishitani* in Wahsner, Japans Arbeitsbeziehungen und Arbeitsrecht in Geschichte und Gegenwart, Das japanische Arbeitsrecht unter dem Einfluß der veränderten Arbeitsbeziehungen, S. 74.

444 *Marutschke* in Baum/Stiege, Japan – Kultur und Recht. Eine Einführung, Arbeitsrechtssystem, S. 84.

hierbei ebenfalls eine große Rolle.[445] Dabei wird das Unternehmensinteresse mit dem eigenen gleichgesetzt bzw. überlagert individuelle Ansichten. Prägnant wird das eben Geschilderte von *Tônai* mit folgenden Worten zusammengefasst: „Japanischen Arbeitnehmern fällt es im allgemeinen schwer, eine vom Unternehmen unabhängige gedankliche Position zu beziehen. Bei ihnen ist das Bewußtsein stark ausgeprägt, Mitglied eines Unternehmens zu sein."[446] Dies alles mündet darin, dass der japanische Arbeitnehmer nicht gegen seinen Arbeitgeber aufbegehrt und die Arbeitszeitverletzungen nicht anprangert. Er würde damit einerseits dem Ansehen seines Unternehmens, seiner zweiten Familie, schaden. Zum anderen würde es auch seine Kollegen treffen, welche dann zwangsläufig die anfallende Arbeit übernehmen und somit noch mehr arbeiten müssten.[447] Vor beiden Konsequenzen schrecken mithin die meisten japanische Arbeitnehmer zurück. Neben der Loyalität gegenüber dem Unternehmen spielt sicherlich auch der Gruppenzwang eine Rolle.[448] Jeder kennt eine solche Situation: arbeiten die Kollegen bis spät nachts und machen sie viele Überstunden, dann fühlt man sich selbst unwohl, wenn man pünktlich die Arbeit beendet. Der Arbeitgeber könnte ein solches Verhalten negativ werten bzw. nur die besonders arbeitsamen honorieren.

Zudem ist zu beachten, dass, abgesehen von den gerade eben thematisierten persönlichen Faktoren, auch ein viel größeres Abhängigkeitsverhältnis zum Vorgesetzten besteht als dies in Deutschland der Fall ist. Lehnt ein japanischer Arbeitnehmer Arbeit ab, zu der er nicht unmittelbar verpflichtet ist oder macht er andere Arbeitsschutzrechte gegenüber seinem Arbeitgeber geltend, so muss er eine Kündigung aus disziplinarischen Gründen fürchten oder ihm droht bei einer für sein Fortkommen eminent wichtigen Bewertung durch den Vorgesetzten eine schlechte Einstufung.[449] Apropos Einstufungen. Mittlerweile kommt bei der Entgeltfindung in vielen japanischen Unternehmen der Leistungskomponente überragende

---

445 *Nishitani* in Wahsner, Japans Arbeitsbeziehungen und Arbeitsrecht in Geschichte und Gegenwart, Das japanische Arbeitsrecht unter dem Einfluß der veränderten Arbeitsbeziehungen, S. 74.

446 *Tônai* in Wahsner, Japans Arbeitsbeziehungen und Arbeitsrecht in Geschichte und Gegenwart, Arbeitsbeziehungen und Gewerkschaften in Japan, S. 36.

447 *Schlachter*, ZVglRWiss 102 (2003), 116 (136).

448 *Morioka* in National Defense Counsel for the victims of Karoshi, KAROSHI. WHEN THE „CORPORATE WARRIOR" DIES, The Life Style of Japanese Workers, S. 68; *Schlachter*, ZVglRWiss 102 (2003), 116 (136).

449 *Nishitani* in Wahsner, Japans Arbeitsbeziehungen und Arbeitsrecht in Geschichte und Gegenwart, Gesetzliche Regelung der Arbeitszeit in Japan, S. 84 f.; *Schlachter*, ZVglRWiss 102 (2003), 116 (136).

Bedeutung zuteil. Im Abstand von zwei Jahren bzw. oft auch jährlich findet eine Leistungsbeurteilung (査定 = satei) durch den Vorgesetzten statt, welche sich sowohl auf die Entgelthöhe als auch auf die Beförderungschancen auswirkt.[450] Da die Leistungsbeurteilung selten standardisiert und objektiv ist, sondern vielmehr eine subjektive Einschätzung des Vorgesetzten darstellt, führt dies zu konformistischen Verhaltensweisen. „In solchen Fällen wird leistungsbezogene Entlohnung unversehens zur Wohlverhaltensprämie und begünstigt das ohnehin schon verbreitete Phänomen der unbezahlten „freiwilligen“ Mehrarbeit.“[451] Folge einer solchen Abhängigkeit des einzelnen Arbeitnehmers von seinem Vorgesetzten bzw. Arbeitgeber ist das oben beschriebenen Verhalten, welches als „grundlegendes soziales Verhaltensmuster der Japaner“ unter der Bezeichnung あまえ (*amae*) bekannt ist.[452] All dies bringt *Tieste* dazu, folgendes zutreffendes Fazit zu ziehen:

> *„Die Geradezu institutionelle Abhängigkeit japanischer Arbeitnehmer von der Gunst ihrer direkten Vorgesetzten ist damit unmittelbare Ursache für eine extrem unternehmensfreundliche Einstellung. Zusammen mit dem damit verbundenen Gruppendruck ist dieser Umstand daher die Ursache für eine ganze Reihe konformistischer Verhaltensweisen, die Druck- und Stresssituationen, überlange Arbeitszeiten in Form von regelhaften Überstunden und* service overtime *sowie die nur mäßige Inanspruchnahme des Jahresurlaubs bewirken.“*[453]

Ishida kommt zu einem ähnlichen Schluss, bezieht aber noch das für viele Japaner typische Unterordnen der eigenen Person sowie Fehlersuche bei sich selbst anstatt bei anderen, mit ein:

> *„When workers are in Japan's corporate society for a long time their sense of dependency on their corporate organizations heightens, resulting in a tendency toward self-sacrifice and impersonality. While, on the one hand, this leads to workers being subjected to 'excessive' stress and overwork, it also leads workers to believe that it is their own responsibility when their work does not go well.”*[454]

---

450 *Tônai* in Wahsner, Japans Arbeitsbeziehungen und Arbeitsrecht in Geschichte und Gegenwart, Arbeitsbeziehungen und Gewerkschaften in Japan, S. 34; *Schlachter*, ZVglRWiss 102 (2003), 116 (132 f.).

451 *Schlachter*, ZVglRWiss 102 (2003), 116 (133).

452 vgl. hierzu *Rahn*, S. 47 f.

453 *Tieste*, Karôshi, ein japanisches Phänomen?, S. 61.

454 *Ishida* in Conaghan/Fischl/Klare, LABOUR LAW IN AN ERA OF GLOBALIZATION, Death and Suicide from Overwork: The Japanese Workplace and Labour Law, S. 229.

In dieses Geflecht ist auch das sehr schwache Rechtsbewusstsein der Japaner[455] einzuordnen. *Nishitani* spricht in diesem Fall von „Entrechtlichung“ und beschreibt diese Einstellung zum Arbeitsverhältnis wie folgt:

„«Entrechtlichung» [ist die] Tendenz, die Arbeitsbeziehungen nicht als ein aus Rechten und Pflichten der Vertragsparteien bestehendes Rechtsverhältnis, sondern als einen rein tatsächlichen Vorgang anzusehen. Die Arbeitsbeziehungen werden hier weitgehend unabhängig, wenn auch nicht ganz frei, von den gesetzlichen und richterrechtlichen Regelungen gestaltet. Gesetze und Rechtsprechung ihrerseits regeln die Arbeitsbeziehungen nur sehr zurückhaltend, um die Entscheidungsfreiheit des Arbeitgebers nicht zu stark einzuschränken.“[456]

Gegenstück hierzu sei demzufolge die, besonders in Deutschland anzutreffende, Tendenz der „Verrechtlichung“ der Arbeitsbeziehungen.[457] *Tieste* verfolgt einen ähnlichen Ansatz. Seiner Ansicht nach wird das deutsche Arbeitsverhältnis durch die Vorstellung von „formalisierten und einklagbaren individuellen Rechten und Pflichten“[458] bestimmt. In Japan hingegen wird nicht nur ein formaler Vertrag geschlossen, sondern der einzelne Arbeitnehmer wird als Ganzes Bestandteil des Unternehmens. „Das heißt, im Vordergrund des Arbeitsprozesses stehen nicht die individuellen Leistungen eines Arbeitnehmers, sondern sein Einbringen in die Arbeitsorganisation und folglich die Gruppenleistung“.[459] Diese Meinung wird auch von *Marutschke* geteilt. Ihm zufolge spielt das Unternehmen für den Arbeitnehmer eher die Rolle als „der Ort einer Gemeinschaft, zu der man gehört“ und hat weniger die Bedeutung „Vertragspartner des Arbeitsvertrages zu sein“.[460] Er führt die Ansichten von *Nishitani* und *Tieste* insoweit zusammen indem er konstatiert:

„Ein derartiges Bewußtsein läßt sich schwer mit einem Vertragsbewußtsein verbinden. Beim Eintritt in eine Firma steht daher weniger das Bewußtsein, einen Arbeitsvertrag zu schließen als vielmehr der Eintritt in die Firmengemeinschaft im Vordergrund. Für die Arbeitsbedingungen bedeutet das, daß sie nicht Gegenstand einer Vereinbarung zwischen

---

455 *Nishitani* in Wahsner, Japans Arbeitsbeziehungen und Arbeitsrecht in Geschichte und Gegenwart, Gesetzliche Regelung der Arbeitszeit in Japan, S. 85.

456 *Nishitani* in Wahsner, Japans Arbeitsbeziehungen und Arbeitsrecht in Geschichte und Gegenwart, Gesetzliche Regelung der Arbeitszeit in Japan, S. 84.

457 *Nishitani* in Wahsner, Japans Arbeitsbeziehungen und Arbeitsrecht in Geschichte und Gegenwart, Gesetzliche Regelung der Arbeitszeit in Japan, S. 84.

458 *Tieste*, Karôshi, ein japanisches Phänomen?, S. 56.

459 *Tieste*, Karôshi, ein japanisches Phänomen?, S. 56.

460 *Marutschke* in Baum/Stiege, Japan – Kultur und Recht. Eine Einführung, Arbeitsrechtssystem, S. 84.

Arbeitnehmer auf der einen und Arbeitgeber auf der anderen Seite sind, sondern vielmehr von der Firmengemeinschaft für diese als passend angesehene Norm aufgestellt werden."[461]

Zum Wohle des Teams und somit auch des Unternehmens werden individuelle Ansprüche und Rechte deswegen nicht von dem einzelnen Arbeitnehmer wahrgenommen.

Ein Hauptgrund für die langen Arbeitszeiten ist für manche auch das bereits erwähnte Prinzip der lebenslangen Beschäftigung. Denn in Zeiten der Rezession ist es aufgrund dieser Maxime schwierig, Arbeitnehmer zu entlassen, so dass in Hochkonjunkturphasen demgegenüber viel gearbeitet und Überstunden geleistet werden müssen.[462] Lange Arbeitszeiten und Überstunden sind somit zu einem Hauptinstrument der flexiblen Gestaltung und Anpassung an das Lebensarbeitsverhältnis geworden.[463] Allerdings erodiert dieses Prinzip allmählich[464] und wird nur noch in den großen Konzernen wirklich gelebt.[465] Dass dieses Argument aber wenig brauchbar ist, zeigt sich bereits darin, dass auch die gegenteilige Entwicklung herangezogen wird, um die hohen Belastungen der Beschäftigten zu beschreiben. So soll nicht das Prinzip der lebenslangen Beschäftigung, sondern dessen allmählicher Rückgang verantwortlich für die teils exzessive Arbeitsbelastung bis hin zu Karôshi sein.[466]

Ein weiterer Grund für die langen Arbeitszeiten liegt nach Ansicht *Nishitanis* in der mangelnden Bereitschaft[467] und oft geringen Durchsetzungskraft[468] der

461 *Marutschke* in Baum/Stiege, Japan – Kultur und Recht. Eine Einführung, Arbeitsrechtssystem, S. 84.

462 so *Nishitani* in Wahsner, Japans Arbeitsbeziehungen und Arbeitsrecht in Geschichte und Gegenwart, Gesetzliche Regelung der Arbeitszeit in Japan, S. 84, welcher das Argument aber dann gleich wieder relativiert.

463 *Sugeno*, S. 232: „overtime work had become one of the principal ways of adjusting employment under the long-term employment system in Japan".

464 *Matsuoka*, Meiji Law Journal 2004, 97 (99); *Araki*, Comparative Labor Law & Policy Journal, Vol. 28, 2006–2007, S. 251 (254).

465 *Meinhardt*, ZVerglRWiss 104 (2005), 257 (272).

466 „Seit diese Grundprinzipien jedoch an Bindungskraft verloren haben, sind die arbeitsbedingten Belastungen der Beschäftigten aber gerade in Japan teilweise derart groß geworden, dass gesundheitliche Risiken bis hin zum Phänomen des „Tods durch Überarbeitung" („Karoshi") die Forderung nach Berücksichtigung der individuellen Umstände des einzelnen Beschäftigten besonders dringlich erscheinen ließen.", *Schlachter*, ZVglRWiss 102 (2003), 116 (122).

467 *Nishitani* in Wahsner, Japans Arbeitsbeziehungen und Arbeitsrecht in Geschichte und Gegenwart, Gesetzliche Regelung der Arbeitszeit in Japan, S. 84.

468 *Nishitani*, S. 200; *Kidani*, University of Hawaii Law Review, Vol. 21, 169 (181 f.).

japanischen Unternehmensgewerkschaften (企業別組合 = kigyôbetsu kumiai). Neben dem schon erwähnten Prinzip der lebenslangen Beschäftigung und dem Senioritätsprinzip (年功序列制度 = nenkô joretsu-seido) sind die Unternehmensgewerkschaften Teil der Trias, welche die japanischen Arbeitsbeziehungen prägt.[469] Industriegewerkschaften, wie sie in Deutschland üblich sind, stellen in Japan eine winzige Minderheit dar.[470] Aktuelle Zahlen geben dieses Verhältnis wieder: 96% der ca. 60.000 Gewerkschaften in Japan sind Unternehmensgewerkschaften.[471] Fast zwei Drittel der Unternehmensgewerkschaften sind im sog. „union-shop"-System organisiert.[472] Kennzeichnend für dieses System ist, dass die Stammarbeitnehmer des betreffenden Unternehmens gezwungen werden, bei ihrer Einstellung Mitglied der Gewerkschaft zu werden.[473] Aus dieser Grundstruktur der betrieblichen (Zwangs-)Organisation folgt auch die relativ schwache Durchsetzungskraft und Einflussnahme bzgl. der Arbeitszeit im Allgemeinen auf nationaler, branchenspezifischer Ebene. Denn das union-shop-System bedingt die Betriebsorientiertheit der Unternehmensgewerkschaften, so dass sich die Gewerkschaftspolitik allein auf einen Betrieb bzw. ein Unternehmen beschränkt und die Interessen der Arbeitnehmer anderer Unternehmen

---

469 vgl. *Marutschke*, S. 199; *ders.* in Baum/Stiege, Japan – Kultur und Recht. Eine Einführung, Arbeitsrechtssystem, S. 82; *Nishitani*, S. 3; *ders.* in Wahsner, Japans Arbeitsbeziehungen und Arbeitsrecht in Geschichte und Gegenwart, Das japanische Arbeitsrecht unter dem Einfluß der veränderten Arbeitsbeziehungen, S. 74; *Schlachter/Meinhardt*, RIW 2003, 764 f.

470 *Wahsner* in Wahsner, Japans Arbeitsbeziehungen und Arbeitsrecht in Geschichte und Gegenwart, Der Tarifvertrag in Japan und Deutschland, S. 131; *Wada*, AuR 2002, 369: ungefähr 1.400 Industriegewerkschaften mit insgesamt knapp 600.000 Mitgliedern.

471 *Nishitani/Marutschke* in Baum/Bälz, Handbuch Japanisches Handels- und Wirtschaftsrecht, § 9 Arbeitsrecht, S. 415 Rn. 36; so auch *Nishitani*, S. 22, welcher allerdings von. 70.000 Gewerkschaften ausgeht; ebenso *Schlachter*, ZVglRWiss 102 (2003), 116 (127); *dies./Meinhardt*, RIW 2003, 764 (766) sprechen von 95% aller Gewerkschaften als Unternehmensgewerkschaften; vgl. auch Zahlen bei *Wada*, AuR 2002, 369 f.: dieser spricht auch von insgesamt 70.821 Gewerkschaften, wobei 67.688 davon Unternehmensgewerkschaften sind; dies entspricht einem Anteil von 95,6%.

472 *Nishitani/Marutschke* in Baum/Bälz, Handbuch Japanisches Handels- und Wirtschaftsrecht, § 9 Arbeitsrecht, S. 415 Rn. 36.

473 *Nishitani/Marutschke* a.a.O.; *Nishitani*, S. 22; *ders.* in Wahsner, Japans Arbeitsbeziehungen und Arbeitsrecht in Geschichte und Gegenwart, Das japanische Arbeitsrecht unter dem Einfluß der veränderten Arbeitsbeziehungen, S. 74; *Schlachter*, ZVglRWiss 102 (2003), 116 (126); Bsp. für Tarifverträge mit einer solchen „union shop"-Klausel finden sich bei *Marutschke*, Arbeitsordnungen und Tarifverträge japanischer Unternehmen, S. 144, 204 und 273.

nicht berücksichtigt werden.[474] Flächentarifverträge aufgegliedert nach Branchen und Sparten sind in Japan so gut wie nicht existent.[475] Darüber hinaus ist das größte praktische Problem die Wahrung der Unabhängigkeit gegenüber dem jeweiligen Unternehmen. *Nishitani/Marutschke* heben richtigerweise hervor, dass sich die Unternehmensgewerkschaften viel zu oft für die Lage und Position „ihres" Unternehmens im nationalen und internationalen Wettbewerb verantwortlich fühlen „und sind von daher nicht mächtig genug, die Interessen der Arbeitnehmer konsequent zu verfolgen."[476] Sie sind faktisch vom Arbeitgeber und dessen Unternehmensentscheidungen abhängig und handeln somit vielfach nicht im Interesse ihrer Mitglieder, sondern häufig ist ihr Handeln bestimmt durch Eigeninteresse am weiteren eigenen Bestehen.[477] Aus diesem Grund werden selten Angelegenheiten zur Disposition gestellt, die lediglich einen Vorteil für die Arbeitnehmer haben und sich möglicherweise negativ auf das Unternehmensergebnis auswirken (wie z.B. Verkürzung der Arbeitszeit). Vielmehr geht es den Gewerkschaften um die Steigerung der Produktivität, Maximierung des Gewinns und als Resultat hieraus schließlich Erhöhung der Löhne.[478] Beispielhaft hierfür ist die Aussage *Yamagishis*, ehemaliger Präsident des Gewerkschaftsdachverbands RENGO: „Wir arbeiten an der ‚Rationalisierung' mit, auch wenn wir uns dabei erbrechen und Blut spucken müssen."[479] Eine Hilfe im Rahmen

474 *Tieste*, Karôshi, ein japanisches Phänomen?, S. 96.

475 *Nishitani/Marutschke* in Baum/Bälz, Handbuch Japanisches Handels- und Wirtschaftsrecht, § 9 Arbeitsrecht, S. 420 Rn. 58.

476 *Nishitani/Marutschke* in Baum/Bälz, Handbuch Japanisches Handels- und Wirtschaftsrecht, § 9 Arbeitsrecht, S. 415 Rn. 37; ebenso *Nishitani*, S. 23; idS auch *Tieste*, Karôshi, ein japanisches Phänomen?, S. 96; ebenfalls *Schlachter*, ZVglRWiss 102 (2003), 116 (127), „Die Verhandlungsmacht der ca. 70000 Unternehmensgewerkschaften ist zu schwach, um eine inhaltlich aufeinander abgestimmte Strategie durchzusetzen oder gar eine „Gegenmacht" zu bilden. Dies gehört auch nicht zum Selbstverständnis vieler Gewerkschaften, die ein kooperatives Verhältnis zum Unternehmen bevorzugen".

477 *Tieste*, Karôshi, ein japanisches Phänomen?, S. 96; *Schlachter*, ZVglRWiss 102 (2003), 116 (128).

478 *Nishitani* in Wahsner, Japans Arbeitsbeziehungen und Arbeitsrecht in Geschichte und Gegenwart, Gesetzliche Regelung der Arbeitszeit in Japan, S. 84; so auch *Miyano* in National Defense Counsel for the victims of Karoshi, KAROSHI. WHEN THE „CORPORATE WARRIOR" DIES, The Labour Unions, S. 80 „the main topic on the union's agenda is wages".

479 zit. nach *Ikeda* in Wahsner, Japans Arbeitsbeziehungen und Arbeitsrecht in Geschichte und Gegenwart, Gesundheitspolitik am Arbeitsplatz und Gewerkschaftsbewegung in Japan, S. 70 Fn. 22.

der erörterten Arbeitszeitproblematik ist also von Gewerkschaftsseite kaum zu erwarten, selbst wenn „sie verbal eine Arbeitszeitverkürzung fordern, so fehlt ihnen doch die nötige Kraft, diese Forderung durchzusetzen."[480] *Schlachter* zieht deshalb folgendes Fazit:

> *„Unternehmensgewerkschaften neigen dazu, sich als Teil des Unternehmens zu verstehen und dessen Wettbewerbsfähigkeit höher zu gewichten als gewerkschaftspolitische Vorgaben ihres jeweiligen Dachverbandes. Zudem müssen sie die verfügbare Verhandlungsmacht in erster Linie dazu nutzen, die Beziehungen von Unternehmen und Gewerkschaft untereinander zu regeln und die Vergünstigungen festzuschreiben, deren die Gewerkschaft zur Aufrechterhaltung ihrer Arbeitsfähigkeit im Betrieb bedarf".*[481]

Ein letzter Aspekt, der in diesem Rahmen zu nennen ist, liegt in der Formulierung der Normen selbst. Das japanische Bewusstsein und die japanische Sprache sind geprägt von indirekten Andeutungen, Mehrdeutigkeit und abstrakter Ausdrucksweise. Jeder, der schon einmal eine längere Konversation mit Japanern geführt hat, kann bestätigen, dass es einen Unterschied gibt bzgl. dessen, was ein Japaner sagt und dessen, was er in Wirklichkeit meint bzw. beabsichtigt. Dieser japanische Wirklichkeitsdualismus im Sozialleben wird durch die komplementären Begriffspaare 表・裏 (*omote-ura*) und 建前・本音 (*tatemae-honne*) ausgedrückt.[482] Die Japaner neigen zu einer ausgeprägten Polysemie,[483] d.h. mehrere Bedeutungen in einem Satz zu vereinigen.[484] Dieses typisch japanische Phänomen beschreibt der für seine Arbeiten über das Rechtsbewusstsein der Japaner hoch geachtete Rechtssoziologe *Kawashima* wie folgt:

> *„Die japanische Sprache teilt keine klar umrissenen Bedeutungsinhalte mit. Durch Verwendung von Wörtern, die den Kern des mitzuteilenden Inhalts enthalten, aber auch damit zusammenhängende verschiedene andere Bedeutungsinhalte aufweisen, wird die Peripherie der mitgeteilten Bedeutungsinhalte ungewiß und kann sich je nach Mitteilungsempfänger verändern. Das ist ‚gehaltreich' (*ganchiku*) im japanische Sinne."*[485]

---

480 *Nishitani* in Wahsner, Japans Arbeitsbeziehungen und Arbeitsrecht in Geschichte und Gegenwart, Gesetzliche Regelung der Arbeitszeit in Japan, S. 84; im Ergebnis zustimmend *Kidani*, University of Hawaii Law Review, Vol. 21, 169 (181 f.).

481 *Schlachter*, ZVglRWiss 102 (2003), 116 (128).

482 ausführlich hierzu *Rahn*, S. 52 ff.

483 *Rahn*, S. 17.

484 vgl. Brockhaus – Die Enzyklopädie, Band 17, Stw. Polysemie.

485 zit. nach *Rahn*, S. 18.

Diese sozio-kulturellen Verhaltens- und Sprachmuster spiegeln sich zwangsläufig auch in der Gesetzgebung, genauer im Wortlaut der Normen, wieder. Verglichen mit vielen deutschen Vorschriften sind gesetzliche Regelungen in Japan eher abstrakt.[486] Das ASG folgt ebenfalls diesem Prinzip. Es handelt sich bei den Vorschriften des ASG um Mindeststandards der Arbeitsbedingungen,[487] welche oft nur adverbiale Hilfsverben wie *sollen* und *sollten* enthalten und eher unscharf und unverbindlich gefasst sind.[488] *Marutschke* fällt „bei Normen, die zum Schutz von Arbeitnehmern erlassen werden, auf, daß diese den Arbeitgeber nicht zu einem bestimmten Handeln oder Unterlassen zwingen, sondern es bei der bloßen Pflicht des Arbeitgebers belassen, sich entsprechend zu bemühen".[489] Aus diesem Grunde verwundert es nicht, dass japanische Arbeitgeber das ASG auch genau so – als unverbindliche Sollvorschriften – interpretieren, welche lediglich Ziele vorgeben, um deren Erreichung man sich bemühen sollte. Die tatsächlichen Arbeitsbeziehungen in der Praxis werden aber abweichend hiervon gestaltet.[490] Das ist es wohl, was *Nishitani* mit „[d]ie wahre Ursache liegt eher im problematischen Charakter der Arbeitszeitregelung im ASG"[491] meint.

Wie bereits erläutert, ist die einseitige Fokussierung auf die zulässige Höchstarbeitszeit nicht zielführend, um die Mitursache für Karôshi, die übermäßig langen Arbeitszeiten, abschließend zu erklären. Vielmehr müssen auch die in Japan besonders für viele Probleme ursächlichen Überstundenregelungen in eine solche Betrachtung miteinbezogen werden. Normen und individuelle Regelungen betreffend Ruhepausen, Ruhezeiten, Ruhetage und Urlaub, welche indirekt ebenfalls Einfluss auf die Überarbeitung haben, werden in dieser Arbeit nicht explizit thematisiert. Zur näheren Information wird insoweit auf das einschlägige Schrifttum verwiesen.[492]

---

486 *Marutschke*, S. 199; *Nishitani*, S. 2; *Tieste*, Karôshi, ein japanisches Phänomen?, S. 34, 47.

487 *Marutschke*, S. 198; *Nishitani*, S. 1; *Nishitani/Marutschke* in Baum/Bälz, Handbuch Japanisches Handels- und Wirtschaftsrecht, § 9 Arbeitsrecht, S. 410 Rn. 18; *Meinhardt*, ZVerglRWiss 104 (2005), 257 (270).

488 vgl. ausführlich hierzu *Tieste*, Karôshi, ein japanisches Phänomen?, S. 32 ff.

489 *Marutschke* in Baum/Stiege, Japan – Kultur und Recht. Eine Einführung, Arbeitsrechtssystem, S. 94.

490 *Marutschke*, S. 198 f.; *Nishitani*, S. 1 f.

491 *Nishitani*, S. 200.

492 *Nishitani*, S. 217–223, 232 ff.; *ders.* in Wahsner, Japans Arbeitsbeziehungen und Arbeitsrecht in Geschichte und Gegenwart, Gesetzliche Regelung der Arbeitszeit in Japan, S. 89 ff.; *Tieste*, Karôshi, ein japanisches Phänomen?, S. 43–47, 62 ff.

bb) Überstunden und Mehrarbeit

Wie Eingangs im Kapitel Ätiologie bereits erwähnt, sieht vor allem die Legislative (insb. das Ministerium für Gesundheit, Arbeit und Wohlfahrt) Überstunden als primären Faktor der Erschöpfung und Überarbeitung im Zusammenhang mit Karôshi an.[493] Zu beachten ist hier allerdings, dass die Begriffe „Überstunden" und „Mehrarbeit" in Japan genau spiegelbildlich zur deutschen Definition verwendet werden. Überstunden sind nach japanischem Verständnis nämlich die Arbeitszeiten, welche über die gesetzlich zulässige Höchstarbeitszeit hinausgehen.[494] Mehrarbeit ist dementsprechend die Arbeitszeit, die über die im Betrieb regulär übliche Arbeitszeit hinausgeht, sich aber noch im Rahmen der gesetzlich zulässigen bewegt.[495] In Deutschland verhält es sich hingegen genau umgekehrt: Überstunden oder Überarbeit liegt vor, wenn die vertraglich geschuldete Arbeitszeit, welche durch Kollektivvereinbarung (Tarifvertrag oder Betriebsvereinbarung) oder Arbeitsvertrag festgelegt ist, überschritten wird.[496] Von Mehrarbeit spricht man, wenn die Arbeitszeit über die gesetzlich erlaubte Arbeitszeit von acht Stunden werktäglich hinausgeht.[497] Da sich die folgenden Ausführungen überwiegend mit der Situation in Japan befassen, soll auch die japanische Definition der Termini Überstunden und Mehrarbeit zugrunde gelegt werden, soweit nichts anderes erwähnt wird.

---

493 Japan Labor Bulletin, Vol. 41, No. 2, Februar 2002, abrufbar unter http://www.jil.go.jp/english/archives/bulletin/documents/200201.pdf (zuletzt abgerufen am 5.6.2014); Labor Situation in Japan and Its Analysis: General Overview 2011/2012, S. 90, abrufbar unter http://www.jil.go.jp/english/lsj/general/2011-2012.html (zuletzt abgerufen am 5.6.2014); AuR 2002, 142; *Araki/Iwasaki*, JMAJ 2005, Vol. 48, 92 (96); wohl auch The JIL Labor Flash, Vol. 9, 2001, abrufbar unter http://www.jil.go.jp/english/emm/2001-2003/2001/index.htm (zuletzt abgerufen am 5.6.2014).

494 *Nishitani*, S. 224; *Sugeno*, S. 231; *Araki/Iwasaki*, JMAJ 2005, Vol. 48, S. 96; *Iwasaki/Takahashi/Nakata*, Industrial Health 2006, Vol. 44, S. 538.

495 *Nishitani*, S. 224.

496 *BAG* v. 14.8.2007 - 9 AZR 18/07, NZA 2008, 1194; v. 25.7.1996 - 6 AZR 138/94, EzA BGB § 616 Mehrarbeit Nr. 6; ErfK/*Preis*, BGB, 13. Aufl. 2013, § 611 Rn. 486, 663; Schaub/*Linck*, 14. Aufl. 2011, § 45 Rn. 55; *Fitting*, BetrVG, 26. Aufl. 2012, § 87 Rn. 140.

497 *BAG* v. 21.11.2006 - 9 AZR 176/06, NZA 2007, 446; v. 3.12.2002 - 9 AZR 462/01, NZA 2004, 1219; ErfK/*Preis*, BGB, 13. Aufl. 2013, § 611 Rn. 486; Schaub/*Linck*, 14. Aufl. 2011, § 45 Rn. 55; *Fitting*, BetrVG, 26. Aufl. 2012, § 87 Rn. 140.

(1) Lage in Japan

Aktuelle Zahlen für Japan belegen, dass 10% der Erwerbstätigen mind. 60 oder mehr Stunden pro Woche arbeiten,[498] fast ein Drittel der Beschäftigten(28%) arbeitet mehr als 48 Stunden pro Woche.[499] Überraschend sind diese Zahlen nicht, führt man sich vor Augen, dass das ASG dem Arbeitgeber in Sachen Überstundenregelungen „dabei wenig Hindernisse in den Weg [legt]".[500] Das ASG erwähnt im Wesentlichen drei Konstellationen, in denen Überstunden zulässig sind: Überstunden im Katastrophenfall bzw. wenn sie im öffentlichen Dienst notwendig werden (Art. 33 ASG) und Überstunden, welche durch betriebliche Vereinbarung festgelegt werden (Art. 36 ASG).[501] In all diesen Fällen muss der Arbeitgeber Überstundenzuschläge zahlen, welche mind. 25% des Grundgehaltes zu betragen haben (Art. 37 ASG). In der Praxis am relevantesten sind die sog. „36er Vereinbarungen",[502] welche dem Arbeitgeber als flexibles Instrument zur Anpassung des Arbeitskräftepotenzials an einen schwankenden Arbeitsanfall dienen.[503] Der Arbeitgeber kann hiernach die Arbeitnehmer über die gesetzliche Arbeitszeit hinaus verpflichten, soweit eine schriftliche Vereinbarung mit der „Arbeitnehmervertretung" (das ist entweder die Gewerkschaft, in der die Mehrheit der Arbeitnehmer eines Betriebs organisiert ist oder, falls eine solche nicht vorhanden ist, ein von den Arbeitnehmern gewählter Vertreter)[504] geschlossen und diese dem Arbeitsstandardaufsichtsamt angezeigt wird (Art. 36 Abs. 1 ASG). Dieses hat sodann zu prüfen, ob die Vereinbarung dem vorgeschriebenen Mindestinhalt nach Art. 16 Durchführungsverordnung ASG entspricht, wonach der Grund für die Notwendigkeit der Ableistung von Überstunden, die Art der Tätigkeit und Anzahl der von der Anordnung betroffenen Arbeitnehmer sowie die Zahl der Überstunden anzugeben sind.[505]

---

498 Labor Situation in Japan and Its Analysis: General Overview 2011/2012, S. 89, abrufbar unter http://www.jil.go.jp/english/lsj/general/2011-2012.html (zuletzt abgerufen am 5.6.2014).

499 *Iwasaki/Takahashi/Nakata*, Industrial Health 2006, Vol. 44, S. 538.

500 *Schlachter/Meinhardt*, RIW 2003, 764 (769).

501 vgl. ausführlich hierzu *Nishitani*, S. 224 ff.

502 so *Nishitani*, S. 226, im Japanischen三六協定 (saburoku kyôtei) genannt; vgl. auch *Ueyanagi* in National Defense Counsel for the victims of Karoshi, KAROSHI. WHEN THE „CORPORATE WARRIOR" DIES, Laws Concerning Karoshi, S. 86; *Kidani*, University of Hawaii Law Review, Vol. 21, 169 (186); *Wada*, AuR 2002, 369 (372).

503 *Schlachter/Meinhardt*, RIW 2003, 764 (769).

504 *Marutschke*, S. 209; *Nishitani*, S. 56, 143.

505 vgl. auch *Wada*, AuR 2002, 369 (372).

Zu beachten ist allerdings, dass die h.M. in Rechtsprechung und Schrifttum eine solche betriebliche Vereinbarung lediglich als Rahmenvorschrift sieht, welche die Voraussetzungen für die Ableistung von Arbeitszeit über den gesetzlich festgelegten Grenzwert hinaus festlegt,[506] selbst aber insoweit keine normative Wirkung auf individualrechtlicher Ebene entfaltet.[507] Erst durch Aufnahme einer entsprechenden Klausel[508] in die Arbeitsordnung[509] oder Tarifvertrag wird eine individualrechtliche Verpflichtung begründet.[510] Die frühere Rspr.[511] und h.M. in der Literatur[512] vertraten die Auffassung, dass eine „Verpflichtung zur Leistung dieser Arbeit [...] nur dann entstehen [könne], wenn der Arbeitgeber dem Arbeitnehmer Überstunden zu konkreten Zeiten bzw. die Arbeit an konkreten Ruhetage vorschlage und der Arbeitnehmer seine Einwilligung gegeben habe".[513] Der *OGH* hat sich aber in dem vielbeachteten „Hitachi"-Fall gegen diese Ansicht ausgesprochen und erklärt, dass ein Arbeitnehmer dann verpflichtet sei, über die im Arbeitsvertrag vereinbarte Arbeitszeit hinaus zu arbeiten, wenn in der betreffenden Arbeitsordnung geregelt sei, dass in bestimmten, betriebsnotwendigen Fällen im Rahmen einer Vereinbarung nach Art. 36 ASG der Arbeitnehmer zu einer längeren als im Arbeitsvertrag bestimmten Arbeitszeit angewiesen werden kann, und die betreffende Klausel in der

506 *Nishitani*, S. 228; *Sugeno* S. 237 f.; *Wada*, AuR 2002, 369 (372).

507 *Nishitani*, S. 143 f.; *Sugeno*, S. 238; *Meinhardt*, ZVerglRWiss 104 (2005), 257 (270); *Schlachter/Meinhardt*, RIW 2003, 764 (768 u. 769); *Wada*, AuR 2002, 369 (372).

508 Bspw. „Wenn eine Situation es dringend erfordert, kann der Arbeitgeber zusätzliche Arbeit im Rahmen der 36er Vereinbarung anordnen. Ohne triftigen Grund kann der Arbeitnehmer diese Arbeit nicht ablehnen." so eine Formulierung bei *Nishitani*, S. 228; sowie „Der Arbgeb. kann, wenn es die betrieblichen Umstände erfordern, im Rahmen einer betrieblichen Vereinbarung Überstunden anordnen. Ohne gerechtfertigten Grund darf der ArbN diese Anordnung nicht ablehnen." *Wada*, AuR 2002, 369 (372).

509 ausführlich zur normativen Wirkung von Arbeitsordnungen vgl. Abschnitt C. III. 1. b); Beispiele für solche Klauseln in Arbeitsordnungen finden sich bei *Marutschke*, Arbeitsordnungen und Tarifverträge japanischer Unternehmen, S. 38, 174 und 229.

510 st. Rspr. d. *OGH* seit seiner Entscheidung v. 28.11.1991, Rôdô Hanrei 594, 7 = Minshû 45-8-1270; *Nishitani*, S. 143 f., 228 f.; *ders.* in Wahsner, Japans Arbeitsbeziehungen und Arbeitsrecht in Geschichte und Gegenwart, Gesetzliche Regelung der Arbeitszeit in Japan, S. 88 f.; *Sugeno*, S. 238; *Meinhardt*, ZVerglRWiss 104 (2005), 257 (270); *Schlachter/Meinhardt*, RIW 2003, 764 (768 u. 769); *Wada*, AuR 2002, 369 (372 f.).

511 z.B. *DG Tokyo* v. 31.5.1969, Rôminshû 20-3-477.

512 *Nishitani*, S. 228 f.; *ders.* in Wahsner, Japans Arbeitsbeziehungen und Arbeitsrecht in Geschichte und Gegenwart, Gesetzliche Regelung der Arbeitszeit in Japan, S. 88.

513 *Nishitani*, S. 228.

Arbeitsordnung auch sachlich begründet ist.[514] Ausgangspunkt dieser Entscheidung war die Frage, ob eine disziplinarische Kündigung des Arbeitgebers, weil der Arbeitnehmer eine 30 Minuten vor Arbeitsende angeordnete Überstundenarbeit mit dem Hinweis abgelehnt hatte, er sei unmittelbar nach Feierabend bereits mit einem Freund verabredet, rechtswirksam erfolgte.[515] Der *OGH* bejahte in diesem Fall die Rechtmäßigkeit der disziplinarischen Arbeitgeberkündigung.[516] Das hat im Ergebnis zweierlei Folgen: zum einen ist die individuelle Zustimmung des betreffenden Arbeitnehmers gem. der Rspr. des *OGH* gerade keine Voraussetzung für die Anordnung von Überstunden.[517] Vielmehr wird in den Bestimmungen der jeweiligen Arbeitsordnung die Zustimmung und der Konsens des Arbeitnehmers zur Überstundenarbeit verortet,[518] obschon die Arbeitsordnung einseitig vom Arbeitgeber festgelegt wird. Diese Haltung des *OGH* ist in der Literatur auf Kritik gestoßen.[519] Bei einem deutschen Betrachter dürfte es Unverständnis hervorrufen, dass einem Arbeitnehmer, welcher die Ableistung von Überstunden aus berechtigten Gründen verweigert, dennoch gekündigt werden kann, nur weil die zugrundeliegende Arbeitsordnung „sachlich gerechtfertigt“ ist. Zum anderen lassen sich also selbst strafbewehrte (vgl. Art. 117 ff. ASG) und zwingende (vgl. Art. 13 ASG) Vorschriften durch das Zusammenwirken von 36er Vereinbarung und Arbeitsordnung aushebeln und unterlaufen.[520] *Wada* beschreibt dies so:

> *„Die Funktion von betrieblichen Vereinbarungen besteht im wesentlichen darin, die Rechtswidrigkeit der dadurch tatsächlich geregelten Angelegenheiten auszuschließen. D.h., wenn z.B. eine betriebliche Vereinbarung über ein Arbeitszeitsystem getroffen wird, bei dem innerhalb einer bestimmten Frist Überstunden angesammelt werden können (Henkei rodo*

514 *OGH* v. 28.11.1991, Rôdô Hanrei 594, 7 = Minshû 45-8-1270; angelehnt an die Übersetzung von *Nishitani*, S. 229.

515 *Nishitani* in Wahsner, Japans Arbeitsbeziehungen und Arbeitsrecht in Geschichte und Gegenwart, Gesetzliche Regelung der Arbeitszeit in Japan, S. 88 f.

516 Die Disziplinarkündigung ist das japanische Äquivalent zur deutschen verhaltensbedingten Kündigung, reicht jedoch viel weiter; vgl. *Marutschke*, S. 218 ff.; *Nishitani/Marutschke* in Baum/Bälz, Handbuch Japanisches Handels- und Wirtschaftsrecht, § 9 Arbeitsrecht, S. 439 Rn. 129; *Schlachter/Meinhardt*, RIW 2003, 764 (770).

517 *Schlachter/Meinhardt*, RIW 2003, 764 (769).

518 *Matsuoka*, Meiji Law Journal 2004, 97 (108 f.).

519 vgl. z.B. *Ishida* in Conaghan/Fischl/Klare, LABOUR LAW IN AN ERA OF GLOBALIZATION, Death and Suicide from Overwork: The Japanese Workplace and Labour Law, S. 225.

520 kritisch hierzu *Nishitani*, S. 143 f., 230; *Sugeno*, S. 234; *Schlachter/Meinhardt*, RIW 2003, 764 (768); vgl. auch *Marutschke*, Arbeitsordnungen und Tarifverträge japanischer Unternehmen, S. 3.

jikansei), dann stellt dies keinen Verstoß gegen § 32 ASG dar [...] Sowohl privatrechtlich wie strafrechtlich ist eine entspr. Arbeitszeitregelung, die mehr Stunden vorsieht, dann nicht rechtswidrig."[521]

Grenzen sind dieser Praxis kaum gesetzt.[522] So sind zwar Überstundenanordnungen aufgrund einer 36er Vereinbarung gegenüber Jugendlichen unter 18 Jahren unwirksam (Art. 60 Abs. 1 ASG). Außerdem ergibt sich aus Art. 36 Abs. 2 ASG, dass der Minister für Gesundheit, Arbeit und Wohlfahrt durch öffentliche Bekanntmachung die Kriterien für den Umfang der Arbeitszeitverlängerung in betrieblichen Vereinbarungen festlegen kann und der Inhalt einer solchen betrieblichen Vereinbarung dann den vom Minister aufgestellten Vorgaben entsprechen soll (Art. 36 Abs. 3 ASG). Eine solche maximale Obergrenze von Überstunden wurde zwar 1998 durch den damaligen Arbeitsminister erlassen, demnach dürfen pro Woche höchstens 15, pro Monat höchstens 45 und pro Jahr höchstens 360 Überstunden angeordnet werden.[523] Im Umkehrschluss bedeutet dies, dass – ausgehend von einer 6-Tage-Woche – regelmäßig 2,5 Überstunden pro Tag (15 Überstunden pro Woche / 6 Tage pro Woche) erlaubt sind. Allerdings ist bis dato noch nicht durch die Rspr. geklärt worden, ob die durch öffentliche Bekanntmachung festgelegten Standards überhaupt normative Wirkung entfalten und dagegen verstoßende betriebliche Vereinbarungen somit nichtig wären. Im Schrifttum werden die Vorgaben nach Art. 36 Abs. 2, 3 ASG als nicht bindend für den Arbeitgeber betrachtet.[524] Es handle sich hierbei vielmehr um „Vorschriften mit Empfehlungscharakter", da insbesondere „keinerlei Rechtsfolgen für den Fall der

---

521 *Wada*, AuR 2002, 369 (371).

522 *Nishitani*, S. 226; *ders.* in Wahsner, Japans Arbeitsbeziehungen und Arbeitsrecht in Geschichte und Gegenwart, Gesetzliche Regelung der Arbeitszeit in Japan, S. 87; *Sugeno*, S. 234; *Schlachter*, ZVglRWiss 102 (2003), 116 (135).

523 s. ausführliche Tabelle bei *Iwasaki/Takahashi/Nakata*, Industrial Health 2006, Vol. 44, S. 538; vgl. auch *Nishitani*, S. 227; *ders.* in Wahsner, Japans Arbeitsbeziehungen und Arbeitsrecht in Geschichte und Gegenwart, Gesetzliche Regelung der Arbeitszeit in Japan, S. 87.

524 so *Iwasaki/Takahashi/Nakata*, Industrial Health 2006, Vol. 44, S. 538 m.w.N.; *Schlachter/Meinhardt*, RIW 2003, 764 (769); hieran zweifelnd wohl auch *Nishitani*, S. 227 f. und *Sugeno*, S. 236; vgl. auch *Kidani*, University of Hawaii Law Review, Vol. 21, 169 (186): „This effort on behalf of the Ministry of Labor has proven to be an unavailing deterrent of excessive overtime since there are no enforcement mechanisms, and employers continue to rely on service overtime"; wohl auch *Schlachter*, ZVglRWiss 102 (2003), 116 (135).

Zuwiderhandlung" existieren.[525] Alles in allem wird deutlich, dass die gesetzlichen Regelungen des ASG samt Durchführungsverordnung und ministerialer Anweisung nicht der Eindämmung und Einschränkung von Überstunden zugunsten der Arbeitnehmer dienlich sind, sondern vielmehr dem Arbeitgeber ein flexibles und schier unbegrenztes Instrument zur Ausweitung seines Leistungsbestimmungsrechts zur Seite stellen.[526] *Kidani* verdeutlicht dies recht prägnant:

> *„The LSL (Labor Standards Law, Anm. d. Verf.) does not set a legal limit for overtime work for men. [...] The primary means by which employers circumvent the forty hour maximum workweek limit mandated in Article 32 of the LSL is through Article 36, which allows an employer to force employees to work overtime as long as the union (or the majority of the workers, if there is no union) has agreed to the overtime in written form. [...] Once such agreement, referred to as "saburoku kyotei," has been made, the employer can force its employees to work as many hours as the employer demands."*[527]

Dies führt im Ergebnis dazu, dass das Verhältnis von Regel und Ausnahme bzgl. Arbeitszeiten in Japan vertauscht wurde und sich nun gerade umgekehrt zum eigentlichen Normalzustand darstellt: das Einhalten der gesetzlich normierten Höchstarbeitszeit ist nunmehr die Ausnahme geworden.[528] Und im Gegensatz zu Deutschland ist es für einen japanischen Arbeitgeber sogar finanziell attraktiv, Überstunden anzuordnen.[529] Denn Berechnungsgrundlage für die Überstundenzuschläge ist das jeweilige Grundgehalt des Arbeitnehmers. Nicht miteinzuberechnen sind die in Japan üblichen variablen Vergütungsbestandteile wie Familienzuschläge, Trennungsgeld, Sommer- und Jahresendzuschlag sowie der

---

525 so *Schlachter*, in 50 Jahre Bundesarbeitsgericht, Vertrauensarbeitszeit in Deutschland und Japan, S. 1257.

526 i.d.S. auch *Nishitani* in Wahsner, Japans Arbeitsbeziehungen und Arbeitsrecht in Geschichte und Gegenwart, Gesetzliche Regelung der Arbeitszeit in Japan, S. 88; *Ishida* in Conaghan/Fischl/Klare, LABOUR LAW IN AN ERA OF GLOBALIZATION, Death and Suicide from Overwork: The Japanese Workplace and Labour Law, S. 224 f.; sowie *Ogura*, Japan Labor Review, Vol. 3, No. 3, Sommer 2006, S. 2; *Schlachter*, ZVglRWiss 102 (2003), 116 (135); vgl. auch *Hanami*, S. 69 Rn. 106.

527 *Kidani*, University of Hawaii Law Review, Vol. 21, 169 (186).

528 *Ishida* in Conaghan/Fischl/Klare, LABOUR LAW IN AN ERA OF GLOBALIZATION, Death and Suicide from Overwork: The Japanese Workplace and Labour Law, S. 225; *Schlachter*, ZVglRWiss 102 (2003), 116 (135).

529 *Ishida* in Conaghan/Fischl/Klare, LABOUR LAW IN AN ERA OF GLOBALIZATION, Death and Suicide from Overwork: The Japanese Workplace and Labour Law, S. 225; *Kidani*, University of Hawaii Law Review, Vol. 21, 169 (186 f.).

Arbeitgeberanteil zur Sozialversicherung.[530] Es kann also mitunter vorkommen, dass die Zahlung von Überstundenvergütung (heruntergerechnet auf die einzelne Arbeitsstunde) günstiger für den Arbeitgeber ist als die Zahlung des normalen Gehalts inkl. aller Boni und Zuschläge.[531] Nach Schätzungen des Ministeriums für Gesundheit, Arbeit und Wohlfahrt kostet es einen Arbeitgeber im produzierenden Gewerbe ca. 24,1% weniger, wenn er Überstunden anordnet als wenn er eine neue zusätzliche Arbeitskraft einstellt.[532] Aber nicht nur für japanische Arbeitgeber sind Überstunden attraktiv, auch ein Großteil der Beschäftigten in Japan ist auf Überstunden und deren Zuschläge zumindest in finanzieller Hinsicht angewiesen,[533] da sie sonst ihren Lebensstandard drastisch einschränken müssten. Viele Arbeitnehmer sind sogar derart von der Ableistung von Überstunden abhängig, dass sie ohne Überstundenentgelte schlicht nicht überleben könnten.[534] Dies dürfte auch eine der Ursachen sein, warum die Bereitschaft japanischer Arbeitnehmer zur Überstundenarbeit weitaus größer ist als hierzulande.[535]

Bevor nun ein Vergleich zur deutschen Rechtslage bzgl. Überstunden erfolgt, muss noch ein gravierendes[536] und dennoch für Japan typisches Problem im Zusammenhang mit Überstunden angesprochen werden. Es handelt sich dabei um das Phänomen der unbezahlten Mehrarbeit. Wie akut dieses Thema ist, zeigt sich darin, dass es im Japanischen einen eigenen Begriff hierfür gibt: サービス残業

---

530 *Kato*, Hitotsubashi Journal of Social Studies 1994, Vol. 26, 41 (48); *Nishitani* in Wahsner, Japans Arbeitsbeziehungen und Arbeitsrecht in Geschichte und Gegenwart, Gesetzliche Regelung der Arbeitszeit in Japan, S. 88; *Schlachter/Meinhardt*, RIW 2003, 764 (770).

531 *Morioka* in National Defense Counsel for the victims of Karoshi, KAROSHI. WHEN THE „CORPORATE WARRIOR“ DIES, The Life Style of Japanese Workers, S. 71; *Ueyanagi* in National Defense Counsel for the victims of Karoshi, KAROSHI. WHEN THE „CORPORATE WARRIOR“ DIES, Laws Concerning Karoshi, S. 87.

532 *Kidani*, University of Hawaii Law Review, Vol. 21, 169 (186 f.).

533 *Schlachter*, ZVglRWiss 102 (2003), 116 (135); *dies./Meinhardt*, RIW 2003, 764 (770).

534 *Morioka* in National Defense Counsel for the victims of Karoshi, KAROSHI. WHEN THE „CORPORATE WARRIOR“ DIES, The Life Style of Japanese Workers, S. 72; *Tieste*, Karôshi, ein japanisches Phänomen?, S. 61.

535 *Schlachter/Meinhardt*, RIW 2003, 764 (770).

536 Das japanische Ministerium für Gesundheit, Arbeit und Wohlfahrt selbst spricht von „Unpaid Overtime Becomes a Serious Problem“, so in Japan Labor Bulletin, Vol. 42, No. 2, Februar 2003, S. 2, abrufbar unter http://www.jil.go.jp/english/archives/bulletin/documents/200302.pdf (zuletzt abgerufen am 5.6.2014).

(sâbisu zangyô)[537] oder schlicht *service overtime*.[538] Dass dieses Problem in vielen großen Unternehmen und Konzernen (系列 = keiretsu) an der Tagesordnung ist und vielerorts eher die Regel als die Ausnahme bei der Arbeitszeitgestaltung darstellt, sollen nachfolgende Zahlen untermauern: Das japanische Unternehmen *Takefuji*, welches auf die Vergabe von Verbraucherkrediten spezialisiert ist, musste im Juli 2003 auf Druck der Behörden insgesamt 3,5 Milliarden Yen (damals umgerechnet 32 Millionen Euro) an 5.200 ehemalige und aktuelle Beschäftigte wegen unbezahlter Überstunden nachzahlen.[539] Der große japanische Versorger *Chûbu Denryoku* musste im September 2003 wegen Anordnung und Nichtvergütung von Überstunden im Zeitraum von 2001 bis 2003 an ca. 19.850 Arbeitnehmer die unglaubliche Summe von 6,52 Milliarden Yen (damals ungefähr 60 Millionen Euro) leisten, was den bis dato höchsten Einzelbetrag für ein Unternehmen darstellte.[540] Zudem gab das japanische Ministerium für Gesundheit, Arbeit und Wohlfahrt bekannt, dass im Rahmen behördlicher Ermittlungen ca. 1.700 Unternehmen Nachzahlungen in Höhe von insgesamt 22,7 Milliarden Yen (damals ca. 145 Millionen Euro) an 182.561 Arbeitnehmer für den Zeitraum April 2006 – März 2007 zu leisten hatten.[541]

Die einzigen von japanischen Behörden offiziell anerkannten statistischen Erhebungen zu dem Phänomen „service overtime" datieren auf 2004 und 2002. Eine repräsentativen Studie mit 2.557 Arbeitnehmern des Japan Institute for Labour Policy and Training (JILPT) ergab 2004, dass ein durchschnittlicher Arbeitnehmer (Männer und Frauen) 35,4 unbezahlte Überstunden pro Monat leistet.[542] In dieser Untersuchung wurde auch nach den Gründen gefragt und es stellte sich heraus, dass die meisten Arbeitnehmer ein sehr großes Arbeitspensum aufwiesen und zur Ableistung unbezahlter Überstunden durch den Arbeitgeber gezwungen

---

537 *Ueyanagi* in National Defense Counsel for the victims of Karoshi, KAROSHI. WHEN THE „CORPORATE WARRIOR" DIES, Laws Concerning Karoshi, S. 85; *Kidani*, University of Hawaii Law Review, Vol. 21, 169 (179).

538 *Kawahito* in *National Defense Counsel for the victims of Karoshi*, KAROSHI. WHEN THE „CORPORATE WARRIOR" DIES, Karoshi and Its Background, S. 9; *Kidani*, University of Hawaii Law Review, Vol. 21, 169 (179); vergleiche ausführlich zu dieser Problematik *Tieste*, Karôshi, ein japanisches Phänomen?, S. 24 f.; S. 66 ff.

539 *Matsuoka*, Meiji Law Journal 2004, 97 (112); *ders.* Meiji Law Journal 2005, 43 (51).

540 *Matsuoka*, Meiji Law Journal 2004, 97 (113); *ders.* Meiji Law Journal 2005, 43 (52).

541 Annual Health, Labour and Welfare Report 2007–2008, abrufbar unter http://www.mhlw.go.jp/english/wp/wp-hw2/part2/p2c3s2.pdf (zuletzt abgerufen am 5.6.2014).

542 Labor Situation in Japan and Its Analysis: Detailed Exposition 2005/2006, S. 18, abrufbar unter http://www.jil.go.jp/english/lsj/detailed/2005-2006.html (zuletzt abgerufen am 5.6.2014).

wurden,[543] ja sogar bei vielen eine entsprechende Klausel im Arbeitsvertrag bzw. Arbeitsordnung dies regelte.[544] Der Hauptgrund wird allerdings in der breitflächigen Einführung der leistungsorientierten Vergütung gesehen, welche zu dem exzessiven Arbeitspensum führte.[545] Zwei Jahre früher (2002) befragte der Gewerkschaftsdachverband RENGO rund 23.000 Arbeitnehmer. Ergebnis dieser Studie war, dass fast die Hälfte der Befragten (47,5%) durchschnittlich 30 Stunden pro Monat an unbezahlter Mehrarbeit leisten, wobei hiervon 17,8% regelmäßig und 23,5 % zumindest von Zeit zu Zeit Mehrarbeit ohne Bezahlung verrichten.[546] Diese Aussagen decken sich größtenteils mit einer früheren Erhebung aus dem Jahr 1998.[547] Interessant und aufschlussreich sind auch die Gründe, die genannt wurden, warum so viel unbezahlte Mehrarbeit geleistet werde: 44,7% gaben an „um die Zielvorgaben zu erreichen, die mir gesetzt wurden", 22,4% sagten „weil meine Kollegen ebenfalls Mehrarbeit ohne Bezahlung verrichtet haben" und 19,8% taten dies „weil das Arbeitsklima bei uns es schwierig macht, Überstundenzuschläge zu verlangen".[548] *Ishida* hat bei einem Vergleich verschiedener offizieller Regierungsstudien und Statistiken herausgefunden, dass ein durchschnittlicher Arbeitnehmer seinem Arbeitgeber zwischen 200 und 350 Stunden pro Jahr „schenkt", indem er unbezahlte Mehrarbeit leistet.[549] Diese Werte Decken sich auch mit Zahlen des Gewerkschaftsdachverbands ZENROREN.[550] Schätzungen gehen davon aus, dass

543 häufigste Antwort war Sinngemäß „Even if I request to be paid, I won't get anything due to budgetary restrictions", *Takahashi*, Japan Labor Review, Vol. 3, No. 3, Summer 2006, S. 43.

544 Labor Situation in Japan and Its Analysis: Detailed Exposition 2005/2006, S. 18, abrufbar unter http://www.jil.go.jp/english/lsj/detailed/2005-2006.html (zuletzt abgerufen am 5.6.2014).

545 *Ogura*, Japan Labor Review, Vol. 3, No. 3, Sommer 2006, S. 2; *Schlachter*, ZVglRWiss 102 (2003), 116 (133); *Takahashi*, Japan Labor Review, Vol. 3, No. 3, Summer 2006, S. 43.

546 Japan Labor Bulletin, Vol. 42, No. 2, Februar 2003, S. 2, abrufbar unter http://www.jil.go.jp/english/archives/bulletin/documents/200302.pdf (zuletzt abgerufen am 5.6.2014).

547 *Tieste*, Karôshi, ein japanisches Phänomen?, S. 67.

548 Japan Labor Bulletin, Vol. 42, No. 2, Februar 2003, S. 2, abrufbar unter http://www.jil.go.jp/english/archives/bulletin/documents/200302.pdf (zuletzt abgerufen am 5.6.2014).

549 *Ishida* in Conaghan/Fischl/Klare, LABOUR LAW IN AN ERA OF GLOBALIZATION, Death and Suicide from Overwork: The Japanese Workplace and Labour Law, S. 223 f.

550 *Ikeda* in Wahsner, Japans Arbeitsbeziehungen und Arbeitsrecht in Geschichte und Gegenwart, Gesundheitspolitik am Arbeitsplatz und Gewerkschaftsbewegung in Japan, S. 66.

ungefähr 1,056 Millionen neue Arbeitsplätze geschaffen werden könnten, falls alle japanischen Arbeitnehmer keine unbezahlten Überstunden mehr leisten würden.[551] Diese Zahlen dürften durchaus realistisch sein, wenn man davon ausgehen darf, dass sich fast 90% der japanischen Unternehmen auf die Bereitschaft ihrer Mitarbeiter zur Ableistung von unbezahlten Überstunden verlassen.[552] Interessant ist auch, dass einem durchschnittlichen Arbeitnehmer hierdurch ca. 850.000 Yen (umgerechnet ca. 6.000 Euro) pro Jahr an Verdienst entgehen.[553]

Eine andere Form von service overtime sind die sog. „furoshiki"-Überstunden,[554] d.h. diejenigen Überstunden, die daraus resultieren, dass Arbeitnehmer die Arbeit einfach mit nach Hause nehmen bzw. nach Dienstende von zu Hause aus weiterarbeiten.[555] Während die Anordnung von Überstunden durch den Arbeitgeber im Rahmen der 36er Vereinbarung i.V.m. der Arbeitsordnung zulässig ist, trifft dies auf die service overtime und die furoshiki-Überstunden nicht zu. Eine solche Anordnung würde gegen Art. 37 ASG verstoßen und wäre somit nichtig, der Arbeitnehmer müsste dementsprechend auch nicht Folge leisten.[556] Nichtsdestotrotz nehmen viele japanische Arbeitnehmer solche unbezahlte Überarbeit als unvermeidbar hin,[557] weil ihnen sonst negative Bewertungen drohen, welche ihren Aufstieg bzw. berufliches Fortkommen erschweren.[558] Wie bereits berichtet, mangelt es vielen japanischen Arbeitnehmern (und leider auch zahlreichen

---

551 *Matsuoka*, Meiji Law Journal 2004, 97 (115).

552 *Ikeda* in Wahsner, Japans Arbeitsbeziehungen und Arbeitsrecht in Geschichte und Gegenwart, Gesundheitspolitik am Arbeitsplatz und Gewerkschaftsbewegung in Japan, S. 66; vgl. auch *Ogura*, Japan Labor Review, Vol. 3, No. 3, Sommer 2006, S. 9, „quite a few firms regard working hours exceeding the statutory ones as the 'rule'".

553 Labor Situation in Japan and Its Analysis: Detailed Exposition 2005/2006, S. 18, abrufbar unter http://www.jil.go.jp/english/lsj/detailed/2005-2006.html (zuletzt abgerufen am 5.6.2014).

554 風呂敷 (furoshiki) ist eine in Japan sehr beliebte spezielle Art von Tuch, in der man insbesondere die Lunchboxen (jap. bentô) einwickelt und transportiert; es fungiert also als Tragetasche zum Transport von Gegenständen.

555 *Kawahito* in *National Defense Counsel for the victims of Karoshi*, KAROSHI. WHEN THE „CORPORATE WARRIOR" DIES, Karoshi and Its Background, S. 9; *Marutschke*, S. 199; *Nishitani*, S. 1.

556 *Marutschke* a.a.O.; *Nishitani* a.a.O.; *ders.* in Wahsner, Japans Arbeitsbeziehungen und Arbeitsrecht in Geschichte und Gegenwart, Gesetzliche Regelung der Arbeitszeit in Japan, S. 83; *Tieste*, Karôshi, ein japanisches Phänomen?, S. 67.

557 *Marutschke* a.a.O.

558 *Kawahito* in *National Defense Counsel for the victims of Karoshi*, KAROSHI. WHEN THE „CORPORATE WARRIOR" DIES, Karoshi and Its Background, S. 11.

Arbeitgebern) an einem ausgeprägten Rechtsbewusstsein im Arbeitsrecht. So verwundert es nicht, dass manche Japaner service overtime nicht als verboten und sittenwidrig ansehen. Bezeichnend und exemplarisch hierfür ist eine Aussage des früheren Premierministers *Yoshihiro Mori*, der behauptete „service overtime sei nicht immer falsch und schlecht gewesen", diese Ansicht später aber revidierte.[559]

Hinsichtlich der normalen Mehrarbeit hat es ein japanischer Arbeitgeber sogar noch leichter. Eine Mitbestimmung des Arbeitnehmervertreters ist hierbei im Gegensatz zur Anordnung von Überstunden nicht erforderlich.[560] Enthält die Arbeitsordnung Regelungen betreffend die Mehrarbeit, so kann der Arbeitgeber diese nach Ansicht der ständigen Rechtsprechung des *OGH* und der Instanzgerichte ohne weiteres anordnen und der Arbeitnehmer darf diese nur verweigern, wenn er hiergegen dringende, objektive Gründe geltend machen kann.[561] Gibt es keine entsprechende Klausel in der Arbeitsordnung, so hat eine Interessenabwägung zwischen der Notwendigkeit der angeordneten Mehrarbeit auf Seiten des Arbeitgebers und der sachlichen Begründetheit der Ablehnung des Arbeitnehmers zu erfolgen.[562] In der Literatur gibt es Tendenzen, die eine solche gerichtliche Praxis ablehnen und vielmehr eine für jeden Einzelfall notwendige Einwilligung des betreffenden Arbeitnehmers verlangen.[563]

(2) Rechtsvergleich mit Deutschland

Bei einer Betrachtung der deutschen Rechtslage muss ebenfalls zwischen der Anordnung von Überstunden und der Anordnung von Mehrarbeit (diesmal und nachfolgend ist wieder die deutsche Terminologie zugrunde zu legen) differenziert werden. Nach Auswertung der Daten des Statistischen Bundesamts durch das Institut für Arbeitsmarkt- und Berufsforschung (IAB) ergibt sich für das Jahr 2012 ein Gesamtvolumen an bezahlten Überstunden von knapp 1,4 Millionen bzw. ca. 48 Stunden pro Erwerbstätigem.[564] Geht man davon aus, dass das Volumen bezahlter

559 zit. nach *Matsuoka*, Meiji Law Journal 2004, 97 (107).

560 *Nishitani*, S. 230.

561 *OGH* v. 20.11.1978, Rôhan 312, 32; v. 19.1.1989, Rôhan 540, 6; *OG Hiroshima* v. 25.9.1973, Hanji 724, 86; *OG Fukuoka* v. 16.3.1983, Rôhan 422, 75.

562 *DG Fukuoka* v. 2.12.1977, Rôhan 292, 43.

563 so *Nishitani*, S. 231; kritisch hierzu auch *Ishida* in Conaghan/Fischl/Klare, LABOUR LAW IN AN ERA OF GLOBALIZATION, Death and Suicide from Overwork: The Japanese Workplace and Labour Law, S. 225 f.

564 vgl. Pressemitteilung des IAB vom 07.03.2013 sowie Datenblatt „Durchschnittliche Arbeitszeit und ihre Komponenten in Deutschland", abrufbar unter http://doku.iab.de/grauepap/2013/tab-az12.pdf (zuletzt abgerufen am 5.6.2014).

und unbezahlter Überstunden in etwa gleich ist,[565] so ergäben sich pro Arbeitnehmer ca. 48 unbezahlte Überstunden im Jahr 2012. Validere Daten existieren für die Jahre 2010, 2009 und 2003. So leistete 2010 durchschnittlich jeder Arbeitnehmer 38,1 unbezahlte Überstunden insgesamt[566] bzw. ca. 3,2 Stunden pro Monat.[567] Interessanterweise gibt es gravierende Unterschiede bzgl. der Beschäftigtengruppen bzw. des Qualifizierungsgrades. So kommen ungelernte Arbeiter nur auf 1,3 unbezahlte Überstunden pro Monat, Meister hingegen schon auf 4,4, Angestellte mit hochqualifizierten Tätigkeiten auf rund 10,1 und Angestellte mit umfassenden Führungsaufgaben sogar auf 19,2 nichtkompensierte Überstunden im Monat.[568] In einer anderen Studie für dasselbe Jahr ergeben sich für jeden Arbeitnehmer sogar unbezahlte Überstunden von 3,6 Stunden pro Woche (!),[569] also 14,4 nicht kompensierte Überstunden pro Monat. Für das Jahr 2009 existieren ähnliche Zahlenwerte. So leistete jeder Beschäftigte monatlich durchschnittlich ca. 3,5 unbezahlte Überstunden.[570] 2003 waren es ca. 3,6 Stunden pro Monat und Arbeitnehmer.[571] Vergleicht man diese Zahlen mit Daten aus Japan, so zeigt sich, dass japanische Arbeitnehmer im Durchschnitt bis zu zehnmal mehr unbezahlte Überstunden im Monat leisten, als ihre deutschen Kollegen.

Hinsichtlich der Erklärungsansätze, warum Überstunden geleistet werden, gibt es kaum Unterschiede zwischen Deutschland und Japan. Auch befragte deutsche Arbeitnehmer geben an, dass es für sie schlechterdings kaum möglich ist, sich der Überstundenarbeit ganz zu entziehen und dass der Arbeitsumfang ohne Überstunden nicht zu bewältigen sei. Im Gegensatz zu Japan spielt der

---

565 so *Zapf*, Flexibilität am Arbeitsmarkt durch Überstunden und Arbeitszeitkonten, IAB-Forschungsbericht 3/2012, S. 2, unter Verweis auf *Bauer/Groß/Lehmann/Munz*, Arbeitszeit 2003. Arbeitszeitgestaltung, Arbeitsorganisation und Tätigkeitsprofile; sowie *Brautzsch/Drechsel/Schultz*, Wirtschaft im Wandel 2012, 308 (315).

566 *Brautzsch/Drechsel/Schultz*, Wirtschaft im Wandel 2012, 308 (311).

567 *Brautzsch/Drechsel/Schultz*, Wirtschaft im Wandel 2012, 308 (312).

568 *Brautzsch/Drechsel/Schultz*, Wirtschaft im Wandel 2012, 308 (314).

569 *Zapf*, Flexibilität am Arbeitsmarkt durch Überstunden und Arbeitszeitkonten, IAB-Forschungsbericht 3/2012, S. 30, unter Bezugnahme der WSI-Betriebsrätebefragung 2010.

570 *Zapf*, Flexibilität am Arbeitsmarkt durch Überstunden und Arbeitszeitkonten, IAB-Forschungsbericht 3/2012, S. 30, unter Bezugnahme von repräsentativen Befragungen des SOEP.

571 *Zapf*, Flexibilität am Arbeitsmarkt durch Überstunden und Arbeitszeitkonten, IAB-Forschungsbericht 3/2012, S. 34, unter Bezugnahme von *Bauer/Groß/Lehmann/Munz*, Arbeitszeit 2003. Arbeitszeitgestaltung, Arbeitsorganisation und Tätigkeitsprofile.

finanzielle Aspekt, also die Möglichkeit des Zuverdienstes aufgrund von Zuschlägen, eine nur untergeordnete Rolle.[572] Ganz generell liegt der Hauptgrund für die Beschäftigten vor allem darin, dass unbezahlter Mehrarbeit ein gewisser Investitionscharakter zukommt.[573] D.h., es ist ein Instrument um die Karrierechancen zu erhöhen, was sich in einem zukünftig höheren Gehalt niederschlägt. Dieses Argument wird dadurch gestützt, das vor allem Hochqualifizierte die meisten unbezahlten Überstunden aufweisen.[574] Ebenfalls kann beobachtet werden, dass heutzutage nicht mehr die vertragliche Arbeitszeit für viele Berufsgruppen den Fokus bildet, sondern die Erfüllung bestimmter Aufgaben.[575] Gem. *Kock* steht für solche Beschäftigte „eine Ergebnis- und keine Zeitorientierung im Vordergrund".[576] Natürlich bleibt dann zu fragen, inwieweit es sich hierbei noch um ein Arbeitsverhältnis (Dienstverhältnis) in Abgrenzung etwa zu einem Werksvertrag- oder Geschäftsbesorgungsverhältnis handelt.

Auf der anderen Seite betrachtet ein Großteil der deutschen Arbeitgeber, wie auch ihr japanisches Pendant, Überstunden als selbstverständlicher Teil der gemeinen Arbeitsleistung.[577] Unbezahlte Überstunden dienen als Wettbewerbsvorteil in einer internationalen und von Globalisierung geprägten Wirtschaft. Denn durch unbezahlte Überstunden verringert sich der effektive Stundenlohn, wodurch Produktionskosten gespart werden.[578] Bei den ohnehin hohen Lohnkosten in Deutschland ist dies kein zu unterschätzender Faktor. Insbesondere wenn nach außen hin der Schein „leistungsgerechter" Bezahlung gewahrt bleibt, aber in Wirklichkeit durch die – wie im Folgenden noch zu zeigen sein wird – unzulässige Anordnung von unbezahlten Überstunden dem Kostendruck im Hinblick auf die (globale) Konkurrenz nachgegeben wird.

---

572 *Zapf*, Flexibilität am Arbeitsmarkt durch Überstunden und Arbeitszeitkonten, IAB-Forschungsbericht 3/2012, S. 11.

573 *Takahashi*, Japan Labor Review, Vol. 3, No. 3, Summer 2006, S. 45.

574 *Brautzsch/Drechsel/Schultz*, Wirtschaft im Wandel 2012, 308 (310); *Zapf*, Flexibilität am Arbeitsmarkt durch Überstunden und Arbeitszeitkonten, IAB-Forschungsbericht 3/2012, S. 10 f.

575 *Brautzsch/Drechsel/Schultz*, Wirtschaft im Wandel 2012, 308 (310).

576 *Kock*, DB 2012, 1328 (1130).

577 *Zapf*, Flexibilität am Arbeitsmarkt durch Überstunden und Arbeitszeitkonten, IAB-Forschungsbericht 3/2012, S. 11.

578 *Brautzsch/Drechsel/Schultz*, Wirtschaft im Wandel 2012, 308 (310 f.); *Zapf*, Flexibilität am Arbeitsmarkt durch Überstunden und Arbeitszeitkonten, IAB-Forschungsbericht 3/2012, S. 12.

(a) Anordnung von Überstunden

Der Arbeitnehmer muss seinem Arbeitgeber nicht ständig seine Arbeitskraft zur Verfügung stellen, sondern nur während der vereinbarten Arbeitszeit.[579] Ohne ausdrückliche Regelung und Rechtsgrundlage ist der Arbeitnehmer grds. nicht verpflichtet, über die vertraglich vereinbarte regelmäßige Arbeitszeit hinaus zu arbeiten, das Weisungsrecht nach § 106 GewO ist hierfür nicht ausreichend.[580] Eine nicht nur vorübergehende Veränderung der Arbeitszeitmenge ist regelmäßig nur auf gleichem Wege möglich wie ihre anfängliche Festlegung/Bestimmung.[581] In der Praxis finden sich solche Regelungen häufig in Tarifverträgen und Betriebsvereinbarungen.[582] In diesem Rahmen kann die Dauer der Arbeitszeit auch ohne betreffende Einwilligung des Arbeitnehmers vorübergehend einseitig durch den Arbeitgeber geändert werden,[583] bei der Ausübung des Leistungsbestimmungsrechts in diesem Fall müssen aber die Grundsätze billigen Ermessens gewahrt bleiben.[584] Aus der fortdauernden Anordnung von Überstunden entsteht allerdings keine (konkludente) Änderung der vertraglich vereinbarten Arbeitszeit und damit auch kein Anspruch auf ein bestimmtes Mindestmaß an Überstunden, denn bei dem Arbeitseinsatz handelt es sich um ein tatsächliches Verhalten, welchem nicht notwendigerweise ein bestimmter rechtsgeschäftlicher Erklärungswert anhaftet.[585] Soweit der Arbeitgeber ohne Rechtsgrundlage keine Überstunden anordnen darf, gilt Gleiches umgekehrt auch für den Arbeitnehmer. Der Arbeitnehmer kann insoweit Überstunden und damit einhergehend Überstundenvergütung nicht eigenmächtig herbeiführen, vielmehr können Überstunden „nur dann entstehen, wenn Arbeitsleistungen angeordnet werden, die außerhalb der dienstplanmäßigen oder betriebsüblichen

579 st. Rspr. seit *BAG* v. 26.8.1976 - 2 AZR 377/75, AP Nr. 68 zu § 626 BGB.

580 ErfK/*Preis*, BGB, 13. Aufl. 2013, § 611 Rn. 663; Schaub/*Linck*, 14. Aufl. 2011, § 45 Rn. 47; MüArbR/*Reichold*, 3. Aufl. 2009, § 36 Rn. 66, 88; *Fitting*, BetrVG, 26. Aufl. 2012, § 87 Rn. 141; vgl. auch *Meinhardt*, ZVglRWiss 104 (2005), 257 (259).

581 MüArbR/*Reichold*, 3. Aufl. 2009, § 36 Rn. 87.

582 Schaub/*Linck*, 14. Aufl. 2011, § 45 Rn. 47a; MüArbR/*Reichold* 3. Aufl. 2009, § 36 Rn. 66, 88; zur Zulässigkeit vgl. *BAG* v. 3.6.2003 - 1 AZR 349/02, NZA 2003, 1155 (1159); *Fitting*, BetrVG, 26. Aufl. 2012, § 87 Rn. 141.

583 Schaub/*Linck*, 14. Aufl. 2011, § 45 Rn. 47a; MüArbR/*Reichold* 3. Aufl. 2009, § 36 Rn. 66, 88.

584 ErfK/*Preis*, BGB, 13. Aufl. 2013, § 611 Rn. 663 unter Verweis auf *BAG* v. 28.11.1984 - 5 AZR 123/83, AP TVG § 4 Bestimmungsrecht Nr. 2.

585 *BAG* v. 22.9.2009 - 5 AZR 133/08, NZA 2010, 120; ErfK/*Preis* 13. Aufl. 2013, § 611 Rn. 663; Schaub/*Linck*, 14. Aufl. 2011, § 45 Rn. 48; MüArbR/*Reichold*, 3. Aufl. 2009, § 36 Rn. 88.

Arbeitszeit liegen und besonders dringlich sind".[586] Für Überstunden bedarf es also einer ausdrücklichen oder konkludenten Anordnung bzw. zumindest vorherigen Billigung oder Kenntnis des Arbeitgebers.[587] Die bloße spätere Kenntnis des Arbeitgebers ist hingegen nicht ausreichend.[588]

Hinsichtlich der Anordnung von Überstunden hat der BR ein zwingendes Mitbestimmungsrecht (MBR) nach § 87 Abs. 1 Nr. 3 BetrVG. Ohne Zustimmung des BR sind solche Anordnungen des Arbeitgebers nach der Theorie der Wirksamkeitsvoraussetzung unwirksam.[589] Wie bei allen MBR bedarf es auch hier eines kollektiven Tatbestandes. Nach richtiger Ansicht ist ein kollektiver Bezug im Rahmen der Anordnung von Überstunden grds. immer gegeben, selbst wenn dies nur gegenüber einem einzelnen Arbeitnehmer erfolgt.[590] Denn auch im letzten Fall muss entschieden werden, ob überhaupt Überstunden zu verrichten sind und welcher Arbeitnehmer hierfür in Betracht kommt.[591] Es handelt sich „insoweit um Fragen der Zweckmäßigkeit, bei denen Interessen der ArbN betroffen sind, und um die innerbetriebliche Gerechtigkeit (Verteilung der Lasten und Vorteile)".[592] Ein kollektiver Tatbestand ist nur dann nicht gegeben, wenn es um die Berücksichtigung individueller Wünsche und Interessen einzelner Arbeitnehmer geht.[593]

Schließlich ist noch zu beachten, dass Überstunden „nur zur Befriedigung eines unvorhergesehenen zusätzlichen Arbeitsbedarfs angeordnet werden [können], nicht zur Befriedigung eines regelmäßigen Bedarfs".[594] Begründen lässt sich dies mit der Natur der Arbeitszeit als essentialia negotii und indirekt auch mit dem Telos des § 87 Abs. 1 Nr. 3 i.V.m. Nr. 2 BetrVG. Wesen eines Arbeits- bzw. Dienstverhältnisses ist es, dass nicht Arbeitserfolg, sondern Arbeitsleistung geschuldet ist. Die Arbeitszeit bestimmt in diesem Zusammenhang den *Umfang der*

---

586 *BAG* v. 25.4.2007 - 5 AZR 133/0, NZA 2007, 1108 (1109); MüArbR/*Reichold*, 3. Aufl. 2009, § 36 Rn. 67.

587 Schaub/*Linck*, 14. Aufl. 2011, § 45 Rn. 48; MüArbR/*Reichold*, 3. Aufl. 2009, § 36 Rn. 69.

588 so *LAG Schleswig-Holstein* v. 14.11.2007 – 6 Sa 492/06 – zit. nach juris; *LAG Baden-Württemberg* v. 20.1.1993 - 12 Sa 76/92, LAGE BGB § 611 Mehrarbeit Nr. 2.

589 ErfK/*Kania*, BetrVG, 13. Aufl. 2013, § 87 Rn. 31; *Fitting*, BetrVG, 26. Aufl. 2012, § 87 Rn. 599.

590 so ErfK/*Kania*, BetrVG, 13. Aufl. 2013, § 87 Rn. 34; *Fitting*, BetrVG, 26. Aufl. 2012, § 87 Rn. 18, 134; *Tieste*, Karôshi, ein japanisches Phänomen?, S. 79.

591 *Fitting*, BetrVG, 26. Aufl. 2012, § 87 Rn. 18.

592 *Fitting*, BetrVG, 26. Aufl. 2012, § 87 Rn. 134.

593 ErfK/*Kania*, BetrVG, 13. Aufl. 2013, § 87 Rn. 34; *Fitting*, BetrVG, 26. Aufl. 2012, § 87 Rn. 134.

594 so MüArbR/*Reichold*, 3. Aufl. 2009, § 36 Rn. 66 mit Verweis auf *BAG* v. 7.12.2005 - 5 AZR 535/04, NZA 2006, 423 (425); vgl. auch *Zimmermann*, AuR 2012, 7 (8).

vom Arbeitnehmer geschuldeten Leistung, der als Gegenleistung des Arbeitgebers das vereinbarte Arbeitsentgelt gegenübersteht und damit das synallagmatische Verhältnis festlegt.[595] Von diesem Kerncharakteristikum des Arbeitsverhältnisses darf längerfristig nicht durch einseitige Anordnung abgewichen werden. Dieser Gedanke hat auch Niederschlag in § 87 Abs. 1 Nr. 3 BetrVG gefunden. Der BR hat nur bei *vorübergehender Verlängerung* der Arbeitszeit mitzubestimmen, d.h. nur innerhalb dieses Rahmens hat er bzgl. der *Dauer* der Arbeitszeit ein MBR.[596] Die regelmäßige Arbeitszeit unterliegt jedoch ausschließlich der Regelungskompetenz von Arbeitnehmer und Arbeitgeber.[597] Auch das Regelungsinstrument Tarifvertrag vermag daran im Grundsatz nichts zu verändern. Denn der Arbeitnehmer entscheidet selber durch Eintritt in eine Gewerkschaft, ob er sich der Regelungsmacht solcher kollektivrechtlichen Abreden unterwerfen möchte. In diesen Zusammenhang fällt auch die Rechtsprechung des *BAG*, wonach eine Konkretisierung des Arbeitsverhältnisses auf ein bestimmtes Mindestmaß an Überstunden regelmäßig nicht in Betracht kommt.[598]

Im Ergebnis zeigt sich damit, dass im Vergleich zu Japan der deutsche Arbeitgeber weit weniger Einfluss auf die einseitige Gestaltung der, über die regelmäßige, vertraglich vereinbarte Arbeitszeit hinausgehende, aber sich noch im gesetzlichen Rahmen haltende, Zeit hat. Zum einen sind schon die individuellen Rechte des einzelnen deutschen Arbeitnehmers in Bezug auf die Arbeitszeit gestärkt. Zum anderen obliegt der deutschen Arbeitnehmervertretung ein starkes MBR in dieser Angelegenheit, wohingegen in Japan – wie gesehen – der Arbeitnehmervertreter hierbei nicht einmal gehört werden muss.

(b) Anordnung von Mehrarbeit

Das Arbeitszeitrecht ist öffentliches Recht und damit grundsätzlich zwingend/nicht dispositiv.[599] Aus diesem Grund und da es keine explizite Ausnahme im Gesetz hierfür gibt, sind Vereinbarungen, wonach der Arbeitnehmer verpflichtet wird, über die gesetzlich zulässige Arbeitszeit hinaus zu arbeiten, zwischen

---

595 MüArbR/*Reichold*, 3. Aufl. 2009, § 36 Rn. 59.

596 vgl. nur ErfK/*Kania*, BetrVG, 13. Aufl. 2013, § 87 Rn. 25 m.w.N.

597 *Buschmann*/*Ulber*, ArbZG, 7. Aufl. 2011, § 7 Rn. 5 m.w.N.

598 *BAG* v. 25.4.2007 - 5 AZR 504/06, NZA 2007, 801; zust. Schaub/*Linck*, 14. Aufl. 2011, § 45 Rn. 48a.

599 *Buschmann*/*Ulber*, ArbZG, 7. Aufl. 2011, § 7 Rn. 2; *Schliemann*, ArbZG, 2. Aufl. 2013, § 7 Rn. 2; ErfK/*Wank*, 13. Aufl. 2013, § 2 Rn. 15; MüArbR/*Anzinger*, 3. Aufl. 2009, § 297 Rn. 13.

Arbeitgeber und Arbeitnehmer gem. § 134 BGB unwirksam.[600] Dem Arbeitnehmer steht diesbezüglich ein Zurückbehaltungsrecht an seiner Arbeitsleistung nach § 273 BGB zu.[601] Abweichungen sind aber dann zulässig, soweit sie im Gesetz verankert bzw. durch Gesetz legitimiert sind. Eine solche Ausnahmevorschrift bzgl. Abweichung von der gesetzlichen Höchstarbeitszeit ohne Ausgleich findet sich nach einer Anpassung des ArbZG an europäisches Recht im Jahre 2004 nun in § 7 Abs. 2 a ArbZG. Demnach kann die werktägliche Arbeitszeit auch ohne Ausgleich über acht Stunden in einem Tarifvertrag oder aufgrund eines Tarifvertrages in einer Betriebsvereinbarung zugelassen werden, wenn in die Arbeitszeit regelmäßig und in erheblichem Umfang Arbeitsbereitschaft oder Bereitschaftsdienst fällt und durch besondere Regelungen sichergestellt wird, dass die Gesundheit der Arbeitnehmer nicht gefährdet wird (§ 7 Abs. 2 a ArbZG).

Erste Voraussetzung ist folglich, dass sich eine abweichende Regelung im bzw. durch Tarifvertrag ergibt. Während eine solche Regelung im Tarifvertrag selbst (sprich: Abschluss durch die Tarifvertragsparteien) heutzutage keinerlei verfassungsrechtlicher Bedenken mehr begegnet, ist dies für Regelungen aufgrund tarifvertraglicher Öffnungsklausel durch die Betriebsparteien in einer Betriebsvereinbarung anders zu beurteilen. Zu Recht wird nämlich darauf hingewiesen, dass den Betriebsparteien die Regelungskompetenz betreffend die Dauer der Arbeitszeit fehlt. Allein den Tarifvertragsparteien obliegt die hierfür notwendige Verhandlungsparität aufgrund des dahinterstehenden Streikrechts.[602] Auch wurde bereits erwähnt, dass sich dieser Gedanke in § 87 Abs. 1 Nr. 2, 3 BetrVG wiederfindet, die Betriebsparteien also nur über die Lage der Arbeitszeit, aber nicht über deren regelmäßige Dauer bestimmen können.

Das nächste Kriterium für die Zulässigkeit von Mehrarbeit ist, dass in die Arbeitszeit regelmäßig und in erheblichem Umfang Bereitschaftsdienst oder Arbeitsbereitschaft fällt. Der unbestimmte Begriff „regelmäßig" bedeutet in diesem Zusammenhang, dass mit einem Wechsel von Arbeit zur Arbeitsbereitschaft

600 Schaub/*Vogelsang*, 14. Aufl. 2011, § 156 Rn. 36; *Schliemann*, ArbZG, 2. Aufl. 2013, § 7 Rn. 9; MüArbR/*Anzinger*, 3. Aufl. 2009, § 297 Rn. 16; *Zimmermann*, AuR 2012, 7 ff.

601 Schaub/*Vogelsang*, 14. Aufl. 2011, § 156 Rn. 36.

602 ausführlich und zustimmend zu dieser Thematik *Buschmann/Ulber*, ArbZG, 7. Aufl. 2011, § 7 Rn. 4 ff.; *Schliemann*, ArbZG, 2. Aufl. 2013, § 7 Rn. 7; ErfK/*Wank*, 13. Aufl. 2013, § 7 Rn. 2 ff.; zur Gegenansicht vgl. nur MüArbR/*Reichold*, 3. Aufl. 2009, § 36 Rn. 85 f. m.w.N.

bzw. zum Bereitschaftsdienst erfahrungsgemäß zu rechnen ist[603] bzw. „dass es zur Eigenart der Tätigkeit gehören muss, dass Zeiten der Vollarbeit mit Zeiten geringerer Inanspruchnahme wechseln".[604] Das Merkmal „erheblicher Umfang" wird im Schrifttum uneinheitlich ausgelegt. Die h.M. sieht den Richtwert bei einem Anteil von ⅓ bis ¼ an der Vollarbeit,[605] wobei vereinzelt niedrigere[606] bzw. höhere[607] Grenzwerte vertreten werden.

Zudem ist erforderlich, dass durch besondere Regelungen sichergestellt wird, dass die Gesundheit der Arbeitnehmer nicht gefährdet wird. In Betracht kommen insbesondere Regelungen über verlängerte Ruhezeiten, spezielle arbeitsmedizinische Untersuchungen, Festlegung von Höchstarbeitszeiten oder Begrenzung auf bestimmte Personen(-gruppen).[608]

Schließlich bedarf es noch einer schriftlichen Einwilligung des Arbeitnehmers (§ 7 Abs. 7 S. 1 ArbZG), welcher dieser mit einer Frist von sechs Monaten widerrufen kann (§ 7 Abs. 7 S. 2 ArbZG). Die Nichteinwilligung bzw. der Widerruf dürfen aber dann nicht zu einer Benachteiligung des Arbeitnehmers führen (§ 7 Abs. 7 S. 3 ArbZG).

Sind alle diese Voraussetzungen erfüllt, so kann im Prinzip unbegrenzt Mehrarbeit angeordnet werden, denn der Gesetzeswortlaut in § 7 Abs. 2 a ArbZG macht zu einer eventuellen Höchstgrenze keine Angaben.[609] Zu beachten ist allerdings, dass diese Vorschrift wohl nicht mit Unionsrecht vereinbar sein dürfte.[610] Kernpunkt der Kritik ist, dass nach Art. 22 der ArbeitszeitRL 2003/88/EG der Staat selbst garantieren muss, dass die Grundsätze des Gesundheitsschutzes und der Sicherheit der Arbeitnehmer eingehalten werden. Die in § 7 Abs. 2 a ArbZG erfolgte vollständige Übertragung dieser Pflicht auf die Tarif- bzw. Betriebsparteien steht

---

603 *Schliemann*, ArbZG, 2. Aufl. 2013, § 7 Rn. 40; *Neumann/Biebl*, ArbZG, 15. Aufl. 2008, § 7 Rn. 18.

604 Schaub/*Vogelsang*, 14. Aufl. 2011, § 156 Rn. 39.

605 Schaub/*Vogelsang*, 14. Aufl. 2011, § 156 Rn. 39; *Schliemann*, ArbZG, 2. Aufl. 2013, § 7 Rn. 41; ErfK/*Wank*, 13. Aufl. 2013, § 7 Rn. 6; *Neumann/Biebl*, ArbZG, 15. Aufl. 2008, § 7 Rn. 18.

606 lediglich 20% bei *Baeck/Deutsch*, ArbZG, 2. Aufl. 2004, § 7 Rn. 51.

607 eher 50% bei *Buschmann/Ulber*, ArbZG, 7. Aufl. 2011, § 7 Rn. 8.

608 so ErfK/*Wank*, 13. Aufl. 2013, § 7 Rn. 18; zust. Schaub/*Vogelsang*, 14. Aufl. 2011, § 156 Rn. 39; *Neumann/Biebl*, ArbZG, 15. Aufl. 2008, § 7 Rn. 19a.

609 *Buschmann/Ulber*, ArbZG, 7. Aufl. 2011, § 7 Rn. 24a; *Schliemann*, ArbZG, 2. Aufl. 2013, § 7 Rn. 77.

610 *BAG* v. 23.6.2010 – 10 AZR 543/09, AuR 2011, 174; *Buschmann/Ulber*, ArbZG, 7. Aufl. 2011, § 7 Rn. 24c; vgl. ebenfalls ErfK/*Wank*, 13. Aufl. 2013, § 7 Rn. 18; Europarechtswidrigkeit bejahend wohl auch *Schliemann*, ArbZG, 2. Aufl. 2013, § 7 Rn. 76.

nach Auffassung des *BAG* mit den Anforderungen der ArbeitszeitRL an einen effektiven Gesundheitsschutz nicht in Einklang.[611] Ferner fordert die Opt-out-Klausel des Art. 22 Abs. 1 a ArbeitszeitRL eine absolute Freiwilligkeit der Arbeitnehmer. Der *EuGH* legt diesen Passus dergestalt aus, wonach sich der Arbeitnehmer zwar individuell, ausdrücklich und frei zu einer Überschreitung der 48-Stunden-Woche bereit erklären kann, ihm aber auch das Recht zustehen müsse, jederzeit erklären zu können, hierzu nicht bereit zu sein.[612] Gem. der deutschen Transformation in § 7 Abs. 7 S. 2 ArbZG wird der Widerruf aber erst mit einer Frist von sechs Monaten wirksam, welche mithin nicht dem Schutzgedanken und Ausnahmecharakter der Opt-out-Klausel der ArbeitszeitRL entspricht.[613] Ein entsprechender Kommissionsbericht aus 2011 rügt die deutsche Umsetzung in § 7 Abs. 7 S. 2 ArbZG sodann auch als Verstoß gegen das Freiwilligkeitserfordernis.[614] Ob dieses Problem in nächster Zeit durch den *EuGH* geklärt wird, bleibt zweifelhaft, denn das *BAG* will neuerdings derartige europarechtlichen Streitfragen nicht mehr Luxemburg vorlegen, wenn Prozesse zwischen Privaten anhängig sind, da mangels unmittelbarer Drittwirkung der ArbeitszeitRL dann die Frage nicht entscheidungserheblich sei.[615] Nach all diesen Kritikpunkten[616] erscheint es aber dennoch evident, dass die deutsche Umsetzung einer Überprüfung durch den *EuGH* nicht standhalten dürfte.

Auch bezüglich der Arbeit über die gesetzliche Höchstarbeitszeit hinaus sind deutsche Arbeitnehmer wie gerade gesehen besser geschützt als ihre japanischen Kollegen. Einzelne Bestimmungen in § 7 ArbZG mögen wahrscheinlich europarechtswidrig sein, gewährleisten allerdings ein höheres Schutzniveau als dies in Japan durch Art. 36 ASG der Fall ist. In Japan bedarf es lediglich einer schriftlichen Übereinkunft der Betriebs-/Tarifparteien, welche dem Arbeitsstandardaufsichtsamt vorgelegt wird und die der Arbeitgeber einseitig in die Arbeitsordnung

611 so *BAG* v. 23.6.2010 – 10 AZR 543/09, AuR 2011, 174, Rn. 33 des Urteils, und dennoch hat es von einer Vorlage an den *EuGH* abgesehen, da nur Private Betroffene im streitigen Fall waren (näheres siehe am Ende dieses Absatzes).

612 vgl. *EuGH* v. 5.10.2004 – C-397/01, – 403/01 (Pfeiffer); v. 14.10.2010 – C-243/09 (Fuß).

613 *Buschmann/Ulber*, ArbZG, 7. Aufl. 2011, § 7 Rn. 24c.

614 vgl. AuR 2011, 105; *Buschmann/Ulber*, ArbZG, 7. Aufl. 2011, § 7 Rn. 24c.

615 *BAG* v. 23.6.2010 – 10 AZR 543/09, AuR 2011, 174 Rn. 34, 37 f. des Urteils; kritisch hierzu *Buschmann/Ulber*, ArbZG, 7. Aufl. 2011, § 7 Rn. 24c.

616 *Buschmann/Ulber*, ArbZG, 7. Aufl. 2011, § 7 Rn. 24c nennen noch weitere Argumente z.B. das im Vergleich zur Regelung in der ArbeitszeitRL schwache Benachteiligungsverbot in § 7 Abs. 7 S. 3 ArbZG oder die Verschlechterung des allgemeinen Arbeitnehmerschutzes durch die deutsche Umsetzung, welche aber nach Art. 23 ArbeitszeitRL nicht erlaubt ist.

übertragen kann, um somit eine rechtlich bindende Vorschrift zu schaffen. Danach kann der Arbeitgeber im Grundsatz unbegrenzt die Arbeitszeit über das höchstzulässige Maß erweitern, da die durch das Ministerium für Gesundheit, Arbeit und Wohlfahrt aufgestellten Grenzwerte bis dato noch keine normative Wirkung entfalten. In Deutschland bestehen weitaus größere Schranken für die Überschreitung der Höchstarbeitszeit. Im Gegensatz zu Japan reicht eine kollektivrechtliche Vereinbarung hierzu nicht aus, vielmehr muss sich Vollarbeit mit Arbeitsbereitschaft/Bereitschaftsdienst regelmäßig abwechseln und es müssen weitere Regelungen zur Gewährleistung des Gesundheitsschutzes der betroffenen Arbeitnehmer getroffen werden. Maßgeblicher Unterschied ist jedoch die in Japan von Teilen des Schrifttums geforderte und in Deutschland bereits realisierte schriftliche Einwilligung des Arbeitnehmers zur Abweichung von der Höchstarbeitszeit. Ebenfalls ist in Deutschland für den Fall des Widerstandes des Arbeitnehmers ein Benachteiligungsverbot im Gesetz verankert. In Japan hingegen kann bei Verweigerung sogar die Disziplinarkündigung drohen. Schließlich muss noch berücksichtigt werden, dass sich Arbeitnehmervertreter und Unternehmensgewerkschaften in Japan viel weniger dem Gesundheitsschutz der Arbeitnehmer verschrieben haben als deutsche Betriebsräte und Gewerkschaften.[617] Das Bewusstsein, der Wille aber auch die faktische Möglichkeit der Einflussnahme sind in Japan – wie bereits gezeigt – begrenzt. Als Beispiel hierfür soll folgende Vereinbarung zwischen Arbeitgeber und Unternehmensgewerkschaft dienen: „overtime work should be limited to more than 5 hours a day for males and 2 hours for females [but] in the case of male workers during ‚special busy' times required for production, maintenance or repair, the limit can be 15 hours a day".[618] Im Ergebnis bedeutete dies, dass der Arbeitgeber berechtigt war, einzelne Arbeitnehmer 23 Stunden am Tag für Wartungs- und Reparaturarbeiten zu beschäftigen. Es ist undenkbar, dass ein deutscher Betriebsrat oder eine Gewerkschaft solch einer Vereinbarung zustimmen würde. Vielmehr machen deutsche Arbeitnehmervertreter mobil gegen vermeintlich schlechte Arbeitsbedingungen. Der DGB fordert eine „Anti-Stress Verordnung" und sein verstärkter Einsatz führte schließlich am 5. September 2013 zu einer Verständigung des BMAS, BDA und DGB auf ein gemeinsames Grundverständnis zum Umgang mit psychischer Belastung bei der Arbeit, welches in dem Zukunftspapier „Gemeinsamen Erklärung

---

617 die japanischen Gewerkschaften bzgl. ihres Desinteresses an Karôshi kritisierend *Kidani*, University of Hawaii Law Review, Vol. 21, 169 (181 f.).

618 siehe nur *Kato*, Hitotsubashi Journal of Social Studies 1994, Vol. 26, 41 (48).

Psychische Gesundheit in der Arbeitswelt" festgehalten wurde.[619] Dies verdeutlicht den Unterschied zwischen der Praxis in Japan und Deutschland im Hinblick auf den Schutz vor arbeitsbedingten Erkrankungen.

d) Zwischenergebnis

Japaner arbeiten im Gegensatz zu ihren deutschen Kollegen mehr bzw. länger, obschon ihre gesetzlich normierte wöchentliche Höchstarbeitszeit geringer ist als die deutsche. Sie leisten auch mehr bezahlte wie unbezahlte Überstunden/ Mehrarbeit. Dies liegt zum einen in sozio-kulturellen Ursachen begründet. Aber auch die rechtliche Komponente spielt hierbei eine wesentliche Rolle. Das japanische Arbeitszeitrecht weist mehr und umfangreichere Ausnahmen auf als das ArbZG hierzulande. Einem japanischen Arbeitgeber steht im Vergleich zu deutschen Arbeitgebern also ein weitreichenderes Instrumentarium zur flexiblen Regelung und Gestaltung der Arbeitszeit zur Verfügung. Zudem erfolgt lediglich eine lasche Überwachung der Einhaltung der Vorschriften durch japanische Aufsichtsbehörden. Auf der anderen Seite haben die japanischen Unternehmensgewerkschaften entweder kein aktives Interesse den Gesundheitsschutz ihrer Mitglieder zu verfolgen, zumeist aber fehlt es ihnen an Durchsetzungskraft gegenüber dem fast allmächtig wirkenden Arbeitgeber. Dies ist kein Vergleich zu dem rigiden Auftreten aber auch den rechtlichen und tatsächlichen Möglichkeiten deutscher Arbeitnehmervertreter. All dies führt dazu, dass japanische Arbeitnehmer erhöhten Belastungen und Beanspruchungen ausgesetzt sind, welche zu dem Phänomen Karôshi maßgeblich beigetragen haben.

2. Zivilrecht

a) Schuldrecht

Das Recht der Schuldverhältnisse ist im dritten Buch des JBGB (Art. 399–724) geregelt, welches die Überschrift „Forderungen" (債権 – saiken) trägt.[620] Auch hier gibt es – wie im deutschen Recht – einen Allgemeinen Teil (Art. 399–520) und einen Besonderen Teil (Art. 521–724). Das Recht der Leistungsstörungen findet sich im

619 vgl. Gemeinsame Erklärung Psychische Gesundheit in der Arbeitswelt v. 5.9.2013, abrufbar unter www.bmas.de/SharedDocs/Downloads/DE/PDF-Pressemitteilungen/gemeinsame-erklaerung-psychische-gesundheit-in-der-arbeitswelt.pdf (zuletzt abgerufen am 5.6.2014).

620 vgl. *Ishikawa/Leetsch*, S. 76; *Marutschke*, S. 142.

zweiten Titel „Wirkung der Forderung“ und behandelt zunächst in Art. 412 JBGB den Schuldnerverzug (履行遅滞 – rikô chitai) und in Art. 415 JBGB sodann die Nichterfüllung (債務不履行 – saimu furikô).

aa) Leistungsstörungen

> *„Leistet der Schuldner nicht dem wesentlichen Inhalt der Schuld entsprechend, so kann der Gläubiger Schadensersatz verlangen. Dasselbe gilt, wenn die Leistung infolge eines von dem Schuldner zu vertretenen Umstandes unmöglich geworden ist.“*[621]

Dieser Wortlaut des Art. 415 JBGB ist dem französischen *Code Civil* entlehnt.[622] In seinem ersten Satz ist die Nichterfüllung und in Satz 2 die Unmöglichkeit (履行不能 – rikô funô) geregelt. Dabei ist allerdings zu beachten, dass die Unmöglichkeit als Unterfall der Nichterfüllung gesehen wird und Satz 2 nur deswegen eingeführt wurde, weil der Gesetzgeber befürchtete, der Ausdruck „Nichterfüllung“ würde so interpretiert, als umfasse dieser die Unmöglichkeit nicht. Die explizite Nennung der Unmöglichkeit im zweiten Satz dient also lediglich als Klarstellung.[623] Des Weiteren ist in Satz 2 auch das Vertretenmüssen normiert, welches aber ausweichlich des Wortlauts nach absolut h.M. nicht nur Voraussetzung für die Unmöglichkeit ist, sondern grundsätzlich für alle Arten der Leistungsstörung.[624] Schadensersatz kann also nur gefordert werden, wenn einerseits Nichterfüllung vorliegt und zum anderen der Schuldner die Leistungsstörung auch zu vertreten hat.

---

621 *Ishikawa/Leetsch*, S. 79; *Kitagawa/Pilny* in Baum/Drobnig, Japanisches Handels- und Wirtschaftsrecht, § 8 Verträge, Haftung und Kreditsicherheiten, S. 312 Fn. 40; ebenso *Igarashi*, S. 88; weitgehend identisch *Marutschke*, S. 143: „Leistet der Schuldner nicht dem Inhalt der Schuld entsprechend, so kann der Gläubiger Schadensersatz verlangen. Dasselbe gilt, wenn die Leistung in Folge eines vom Schuldner zu vertretenen Umstandes unmöglich geworden ist“; ähnlich auch *Tieste*, Der Tod durch Überarbeitung, S. 151: „Leistet der Schuldner nicht dem wesentlichen Inhalt seiner Verbindlichkeit entsprechend, so kann der Gläubiger Schadensersatz verlangen. Das Gleiche gilt, wenn die Leistung infolge eines von dem Schuldner zu vertretenden Umstandes unmöglich wird“.

622 *Marutschke*, S. 143; *Igarashi*, S. 88.

623 *Marutschke*, S. 143; *Yamamoto* in Baum/Bälz, Handbuch Japanisches Handels- und Wirtschaftsrecht, § 10 Vertragsrecht, S. 502 Rn. 185.

624 vgl. *Oberster Reichsgerichtshof* v. 22.11.1922, Minroku 27, 1978; *Marutschke*, S. 144; *Yamamoto* in Baum/Bälz, Handbuch Japanisches Handels- und Wirtschaftsrecht, § 10 Vertragsrecht, S. 502 Rn. 185 m.w.N.; *Oda*, S. 171.

(1) Nichterfüllung

Was genau unter Nichterfüllung zu verstehen ist, ergibt sich nicht genau aus dem Wortlaut. Im Laufe der letzten 100 Jahre haben sich in Japan allerdings verschiedene Schulen der Auslegung bzgl. dieses Begriffes gebildet, welche maßgeblich vom deutschen Rechtskreis beeinflusst wurden. Zu unterscheiden sind die traditionelle Lehre / Nichterfüllungslehre, die Lehre von der Strukturanalyse der Schuldverhältnisse und die in neuerer Zeit im Schrifttum immer stärker vertretene Lehre von der Vertragsverletzung. Die vor allem in den ersten 30 Jahren des vorherigen Jahrhunderts entwickelte traditionelle Lehre unterscheidet drei Arten von Nichterfüllung: Verzug, Unmöglichkeit und Schlechterfüllung (不完全履行 – fukanzen rikô) / positive Vertragsverletzung (ppV, 積極的契約侵害 – sekkyokuteki keiyaku shingai).[625] Obschon der in Art. 412 JBGB normierte Verzug aufgrund der französischen Rezeption vor den Regeln der Nichterfüllung steht, gilt dieser den Anhängern der Nichterfüllungslehre als Unterfall der Nichterfüllung.[626] Hier lässt sich der starke Einfluss der (frühen) deutschen Rechtsdogmatik erkennen.[627] Schlechterfüllung / ppV umfasst danach Fälle der Mangelhaftigkeit des Leistungsgegenstandes sowie die Erbringung der Leistung in mangelhafter Weise[628] und diente vor allem als Auffangtatbestand.[629]

In den 1960er Jahren entstand eine Strömung, die nicht mehr nach der Art der Nichterfüllung unterscheidet, sondern nach Art der geschuldeten Pflicht. Kriterien sind nunmehr die auf das Leistungsinteresse gerichteten Leistungspflichten (給付義務 – kyûfu gimu) und die auf das Integritätsinteresse zielenden Schutzpflichten (保護義務 – hogo gimu).[630] Vor allem die hierzulande in der Nachkriegszeit entwickelte Lehre von den Leistungsstörungen hat die Vertreter dieser Theorie maßgeblich beeinflusst.[631]

---

625 *Marutschke*, S. 143; *Igarashi*, S. 88; *Yamamoto* in Baum/Bälz, Handbuch Japanisches Handels- und Wirtschaftsrecht, § 10 Vertragsrecht, S. 502 Rn. 187; *Oda*, S. 169.

626 *Marutschke*, S. 143.

627 in Japan als „Theorienrezeption" bezeichnet, vgl. *Yamamoto* in Baum/Bälz, Handbuch Japanisches Handels- und Wirtschaftsrecht, § 10 Vertragsrecht, S. 503 Rn. 188.

628 *Yamamoto* in Baum/Bälz, Handbuch Japanisches Handels- und Wirtschaftsrecht, § 10 Vertragsrecht, S. 502 Rn. 187.

629 *Marutschke*, S. 143 Fn. 3 a.E.

630 *Yamamoto* in Baum/Bälz, Handbuch Japanisches Handels- und Wirtschaftsrecht, § 10 Vertragsrecht, S. 503 Rn. 189 m.w.N.

631 *Yamamoto* in Baum/Bälz, Handbuch Japanisches Handels- und Wirtschaftsrecht, § 10 Vertragsrecht, S. 503 Rn. 190.

Seit Anfang der 1970er Jahre kommt es aber zu einer gewissen Abkehr bzw. Abkoppelung von der „deutschen" Auslegung des Art. 415 JBGB. Die Vertreter dieser sog. Lehre von der Vertragsverletzung lehnen einen Vergleich und Auslegungsmaßstab anhand der zum BGB entwickelten Grundsätze ab, da nach ihrer Ansicht Art. 415 eher dem französischen Recht zuzuordnen ist und deswegen deutsche Auslegungspraktiken unangebracht bzw. nicht erforderlich sind. Unnötig sei deswegen eine Differenzierung nach Verzug, Unmöglichkeit und Schlechterfüllung bzw. Leistungs- und Schutzpflichten. Vielmehr gehe es einzig und allein darum zu prüfen, was nach dem Wortlaut des Art. 415 JBGB „der wesentliche Inhalt der Schuld" ist.[632] Dieser Inhalt der Schuld wird in vertraglichen Schuldverhältnissen in aller Regel durch den Vertrag selbst bestimmt, sodass die Nichterfüllung i.S.d. Art. 415 JBGB als Vertragsverletzung zu qualifizieren ist.[633]

(2) Vertretenmüssen

Auch dieses Tatbestandsmerkmal ist nicht legal definiert. Es erfolgt allerdings eine Anlehnung an das deutsche Pendant in § 276 BGB, so dass auch in Japan das Verschulden als ein vom Schuldner zu vertretender Umstand erforderlich ist. Hierbei wird zwar ebenfalls zwischen Vorsatz und Fahrlässigkeit differenziert, jedoch spielen darüber hinaus nach Treu und Glauben gleichzustellende Gründe ebenso eine Rolle.[634] Der Rückgriff auf letztere ist vor allem für die Haftung des Erfüllungsgehilfen von wesentlichem Belang,[635] denn das JBGB kennt keine dem § 278 BGB entsprechende Vorschrift. Diese wurde aber durch die Rechtsprechung im Wege der Rechtsfortbildung in das japanische Schuldrecht integriert.[636]

Die Vertreter der Vertragsverletzungslehre wollen aber auch hier eine Abkehr von der deutschen Betrachtungsweise. Sie unterscheiden vielmehr im Sinne des französischen Rechts zwischen der „obligation de résultat" und der „obligation de

---

632 *Yamamoto* in Baum/Bälz, Handbuch Japanisches Handels- und Wirtschaftsrecht, § 10 Vertragsrecht, S. 503 Rn. 191.

633 *Yamamoto* in Baum/Bälz, Handbuch Japanisches Handels- und Wirtschaftsrecht, § 10 Vertragsrecht, S. 503 f. Rn. 192.

634 *Marutschke*, S. 144; *Yamamoto* in Baum/Bälz, Handbuch Japanisches Handels- und Wirtschaftsrecht, § 10 Vertragsrecht, S. 504 Rn. 196.

635 *Marutschke*, S. 144; *Yamamoto* in Baum/Bälz, Handbuch Japanisches Handels- und Wirtschaftsrecht, § 10 Vertragsrecht, S. 504 Rn. 196 m.w.N.

636 erstmals durch Urteil des *Obersten Reichsgerichtshofs* v. 30.3.1929, Minshû 8, 363; u.a. bestätigt durch *OGH* v. 21.6.1960, Minshû 14, 1487.

moyens".[637] Zurechnungsgrund für eine Haftung sei demzufolge nicht das Verschulden, sondern die Nichterfüllung des Vertrages, zu dessen Erfüllung sich der Schuldner verpflichtet hat.[638] Nach dieser vertretenen Ansicht sei der Schuldner auch nur dann von der Haftung befreit, wenn die Gründe für die Nichterfüllung auf Seiten des Gläubigers liegen[639] oder die Erfüllung aufgrund höherer Gewalt nicht möglich war.[640]

(3) Schutz- und Sorgfaltspflichten

(a) Vorteile einer schuldrechtlichen Haftung

Ein für das Arbeitsrecht in diesen Fällen eminente Frage ist die nach der schuldrechtlichen Fürsorgepflicht des Arbeitgebers. Denn nach Deliktsrecht verjährt ein Schadensersatzanspruch bereits nach drei Jahren ab Kenntnis des Betroffenen (Art. 724 S. 1 JBGB), nach vertragsrechtlichen Vorschriften geschieht dies erst nach 10 Jahren ab der Nichterfüllung (Art. 167 Abs. 1 JBGB).[641] Auch ist die Beweislast anders verteilt: während im japanischen Deliktsrecht der Anspruchssteller das Vertretenmüssen des Beschuldigten nachzuweisen hat, erfolgt im Schuldrecht eine Beweislastumkehr; in diesem Fall muss der Schuldner nachweisen, dass er nicht schuldhaft gehandelt hat.[642] Allerdings enthält das JBGB keine dem deutschen § 618 BGB vergleichbare Norm, so dass die Frage zu klären war, ob eine Schutzpflicht des Arbeitgebers gegenüber dem Arbeitnehmer aus Art. 415 JBGB besteht.

---

637 *Yamamoto* in Baum/Bälz, Handbuch Japanisches Handels- und Wirtschaftsrecht, § 10 Vertragsrecht, S. 504 ff. Rn. 197 ff. m.w.N.

638 *Yamamoto* in Baum/Bälz, Handbuch Japanisches Handels- und Wirtschaftsrecht, § 10 Vertragsrecht, S. 506 Rn. 208 m.w.N.

639 *Yamamoto* in Baum/Bälz, Handbuch Japanisches Handels- und Wirtschaftsrecht, § 10 Vertragsrecht, S. 506 Rn. 210.

640 *Yamamoto* in Baum/Bälz, Handbuch Japanisches Handels- und Wirtschaftsrecht, § 10 Vertragsrecht, S. 506 Rn. 211.

641 *Nishitani*, S. 270; *Sugeno*, S. 338; *Yamamoto* in Baum/Bälz, Handbuch Japanisches Handels- und Wirtschaftsrecht, § 10 Vertragsrecht, S. 507 Rn. 213; *Onishi*, Professional Negligence 2010, 26 (3), S. 140 (145).

642 *Nottage* in Baum/Bälz, Handbuch Japanisches Handels- und Wirtschaftsrecht, § 12 Deliktsrecht, S. 536 Rn. 7; *Yamamoto* in Baum/Bälz, Handbuch Japanisches Handels- und Wirtschaftsrecht, § 10 Vertragsrecht, S. 505 Rn. 202; *Onishi*, Professional Negligence 2010, 26 (3), S. 140 (145); vgl. auch detaillierte Ausführungen hierzu bei *Sugeno*, S. 337 f.

(b) Rechtsfortbildung durch den OGH

Der *OGH* hat auch für dieses Problem vor allem zwischen Mitte der 1970er und Mitte der 1980er Jahre im Rahmen arbeitsrechtlicher Verfahren und Streitigkeiten eine Rechtsfortbildung vorgenommen und die Verletzung von Sorgfaltspflichten (注意義務違反 – chûi gimu ihan) als einen Unterfall der Leistungsstörung gesehen und diese in Art. 415 JBGB verortet.[643] Der *OGH* nahm dabei Rückgriff auf die von der Lehre von der Strukturanalyse der Schuldverhältnisse entwickelten Gedanken der „sozialen Kontaktverhältnisse".[644] Auf Basis des Grundsatzes von Treu und Glauben habe der Arbeitgeber eine implizite Sorgfaltspflicht bzgl. der Sicherheit am Arbeitsplatz, denn nur so könne der Arbeitnehmer unbesorgt seine Dienste erbringen und leisten.[645] Diese Fürsorgepflicht des Arbeitgebers solle, in Anlehnung an das deutsche und französische Recht, vor allem dort Anwendung finden, wo das Deliktsrecht entweder gar nicht eingreift oder nicht geeignet für die Problemlösung ist.[646] Zwar wurde die Pflicht, für die Sicherheit des Vertragspartners Sorge zu tragen, im Zusammenhang mit Arbeitsverträgen und öffentlichen Dienstverträgen entwickelt, in der Folge wurde es aber auch auf andere Vertragsverhältnisse übertragen[647] und ist mittlerweile nicht mehr auf den Arbeitsvertrag limitiert.[648] Im japanischen Schrifttum wird diskutiert, ob es sich

643 *OGH* v. 25.2.1975, Minshû 29, 143; bestätigt durch *OGH* v. 27.5.1983, Minshû 37, 477 und v. 10.4.1984, Minshû 38, 557; vgl. auch eingehende Besprechung der Urteile bei *Onishi*, Professional Negligence 2010, 26 (3), S. 140 (146).

644 demnach setzte in einem Vertragsverhältnis jede Partei ihr Integritätsinteresse dem Einfluss der jeweils anderen Partei aus. Um dieses besondere Verhältnis aber reibungslos zu gestalten, müsse jede Partei darauf vertrauen können, dass ihr Integritätsinteresse von der anderen Partei geschützt werde. Deswegen treffe die Vertragsparteien eine allgemeine Schutzpflicht, das Integritätsinteresse der jeweils anderen zu wahren; vgl. *Yamamoto* in Baum/Bälz, Handbuch Japanisches Handels- und Wirtschaftsrecht, § 10 Vertragsrecht, S. 507 Rn. 215.

645 *Yamamoto* in Baum/Bälz, Handbuch Japanisches Handels- und Wirtschaftsrecht, § 10 Vertragsrecht, S. 508 Rn. 217; *Oda*, S. 172; *Obata*, AuR 2001, 129 (130 f.).

646 *Marutschke*, S. 145; *Oda*, S. 172.

647 *Yamamoto* in Baum/Bälz, Handbuch Japanisches Handels- und Wirtschaftsrecht, § 10 Vertragsrecht, S. 508 Rn. 218; Bsp. aus der Rechtsprechung sind: *OGH* v. 11.4.1991, Hanrei Jihô 1391 (1991), 3 (Verhältnis Besteller – Subkontraktor); v. 13.3.2006, Hanrei Jihô 1929 (2006), 41 (Verhältnis Schule – Schüler beim Schulvertrag); *DG Tokyo* v. 27.9.1995, Hanrei Jihô 1564 (1996), 34 (Beherbergungsvertrag); v. 30.7.2004, Hanrei Taimuzu 1198 (2006), 193 (Schwimmtraining) und *DG Yokohama* v. 22.3.2005, Hanrei Jihô 1895 (2005), 91 (Pflegevertrag).

648 *Oda*, S. 172; *Sugeno*, S. 336.

hierbei um eine finale Pflicht gerichtet auf einen bestimmten Erfolg (nämlich die Gesundheit und Sicherheit des Arbeitnehmers) handelt, oder ob es sich lediglich um eine Obliegenheit des Arbeitgeber handelt, geeignete Maßnahmen zum Schutz der Arbeitnehmer zu treffen.[649] Richtigerweise ist nach der herrschenden Meinung letzteres zutreffend:

> *„The scope of this duty is not that of an independent contractor to achieve a specific result of, in this case, realizing the goals of safety and health. Rather, it requires making a reasonable effort to achieve those goals."*[650]

Wichtig ist allerdings zu beachten, dass der Inhalt der schuldrechtlichen Fürsorgepflicht nach Art. 415 JBGB begrenzt ist auf die Sicherheit am Arbeitsplatz, d.h. die Verhütung von Gefahren, welche durch vom Arbeitgeber eingesetzte Personen und Einrichtungen hervorgerufen werden.[651] Nicht umfasst ist allerdings eine konkrete Pflicht zum Schutz der Gesundheit des Arbeitnehmers[652] (insb. vor psychischen Erkrankungen). Diese ergibt sich höchstens aus Deliktsrecht.[653]

bb) Schadensersatz

Anders als in Deutschland, ist in Japan die primäre Art der Wiedergutmachung nicht die Naturalrestitution, sondern der Geldersatz. Art. 417 JBGB bestimmt nämlich, dass der Schadensersatz (損害賠償 – songai baishô) in Geld zu leisten ist, soweit die Vertragsparteien nichts anderes vereinbart haben. Als Voraussetzung zur Berechnung des Schadensersatzes in Geld muss zunächst der Umfang des zu ersetzenden Schadens bestimmt werden. Geregelt ist dies in Art. 416 JBGB. Es gibt zudem auch Vorschriften zur Begrenzung des Schadensersatzes, etwa durch Mitverschulden des Gläubigers (Art. 418 JBGB).

b) Deliktsrecht

Das japanische Deliktsrecht unterscheidet sich ebenfalls ein wenig von seinem deutschen Pendant. Insbesondere erfolgt keine so strenge Differenzierung nach

---

649 *Sugeno*, S. 337 m.w.N.

650 so *Sugeno*, S. 337.

651 *Sugeno*, S. 336.

652 *OGH*. v. 27.5.1983, Minshû 37, 477; *Yamamoto* in Baum/Bälz, Handbuch Japanisches Handels- und Wirtschaftsrecht, § 10 Vertragsrecht, S. 508 Rn. 217; a.A. *Henke-Klar*, S. 80 welche behauptet, es bestünde auch eine vertragliche Pflicht zum Schutz der Gesundheit und diese sei von der Rechtsprechung anerkannt worden; allerdings liefert sie für diese irrige These keine Nachweise.

653 Siehe hierzu die Ausführungen in Kapitel C. IV. 2. b) bb).

Verschuldenshaftung und verschuldensunabhängiger Haftung bzw. Gefährdungshaftung wie es in Deutschland der Fall ist.[654] Dies zeigt schon ein Blick auf die zentrale Norm der unerlaubten Handlung in Japan. Art. 709 JBGB lautet:

> *„Wer vorsätzlich oder fahrlässig Rechte oder rechtlich geschützte Interessen anderer verletzt, haftet für den hierdurch eingetretenen Schaden."*[655]

Das japanische Deliktsrecht hat also – in Anlehnung an Art. 1382 *Code Civil*[656] – eine Generalklausel bzgl. unerlaubter Handlungen, während das deutsche Recht in den §§ 823 Abs. 1, 2 und 826 BGB drei unterschiedliche Typen deliktsrechtlicher Haftung kennt.[657]

aa) Verschulden

Wie der Wortlaut von Art. 709 JBGB zeigt, ist eine Tatbestandsvoraussetzung der unerlaubten Handlung das Vorliegen von Vorsatz oder Fahrlässigkeit. Vorsätzlich begangene Delikte sind äußerst rar in der Rechtsprechung zu finden, weil sie kaum Abgrenzungsfragen aufwerfen. Anders hingegen sieht es bei Frage nach der Fahrlässigkeit aus. Bereits früh hat der *Oberste Reichsgerichtshof* (大審院 – Daishin-in) konkretisiert, was unter Fahrlässigkeit im deliktsrechtlichen Sinne zu verstehen ist. Demnach sei diese bei der „Verletzung einer Sorgfaltspflicht anzunehmen, d.h. wenn jemand unter den gegebenen Umständen nicht die Sorgfalt hat walten lassen, die erforderlich gewesen wäre, um die Schädigung eines anderen zu vermeiden."[658] Da ein nicht unbedeutender Teil im damaligen Schrifttum lediglich die Vorhersehbarkeit für die Annahme des Verschuldens ausreichen ließ (vor allem geprägt durch die deutsche Rechtslehre), sah sich der *Oberste Reichsgerichtshof* in der *Osaka-Alkali*-Entscheidung[659] veranlasst, die bis heute noch geltende Definition von Fahrlässigkeit aufzustellen. Fahrlässig handelt demnach derjenige, der es unterlassen hat, alle zumutbaren Maßnahmen zur Vermeidung vorhersehbarer

654 *Marutschke*, S. 166; *Igarashi*, S. 107.

655 Übersetzung nach *Nottage* in Baum/Bälz, Handbuch Japanisches Handels- und Wirtschaftsrecht, § 12 Deliktsrecht, S. 536 Rn. 7.

656 „Tout fait quelconque de l'homme, qui cause à autrui un dommage, oblige celui par la faute duquel il est arrivé, à le réparer".

657 *Marutschke*, S. 166; *Oda*, S. 195; *Igarashi*, S. 108.

658 *Oberster Reichsgerichtshof* v. 1.11.1911, Minroku 17, 617; v. 26.4.1913, Minroku 19, 281; zit. nach *Marutschke*, S. 168.

659 *Oberster Reichsgerichtshof* v. 22.12.1916, Minroku 22, 2474; bestätigt z.B. durch *OGH* v. 16.2.1961, Minshû 15, 244; v. 24.9.1968, Hanji 539, 40; v. 30.9.1976, Minshû 30, 816.

Schäden zu treffen.[660] Nach der heute absolut herrschenden Meinung in Lehre und Rechtsprechung erfolgt also eine zweistufige Prüfung: zunächst ist festzustellen, inwieweit der Schädiger die Folgen seiner Handlung voraussehen musste; sodann ist zu prüfen, ob er ausreichende Vorkehrungen und Maßnahmen zur Vermeidung des Schadensereignisses getroffen hat.[661] Bei der Beurteilung sind die Fähigkeiten eines durchschnittlichen Menschen zugrunde zu legen (sog. „abstrakte Fahrlässigkeit"),[662] so dass im Ergebnis Fahrlässigkeit auch in Japan die Verletzung einer objektiven Sorgfaltspflicht bedeutet.[663]

bb) Rechtswidrigkeit

Bei diesem Tatbestandsmerkmal sah der bis zur Zivilrechtsreform 2004 geltende Wortlaut des Art. 709 JBGB vor, dass der Geschädigte „eine Verletzung seiner Rechte" nachzuweisen hatte.[664] Zwar ging der Gesetzgeber ursprünglich von einem sehr weiten Begriff „Recht" (権利 – kenri) aus, erfasst werden sollten nicht nur Vermögensrechte/absolute Rechte, sondern auch Rechte auf Leben, Körper, Freiheit, etc.[665] Die Rechtsprechung legte diesen Begriff zunächst allerdings sehr eng aus.[666] In der berühmten *Daigaku-yu*-Entscheidung[667] folgte allerdings ein Wandel in der Auslegung durch den *Obersten Reichsgerichtshof*. Nunmehr sollte nicht mehr die Verletzung von Rechten nachgewiesen werden, sondern es wurde das weitaus flexiblere Institut der Rechtswidrigkeit (違法性 – ihô-sei) aus dem deutschen Rechtskreis übernommen. Maßgeblich war nun eine Abwägung zwischen der Art des verletzten Interesses bzw. Stellenwert des verletzten Rechts und der Schwere dessen Verletzung.[668] Dies bedeutet, dass die Verletzungshandlung umso

---

660 *Nottage* in Baum/Bälz, Handbuch Japanisches Handels- und Wirtschaftsrecht, § 12 Deliktsrecht, S. 537 Rn. 9 spricht von der „Vermeidbarkeit des vorausgesehenen bzw. voraussehbaren Schadensereignisses".

661 *Marutschke*, S. 168; *Nottage* in Baum/Bälz, Handbuch Japanisches Handels- und Wirtschaftsrecht, § 12 Deliktsrecht, S. 536 f. Rn. 8, 9; *Oda*, S. 197 f.

662 抽象的過失 – chûshôteki kashitsu, *Marutschke*, S. 168; *Oda*, S. 198 f.: „The standard of care required is that of the reasonable man".

663 *Igarashi*, S. 108.

664 bis 2004 lautete Art. 709 folgendermaßen: „Wer vorsätzlich oder fahrlässig Rechte eines anderen verletzt, ist zum Ersatz des daraus entstandenen Schadens verpflichtet", vgl. *Ishikawa/Leetsch*, S. 129; *Igarashi*, S. 108.

665 *Marutschke*, S. 166.

666 so z.B. *Oberster Reichsgerichtshof* v. 13.4.1911, Keiroku 17, 557.

667 *Oberster Reichsgerichtshof* v. 28.11.1925, Minshû 4, 670.

668 *Marutschke*, S. 167; *Nottage* in Baum/Bälz, Handbuch Japanisches Handels- und Wirtschaftsrecht, § 12 Deliktsrecht, S. 537 Rn. 10; *Oda*, S. 200; *Igarashi*, S. 109.

eher rechtswidrig ist, je stärker bzw. bedeutender das verletzte Interesse ist.[669] Dies führt im Ergebnis zu – wie *Marutschke* es ausdrückt – unterschiedlichen „Duldungsgrenzen", welche „überschritten werden müssen, bevor Rechtswidrigkeit angenommen werden kann."[670] Diese Bewertung und Auslegung ist im Schrifttum nicht unumstritten.[671] Allerdings ist die hierzu erfolgte, durchaus berechtigte Kritik, seit der bereits erwähnten Zivilrechtsreform 2004 ihrer Grundlage verlustig geworden. Denn der Gesetzgeber hat nun bei einer Anpassung des Wortlauts klargestellt, dass nicht nur die Verletzung von Rechten, sondern vor allem auch die Verletzung rechtlich geschützter Interessen eine unerlaubte Handlung darstellt.[672] Zu beachten ist jedoch, dass auch in Japan ein Rechtfertigungsgrund durch Notwehr oder Notstand gegeben sein kann (Art. 720 JBGB).

cc) Kausalität

Dieses Tatbestandsmerkmal macht im japanischen Deliktsrecht weitaus weniger Probleme als hierzulande. Auch im Rahmen des Art. 709 JBGB muss zwischen der Schädigungshandlung und dem eingetretenen Schaden ein kausaler Zusammenhang im Sinne einer conditio sine qua non bestehen.[673] Die Rechtsprechung bemüht sich allerdings um Beweiserleichterungen für den Kläger.[674] So sind z.B. statistische oder epidemiologische Nachweise der Schadensursache (疫学的証明 – ekigakuteki shômei) durch die Rechtsprechung anerkannt.[675] Ebenso wurde die „Lehre vom indirekten Beweis" (間接証明 – kansetsu shômei) aus dem Zivilprozessrecht übernommen.[676] Für den Nachweis eines adäquaten Kausalzusammenhangs bedeutet dies, dass neben der Äquivalenztheorie auch noch die allgemeine Möglichkeit bestehen muss, dass ein derartiger Schaden eintritt.[677]

---

669 *Marutschke*, S. 167.

670 *Marutschke*, S. 167, Handlungen, welche gegen straf- oder gesetzliche Schutzvorschriften verstoßen, gelten bspw. per se – ohne Rücksicht auf die Umstände – als rechtswidrig.

671 kritisch z.B. *Igarashi*, S. 109; vgl. auch Nachweise bei *Oda*, S. 201.

672 *Nottage* in Baum/Bälz, Handbuch Japanisches Handels- und Wirtschaftsrecht, § 12 Deliktsrecht, S. 538 Rn. 11.

673 *Marutschke*, S. 170.

674 *Igarashi*, S. 109.

675 umfassende Nachweise bei *Nottage* in Baum/Bälz, Handbuch Japanisches Handels- und Wirtschaftsrecht, § 12 Deliktsrecht, S. 538 Rn. 12; vgl. auch *Oda*, S. 196, 201 f.

676 so z.B. in *OGH* v. 24.10.1975, Minshû 29, 1417; *Nottage* in Baum/Bälz, Handbuch Japanisches Handels- und Wirtschaftsrecht, § 12 Deliktsrecht, S. 538 Rn. 12; *Oda*, S. 202.

677 *Nottage* in Baum/Bälz, Handbuch Japanisches Handels- und Wirtschaftsrecht, § 12 Deliktsrecht, S. 541 Rn. 20; *Oda*, S. 203 f.

dd) Schaden, Schadensersatz, Beweislast

Schließlich muss durch die schuldhafte und rechtswidrige Handlung des Schuldners auch ein Schaden beim Gläubiger entstanden sein. In Japan wird wie hierzulande der Zustand vor und nach der schädigenden Handlung verglichen.[678] Zudem wird der Schaden in Vermögensschaden (materieller Schaden) und Nicht-Vermögensschaden (immaterieller Schaden) unterteilt.[679]

Auch im Falle der unerlaubten Handlung hat der Schadensersatz primär in Geld zu erfolgen (Art. 722 Abs. 2 JBGB). Ein Naturalrestitution bzw. Wiedergutmachung kommt nur in den Fällen in Betracht, wo Parteien dies vereinbart haben bzw. das Gesetz es vorsieht (z.B. Art. 723 JBGB, bei Rufschädigungen und Ehrverletzungen). In Ermangelung einer speziellen deliktsrechtlichen Vorschrift richtet sich der Umfang des Schadensersatzes nach den Bestimmungen des Art. 416 JBGB.[680] Ein Unterschied zu Deutschland besteht auch im Hinblick auf den Ausgleich immaterieller Schäden und dem Zuspruch von Schmerzensgeld. Für Nicht-Vermögensschäden ist grds. der gleiche Ersatz zu leisten wie für Vermögensschäden (Art. 710 JBGB).[681] Der Schmerzensgeldanspruch (慰謝料 – isha-ryô)[682] wird häufig von japanischen Gerichten zugesprochen, um insbesondere als „Anpassung der (fixen) rechtlichen Instrumente an die in einem konkreten Fall bestehenden sozioökonomischen Erwartungen“[683] zu fungieren.

Hinsichtlich der Beweislast ist zu sagen, dass der Kläger das Verschulden des Schädigers, die Verletzung seiner Rechte oder rechtlich geschützten Interessen (Rechtswidrigkeit), die Kausalität sowie den eingetretenen Schaden zu beweisen hat.[684]

678 *Marutschke*, S. 169.

679 *Marutschke*, S. 169; *Nottage* in Baum/Bälz, Handbuch Japanisches Handels- und Wirtschaftsrecht, § 12 Deliktsrecht, S. 542 Rn. 21; *Oda*, S. 205.

680 *Oberster Reichsgerichtshof* v. 22.5.1926, Minshû 5, 386; *OGH* v. 25.4.1974, Minshû 28, 447; *Marutschke*, S. 170; *Nottage* in Baum/Bälz, Handbuch Japanisches Handels- und Wirtschaftsrecht, § 12 Deliktsrecht, S. 541 Rn. 19; *Oda*, S. 204 f.

681 vgl. auch *Marutschke*, S. 169.

682 ausführlich zu dieser Thematik *Tieste*, Der Tod durch Überarbeitung, S. 159 ff.

683 so *Nottage* in Baum/Bälz, Handbuch Japanisches Handels- und Wirtschaftsrecht, § 12 Deliktsrecht, S. 542 Rn. 22; ähnlich auch *Oda*, S. 206.

684 *Nottage* in Baum/Bälz, Handbuch Japanisches Handels- und Wirtschaftsrecht, § 12 Deliktsrecht, S. 536 Rn. 7; *Oda*, S. 199, 201, 202.

ee) Haftung für Verrichtungsgehilfen

Die Haftung des Geschäftsherrn für die von ihm eingesetzten Verrichtungsgehilfen findet sich in § 715 Abs. 1 JBGB, welcher dem deutschen § 831 Abs. 1 BGB sehr nahe kommt. Voraussetzung hierfür ist, dass der Gehilfe alle Tatbestandsvoraussetzungen des Art. 709 JBGB erfüllt, also er in Ausführung seiner geschäftlichen Verrichtung schuldhaft einen Schaden in rechtswidriger Weise verursacht hat.[685] Wie im deutschen Recht, besteht auch im japanischen Deliktsrecht die Möglichkeit der Exkulpation des Arbeitgebers durch Entlastungsbeweis einer sorgfältigen Auswahl und Überwachung. Allerdings ist diese Exkulpationsmöglichkeit eher theoretischer Natur und wird von den japanischen Gerichten nur äußerst selten anerkannt, so dass Art. 715 JBGB de facto eine verschuldensunabhängige Haftung des Unternehmers statuiert.[686] Eine solche restriktive Auslegung der japanischen Gerichte ist nach *Rahn* vor allem auch durch „die traditionellen Wertvorstellungen bestimmt, nach denen eine Führungsperson für das Fehlverhalten ihrer Untergebenen stets persönlich die Verantwortung zu übernehmen hat und jeder Versuch, sich zu entlasten, als moralisch verwerflich gilt".[687]

3. Recht der Unfallentschädigung

a) Allgemeines und Begriffsklärung

Die Haftung für Arbeitsunfälle und Berufskrankheiten ist in Japan gleich zweifach spezialgesetzlich geregelt: einmal im ASG und damit in einem arbeitsrechtlichen Kontext, zweitens im Arbeitsunfallversicherungs(entschädigungs)gesetz (労働者災害補償保険法 = rôdôsha saigai hoshô hoken hô,[688] im Folgenden AUVG), welches dem Sozialrecht zuzuordnen ist. Wichtig ist auch, dass es im japanischen Recht keine Haftungsbeschränkung analog des § 104 Abs. 1 SGB VII gibt. Vielmehr können Betroffene/Angehörige in Japan auch dann Regress beim Arbeitgeber nehmen, wenn sie Entschädigungsleistungen nach dem AUVG/ASG erhalten haben,[689] bzw.

---

685 *Nottage* in Baum/Bälz, Handbuch Japanisches Handels- und Wirtschaftsrecht, § 12 Deliktsrecht, S. 540 Rn. 15; *Igarashi*, S. 110; *Oda*, S. 209.

686 *Nottage* in Baum/Bälz, Handbuch Japanisches Handels- und Wirtschaftsrecht, § 12 Deliktsrecht, S. 540 Rn. 15; *Oda*, S. 210; *Igarashi*, S. 110.

687 *Rahn*, S. 343.

688 Gesetz Nr. 50/1947.

689 *Nishitani/Marutschke* in Baum/Bälz, Handbuch Japanisches Handels- und Wirtschaftsrecht, § 9 Arbeitsrecht, S. 429 Rn. 93; *Nishitani*, S. 266; *Nishimura*, FS Tomandl, S. 570 u. 573; *ders.* in Becker/Walser, Perspektiven der Unfallversicherung in Japan und Deutschland, Wegeunfälle, Berufskrankheiten und Asbestentschädigung in der

häufig wird gleichzeitig ein Antrag auf Entschädigung aus Unfallversicherung gestellt und Klage wegen vertraglicher Pflichtverletzung (Art. 415 JBGB)/unerlaubter Handlung (Art. 709 i.V.m. 715 JBGB) erhoben.[690] Begründet wird dies damit, dass zivilrechtliche Schadensersatzansprüche „stärker individualbezogen sind als die Unfallversicherungsleistungen und sie den Besonderheiten des Schadensfalles in größerem Ausmaß Rechnung tragen können".[691] Zudem sei der Arbeitgeber nicht aus seiner zivilrechtlichen Schadensersatzhaftung zu entlassen, „weil die nach dem Arbeitsunfallversicherungsgesetz vorgesehenen durchschnittlichen Zahlungen nicht sehr hoch liegen und weil diese Leistungen ihrem Charakter nach auch keinen Schadensersatz darstellen".[692] Dem ist zuzustimmen, denn die Leistungen des AUVG decken lediglich den materiellen Schaden ab, umfassen jedoch nicht *ishariyô* und damit den immateriellen Schaden.[693] Damit es nicht zu Doppelentschädigung kommt, wurde Art. 84 ASG eingeführt. In seinem ersten Absatz ist bestimmt, dass der Arbeitgeber von Entschädigungsleistungen gem. ASG freigestellt wird, die der Höhe der Leistungen nach dem AUVG entsprechen. Abs. 2 regelt sodann, dass soweit Zahlungen nach dem ASG erfolgt sind, der Arbeitgeber bis zu dieser Höhe von Schadensersatzansprüchen nach JBGB befreit ist. Für darüberhinausgehende Beträge ist der Arbeitgeber jedoch voll haftbar, sodass Geschädigte/Angehörige gegen den Arbeitgeber nach dem JBGB vorgehen können.[694] Obwohl sich bereits aus der logischen Verknüpfung von Abs. 1 u. 2 ergibt, dass der Arbeitgeber auch dann nach zivilrechtlichen Haftungsinstituten schadensersatzpflichtig ist, sofern lediglich Leistungen nach AUVG erfolgt sind und keine Ansprüche aus

japanischen Unfallversicherung, S. 43; *Tieste*, Der Tod durch Überarbeitung, S. 149; *Freudenstein*, ZJapanR Nr. 2 (1996), S. 139; *Kidani*, University of Hawaii Law Review, Vol. 21, S. 169 (189); *Kranig*, BG 2007, 143; *Obata*, AuR 2001, 129 (130); vgl. auch *dies.*, Japan Labor Bulletin, Vol. 39, Nr. 11, November 2000, abrufbar unter http://www.jil.go.jp/english/archives/bulletin/documents/200011.pdf (zuletzt abgerufen am 5.6.2014); abwegig *Henke-Klar*, S. 182, welche behauptet, eine solche Möglichkeit bestünde nicht, soweit die Entschädigungszahlung auf den gleichen Gründen (dem gleichen Arbeitsunfall i.w.S.) beruht und beruft sich hierbei auf Art. 84 ASG. Warum dies inkorrekt ist wird nachfolgend erläutert.

690 *Tieste*, Der Tod durch Überarbeitung, S. 150.

691 *Nishimura*, FS Tomandl, S. 570; zust. *Henke-Klar*, S. 182.

692 *Nishitani*, S. 266 f.; *Tieste*, Der Tod durch Überarbeitung, S. 150; im Ergebnis auch *Sugeno*, S. 335.

693 *Tieste*, Der Tod durch Überarbeitung, S. 138; so auch *Henke-Klar*, S. 182.

694 vgl. anschaulich hierzu *Obata*, AuR 2001, 129 (130); vgl. auch *dies.*, Japan Labor Bulletin, Vol. 39, Nr. 11, November 2000, abrufbar unter http://www.jil.go.jp/english/archives/bulletin/documents/200011.pdf (zuletzt abgerufen am 5.6.2014).

dem ASG geltend gemacht wurden,[695] hat der *Oberste Gerichtshof* in seiner Entscheidung v. 25.10.1977 klargestellt, dass Art. 84 Abs. 2 ASG im Unfallversicherungsrecht analoge Anwendung findet.[696]

Einige Verwirrung und Probleme dürfte auch die Bezeichnung „Arbeitsunfall" auslösen. Wie schon bei dem Begriffspaar Überstunden/Mehrarbeit ist zu beachten, dass auch der Begriff „Arbeitsunfall" in Japan eine andere Bedeutung hat als hierzulande. Das japanische Recht unterscheidet nämlich den Arbeitsunfall im weitesten Sinne (Arbeitsunfall i.w.S.) und den Arbeitsunfall im engeren Sinn (Arbeitsunfall i.e.S.).[697] Dies ergibt sich neben Art. 75 Abs. 1 ASG vor allem aus Art. 7 Abs. 1 Nr. 1 AUVG, wonach Versicherungsleistungen bzgl. arbeitsbedingter Verletzung, Erkrankung, Invalidität und Tod unter dem Begriff „Arbeitsunfall" zusammengefasst werden. Arbeitsunfall i.w.S. „sind Unfälle, die im Arbeitsprozess auftreten und Leben, Gesundheit oder körperliche Unversehrtheit des Arbeitnehmers beeinträchtigen" und umfassen neben Arbeitsunfall i.e.S. auch Berufskrankheiten.[698] Arbeitsunfall i.e.S. sind „urplötzlich auftretende Schadensereignisse"[699] und entsprechen dem deutschen Begriff des Arbeitsunfalls.[700] Diese Differenzierung führt insbesondere in Fällen von Karôshi/Karô-jisatsu zu gravierender Konfusion und Ungenauigkeit. Wenn also im Rahmen der Beurteilung von Versicherungsfällen Karôshi/Karô-jisatsu als Arbeitsunfall[701] bezeichnet werden, so

695 so wohl auch *Sugeno*, S. 335.

696 *OGH* v. 25.10.1977, Minshû 31, 836; ebenso *Nishimura*, FS Tomandl, S. 573.

697 *Nishitani*, S. 259; im Ergebnis auch *Freudenstein*, ZJapanR Nr. 2 (1996), S. 137.

698 *Nishitani*, S. 259; vgl. auch *Freudenstein*, ZJapanR Nr. 2 (1996), S. 137: „Als Arbeitsunfall gelten Tod, Erkrankung oder Verletzung in Ausübung der Arbeit"; ebenso *Ishida* in Conaghan/Fischl/Klare, LABOUR LAW IN AN ERA OF GLOBALIZATION, Death and Suicide from Overwork: The Japanese Workplace and Labour Law, S. 226.

699 *Nishitani*, S. 259.

700 vgl. auch Definition in Art. 2 Abs. 1 ASGG (Gesetz über Sicherheit und Gesundheit am Arbeitsplatz, Nr. 57 vom 8. Juni 1972): „Industrial accident means that a worker becomes injured, contracts disease or is killed by buildings, equipment, raw materials, gases, vapors, particulate substances or the like which are related to the employment of the workers, or due to causes arising from work activities or other business affairs".

701 so z.B. Japan Labor Bulletin, Vol. 41, No. 2, Februar 2002, abrufbar unter http://www.jil.go.jp/english/archives/bulletin/documents/200201.pdf (zuletzt abgerufen am 5.6.2014): „occupational accident"; Japan Labour Bulletin, Vol. 42, No. 2, Februar 2003, S. 1, abrufbar unter http://www.jil.go.jp/english/archives/bulletin/documents/200302.pdf (zuletzt abgerufen am 5.6.2014): „work accident"; *Araki/Iwasaki*, JMAJ 2005, Vol. 48, 92 (93, 96): „labour accidents"; *Amagasa/Nakayama/Takahashi*, Journal of Occupational Health 2005, Vol. 47, S. 157 (158): „work-related accidents"; *Obata*, Japan Labor Bulletin, Vol. 39, Nr. 11, November 2000, abrufbar unter http://

ist damit der Arbeitsunfall i.w.S. gemeint.[702] Dies verkennen offenbar *Tieste*[703] und *Henke-Klar*[704] und ziehen im Ergebnis (auch) falsche Schlussfolgerungen.[705] Insbesondere ist in diesem Zusammenhang darauf hinzuweisen, dass entgegen der abwegigen und realitätsfremden Ansicht *Tiestes*,[706] Berufskrankheiten nicht von Leistungen des AUVG ausgeschlossen sind.[707]

b) Arbeitsrecht

Ungewohnt für einen deutschen Betrachter dürfte wohl sein, dass das ASG in Kapitel acht (Art. 75–88) Vorschriften zum Unfallschutz und zur Unfallentschädigung enthält. Erleidet der Arbeitnehmer in Ausübung seiner Tätigkeit eine Verletzung oder erkrankt er hierbei, so hat der Arbeitgeber die Behandlungskosten (Art. 75 ASG), Kosten bzgl. der Abwesenheit von der Arbeit wegen Verletzung oder Krankheit (Art. 76 ASG), Entschädigungen bei Invalidität (Art. 77 ASG) und Kompensationen für Hinterbliebene bei Tod des Arbeitnehmers (Art. 79 ASG) zu leisten. Es handelt sich dabei um eine verschuldensunabhängige Haftung.[708] Allerdings entfällt die Verpflichtung des Arbeitgebers Entschädigungsleistungen zu zahlen, sofern die Verletzung oder Erkrankung aufgrund grober Fahrlässigkeit des

---

www.jil.go.jp/english/archives/bulletin/documents/200011.pdf (zuletzt abgerufen am 5.6.2014): „labor-related accidents"; *Tônai*, Okayama Law Journal 1997, Vol. 47, 90 (96): „Arbeitsunfälle".

702 *Ishida* in Conaghan/Fischl/Klare, LABOUR LAW IN AN ERA OF GLOBALIZATION, Death and Suicide from Overwork: The Japanese Workplace and Labour Law, S. 226: „*Karoshi* and *karojisatsu* are worker accidents (meaning death, injury, or illness incurred by a worker while on the job)".

703 *Tieste*, Der Tod durch Überarbeitung, S. 136 ff., 218; *ders.* Haftungsfall Stresserkrankung, S. 183 ff., 241.

704 *Henke-Klar*, S. 176.

705 *Tieste*, Haftungsfall Stresserkrankung. S. 242 ff.

706 „Berufskrankheiten jedoch werden auf Grund versicherungsrechtlicher Grundsätze rechtstatsächlich hiervon ausgeschlossen und können nur per Nachtrag und Mehrprämie in den Versicherungsschutz übernommen werden", *Tieste*, Der Tod durch Überarbeitung, S. 144 unter Bezug auf *Freudenstein*, ZJapanR Nr. 2 (1996), S. 140; letzterer weist aber lediglich daraufhin, dass Berufskrankheiten von einer *zusätzlichen Arbeitgeberhaftpflichtversicherung* ausgenommen sind, nicht jedoch von Leistungen aus der gesetzlichen Unfallversicherung.

707 vgl. zu den Leistungen nach AUVG bei Berufskrankheiten, Arbeitsunfällen i.e.S. und Wegeunfällen *Nishimura*, FS Tomandl, S. 566 ff.; *Nishitani*, S. 269 ff.

708 *Nishitani*, S. 265; *Henke-Klar*, S. 173; *Sugeno*, S. 317; *Freudenstein*, ZJapanR Nr. 2 (1996), S. 137.

Arbeitnehmers herbeigeführt wurde (Art. 78 ASG). Art. 75 Abs. 2 ASG schreibt schließlich vor, dass der Umfang der Berufskrankheiten durch Verordnung des Ministeriums für Gesundheit, Arbeit und Wohlfahrt bestimmt wird. Die japanische Berufskrankheitenliste findet sich sodann in Art. 35 i.V.m. Tabelle 1-2 der Durchführungsverordnung ASG. Diese entspricht – mit teilweise spezifischen Abweichungen – überwiegend ihrem deutschen Pendant.[709] Wie in Deutschland (Stichwort „Wie"-Berufskrankheit, § 9 Abs. 2 SGB VII) so gibt es auch in Japan die Möglichkeit, Leistungen aus der Unfallversicherung für noch nicht in die Liste aufgenommene Berufskrankheiten zu erlangen. Eine Möglichkeit beschreibt Nr. 8 der Tabelle 1-2 Durchführungsverordnung ASG. Danach gelten auch diejenigen Krankheiten als Berufskrankheiten, welche der Minister für Gesundheit, Arbeit und Wohlfahrt per Erlass als solche bezeichnet. Daneben statuiert Nr. 9, dass ausweislich der in den Nr. 1 bis 8 aufgezählten Krankheiten, auch andere Erkrankungen, die offensichtlich berufsursächlich sind, als Berufskrankheiten zu entschädigen sind. Für den Nachweis des generellen Ursachenzusammenhangs ist der Antragssteller beweispflichtig.[710]

c) Unfallversicherungsrecht

Zeitgleich mit dem ASG wurde das AUVG erlassen. Sinn und Zweck war ursprünglich, die durch das ASG begründete Haftung des Arbeitgebers bei Arbeitsunfällen i.w.S. in ein Versicherungsverhältnis zu überführen.[711] Zudem soll dadurch gewährleistet werden, dass dem betroffenen Arbeitnehmer, bzw. bei dessen Tod seiner Familie, unverzügliche monetäre Unterstützung zukommt.[712] Es handelt sich hierbei um eine staatliche Pflichtversicherung,[713] d.h. grds. jeder Betrieb, welcher mind. einen Arbeitnehmer beschäftigt, hat eine solche Versicherung abzuschließen (vgl. Art. 3 AUVG).[714] Versicherer und Administrator

---

709 *Henke-Klar*, S. 175 a.E.

710 *Nishimura* in Becker/Walser, Perspektiven der Unfallversicherung in Japan und Deutschland, Wegeunfälle, Berufskrankheiten und Asbestentschädigung in der japanischen Unfallversicherung, S. 26.

711 *Nishimura*, FS Tomandl, S. 559.

712 *Nishitani*, S. 265; *Henke-Klar*, S. 174; *Sugeno*, S. 322.

713 *Sugeno*, S. 317; *Tieste*, Der Tod durch Überarbeitung, S. 136; *Freudenstein*, ZJapanR Nr. 2 (1996), S. 138.

714 *Marutschke*, S. 243; *Nishitani/Marutschke* in Baum/Bälz, Handbuch Japanisches Handels- und Wirtschaftsrecht, § 9 Arbeitsrecht, S. 455 Rn. 193; *Nishimura*, FS Tomandl, S. 560; *Yuki/Koizumi*, Journal of Social Security Law 2011, Vol. 18, Ausgabe 2, S. 87 (91); Annual Health, Labour and Welfare Report 2007–2008, abrufbar unter

der Unfallversicherung ist dabei der Staat (vgl. Art. 2 AUVG), Prämienschuldner der Arbeitgeber. Bis Mitte der 1960er Jahre gab es keinen Unterschied zwischen Leistungen des AUVG und solchen nach ASG. Danach wurde das AUVG mehrfach geändert und reformiert, u.a. sieht das AUVG auch den Wegeunfall als Versicherungsfall an (Art. 7 Abs. 1 Nr. 2 i.V.m. Abs. 2 AUVG), das ASG umfasst jedoch keine Kompensationsleistungen für solche Schäden.[715] Mittlerweile haben die Bestimmungen des AUVG die Unfallentschädigung nach ASG in der Praxis weitestgehend verdrängt[716] und sind zur Hauptanspruchsgrundlage für Entschädigungen bei Arbeitsunfällen i.w.S. geworden.[717] Jedoch kommt dem ASG bzgl. der „Grundlage der Haftpflicht des AG bei Arbeitsunfällen (i.w.S., *Anm. d. Verf.*) noch eine wichtige Bedeutung“[718] zu, denn die Berufskrankheitenliste ist wie gesehen in Art. 35 i.V.m. Tabelle 1-2 der Durchführungsverordnung ASG zu finden.

aa) Berufsbedingtheit

Um Leistungen aus der Unfallversicherung nach AUVG zu erhalten, muss ein Arbeitsunfall i.w.S. „berufsbedingt“ sein. Diese Beurteilung stellt den häufigsten Streitpunkt bei der Anwendung des AUVG in der Praxis dar.[719] Kasus Knaxus ist also das Vorliegen eines Kausalzusammenhangs zwischen dem Versicherungsfall (Unfallereignis/Einwirkungen) und der Tätigkeit. Ähnlich wie in Deutschland ein innerlicher bzw. sachlicher Zusammenhang bzgl. der versicherten Tätigkeit vorliegen muss,[720] so hat auch in Japan vor der Kausalitätsprüfung zuerst eine Feststellung zu erfolgen, ob der Beschäftigte „unter der Kontrolle des

http://www.mhlw.go.jp/english/wp/wp-hw2/part2/p2c3s2.pdf (zuletzt abgerufen am 5.6.2014); *Japan International Cooperation Agency (JICA)*, Japan's Experience in Public Health And Medical Systems (March 2005), S. 176, abrufbar unter http://jica-ri.jica.go.jp/IFIC_and_JBICI-Studies/english/publications/reports/study/topical/health/pdf/health_09.pdf (zuletzt abgerufen am 5.6.2014).

715 *Nishimura*, FS Tomandl, S. 559 f.; *Yuki/Koizumi*, Journal of Social Security Law 2011, Vol. 18, Ausgabe 2, S. 87 (91).

716 *Nishimura*, FS Tomandl, S. 560; *Nishitani*, S. 266; *Sugeno*, S. 320.

717 *Sugeno*, S. 319; *Obata*, AuR 2001, 129 (130); vgl. auch *dies.*, Japan Labor Bulletin, Vol. 39, Nr. 11, November 2000, abrufbar unter http://www.jil.go.jp/english/archives/bulletin/documents/200011.pdf (zuletzt abgerufen am 5.6.2014).

718 *Nishimura*, FS Tomandl, S. 560; ebenso *Sugeno*, S. 320.

719 *Nishitani*, S. 267; auch in Deutschland stellt der Kausalitätsnachweis die schwierigste Hürde für die Anerkennung eines Arbeitsunfall/Berufskrankheit dar, vgl. Ausführungen in Kapitel D.

720 ähnlich *Tieste*, Der Tod durch Überarbeitung, S. 146; zu den deutschen Begrifflichkeiten vgl. nachfolgende Ausführungen in Kapitel D. I. 2. a) bb) (1) (e) (bb).

AG gestanden hat oder dem Direktions- oder Weisungsrecht des AG aufgrund des Arbeitsvertrags gefolgt ist, als der Unfall [Arbeitsunfall i.w.S., *Anm. d. Verf.*] geschah".[721] In Abgrenzung zum deutschen Unfallversicherungsrecht und in Anlehnung an die angelsächsische Rechtspraxis müssen für die Anerkennung eines Arbeitsunfalls i.w.S. und Bejahung der Kausalität grundsätzlich zwei Bedingungen erfüllt sein: einerseits muss das Unfallereignis/die Einwirkungen während der konkreten Arbeitstätigkeit bzw. im Verlauf der Beschäftigung erfolgen.[722] Dies ergibt sich schon aus dem Gesetzeswortlaut des Art. 75 Abs. 1 u. 2 ASG, Art. 35 i.V.m. Tabelle 1-2 der Durchführungsverordnung ASG („injury or illness in the course of employment"). Rechtsprechung und Administration fordern des Weiteren, dass Unfallereignis/Einwirkungen aus der Verrichtung der Tätigkeit resultieren („arising out of the employment"), also eine rechtlich relevante Verknüpfung („legally sufficient association") zwischen Beschäftigung und Arbeitsunfall i.w.S. besteht.[723] Angewendet wird hierbei die Adäquanztheorie,[724] wobei maßgebend die Anschauung des täglichen Lebens ist. Entspricht der Schadensverlauf folglich überhaupt nicht der allgemeinen Lebenserfahrung bzw. ist er gänzlich ungewöhnlich, so wird das Vorliegen eines Versicherungsfalls verneint. Es kommt darauf an, ob für den Arbeitgeber der Schadenseintritt bei einer ex-post-Betrachtung objektiv noch als möglich erschien.[725] *Nishimura*

721 *Nishimura*, FS Tomandl, S. 560; ähnlich *Freudenstein*, ZJapanR Nr. 2 (1996), S. 137: „der Unfall [Arbeitsunfall i.w.S., *Anm. d. Verf.*] muß sich im Rahmen der arbeitsvertraglich festgelegten Tätigkeit innerhalb des Herrschaftsbereichs des Arbeitgeber ereignen".

722 *Nishimura*, FS Tomandl, S. 561; *ders.* in Becker/Walser, Perspektiven der Unfallversicherung in Japan und Deutschland, Wegeunfälle, Berufskrankheiten und Asbestentschädigung in der japanischen Unfallversicherung, S. 25; *Nishitani*, S. 267; *Yuki/Koizumi*, Journal of Social Security Law 2011, Vol. 18, Ausgabe 2, S. 87 (93).

723 offizielle Broschüre des MHLW „Worker's Compensation Insurance Application Pamphlet for Foreign Workers" Vol. 2, S. 1, abrufbar unter: http://www.mhlw.go.jp/new-info/kobetu/roudou/gyousei/rousai/dl/zentai/eigo2.pdf (zuletzt abgerufen am 5.6.2014): „Recognition of the injuries, illnesses etc. as being work-related such as arising out of or in the course of work-related duties, is a condition of (requirement for) compensation"; sowie *OGH* v. 29.5.1984, Rôdô Hanrei 431, 52; *Nishimura*, FS Tomandl, S. 561; *Yuki/Koizumi*, Journal of Social Security Law 2011, Vol. 18, Ausgabe 2, S. 87 (93); *Sugeno*, S. 324 ff. spricht von „injuries caused by/resulting from duties".

724 hierunter versteht man „den unmittelbaren Zusammenhang der Unfall-, Krankheits- oder Todesursache mit der Arbeitsleistung des Arbeitnehmers nach Direktionsrecht des Arbeitgebers", so *Tônai*, Okayama Law Journal 1997, Vol. 47, 90 (94).

725 *Nishimura*, FS Tomandl, S. 561.

weist allerdings darauf hin, „daß es mit einigen Ausnahmen tatsächlich keinen so großen Unterschied – wie man denken könnte – zwischen der im japanischen Unfallversicherungsrecht verwendeten Adäquanztheorie und der sog. Theorie der wesentlichen Bedingung gibt, die im deutschen oder österreichischen Unfallversicherungsrecht verwendet wird".[726]

Hinsichtlich der Art und Weise, wie die Adäquanztheorie in gerichtlichen Verfahren der Anerkennung von Karôshi als berufsbedingter Gesundheitsschaden auszulegen ist, gibt es in Japan vier unterschiedliche Konzepte/Auslegungsmodelle.[727] Nach der *„relatively influential cause theory"* müssen für eine Anerkennung der berufsbedingten Erkrankung arbeitsbedingte Stressoren wie z.B. viele Überstunden oder schwere (körperliche/geistige) Arbeitsbelastung im Vordergrund stehen und dürfen nicht durch individuelle/private Faktoren wie Alkohol-/Tabakkonsum oder der gesundheitlichen Vorbelastung verdrängt werden. Bei der *„sub influential cause theory"* ist hingegen ein entschädigungspflichtiger Tatbestand bereits dann gegeben, wenn sich die Krankheit nicht ohne Einflüsse berufsbedingter Belastungsfaktoren entwickelt hätte. Demnach ist bei diesem Auslegungsmodell ein wesentlicher Beitrag der arbeitsbedingten Stressoren zur Entwicklung der Krankheit nicht erforderlich. Die Anhänger der *„objective standard theory"* stellen nicht auf den konkreten Betroffenen ab, sondern argumentieren, dass die schädlichen Einflüsse und Stressoren auch bei einem vergleichbaren gesunden Arbeitnehmer zur Erkrankung führen müssten und lassen die individuelle Konstitution des Geschädigten außer Betracht. Hingegen nehmen die Vertreter der *„based on one's condition theory"* die Gegenposition hierzu ein. Demnach sei nicht der Rückgriff auf einen lediglich theoretisch fingierten Vergleichsarbeitnehmer vorzunehmen, sondern allein auf die individuelle Verfassung des Betroffenen zum Zeitpunkt des Todes abzustellen. In Anlehnung an das deutsche Unfallversicherungsrecht[728] soll der Arbeitnehmer grundsätzlich in dem Gesundheitszustand geschützt sein, in dem er das Arbeitsverhältnis angetreten hat. Sinnlogisch lassen sich diese vier Ansätze also in zwei Gruppen unterteilen: während sich die letzten beiden Konzepte mit der *Methode* zur Beurteilung der Berufsbedingtheit befassen, stellen die ersten beiden Theorien bei der Bewertung der Berufsbedingtheit auf die *Erkrankung* und deren *Ursachen* direkt ab.[729] In der Gerichtspraxis lässt sich beobachten, dass

---

726 *Nishimura*, FS Thomandl, S. 561 f.

727 vgl. umfassend zu dieser Thematik *Tieste*, Haftungsfall Stresserkrankung, S. 215 ff.

728 vgl. nur *BSG* v. 9.5.2006 – B 2 U 1/05 R, NZS 2007, 212 (215); *Bultmann* in Münchener AnwaltsHandbuch Sozialrecht, § 25 Entschädigung für Arbeitsunfall und Berufskrankheit Rn. 77.

729 *Tieste*, Haftungsfall Stresserkrankung, S. 216.

die beklagte Regierungsseite in ihrer Argumentation vor allem auf die „relatively influential cause theory" sowie die „objective standard theory" zurückgreift, während die Opferanwälte i.d.R. eine Kombination aus „sub influential cause theory" und „based on one's condition theory" anführen.[730]

Im Gegensatz zum Arbeitsunfall i.e.S., welcher vor allem auf einem plötzlichen Ereignis (= Unfall) beruht, ist es bei Berufskrankheiten oft sehr schwierig zu beurteilen und nachzuweisen, ob die Entstehung/Verschlimmerung einer Krankheit auf die Berufstätigkeit bzw. deren schädigende Einwirkungen zurückzuführen ist. In Japan unterscheidet man zwei Gruppen von Berufskrankheiten: solche, die durch einen Unfall ausgelöst werden (sog. unfallbedingte Krankheiten) und jene, welche sich langsam durch länger andauernde oder wiederholende Einwirkungen der dem Beruf immanenten und sonstigen schädlichen Einflüsse entwickeln (sog. berufsbedingte Krankheiten).[731] Anfangs wurden sogar nur unfallbedingte Krankheiten als Berufskrankheiten anerkannt, soweit ihnen ein plötzliches, unvorhergesehenes und ungewöhnliches Ereignis vorausging.[732] Bei unfallbedingten Krankheiten lassen sich Ursache und Krankheitsbeginn durch das Unfallereignis zeitlich und räumlich eingrenzen, bei berufsbedingten Krankheiten ist es für Arbeitnehmer i.d.R. schwierig, die Kausalität zwischen ausgeübter Tätigkeit und der Berufskrankheit nachzuweisen.[733] Hierbei hilft die bereits mehrfach erwähnte Berufskrankheitenliste in der Durchführungsverordnung zum ASG (Art. 35 i.V.m. Tabelle 1-2 Durchführungsverordnung ASG), welche eine Auflistung der als „berufsbedingt" zu bewertenden Erkrankungen enthält. Die berufliche Ursächlichkeit wird bei Vorliegen einer der dort genannten Krankheiten vermutet,[734] sofern kein schwerwiegender Gegenbeweis bzw. sie widerlegende,

---

730 *Tieste*, Haftungsfall Stresserkrankung, S. 216.

731 *Nishimura* in Becker/Walser, Perspektiven der Unfallversicherung in Japan und Deutschland, Wegeunfälle, Berufskrankheiten und Asbestentschädigung in der japanischen Unfallversicherung, S. 25; *Nishitani*, S. 267.

732 *Okudaira*, Japan Medical Association Journal 2004, Vol. 47, Nr. 5, S. 206: „In the past, only the occurrence [...] following an unpredictable, sudden, non-ordinary incident at the workplace was recognized as a prescribed occupational disease"; *Furuya*, Asian Labour Update 52, abrufbar unter http://www.anroev.org/wp-content/uploads/2012/05/OSH-ALU-52.pdf (zuletzt abgerufen am 5.6.2014).

733 *Nishimura* in Becker/Walser, Perspektiven der Unfallversicherung in Japan und Deutschland, Wegeunfälle, Berufskrankheiten und Asbestentschädigung in der japanischen Unfallversicherung, S. 25; *Nishitani*, S. 267.

734 *Nishitani*, S. 267 f.; *Yuki/Koizumi*, Journal of Social Security Law 2011, Vol. 18, Ausgabe 2, S. 87 (93).

besondere Umstände vorliegen.[735] Der Geschädigte muss allerdings belegen, dass die Erkrankung im Laufe der versicherten Tätigkeit ausgebrochen ist und dass diese Tätigkeit hinsichtlich Arbeitsintensität, -dauer und –inhalt dazu geeignet war, eine solche Erkrankung auszulösen.[736] Zur Bestimmung dieser „generellen Geeignetheit“[737] dienen die jeweiligen Anerkennungskriterien, welche das Ministerium für Gesundheit, Arbeit und Wohlfahrt erlässt. Diese Erlasse binden zwar nur die Verwaltung,[738] werden aber zur Beurteilung der Kausalität und der rechtlich relevanten Verknüpfung im Sinne der Adäquanztheorie von Rechtsprechung und Lehre herangezogen.[739] Werden die jeweiligen Anerkennungskriterien demnach erfüllt, so gilt der generelle Ursachenzusammenhang als gegeben und die Erkrankung wird mithin als berufsbedingt anerkannt und entschädigt.

bb) Anerkennungsverfahren[740]

Der Antrag auf Entschädigung ist zunächst beim Betriebsaufsichtsamt (労働基準監督署 = rôdô kijun kantokusho) des jeweiligen Distrikts, einer unteren Behörde des Arbeitsministeriums, zu stellen. Das Betriebsaufsichtsamt überwacht die Einhaltung der Vorschriften des ASG, AUVG und anderer Arbeitsschutzgesetze in den Betrieben. Während des Verfahrens steht dem Antragsteller (entweder der Geschädigte selbst oder dessen Hinterbliebene) weder ein Anhörungsrecht noch ein Einsichtsrecht in relevante Akten zu. Auch gibt es keine zeitlichen Vorgaben für das Verfahren bzw. dessen Abschluss, so dass der Antragssteller durchaus ein bis zwei Jahre warten muss, bis eine Entscheidung des Betriebsaufsichtsamtes gefallen

735 *Nishimura* in Becker/Walser, Perspektiven der Unfallversicherung in Japan und Deutschland, Wegeunfälle, Berufskrankheiten und Asbestentschädigung in der japanischen Unfallversicherung, S. 25 f.

736 *Nishimura* in Becker/Walser, Perspektiven der Unfallversicherung in Japan und Deutschland, Wegeunfälle, Berufskrankheiten und Asbestentschädigung in der japanischen Unfallversicherung, S. 25.

737 zu den Begrifflichkeiten vergleiche Ausführungen in Kapitel D. I. 2. a) bb) (1) (d) (bb).

738 *Tieste*, Der Tod durch Überarbeitung, S. 143 f.; *Kato*, Hitotsubashi Journal of Social Studies 1994, Vol. 26, S. 49.

739 *Nishimura* in Becker/Walser, Perspektiven der Unfallversicherung in Japan und Deutschland, Wegeunfälle, Berufskrankheiten und Asbestentschädigung in der japanischen Unfallversicherung, S. 27 f.; *Tieste*, Haftungsfall Stresserkrankung, S. 208; *Yuki/Koizumi*, Journal of Social Security Law 2011, Vol. 18, Ausgabe 2, S. 87 (93).

740 vgl. hierzu *Henke-Klar*, S. 177 f.; *Tieste*, Der Tod durch Überarbeitung, S. 139 ff.; *Kidani*, University of Hawaii Law Review, Vol. 21, 169 (191 f.); *Tônai*, Okayama Law Journal 1997, Vol. 47, 90 (93 ff.).

ist.[741] Erfolgt keine Anerkennung als Versicherungsfall durch das Betriebsaufsichtsamt, so kann dagegen behördenintern Widerspruch beim „Prüfer der Arbeitsunfallversicherung“ (Workers' Injury Compensation Referee) eingelegt werden, welcher Teil des Präfektur-Betriebsaufsichtsamtes, also der nächsthöheren Behörde, ist. Ist der Antragsteller auch mit dieser Entscheidung unzufrieden, bleibt ihm als letzte innerbehördliche Instanz die Anrufung der Prüfungskommission der Arbeitsversicherung („Labour Insurance Appeal Committee“). Beide Widerspruchsverfahren dauern i.d.R. ebenfalls jeweils ca. zwei Jahre.[742] Als letzte Möglichkeit gegen eine ablehnende Entscheidung vorzugehen, steht dem Antragsteller nun der Klageweg vor den ordentlichen Gerichten offen, um eine Aufhebung des ablehnenden Bescheids des Betriebsaufsichtsamtes zu erreichen; ein solcher Prozess ist verwaltungsrechtlicher Natur.[743]

IV. Karôshi/Karô-jisatsu als berufsbedingter Gesundheitsschaden: Streitpunkt und Anerkennung durch Gesetzgebung und Rechtsprechung

1. Karôshi

a) Streitpunkt in der Legislative – 50 Jahre bis zur vollständigen Anerkennung als Versicherungsfall des AUVG

Wie die Überschrift schon sagt, bedurfte es eines Zeitraums von genau 50 Jahren seit dem ersten Erlass des Gesetzgebers im Jahre 1961 bis Karôshi im Jahr 2001 vollständig als entschädigungspflichtiger berufsbedingter Gesundheitsschaden i.S.d. japanischen Unfallversicherungsrechts anerkannt wurde. Der lange Weg bis zur Anerkennung ist damit zu erklären, dass sich der japanische Gesetzgeber sehr zurückhaltend und ambivalent verhielt. Karôshi als sozio-kulturelles und rechtliches Problem wurde lange Zeit von der Politik vehement ignoriert und in keinen offiziellen Stellungnahmen und Veröffentlichungen erwähnt. In den Augen vieler Regierungsbeamter war Karôshi – bzw. ist z.T. auch noch heute – als Problem nicht existent. Und selbst wenn sich der Gesetzgeber durch den öffentlichen und medialen Druck genötigt sah tätig zu werden, so wurden mithilfe interner Erlasse derart strikte administrative Hürden und Anerkennungskriterien

741 *Kidani*, University of Hawaii Law Review, Vol. 21, 169 (191).

742 *Kidani*, University of Hawaii Law Review, Vol. 21, 169 (192); *Tieste*, Der Tod durch Überarbeitung, S. 142, spricht von einem Zeitraum von 5 bis 15 Jahre für einen Durchlauf aller Instanzen.

743 *Tônai*, Okayama Law Journal 1997, Vol. 47, 90 (94).

festgelegt, dass Opfer bzw. deren Nachkommen kaum jemals Entschädigungsleistungen nach AUVG zugesprochen bekamen.[744]

aa) Entwicklung zwischen 1961 und 1995

Karôshi wurde zunächst - wie bereits erwähnt - lediglich als unfallbedingte Berufskrankheit eingestuft. Mit Erlass vom 13.02.1961[745] wurde bestimmt, dass eine Anerkennung nur dann möglich ist, soweit ein plötzliches und unvorhergesehenes Ereignis im Zusammenhang mit der Beschäftigung dem Krankheitsausbruch oder dem Tod vorausging.[746] Dieses auslösende Ereignis muss klar bestimmbar sein und sich innerhalb kurzer Zeit vor der Krankheit/dem Tod ereignet haben, d.h. entweder am selben Tag oder höchstens einen Tag davor. Der Antragsteller muss dabei nachweisen, dass er unter exzessiver psychologischer und physischer Belastung als Folge offensichtlich harscher Arbeitsbedingungen hinsichtlich Qualität und Quantität der Arbeitsanforderungen gestanden hat.[747] Zu beachten war dabei allerdings, dass der Erlass zur damaligen Zeit auch vorsah, „that the outcome of a mere accumulation of fatigue without any accident, cannot be recognized as a prescribed occupational disease or exacerbation of

744 *Kato*, Hitotsubashi Journal of Social Studies 1994, Vol. 26, S. 48 f.; i.d.S. auch *Ishida* in Conaghan/Fischl/Klare, LABOUR LAW IN AN ERA OF GLOBALIZATION, Death and Suicide from Overwork: The Japanese Workplace and Labour Law, S. 226; sowie *Tônai*, Okayama Law Journal 1997, Vol. 47, 90 (95 f.).

745 *Kihatsu* Nr. 116 v. 13.02.1961.

746 *Nishimura*, FS Tomandl, S. 566.

747 „a suddenly occurring unusual event associated with work for which the time and place of occurrence can be clearly identified, or a situation where, before the occurrence of the disease, the worker had been under excessive psychological or physical stress as a result of being engaged in work under particularly harsh conditions in terms of quality and quantity of work", englische Übersetzung des Erlasses nach *Okudaira*, Japan Medical Association Journal 2004, Vol. 47, Nr. 5, S. 206; vgl. auch *Nishimura* in Becker/Walser, Perspektiven der Unfallversicherung in Japan und Deutschland, Wegeunfälle, Berufskrankheiten und Asbestentschädigung in der japanischen Unfallversicherung, S. 27; *Tieste*, Haftungsfall Stresserkrankung, S. 209; *Kato*, Hitotsubashi Journal of Social Studies 1994, Vol. 26, S. 49; *Middlemiss*, in Kierkegaard (Hrsg.), Business & Law: Theory and Practice, Employers' Liability for Occupational Stress and Death from Overwork (Karoshi) of workers in Japan, S. 185; sowie *Tônai*, Okayama Law Journal 1997, Vol. 47, 90 (93 f.).

such disease".[748] Chronische Erschöpfung ohne vorausgehendes Unfallereignis war also für einen Entschädigungsanspruch aus AUVG nicht ausreichend.[749]

Es ist unschwer zu erraten, dass aufgrund dieser rigiden Vorgaben eine Anerkennung als Versicherungsfall sehr unwahrscheinlich war und nur äußerst wenige Fälle auch tatsächlich entschädigt wurden. 1984 z.B. wurde nur 54 von 438 Anträgen stattgegeben.[750] Nach anhaltender, z.T. massiver Kritik und immer mehr Gerichtsentscheidungen, welche den Opfern/Hinterbliebenen trotz der restriktiven Anerkennungskriterien seitens der Aufsichtsbehörden dennoch Entschädigungsleistungen zusprachen, sah sich der Gesetzgeber zum Handeln gezwungen. Dies umso mehr, da durch die Forschungen und Studien *Uehatas* Karôshi nun auch Einzug in die medizinische und vermehrt auch rechtliche Fachdiskussion gefunden hatte. Per Erlass vom 26.10.1987[751] wurden die vormals strikten administrativen Anerkennungskriterien scheinbar gelockert und der Gesetzgeber tat so, als beuge er sich dem anhaltenden Tadel der Wissenschaft und Gerichte. Hierbei wurden zwei vermeintlich wohlwollende „Verbesserungen" vorgenommen. Denn nunmehr sollte kein plötzliches, ungewöhnliches Ereignis mehr dem Krankheitsausbruch vorausgehen, sondern eine exzessive, überdurchschnittliche Arbeitsbelastung. Zudem wurde der Begutachtungszeitraum von höchstens einem Tag nach Zusammenbruch/Tod auf eine Woche erhöht.[752] Die Regierung wies darauf hin, dass nun vorwiegend die Arbeitsbedingungen auschlaggebend bei der Beurteilung von Kausalität zwischen Arbeitsbelastung und Krankheitsausbruch/Tod sind und nicht mehr ein dem vorausgehendes Unfallereignis. Die in dem Erlass erfolgte Definition von *exzessiver, überdurchschnittlicher Arbeitsbelastung* lautete: „workload that is known from medical experience to exacerbate vascular lesions underlying cerebral and/or cardiac disease more suddenly and more dramatically

748 *Okudaira*, Japan Medical Association Journal 2004, Vol. 47, Nr. 5, S. 206.

749 *Furuya*, Asian Labour Update 52, abrufbar unter http://www.anroev.org/wp-content/uploads/2012/05/OSH-ALU-52.pdf (zuletzt abgerufen am 5.6.2014); *Tônai*, Okayama Law Journal 1997, Vol. 47, 90 (93).

750 *Tônai*, Okayama Law Journal 1997, Vol. 47, 90 (93).

751 *Kihatsu* Nr. 620 v. 26.10.1987.

752 *Nishimura* in Becker/Walser, Perspektiven der Unfallversicherung in Japan und Deutschland, Wegeunfälle, Berufskrankheiten und Asbestentschädigung in der japanischen Unfallversicherung, S. 27; *Tieste*, Haftungsfall Stresserkrankung, S. 209; *Kato*, Hitotsubashi Journal of Social Studies 1994, Vol. 26, S. 49; *Okudaira*, Japan Medical Association Journal 2004, Vol. 47, Nr. 5, S. 206 f.; *Middlemiss*, in Kierkegaard (Hrsg.), Business & Law: Theory and Practice, Employers' Liability for Occupational Stress and Death from Overwork (Karoshi) of workers in Japan, S. 184 f.; sowie *Tônai*, Okayama Law Journal 1997, Vol. 47, 90 (93 f.).

than would be expected in the natural course of events".[753] Vom Gesetzgeber in der Öffentlichkeit tunlichst nicht angesprochen wurde allerdings die behördeninterne Auslegung dieser Definition. Denn eine übermäßig schwere Belastung solle im Vergleich zu jener des alltäglichen Dienstes in Relation gesetzt werden.[754] Eine Erkrankung sei demnach erst berufsbedingt, wenn sie bei mindestens 50% der Beschäftigten, welche die gleiche Tätigkeit verrichten, in Erscheinung tritt.[755] Damit wurden die eigentlich positiven Änderungen wieder einkassiert und ins Gegenteil verkehrt. Der Nachweis, dass mindestens die Hälfte der vergleichbaren Arbeitnehmer ebenfalls akut von Karôshi betroffen ist, durfte in der Praxis kaum zu erbringen gewesen sein. Zudem wurde bei den zu vergleichenden Arbeitnehmern nicht nach Alter und Berufserfahrung differenziert.[756] Für völlige Entrüstung und Empörung in der Öffentlichkeit, bei Arbeitsmedizinern und Opferanwälten sorgte aber eine bereits 1988 behördenintern erfolgte, allerdings erst 1990 öffentlich gemachte Anweisung des Ministeriums, dass nur solche Fälle anzuerkennen seien, wenn ein Arbeitnehmer die doppelte Anzahl an Arbeitsstunden einer regulären Arbeitswoche ohne Arbeitsunterbrechung durch Urlaub, oder das dreifache der regulären täglichen Normalarbeitszeit zu leisten hatte.[757] Umgerechnet in Zahlen bedeutet dies, dass für eine Anerkennung 16 Stunden pro Tag durchgehend an 7 Tagen oder 24 Stunden ohne Unterbrechung vor dem Tod gearbeitet werden mussten.[758] Zutreffend merkt *Kato* hierzu kritisch an, dass ein Geschädigter irrwitziger Weise demnach keinen Anspruch auf Entschädigung hatte, wenn er zwar 5 Tage durchgehend 16 Stunden arbeitete, dann einen Tag Urlaub hatte und

753 englische Übersetzung der japanischen Definition nach *Okudaira*, Japan Medical Association Journal 2004, Vol. 47, Nr. 5, S. 207.

754 *Nishimura* in Becker/Walser, Perspektiven der Unfallversicherung in Japan und Deutschland, Wegeunfälle, Berufskrankheiten und Asbestentschädigung in der japanischen Unfallversicherung, S. 27.

755 *Middlemiss*, in Kierkegaard (Hrsg.), Business & Law: Theory and Practice, Employers' Liability for Occupational Stress and Death from Overwork (Karoshi) of workers in Japan, S. 184.

756 *Nishimura* in Becker/Walser, Perspektiven der Unfallversicherung in Japan und Deutschland, Wegeunfälle, Berufskrankheiten und Asbestentschädigung in der japanischen Unfallversicherung, S. 27.

757 *Tieste*, Haftungsfall Stresserkrankung, S. 209; *Kato*, Hitotsubashi Journal of Social Studies 1994, Vol. 26, S. 49; *Kidani*, University of Hawaii Law Review, Vol. 21, 169 (190).

758 *Middlemiss*, in Kierkegaard (Hrsg.), Business & Law: Theory and Practice, Employers' Liability for Occupational Stress and Death from Overwork (Karoshi) of workers in Japan, S. 184 f.

sodann verstarb.[759] Einziger Sinn und Zweck dieser Anordnung des Gesetzgebers war, die überwiegende Anzahl der möglichen Anspruchsberechtigten drastisch zu minimieren.[760] Diese Rechnung ging auch voll auf, denn die Zahl der offiziellen Anerkennungen von Karôshi als Berufskrankheit hat sich nach dem Erlass von 1987 nach unten vermindert (ca. 30 bis 40 im Zeitraum von 1987 bis 1994), während die Zahl der Anträge unverändert bei ungefähr 500 blieb.[761] Die äußerst restriktive Handhabung der japanischen Aufsichtsbehörden zu dieser Zeit soll folgender Fall verdeutlichen: Angehörige eines 42-jährigen LKW-Fahrers, welcher an einem akuten Myokardinfarkt gestorben war, begehrten beim zuständigen Arbeitsstandardaufsichtsamt Entschädigungsleistungen aus AUVG. Obwohl dieser durchschnittlich 5.700 (!) Stunden jährlich in den elf Jahren vor seinem Ableben gearbeitet hatte und diese auch nachgewiesen werden konnten, versagte die Aufsichtsbehörde eine Anerkennung als Berufskrankheit. Unter Hinweis auf den Erlass von 1987 und die internen Anweisungen von 1988 wurde in der Begründung ausgeführt, dass die fast 6.000 Stunden jährlich innerhalb der letzten Jahre als für ihn „normale Arbeitszeit" zu werten seien und somit keine außergewöhnliche Belastung im Vergleich zu seiner allgemeinen Arbeitszeit vorliege. Darüber hinaus seien solche Arbeitszeiten bei LKW-Fahrern an der Tagesordnung und durchaus üblich.[762] Für die Hinterbliebenen dürfte dies wie blanker Hohn geklungen haben.

bb) Der Erlass von 1995

Der anhaltenden Kritik beugend, vor allem aber auch wegen der negativen internationalen Berichterstattung, erließ das Arbeitsministerium am 01.02.1995[763] ein neues Rundschreiben und überarbeitete die Anerkennungskriterien abermals. Anders als die zwei vorherigen Erlasse, führten die neuen Grundsätze diesmal durchaus zu einer „Liberalisierung der Anerkennungskriterien in rechtstatsächlicher

---

759 *Kato*, Hitotsubashi Journal of Social Studies 1994, Vol. 26, S. 49.

760 *Ishida* in Conaghan/Fischl/Klare, LABOUR LAW IN AN ERA OF GLOBALIZATION, Death and Suicide from Overwork: The Japanese Workplace and Labour Law, S. 227; *Kidani*, University of Hawaii Law Review, Vol. 21, 169 (190).

761 *Ishida* in Conaghan/Fischl/Klare, LABOUR LAW IN AN ERA OF GLOBALIZATION, Death and Suicide from Overwork: The Japanese Workplace and Labour Law, S. 227; *Kato*, Hitotsubashi Journal of Social Studies 1994, Vol. 26, S. 49.

762 *Nishiyama/Johnson*, International Journal of Health Services 1997, Vol. 27 (4), S. 625 ff., abrufbar unter http://www.workhealth.org/whatsnew/lpkarosh.html (zuletzt abgerufen am 5.6.2014); ebenso *Tieste*, Haftungsfall Stresserkrankung, S. 211.

763 *Kihatsu* Nr. 38 v. 01.02.1995.

Hinsicht".[764] Nicht nur wurde der Begutachtungszeitraum von bisher höchstens einer Woche unter bestimmten Voraussetzungen auf eine nicht näher bestimmte Dauer erweitert. Vielmehr fanden neben der bisherigen (physischen) Spitzenarbeitsbelastung nun vor allem auch chronisch-psychische Belastungsfaktoren und Stressoren explizit Einzug in die Bewertung der Kausalität.

Die bisher von den Aufsichtsbehörden in Gerichtsverfahren vertretenen Ansätze der „relatively influential cause theory" sowie der „objective standard theory" wurden nun in die Anerkennungskriterien aufgenommen. Karôshi ist demnach dann als berufsbedingter Arbeitsunfall i.w.S. zu entschädigen, wenn

> *„vor der Entwicklung der Krankheit eine klare Über(be)lastung beim betreffenden Arbeitnehmer festzustellen war, der Zeitraum zwischen der Einwirkung der Überbelastung und dem Ausbruch der Erkrankung in einem medizinisch-kausalen Zusammenhang steht und der betroffene Arbeitnehmer eine exzessive Arbeitsüberlastung im Vergleich zum täglichen Arbeitsaufwand erfahren hat."*[765]

Täglicher Arbeitsaufwand ist die vorgeschriebene Tätigkeit während der regelmäßigen/planmäßigen Arbeitszeit ohne Überstunden, soweit diese regelmäßig geleistet werden.[766] *Exzessive Arbeitsüberlastung* ist diejenige Arbeit, welche generell geeignet war psychische und physische Überlastung im Vergleich zum täglichen Arbeitsaufwand zu verursachten.[767] *Generell geeignet* ist die exzessive

---

764 *Tieste*, Haftungsfall Stresserkrankung, S. 212.

765 „the development of cerebrovascular diseases and cardiac diseases as an employment injury is assumed to occur if 'the employee received a clear overload before the employee's development of the employment injury', 'the course of time from receiving the overload to the development of the episode is medically related' and the employee 'experienced an onerous overload of work compared with the daily routine'", englische Übersetzung des Erlasses nach *Yuki/Koizumi*, Journal of Social Security Law 2011, Vol. 18, Ausgabe 2, S. 87 (94); ähnlich *Nishimura*, FS Tomandl, S. 566: „Nach dem gegenwärtigen Verwaltungszirkular ist [Karôshi] zu entschädigen, wenn man eine das betriebsübliche Maß bei weitem überschreitende Arbeitsleistung verrichten mußte und es einen angemessenen zeitlichen Zusammenhang zwischen der Überarbeitung und der betreffenden Krankheit oder dem Tod gibt".

766 „'Daily routine' is the 'prescribed occupation in regularly scheduled working hours' and is the 'occupation except overtime work, when the employee is on overtime regularly'", englische Übersetzung des Erlasses nach *Yuki/Koizumi*, Journal of Social Security Law 2011, Vol. 18, Ausgabe 2, S. 87 (94).

767 „'Onerous overload of work' is 'work that is objectively recognised to have caused mental and physical overloads compared to the daily routine'", englische Übersetzung des Erlasses nach *Yuki/Koizumi*, Journal of Social Security Law 2011, Vol. 18, Ausgabe 2, S. 87 (94).

Arbeitsüberlastung dann, wenn sich nicht nur beim Betroffenen, sondern auch bei einem Arbeitnehmer vergleichbaren Alters und Berufserfahrung in der gleichen Position und nachweislich guter Gesundheit eine psychische und physische Überbelastung entwickelt hätte.[768] Hinsichtlich des Begutachtungszeitraums werden zunächst die dem Todesereignis unmittelbar vorausgehenden 24 Stunden untersucht. Lässt sich dabei keine Einwirkung feststellen, auf welche das tödliche Ereignis objektiv zurückgeführt werden kann, so wird die vorhergehende Woche miteinbezogen.[769] Wird dabei festgestellt, dass die Arbeitsbelastung signifikant höher ist als das tägliche Normalmaß, so wird auch der Zeitraum vor dieser Woche begutachtet,[770] wobei dieser lediglich ein paar Wochen und höchstens einen Monat umfasst.[771] Aber auch mit dieser Direktive wurde grds. die Anhäufung von *fatigue* immer noch nicht als Ursache für die Entstehung von Karôshi vollwertig anerkannt und akzeptiert, sondern es wurde lediglich ergänzend nach – länger andauernden – Spitzenbelastungen in dem erweiterten Begutachtungszeitraum gesucht. Vor allem die unterinstanzlichen Gerichte monierten deswegen in Entscheidungen betreffend Karôshi, „daß es [das Verwaltungszirkular, *Anm. d. Verf.*] zu strikte Bedingungen für die Anerkennung der Entschädigung fordere".[772] Nach dieser Neufassung der Beurteilungskriterien stieg die Anzahl der durch das Arbeitsstandardaufsichtsamt anerkannten Fälle von Karôshi sprunghaft um das Zweifache an (von ca. 30 bis 40 auf 70 bis 90), wobei die Anzahl der Anträge weitestgehend unverändert blieb.[773]

---

768 „'Objectively' is where the onerous overload of work would cause mental and physical overload for not only the employee, but also to colleagues of a similar age and level of experience as the employee in the same type of position, and who are in sufficiently good health to accomplish the occupation without difficulty in the daily routine", englische Übersetzung des Erlasses nach *Yuki/Koizumi*, Journal of Social Security Law 2011, Vol. 18, Ausgabe 2, S. 87 (94).

769 *Tieste*, Haftungsfall Stresserkrankung, S. 213.

770 *Yuki/Koizumi*, Journal of Social Security Law 2011, Vol. 18, Ausgabe 2, S. 87 (94).

771 „At present, determining whether a particular death resulted from overwork is made, as a general rule, by examining a person's work pattern over a one-week period prior to breakdown and up to another month before breakdown to reach the final decision.", The JIL Labor Flash, Vol. 9, vom 03.12.2001, abrufbar unter http://www.jil.go.jp/english/emm/2001-2003/2001/index.htm (zuletzt abgerufen am 5.6.2014); wohl zu weitreichend *Tieste*, Haftungsfall Stresserkrankung, S. 213, welcher sogar von einigen Monaten als Höchstmaß ausgehen will.

772 *Nishimura*, FS Tomandl, S. 566 mit Nachweis der betreffenden Rechtsprechung.

773 Japan Labour Bulletin, Vol. 42, No. 2, Februar 2003, S. 1, abrufbar unter http://www.jil.go.jp/english/archives/bulletin/documents/200302.pdf (zuletzt abgerufen

cc) Derzeit gültige Richtlinien durch Erlass vom 12.12.2001

Nur sechs Jahre später sah sich das MHLW wieder genötigt, seine Bewertungsmaßstäbe zu ändern. Diesmal war die Überarbeitung der Anerkennungskriterien aber weder der - weiterhin - anhaltenden Kritik der Öffentlichkeit noch dem Ruf der Wissenschaft nach Revision[774] geschuldet. Vielmehr hatte sich am 17. Juli 2000[775] erstmals der *OGH* mit einem Fall von Karôshi zu befassen und revidierte ein zuvor für den Staat positiv beschiedenes Urteil. Daraufhin setzte das MHLW im November 2000 eine Expertenkommission mit der Neugestaltung der Anerkennungskriterien ein.[776]

(1) Bericht der Expertenkommission vom 16.11.2001

Nach umfassender Untersuchung und Auswertung der Literatur zum aktuellen Stand der medizinischen Wissenschaft und eingehender Diskussion, legte diese Kommission dem MHLW ein Jahr später im November 2001 ihren Prüfbericht mit Überarbeitungsvorschlägen vor.[777] Dieser ist unterteilt in drei Abschnitte: *1. Grundlegende Annahmen* („Basic Considerations"), *2. Umfassender Beurteilungskatalog der exzessiven Arbeitsbelastungen* („Comprehensive Evaluation of the Excessively Heavy Work Burdens") und *3. Risikofaktoren* („Risk Factors) sowie einem Anhang.

Im ersten Abschnitt wird zuerst darauf hingewiesen, dass zerebro-kardiale Erkrankungen grds. auch durch starke arbeitsbedingte Belastungen hervorgerufen

am 5.6.2014); *Ishida* in Conaghan/Fischl/Klare, LABOUR LAW IN AN ERA OF GLOBALIZATION, Death and Suicide from Overwork: The Japanese Workplace and Labour Law, S. 227.

774 kritisiert wurde vor allem, dass die Beurteilungsrichtlinien die Anhäufung von fatigue und die übermäßige Belastung während eines längeren Zeitraums völlig unberücksichtigt lassen, vgl. nur *Yuki/Koizumi*, Journal of Social Security Law 2011, Vol. 18, Ausgabe 2, S. 87 (94) m.w.N.; sowie *Nishitani*, S. 268.

775 *OGH* v. 17.7.2000, Rôdô Hanrei 785, 6; vergleiche hierzu auch die Ausführungen des nachfolgenden Abschnitts.

776 Japan Labor Bulletin, Vol. 41, No. 2, Februar 2002, abrufbar unter http://www.jil.go.jp/english/archives/bulletin/documents/200201.pdf (zuletzt abgerufen am 5.6.2014).

777 Inhalt und Bewertung der Expertenkommission nachzulesen bei *JICOSH*, Accumulated Fatigue May be Considered in the Standards for the Recognition of „Karoshi", abrufbar unter http://www.jniosh.go.jp/icpro/jicosh-old/english/topics/KaroshiMar22.html (zuletzt abgerufen am 5.6.2014); sowie eingehende Besprechung bei *Araki/Iwasaki*, JMAJ 2005, Vol. 48, 92 ff.

bzw. verschlimmert werden können.[778] Zudem soll nunmehr die *Anhäufung von fatigue* bei dauerhaft erhöhter Arbeitsbelastung als schwerwiegende und offensichtlich berufsbedingte Belastung neben kurzfristigen Spitzenbelastungen als Ursache für Karôshi anerkannt werden.[779] Als Vergleichsmaßstab soll ein Arbeitnehmer gleichen Alters, Berufserfahrung, etc. in gutem Gesundheitszustand dienen.[780]

Nach Ansicht der Expertenkommission kann Karôshi entweder durch *exzessive Dauerbelastung* und/oder *exzessive Spitzenbelastung infolge ungewöhnlicher und unvorhergesehener Gegebenheiten* versursacht werden. Aus diesem Grund ist der Beurteilungskatalog im zweiten Teil des Berichts auch in diese Kategorien unterteilt. Hinsichtlich der Spitzenbelastung wurde aber lediglich auf den bisherigen Erlass von 1995 verwiesen. Neu hingegen sind die eingehenden Ausführungen bzgl. langfristiger Dauerbelastung. Demnach sei es angezeigt, die exzessive Dauerbelastung durch eine einzelfallbezogene und objektive Untersuchung der Arbeitsbedingungen während eines Zeitraums von sechs Monaten vor Ausbruch der Erkrankung zu bewerten, um zu überprüfen, ob die Anhäufung von fatigue ausreichte bzw. geeignet war Karôshi zu verursachen.[781] Eine

---

778 „there are cases in which heavy job-related burdens cause such pathologic changes in blood vessels to become significantly aggravated beyond the natural progressive process, resulting in severe cerebro-cardio diseases", *JICOSH*, Accumulated Fatigue May be Considered in the Standards for the Recognition of „Karoshi", abrufbar unter http://www.jniosh.go.jp/icpro/jicosh-old/english/topics/KaroshiMar22.html (zuletzt abgerufen am 5.6.2014).

779 „the accumulation of fatigue due to long-term work (long-term, excessive burdens) should be considered as a severe and obvious job-related burden, in addition to those burdens that occur during a time period close to the appearance of cerebro-cardio diseases (abnormal events and excessive short-term burdens)", *JICOSH*, Accumulated Fatigue May be Considered in the Standards for the Recognition of „Karoshi", abrufbar unter http://www.jniosh.go.jp/icpro/jicosh-old/english/topics/KaroshiMar22.html (zuletzt abgerufen am 5.6.2014).

780 „For supporting the recognition process of a care, it is proper to select a worker in good health condition of similar age, experiences, etc.", *JICOSH*, Accumulated Fatigue May be Considered in the Standards for the Recognition of „Karoshi", abrufbar unter http://www.jniosh.go.jp/icpro/jicosh-old/english/topics/KaroshiMar22.html (zuletzt abgerufen am 5.6.2014); vgl. auch *Nishitani*, S. 268.

781 „It is reasonable to evaluate the excessively heavy work burdens by specifically and objectively observing working conditions and situations during the six months before the appearance the relevant cerebro-cardio disease in order to determine whether accumulated fatigue during such period of time is considered to have aggravate pathologic blood vessel changes beyond the natural process, and result in the

übermäßige Belastung beim Beschäftigten kann nach Ansicht der Expertenkommission als indiziert betrachtet werden, soweit ein Kollege gleichen Alters und Erfahrung unter Berücksichtigung der Wechselwirkung von Arbeitszeit, unregelmäßiger Arbeit, Arbeitsinhalt und -intensität, Schichtdienst, Arbeitsumgebung und mentalem Stress ebenfalls solch schwere physische und psychische Belastung erfahren hätte.[782] Die Höhe der Arbeitszeit ist nach Meinung des Expertengremiums einer der wichtigsten Faktoren bei der Anhäufung von fatigue. Deswegen kann eine starke Korrelation zwischen der Arbeit und dem Auftreten von Karôshi vermutet werden, wenn der Beschäftigte entweder mehr als 100 Überstunden im letzten Monat, oder monatlich mind. 80 Überstunden während der letzten zwei bis sechs Monate vor Ausbruch der Krankheit geleistet hat.[783]

Im dritten Teil des Prüfberichts wird schließlich noch kurz auf andere, nichtarbeitsbedingte Risikofaktoren wie Bluthochdruck, erhöhter Cholesterinspiegel und Rauchen eingegangen. Abschließend empfehlen die Experten, sich ein vollständiges Bild vom Gesundheitszustand des Betroffenen zu machen, und dabei vor allem den Einfluss von Grund- und Vorerkrankungen sowie hoher Arbeitsbelastung einzubeziehen und die Wechselwirkung dieser Faktoren in einer Beurteilung umfassend zu berücksichtigen.[784]

---

appearance of such disease.", *JICOSH*, Accumulated Fatigue May be Considered in the Standards for the Recognition of „Karoshi", abrufbar unter http://www.jniosh.go.jp/icpro/jicosh-old/english/topics/KaroshiMar22.html (zuletzt abgerufen am 5.6.2014).

782 „by considering correlation with the relevant worker's working hours, irregularity of work, work-related restrictions on movement, shift work, working environments and other factors (including the incidents of mental stress) arising from work, a worker may be judged to have undergone excessive burdens when a co-worker of similar age and experience is considered to have experienced such heavy physical and mental burdens.", *JICOSH*, Accumulated Fatigue May be Considered in the Standards for the Recognition of „Karoshi", abrufbar unter http://www.jniosh.go.jp/icpro/jicosh-old/english/topics/KaroshiMar22.html (zuletzt abgerufen am 5.6.2014).

783 „A strong correlation can be assumed between an employee's work and the appearance of a certain disease, if such employee experiences overtime working hours in excess of about 100 hours during the month prior to such appearance, or overtime working hours in excess of about 80 hours per month during the time period of two to six months before such appearance.", *JICOSH*, Accumulated Fatigue May be Considered in the Standards for the Recognition of „Karoshi", abrufbar unter http://www.jniosh.go.jp/icpro/jicosh-old/english/topics/KaroshiMar22.html (zuletzt abgerufen am 5.6.2014).

784 „Risk factors such as hypertension, hyperlipemia [gemeint ist hier wohl hyperlipidemia, *Anm. d. Verf.*], and/or smoking are affecting the appearance of cerebro-cardio diseases, and those who have multiple factors are subject to a higher risk of the

(2) Erlass vom 12.12.2001[785]

Nicht einmal vier Wochen nach Erhalt des Berichts der Fachkommission wurde das Ministerium für Arbeit, Gesundheit und Wohlfahrt tätig und erließ die bis heute gültigen Richtlinien und Kriterien betreffend die Anerkennung von Karôshi als zu entschädigender berufsbedingter Gesundheitsschaden. Da das Ministerium weitestgehend die Vorschläge des Expertengremiums – z.T. sogar wortgetreu – übernommen hat, sollen im Folgenden die wesentlichen Punkte nur noch zusammengefasst[786] wiedergegeben werden:

- übermäßige Arbeitsbelastung kann in einigen Fällen zu Karôshi führen
- eine übermäßige berufsbedingte Belastung kann in drei Konstellationen Karôshi hervorrufen:[787]
  a) anormales plötzliches Ereignis (extreme Anspannung, Angst oder Aufregung bzw. vorhergehender Arbeitsunfall; Ereignis muss sich am Tag des Ausbruchs der Krankheit oder am darauffolgenden zugetragen haben)

---

diseases. As such, it is necessary to adequately understand worker health conditions, to fully examine the extent of underlying diseases and of heavy work burdens, and to make comprehensive judgments on the correlation between these factors and cerebro-cardio diseases occurring in workers.", *JICOSH*, Accumulated Fatigue May be Considered in the Standards for the Recognition of „Karoshi", abrufbar unter http://www.jniosh.go.jp/icpro/jicosh-old/english/topics/KaroshiMar22.html (zuletzt abgerufen am 5.6.2014).

785 Originalerlass (japanisch) abrufbar unter www.mhlw.go.jp/houdou/0112/h1212-1.html (zuletzt abgerufen am 5.6.2014); englische Übersetzung der maßgeblichen Teile zu finden bei *Park/Kim/Cheng/Horie*, Industrial Health 2012, Vol. 50, 17 (19).

786 vgl. hierzu auch Japan Labor Bulletin, Vol. 41, No. 2, Februar 2002, abrufbar unter http://www.jil.go.jp/english/archives/bulletin/documents/200201.pdf (zuletzt abgerufen am 5.6.2014); Labor Situation in Japan and Its Analysis: General Overview 2011/2012, S. 90, abrufbar unter http://www.jil.go.jp/english/lsj/general/2011-2012.html (zuletzt abgerufen am 5.6.2014); AuR 2002, 142; *Araki/Iwasaki*, JMAJ 2005, Vol. 48, 92 (96); *Okudaira*, Japan Medical Association Journal 2004, Vol. 47, Nr. 5, S. 207; *Middlemiss*, in Kierkegaard (Hrsg.), Business & Law: Theory and Practice, Employers' Liability for Occupational Stress and Death from Overwork (Karoshi) of workers in Japan, S. 186; *Yuki/Koizumi*, Journal of Social Security Law 2011, Vol. 18, Ausgabe 2, S. 87 (95 f.).

787 Offizielle Broschüre des MHLW „Worker's Compensation Insurance Application Pamphlet for Foreign Workers" Vol. 2, S. 7, abrufbar unter: http://www.mhlw.go.jp/new-info/kobetu/roudou/gyousei/rousai/dl/zentai/eigo2.pdf (zuletzt abgerufen am 5.6.2014).

   b) kurzfristige Spitzenbelastung (signifikant schwere physische und/oder psychische Belastung im Vergleich zur normalen Arbeit während der letzten sieben Tage vor Ausbruch der Krankheit)
   c) langfristige Dauerbelastung (langfristige Stresseinwirkung während der letzten sechs Monate vor Ausbruch der Krankheit und dadurch Anhäufung von fatigue)
- bei der Bewertung der arbeitsbedingten Überbelastung hat eine umfassende Überprüfung der Arbeitszeit, Arbeitsorganisation, Arbeitsumgebung und psychischer Belastungsfaktoren zu erfolgen
- primäres Kriterium bei der Beurteilung einer langfristigen Dauerbelastung ist die Arbeitszeit/Anzahl der geleisteten Überstunden
- eine langfristige Dauerbelastung gilt demnach als indiziert, wenn
   a) der Beschäftigte entweder mehr als 100 Überstunden im letzten Monat,
   b) oder monatlich mind. 80 Überstunden während der letzten zwei bis sechs Monate vor Ausbruch der Krankheit geleistet hat
- unregelmäßige Arbeitszeiten, Arbeitsdichte, fehlende Pausenzeiten, häufige Dienstreisen, sich häufig wiederholende Nacht- und Schichtarbeit, Arbeitsumgebung (Lärm, Hitze, Kälte, etc.), mentaler Arbeitsstress (kaum/keine Rückmeldung oder Unterstützung von Vorgesetzten, Über-/Unterforderung) stellen ebenfalls kausale Faktoren für den Ausbruch von Karôshi dar
- Karôshi wird zwar nicht als Krankheit in die Berufskrankheitenliste aufgenommen, ist aber entsprechend der Nr. 8 Tabelle 1-2 Durchführungsverordnung ASG wie eine Berufskrankheit zu entschädigen

b) Karôshi als Gegenstand der Rechtsprechung – OGH v. 17.07.2000

Die erste gerichtlich dokumentierte Entscheidung, die sich mit Karôshi befasste, wurde am 15.10.1970 vor dem *DG Tokyo* verhandelt.[788] Opfer war ein in der Versandabteilung der größten japanischen Zeitungsgesellschaft arbeitender, verheirateter, 29 Jahre alter Familienvater, welcher an einem Herzinfarkt verstarb. Interessanterweise sprach man damals nicht von Karôshi, sondern noch von plötzlichem, berufsbedingtem Tod.[789] Die Anzahl der Gerichtsverfahren war in der ersten Zeit jedoch relativ überschaubar: so werden für die 70er Jahre des vergangenen

788 *DG Tokyo* v. 15.10.1970, Hanrei Jihô 21, 610.

789 *Nishiyama/Johnson*, International Journal of Health Services 1997, Vol. 27 (4), S. 625, abrufbar unter http://www.workhealth.org/whatsnew/lpkarosh.html (zuletzt abgerufen am 5.6.2014).

Jahrhunderts 18 Gerichtsfälle ausgewiesen.[790] Da Karôshi durch die erlassenen Richtlinien nicht als Listenkrankheit in die Berufskrankheitenliste aufgenommen wurde, war für alle Klagen Anspruchsgrundlage Art. 35 i.V.m. Tabelle 1-2 Nr. 9 der Durchführungsverordnung ASG, wonach auch solche Erkrankungen als Berufskrankheiten zu entschädigen sind, die offensichtlich durch berufsbedingte Faktoren verursacht wurden.[791] Bis 1992 wurden durch Gerichte insgesamt 36 Entscheidungen der Aufsichtsbehörden revidiert und den Hinterbliebenen Entschädigungsleistungen zugesprochen, wobei sich für diesen Zeitraum grds. festhalten lässt, dass die Rechtsprechung die Anerkennung von Karôshi als Berufskrankheit weit weniger restriktiv gehandhabt hat als die jeweiligen Arbeitsstandardaufsichtsämter.[792] Tenor der damaligen Entscheidungen war oft, dass als Ursache zwar eine vorwiegend hohe Arbeitsbelastung nachzuweisen war, der Tod jedoch nach Ansicht der Richter nicht ausschließlich auf diese zurückgeführt werden musste. Auch chronische Vorerkrankungen müssen die Berufsbedingtheit nicht von vornherein zwangsläufig ausschließen. Ebenso sahen die Gerichte eine kurzfristige Spitzenbelastung nicht immer als notwendige Bedingung an, sondern zogen auch Einwirkungen in ihre Beurteilung mit ein, welche mehrere Monate zurücklagen.[793]

Eine Zäsur sollte jedoch am 17. Juli 2000 erfolgen. An diesem Tag befasste sich nämlich erstmals der *OGH*[794] mit dem Phänomen Karôshi. Ausgangspunkt war die Subarachnoidalblutung (spezielle Form des Schlaganfalls) des 54-jährigen Chauffeurs eines Niederlassungsleiters einer japanischen Versicherungsgesellschaft. Dieser sah sich langjährig hoher Arbeitsbelastung durch ständigen Bereitschaftsdienst ausgesetzt. Auf dem Weg zu einem frühmorgendlichen Meeting des Niederlassungsleiters erlitt er einen Schlaganfall und leidet seither unter

---

790 *Nishiyama/Johnson*, International Journal of Health Services 1997, Vol. 27 (4), S. 625, abrufbar unter http://www.workhealth.org/whatsnew/lpkarosh.html (zuletzt abgerufen am 5.6.2014).

791 *Nishimura*, in Becker/Walser, Perspektiven der Unfallversicherung in Japan und Deutschland, Wegeunfälle, Berufskrankheiten und Asbestentschädigung in der japanischen Unfallversicherung, S. 26; *Nishitani*, S. 268; *Furuya*, Asian Labour Update 52, abrufbar unter http://www.anroev.org/wp-content/uploads/2012/05/OSH-ALU-52.pdf (zuletzt abgerufen am 5.6.2014); *Middlemiss*, in Kierkegaard (Hrsg.), Business & Law: Theory and Practice, Employers' Liability for Occupational Stress and Death from Overwork (Karoshi) of workers in Japan, S. 184; *Okudaira*, Japan Medical Association Journal 2004, Vol. 47, Nr. 5, S. 205 (206); *Yuki/Koizumi*, Journal of Social Security Law 2011, Vol. 18, Ausgabe 2, S. 87 (93).

792 *Tônai*, Okayama Law Journal 1997, Vol. 47, 90 (93).

793 *Tônai*, Okayama Law Journal 1997, Vol. 47, 90 (92).

794 *OGH* v. 17.7.2000, Rôdô Hanrei 785, 6.

Bewusstseinsstörungen. Daraufhin beantragte der Kläger Leistungen aus der Unfallversicherung. Die Aufsichtsbehörde erließ einen ablehnenden Bescheid und versagte Kompensationsleistungen. Sodann erhob der Betroffene Klage. Während die Berufungsinstanz noch dem Antrag der Aufsichtsbehörde stattgab und eine Berufskrankheit verneinte, revidierte der *OGH* diese Entscheidung und urteilte im Sinne der Opferseite. Nach Ansicht der Richter waren verschiedene berufsbedingte Faktoren für den Ausbruch der Erkrankung maßgeblich, u.a. mentaler Stress, irreguläre sowie hohe Arbeitszeiten. Es führte konkret aus:

> *„vascular lesion of cerebral aneurysm worsens from chronic high-blood pressure or arteriosclerosis, and continuation of the chronic exhaustion or extreme stress can have caused chronic high-blood pressure or arteriosclerosis"*

sowie

> *„the mental load and the physical load in his workload ... worsened his cerebral aneurysm and made it exceed its natural course".*[795]

Hierfür zog das Gericht die Anzahl der Überstunden, den Kilometerstand und die sonstigen Arbeitsbedingungen während der letzten 6 Monate vor Ausbruch der Krankheit in ihre Bewertung mit ein. Es führte aus, dass die zu berücksichtigenden Kriterien in den bisherigen Anerkennungsrichtlinien keinen Niederschlag gefunden hätten, nichtsdestotrotz aber für eine umfassende Beurteilung der Frage nach der Berufsbedingtheit von Bedeutung sind. Ebenso sei auch die Anhäufung von fatigue als kausaler Faktor bei der Entwicklung von Karôshi in eine rechtliche Würdigung miteinzubeziehen. Dieses Urteil führte – wie bereits erläutert – zu einer umfassenden Überarbeitung der Anerkennungskriterien im Jahre 2001, denn es bestand ab Urteilsverkündigung eine Diskrepanz zwischen der Bewertung von Karôshi durch die höchstrichterliche Rechtsprechung und der Beurteilung durch den Erlass von 1995.

Doch auch nach dieser intensiven Revision durch die Regierung bleiben diese Richtlinien – wie auch deren Vorgänger – lediglich administrative Leitlinien für die Aufsichtsbehörden und entfalten nach h.M. im Schrifttum[796] keinerlei

---

795 zit. nach *Yuki/Koizumi*, Journal of Social Security Law 2011, Vol. 18, Ausgabe 2, S. 87 (95).

796 *Nishimura*, in Becker/Walser, Perspektiven der Unfallversicherung in Japan und Deutschland, Wegeunfälle, Berufskrankheiten und Asbestentschädigung in der japanischen Unfallversicherung, S. 28; *Kato*, Hitotsubashi Journal of Social Studies 1994, Vol. 26, S. 49 spricht von „manual for inhouse use only"; *Sugeno*, S. 327 bezeichnet die Erlasse als „administrative interpretation"; *Yuki/Koizumi*, Journal of Social Security Law 2011, Vol. 18, Ausgabe 2, S. 87 (93) sprechen ebenfalls von „administrative

Rechtswirkung gegenüber Dritten, welche hieraus dann direkt Ansprüche herleiten könnten. So verwundert es auch nicht, dass die Rechtsverbindlichkeit dieser Anerkennungskriterien regelmäßig von der Rechtsprechung mit dem Hinweis verneint wird, diese Erlasse binden nur die Verwaltung, nicht aber die Gerichte. In der Gerichtspraxis dienen diese Richtlinien lediglich als grobe Richtschnur, jedoch erkennen die Gerichte häufig eine arbeitsbedingte Überbelastung und somit eine beruflich bedingte Ursächlichkeit von Karôshi auch dann an, wenn die Grenzwerte bzw. Anzahl der Überstunden i.S.d. des Erlasses v. 12.12.2001 nicht erreicht werden.[797] Ebenso wurde die Rechtssprechungspraxis bzgl. Veranlagungen und Vorerkrankungen beibehalten, wonach „der adäquat kausale Zusammenhang zwischen der Beschäftigung und der Krankheit anerkannt wird, wenn diese Krankheit, nach der Beurteilung des Gerichtes, noch nicht so fortgeschritten war, dass es unwahrscheinlich erscheint, dass es ohne Einfluss einer besonderen Belastung durch die berufliche Tätigkeit zu einer tödlichen Verschlechterung gekommen wäre und der Betroffene den alltäglichen Dienst sonst problemlos gemeistert hatte“.[798] Exemplarisch hierfür soll der Tenor der Entscheidung des *OG Tokyo* v. 28. Februar 2002 dienen. Ausgangsfall war der Tod eines Sportjournalisten wegen akuter Herzinsuffizienz während einer Dienstreise:

> *„Aus dem Gesamtbild der Umstände ist die Auslösung dieser akuten Herzinsuffizienz durch idiopathisches Kammerflimmern anzunehmen. Selbst wenn der Betroffene dazu eine Veranlagung gehabt hätte, ist die Kausalität zwischen den beruflichen Tätigkeiten und dem Tod dennoch zu bejahen, weil die Erkrankung ein schnelleres Fortschreiten bzw. eine schnellere Verschlechterung erfahren hat, die durch übermäßig belastende Arbeit ausgelöst wurde und sich somit das in der Arbeit immanent vorhandene Risiko konkretisiert hat“.*[799]

---

interpretation of ‚legally sufficient association'“; nicht eindeutig *Tieste*, Haftungsfall Stresserkrankung, S. 208, welcher einerseits von „internen Anweisungen [...] die für die Gerichte eine wichtige Orientierungsfunktion darstellen“ spricht und im nächsten Satz behauptet „entfalten die Erlasse des Arbeitsministeriums hinsichtlich beider Institute [gemeint sind unfallversicherungsrechtliche und zivilrechtliche Ansprüche, *Anm. d. Verf.*] Rechtswirkung“.

797 vgl. nur *Nishimura*, in Becker/Walser, Perspektiven der Unfallversicherung in Japan und Deutschland, Wegeunfälle, Berufskrankheiten und Asbestentschädigung in der japanischen Unfallversicherung, S. 28 m.w.N.

798 *Nishimura*, in Becker/Walser, Perspektiven der Unfallversicherung in Japan und Deutschland, Wegeunfälle, Berufskrankheiten und Asbestentschädigung in der japanischen Unfallversicherung, S. 30.

799 *OG Tokyo* v. 28.2.2002, Rôhan 825, 32; deutsche Übersetzung nach *Nishimura*, in Becker/Walser, Perspektiven der Unfallversicherung in Japan und Deutschland,

c) Zwischenergebnis

Karôshi ist mittlerweile nicht nur als tragisches sozio-medizinisches, sondern auch als rechtlich bedeutsames Phänomen Bestandteil des gesellschaftlichen Alltags in Japan geworden und allgemein akzeptiert. Diese Akzeptanz hat sich erst schleppend während der letzten 50 Jahre entwickelt. Anfänglich lediglich in medizinischen Fachkreisen diskutiert, wurde es schnell von den Medien und einigen Arbeitnehmeranwälten aufgegriffen. Letztere versuchten durch ihre jahrelangen Prozesse nicht nur Genugtuung und wirtschaftliche Kompensation für die Opfer zu erstreiten, sondern dieses Thema auch Agenda in der Politik werden zu lassen. Der Gesetzgeber wurde lange Zeit nur zurückhaltend tätig und versuchte, das für alle offensichtliche Problem herunter zu spielen, indem er äußerst strikte administrative Richtlinien für die Arbeitsstandartaufsichtsämter, als ausführende Stelle der Unfallversicherung, erließ. Dies änderte sich erst, als im Jahre 2000 der *OGH* zum ersten Mal über einen Fall von Karôshi zu entscheiden hatte und ein für den Staat in der Vorinstanz positiv beschiedenes Urteil revidierte. Daraufhin wurden 2001 die noch heute gültigen Beurteilungskriterien für die Anerkennung Karôshis als arbeitsbedingter Gesundheitsschaden durch das MHLW erlassen. Maßgebliches Kriterium ist dabei die Anzahl der vor dem Tod/Zusammenbruch geleisteten Überstunden. Wird die vorgegebene Schwelle von 100 Überstunden im Monat vor Ausbruch bzw. 80 Überstunden während der letzten zwei bis sechs Monate vor Ausbruch von Karôshi erfüllt, so wird dem Antrag auf Leistungen aus der Unfallversicherung durch die Aufsichtsbehörden stattgegeben. Nachfolgende Tabelle zeigt die Entwicklung hinsichtlich der gestellten Anträge auf Kompensationsleistungen und die tatsächlich stattgegebenen Fälle während der letzten 35 Jahre. Auffällig sind die jeweiligen Sprünge nach Änderung der Anerkennungskriterien in den Jahren 1987, 1995 und 2001. Es muss aber bedacht werden, dass hier nur die offiziellen Zahlen, welche durch das MHLW veröffentlicht wurden, dargestellt sind. Die Dunkelziffer liegt wie bereits erwähnt deutlich höher bei ca. 10.000 Fällen p.a.[800]

Wegeunfälle, Berufskrankheiten und Asbestentschädigung in der japanischen Unfallversicherung, S. 28 f.

800 *Hiroshi Kawahito* in Asienspiegel v. 30.10.2009, abrufbar unter http://asienspiegel.ch/2009/10/arbeiten-bis-zum-umfallen/ (zuletzt abgerufen am 5.6.2014); ebenso *Kato*, Hitotsubashi Journal of Social Studies 1994, Vol. 26, 41 (44); *Ishida* in Conaghan/Fischl/Klare, LABOUR LAW IN AN ERA OF GLOBALIZATION, Death and Suicide from Overwork: The Japanese Workplace and Labour Law, S. 227; *Ikeda* in Wahsner, Japans Arbeitsbeziehungen und Arbeitsrecht in Geschichte und Gegenwart, Gesundheitspolitik am Arbeitsplatz und Gewerkschaftsbewegung in Japan, S. 67; *Middlemiss*,

Neben Ansprüchen aus der Unfallversicherung können Opfer/Hinterbliebene auch noch den Arbeitgeber nach zivilrechtlichen Vorschriften in Haftung nehmen. Ein Haftungsausschluss ähnlich dem deutschen § 104 SGB VII ist dem japanischen Unfallversicherungsrecht fremd.

Tabelle: Anträge auf Unfallversicherungsleistungen und tatsächliche Anerkennung[801]

Jahr		**88**	**89**	**90**	**91**	**92**	**93**	**94**	**95**	**96**	**97**	**98**
Anträge		*676*	*777*	*597*	*555*	*458*	*380*	*405*	*558*	*578*	*539*	*466*
bewilligt		*29*	*30*	*33*	*34*	*18*	*31*	*32*	*76*	*78*	*73*	*90*
Verhältnis ggü. Vorjahr (%)	Anträge		*+15*	*−23*	*−7*	*−17*	*−17*	*+7*	*+38*	*+4*	*−7%*	*+14*
	bewilligt		*+3*	*+10*	*+3*	*−47*	*+72*	*+3*	*+138*	*+3*	*−6*	*+23*

Jahr		**99**	**00**	**01**	**02**	**03**	**04**	**05**	**06**	**07**	**08**	**09**	**10**
Anträge		*493*	*617*	*690*	*819*	*742*	*816*	*869*	*938*	*931*	*889*	*767*	*802*
bewilligt		*81*	*85*	*143*	*317*	*314*	*294*	*330*	*355*	*392*	*377*	*293*	*285*
Verhältnis ggü. Vorjahr (%)	Anträge	*+6*	*+25*	*+12*	*+19*	*−9*	*+10*	*+6*	*+8*	*−1*	*−5*	*−14*	*+5*
	bewilligt	*−10*	*+5*	*+68*	*+122*	*−1*	*−6*	*+12*	*+8*	*+10*	*−4*	*−22*	*−3*

in Kierkegaard (Hrsg.), Business & Law: Theory and Practice, Employers' Liability for Occupational Stress and Death from Overwork (Karoshi) of workers in Japan, S. 179; *Nishiyama/Johnson*, International Journal of Health Services 1997, Vol. 27 (4), S. 625, abrufbar unter http://www.workhealth.org/whatsnew/lpkarosh.html (zuletzt abgerufen am 5.6.2014).

801 vgl. Ministerium für Gesundheit, Arbeit und Wohlfahrt, Kôsei Rôdô Hakusho (White Paper on the Labour Economy) von 2004, abrufbar unter www.mhlw.go.jp/wp/hakusyo/kousei/04/dl/2-4.pdf (Japanisch); von 2007, abrufbar unter www.mhlw.go.jp/wp/hakusyo/kousei/07/dl/0203.pdf (Japanisch) (zuletzt abgerufen am 5.6.2014); Annual Health, Labour and Welfare Report 2007–2008, abrufbar unter http://www.mhlw.go.jp/english/wp/wp-hw2/part2/p2c3s2.pdf (zuletzt abgerufen am 5.6.2014); sowie Bericht des Beratungsausschusses v. 29.11.2011, abrufbar unter www.mhlw.go.jp/stf/shingi/2r9852000001wfoo-att/2r9852000001wfrr.pdf (Japanisch) (zuletzt abgerufen am 5.6.2014); Pressebericht Mai 2005, abrufbar unter www.mhlw.go.jp/houdo/2006/05/h0531-1.html (Japanisch) (zuletzt abgerufen am 5.6.2014); Counseling Center for Death from Overwork, abrufbar unter www.karoushi.jp/nintei.html (Japanisch) (zuletzt abgerufen am 5.6.2014); *Kanai*, Journal of Business Ethics 2009, Vol. 84, 209 (210); *Iwasaki/Takahashi/Nakata*, Industrial Health 2006, Vol. 44, 537 (539); Japan Labour Bulletin, Vol. 42, No. 2, Februar 2003, S. 2, abrufbar unter http://www.jil.go.jp/english/archives/bulletin/documents/200302.pdf (zuletzt abgerufen am 5.6.2014); *McAlinn* in McAlinn, Japanese Business Law, Employment and Labour, S. 443.

2. Karô-jisatsu

a) *Gesetzliche Bestimmungen zur Beurteilung der Berufsbedingtheit psychischer Erkrankungen*

Mag Karôshi ein – aus juristischer Perspektive betrachtet – relativ junges Problem darstellen, so trifft dies umso mehr auf Karô-jisatsu zu. Erst innerhalb der letzten 15 Jahre vollzog sich in der japanischen Gesetzgebung ein Bewusstseinswandel, der zu einer flexiblen und international wohl einmaligen Handhabung bzgl. arbeitsbedingter psychischer Erkrankungen führte.

aa) Entwicklung bis 1999

Nach einer früheren Ansicht der Aufsichtsbehörden im Einklang mit der h.M. in Literatur und Rechtsprechung wurden psychische Störungen aus unfallversicherungsrechtlicher Sicht in drei Kategorien unterteilt: psychogene, anlagenbedingte und innerlich verursachte mentale Störungen, wobei allerdings letztgenannte nicht zu einer Entschädigung berechtigten. Dies ergibt sich aus dem AUVG. Gemäß japanischem Unfallversicherungsrecht ist es dem Staat nämlich verwehrt Versicherungsleistungen zu erbringen, wenn der Arbeitnehmer durch einen willentlichen Akt erkrankt, verunfallt oder stirbt (Art. 12-2-2 Abs. 1 AUVG).[802] Denn wenn anzunehmen ist, dass der Selbstmord aus freiem Entschluss des Arbeitnehmers erfolgte, so kann der adäquat kausale Zusammenhang zwischen der Beschäftigung und dem Tod aufgrund des Vorsatzes des Arbeitnehmers nicht bejaht werden und eine Berufsbedingtheit ist deswegen nicht gegeben.[803] Eine Entschädigung für geistige Störungen und somit auch Karô-jisatsu war jedoch möglich, soweit es sich unter die anderen beiden Kategorien subsumieren ließ. Dies galt insbesondere für solche Fälle, in denen ein Arbeitnehmer an Depression wegen beruflich verursachtem Stress erkrankte und sich sodann das Leben nahm, wobei eine solche arbeitsbedingte Depression zu einem Zustand geistiger

---

802 *Middlemiss*, in Kierkegaard (Hrsg.), Business & Law: Theory and Practice, Employers' Liability for Occupational Stress and Death from Overwork (Karoshi) of workers in Japan, S. 185; *Obata*, AuR 2001, 129 f.; *dies.*, Japan Labor Bulletin, Vol. 39, Nr. 11, November 2000, abrufbar unter http://www.jil.go.jp/english/archives/bulletin/documents/200011.pdf (zuletzt abgerufen am 5.6.2014); vgl. auch Japan Labor Bulletin, Vol. 38, Nr. 11, November 1999, S. 7, abrufbar unter http://www.jil.go.jp/english/archives/bulletin/documents/199911.pdf (zuletzt abgerufen am 5.6.2014).

803 *Nishimura*, in Becker/Walser, Perspektiven der Unfallversicherung in Japan und Deutschland, Wegeunfälle, Berufskrankheiten und Asbestentschädigung in der japanischen Unfallversicherung, S. 30.

Instabilität führte und der Arbeitnehmer sich daraufhin nicht mehr in der Lage sah, dem Impuls der Selbsttötung zu widerstehen. Ein willentlicher Akt kann hierbei nicht angenommen werden, da der Vorsatz wegen Unzurechnungsfähigkeit ausgeschlossen ist.[804] Dass den Betroffenen/Hinterbliebenen ein solcher Nachweis gelingen konnte, war äußerst unwahrscheinlich. Darum verwundert es auch nicht, dass bis Mitte der 90er Jahre des vorhergehenden Jahrhunderts kaum Fälle von Karô-jisatsu - weder von den Aufsichtsbehörden noch von der Rechtsprechung - anerkannt wurden.[805]

Etwas verbessert wurde die Lage durch den bereits erwähnten Erlass v. 28. Januar 1995. Denn dieser lieferte nicht nur Kriterien zur Beurteilung von Karôshi, sondern auch ein Grundmodell der Bewertung psychischer Belastungsfaktoren am Arbeitsplatz. Dieses Modell geht davon aus,

> *„dass im Einzelfall retrospektiv, unter Heranziehung medizinischer und pathologischer Befunde die physische und psychische Konstitution des Verstorbenen hinsichtlich seiner individuellen kardio-vaskulären und mentalen Konstitution genau einzuschätzen ist und sich somit der ungefähre Zeitpunkt eines natürlichen Todes vermuten lässt. Ermöglicht wird auf diese Weise die Beurteilung psychischen Belastbarkeit des verstorbenen Arbeitnehmers kurz vor seinem Tode, wobei davon ausgegangen wird, dass sich sowohl die kardiovaskuläre als auch die psychische Leistungsfähigkeit mit zunehmendem Alter verringert, und damit die Widerstandskraft gegenüber psychischen Ereignissen, sei es in Form von Dauerbelastungen oder einzelnen Spitzenbelastungen, sinkt.*
>
> *Grundlage hierfür ist die Einschätzung der* normalen *gesundheitlichen Entwicklung eines* vergleichbaren *Arbeitnehmers, der keine Disposition, d.h. keine gesundheitlichen Vorschädigungen atherosklerotischer oder mentaler Natur aufweist.“*[806]

Der Erlass hatte somit auch Auswirkungen auf die Anerkennung von psychischen Störungen und Karô-jisatsu. Allerdings waren diese Einflüsse lediglich theoretischer Natur. In der Praxis bestanden hingegen noch viele ungeklärte Fragen. *Tieste*

---

804 *Middlemiss*, in Kierkegaard (Hrsg.), Business & Law: Theory and Practice, Employers' Liability for Occupational Stress and Death from Overwork (Karoshi) of workers in Japan, S. 185; *Nishimura*, in Becker/Walser, Perspektiven der Unfallversicherung in Japan und Deutschland, Wegeunfälle, Berufskrankheiten und Asbestentschädigung in der japanischen Unfallversicherung, S. 30 f.

805 tatsächlich erging die erste Entscheidung, wonach Karô-jisatsu unter bestimmten Voraussetzungen ein zu entschädigender Versicherungsfall darstellen kann, erst 1996; zu der Entwicklung in der Rechtsprechung sowie statistischen Nachweisen der Anerkennung durch die Aufsichtsbehörden siehe nachfolgende Kapitel.

806 so die kurze und prägnante Zusammenfassung bei *Tieste*, Haftungsfall Stresserkrankung, S. 216 f.

merkt hierzu richtigerweise an, dass ein Vergleich zwischen der nachweisbaren Belastbarkeit des Betroffenen zum Unfallzeitpunkt bzw. Ausbruch der Krankheit und der rein hypothetischen Belastbarkeit eines ebenso fiktiven Vergleichsarbeitnehmers in der Realität kaum zu bewerkstelligen ist und es zwangsläufig zu Ungenauigkeiten kommen muss(te). Desgleichen fehle neben einem validen und reliablen Vergleichsmodell auch noch ein Bewertungskonzept hinsichtlich der Bestimmung und Intensität der einwirkenden Stressoren.[807] Dies alles machte eine gesetzgeberische Intervention dringend notwendig.

bb) Erlass vom 14.09.1999

Eine solche administrative Regelung erfolgte kurz darauf im Jahre 1999. Bereits im Februar 1998 hat das japanische Arbeitsministerium – ähnlich wie bei Karôshi – eine Expertenkommission „zur Beratung über die Anerkennung der geistigen Störung als Unfallversicherungsfall“[808] mit der Evaluation des status quo und der Entwicklung eines Bewertungsmodells hinsichtlich arbeitsbedingter psychischer Erkrankungen sowie Karô-jisatsu eingesetzt. Am 14. September erging auf Basis des Abschlussberichtes der Fachkommission dann eine umfassende Direktive für die Aufsichtsbehörden.[809] Ausschlaggebend für die Aufstellung grundsätzlicher Bewertungskriterien war jedoch weniger der regulatorische Eifer und Wille des Gesetzgebers, sondern vielmehr den wegweisenden Entscheidungen in den Sachen *Dentsû* und *Kawasaki Steel* geschuldet.[810]

Die Voraussetzungen zur Anerkennung der Berufsbedingtheit psychischer Gesundheitsstörungen gliedern sich in drei Punkte, welche zugleich auch die Vorgehensweise der Aufsichtsbehörden bei ihrer Beurteilung determinieren. Demnach muss folgendes für eine Anerkennung gegeben sein:[811]

---

807 *Tieste*, Haftungsfall Stresserkrankung, S. 218.

808 *Nishimura*, in Becker/Walser, Perspektiven der Unfallversicherung in Japan und Deutschland, Wegeunfälle, Berufskrankheiten und Asbestentschädigung in der japanischen Unfallversicherung, S. 31.

809 Kihatsu Nr. 544 v. 14.09.1999.

810 *Tieste*, Haftungsfall Stresserkrankung, S. 220; *Mizushima*, Japan Labor Review, Vol. 10, Nr. 3, Summer 2013, S. 41, abrufbar unter http://www.jil.go.jp/english/JLR/documents/2013/JLR39_all.pdf (zuletzt abgerufen am 5.6.2014); ausführliche Interpretation dieser Urteile siehe nachfolgende Kapitel weiter unten.

811 Japan Labor Bulletin, Vol. 38, Nr. 11, November 1999, S. 8, abrufbar unter http://www.jil.go.jp/english/archives/bulletin/documents/199911.pdf (zuletzt abgerufen am 5.6.2014); vgl. auch *Middlemiss*, in Kierkegaard (Hrsg.), Business & Law: Theory and Practice, Employers' Liability for Occupational Stress and Death from Overwork (Karoshi) of workers in Japan, S. 185; *Nishimura*, in Becker/Walser, Perspektiven der

- der Betroffene muss an einer in der Richtlinie ausgewiesenen mentalen Gesundheitsstörung erkrankt sein (sog. „*target-disease*"), welche sich anhand der in ICD-10, Kapitel 5 (F) aufgeführten Krankheiten orientiert
- Innerhalb von 6 Monaten vor Ausbruch der geistigen Störung war der Betroffene starken psychischen Belastungen ausgesetzt, welche objektiv-vergleichbar auf die Arbeitstätigkeit zurückzuführen sind
- außerberufliche psychische Belastungen bzw. individuelle Faktoren und Prädisposition kommen als Auslöser nicht in Frage

(1) Erfasste Gesundheitsstörungen nach ICD-10 (target-diseases)

Wie bereits erwähnt orientieren sich die vom Anwendungsbereich der Richtlinie erfassten Gesundheitsstörungen penibel an der 10. Revision der internationalen Klassifikation (International Classification of Deseases, ICD-10) der Weltgesundheitsorganisation (WHO). Der japanische Gesetzgeber hat bei seiner Ausarbeitung also Rückgriff auf die systematisch detaillierten, klinisch-diagnostischen Leitlinien der WHO genommen, welche als internationaler Standard bei der Beurteilung und Einteilung von Erkrankungen und Gesundheitsstörungen durch Mediziner, Gutachter, Gerichte und Krankenkassen gelten.[812] Zu beachten ist allerdings, dass nur die Klassifizierungen F 00 bis F 48 in Kapitel 5 (F) der ICD-10 ausdrücklich als *target-diseases* vom Anwendungsbereich der Richtlinie erfasst sind. Ausgeschlossen sind demnach vor allem psychosomatische Erkrankungen sowie Persönlichkeitsstörungen. Die Richtlinie ordnet zudem an, dass zur Diagnose der *target-diseases* alle verfügbaren ärztlichen Dokumente des Betroffenen von den Gutachtern zu inspizieren sind. Ebenso haben die Sachverständigen Gespräche mit der Familie, Freunden, Kollegen, Vorgesetzten und Ärzten des Opfers zu führen und hierzu auch Datenmaterial hinsichtlich Arbeitsqualität und Arbeitsquantität beizuziehen. Durch diese Maßnahmen soll die Krankengeschichte und Prädisposition des Betroffenen genauestens erfasst und bzgl. ihrer Ursächlichkeit für die psychische Gesundheitsstörung hin untersucht werden.[813]

Unfallversicherung in Japan und Deutschland, Wegeunfälle, Berufskrankheiten und Asbestentschädigung in der japanischen Unfallversicherung, S. 31 f., sowie *Tieste*, Haftungsfall Stresserkrankung, S. 226.

812 *Tieste*, Haftungsfall Stresserkrankung, S. 227, welcher auch eine Tabelle mit den einschlägigen Krankheiten bereitstellt.

813 *Tieste*, Haftungsfall Stresserkrankung, S. 229.

Tabelle: ICD-10 Kapitel 5 (F) Psychische und Verhaltensstörungen[814]

Schlüssel	Klassifikation
F 00 - F 09	***Organische, einschließlich symptomatischer psychischer Störungen***
F 10 - F 19	***Psychische und Verhaltensstörungen durch psychotrope Substanzen***
F 20 - F 29	***Schizophrenie, schizotype und wahnhafte Störungen***
F 30 - F 39	***Affektive Störungen***
F 40 - F 48	***Neurotische, Belastungs- und somatoforme Störungen***
F 50 - F 59	Verhaltensauffälligkeiten mit körperlichen Störungen und Faktoren
F 60 - F 69	Persönlichkeits- und Verhaltensstörungen
F 70 - F 79	Intelligenzminderung
F 80 - F 89	Entwicklungsstörungen
F 90 - F 98	Verhaltens- und emotionale Störungen mit Beginn in der Kindheit und Jugend
F 99 - F 99	Nicht näher bezeichnete psychische Störungen

(2) Berufsbedingte psychische Belastung

Nachdem eine *target-disease* beim Betroffenen nachgewiesen werden konnte, ist als nächstes zu überprüfen, ob diese Gesundheitsstörung auch durch die berufliche Tätigkeit (mit-)verursacht wurde. Zudem muss eruiert werden, mit welcher Intensität diese arbeitsbedingte(n) Belastung(en) auf den Geschädigten einwirkte(n). Nach Analyse der medizinischen Literatur und im Lichte des damaligen Stands der arbeitsmedizinischen und arbeitspsychologischen Wissenschaft, entwickelte die Expertenkommission ein umfassendes zweigliedriges Schema zur Bewertung der arbeitsbedingten psychischen Belastungsfaktoren und deren Intensität (sog. „Workplace Psychological Stress Evaluation Table“[815]).

In der ersten Evaluationsstufe werden 31 allgemeine Items aufgeführt, welche spezifische Ereignisse beschreiben, die beruflich bedingten, psycho-sozialen Stress auslösen können. Hinsichtlich ihrer grundsätzlichen Intensität sind diese Items unterteilt in *leichte* (Grad I), *mittelmäßige* (Grad II) oder *schwere* (Grad III)

814 nach Deutsches Institut für Medizinische Dokumentation und Information (DIMDI), abrufbar unter http://www.dimdi.de/static/de/klassi/icd-10-who/kodesuche/onlinefassungen/htmlamtl2013/chapter-v.htm (zuletzt abgerufen am 5.6.2014).

815 *Mizushima*, Japan Labor Review, Vol. 10, Nr. 3, Summer 2013, S. 41, abrufbar unter http://www.jil.go.jp/english/JLR/documents/2013/JLR39_all.pdf (zuletzt abgerufen am 5.6.2014); *Otsuka/Horita*, Japan Labor Review, Vol. 10, Nr. 4, Fall 2013, S. 49, abrufbar unter http://www.jil.go.jp/english/JLR/documents/2013/JLR40_all.pdf (zuletzt abgerufen am 5.6.2014).

Stresswirkung. Beschrieben wird mit dieser Skaleneinteilung folglich, wie solche Ereignisse von einem durchschnittlichen Arbeitnehmer typischerweise verarbeitet werden. Insoweit erfolgt also eine „Vorsortierung" basierend auf den damaligen Erfahrungswerten. Grad I weist alltägliche Belastungsfaktoren aus, die normalerweise keine gesundheitlichen Auswirkungen haben. Grad II spiegelt die mittlere Belastung wieder. Unter dem III. Grad sind solche Einwirkungen dargestellt, die nur äußerst selten auftreten, aber dafür außergewöhnliche Belastungen zur Folge haben.[816]

In einem zweiten Bewertungsschritt innerhalb der ersten Evaluationsstufe werden dieses Items dann bzgl. ihrer individuellen Wirkung beim Betroffenen nochmals untersucht und gewichtet. Die Beurteilungsrichtlinie folgt nämlich der sog. „Stress-Fragilitäts-Theorie", wonach die die stressinduzierte Entstehung/Verschlimmerung psychischer Störungen von der individuellen Reaktionsfähigkeit bzw. persönlichen Empfindlichkeit abhängig ist.[817] Dieser Ansatz weist sehr enge Bezüge zum und Überschneidungen mit dem transaktionalen Stressmodel von *Lazarus et al.* auf. Die Grundintensität der Ereignisse kann also, abweichend von der ursprünglichen, allgemeinen Zuordnung, in dem zweiten Bewertungsschritt je nach individueller Wirkung modifiziert werden. Ein Ereignis mittlerer Stresswirkung (Grad II) kann somit je nach Einzelfall auch dem III. oder I. Grad zugeordnet werden.[818] Einen Überblick über die wichtigsten Items des Beurteilungsmodells gibt nachfolgende Tabelle.

816 *Tieste*, Haftungsfall Stresserkrankung, S. 230.

817 *Nishimura*, in Becker/Walser, Perspektiven der Unfallversicherung in Japan und Deutschland, Wegeunfälle, Berufskrankheiten und Asbestentschädigung in der japanischen Unfallversicherung, S. 31.

818 *Tieste*, Haftungsfall Stresserkrankung, S. 230.

Tabelle: psychische Einflussfaktoren am Arbeitsplatz[819]

Grad I (geringe Stresswirkung)	**Grad II (mittlere Stresswirkung)**	**Grad III (hohe Stresswirkung)**
• *Konflikte mit Kunden/ Patienten/Mandanten* • Änderung der Arbeitszeit • *Automatisierung* • *Beförderung* • *Konflikte mit Kollegen* • *Konflikte mit Untergebenen* • *Versetzung eines die eigene Arbeit unterstützenden Kollegen* • *Beförderung eines Kollegen*	• *Schilderung/Begründung eines Arbeitsunfalls* • *Nichterfüllung von Quoten/ Zielvereinbarungen* • *Führung eines Geschäftsbereichs* • *Reorganisation des Unternehmens* • *Drastische Veränderung von Arbeitsinhalt/-umfang* • *Versetzung* • *hierarchische Zurückstufung* • *sexuelle Belästigung* • *Konflikte mit Vorgesetzten*	• *schwerwiegende Erkrankung/Unfall* • *Verursacher eines Verkehrsunfalls mit Todesfolge/Schwerverletzten* • *Verursacher eines Arbeitsunfalls mit Todesfolge/Schwerverletzten* • *schwerwiegende Fehlentscheidung zu Lasten des Arbeitgebers* • *Arbeitsplatzverlust* • *betriebsbedingte, vorgezogene Pensionierung*

(3) Außerberufliche Belastung sowie individuelle Prädisposition

Kompensationsfähig i.S.d. Unfallversicherungsrechts sind nur solche Versicherungsfälle, die durch die berufliche Tätigkeit verursacht wurden. Deswegen muss in einem 3. Schritt überprüft werden, ob die Erkrankung nicht (wesentlich) auf konkurrierende, nicht arbeitsbedingte Ursachen zurückzuführen ist bzw. keine individuelle Prädisposition vorliegt, die selbst bei einem multi-kausalen Ursachenzusammenhang eine Entschädigung unmöglich macht. Zur Diagnose und Beurteilung dieser negativen Abgrenzungskriterien wurde ebenfalls ein Bewertungsmodell entworfen, welches die nach Ansicht der Expertenkommission in Verbindung mit dem damaligen Stand der medizinischen Wissenschaft wesentlichen, nicht mit dem Arbeitsleben in Verbindung stehenden psychischen Einwirkungen erfasst.

Innerhalb eines Begutachtungszeitraums von sechs Monaten vor Ausbruch der Krankheit werden spezifische Ereignisse aus dem alltäglichen Leben des Betroffenen untersucht und evaluiert, die für sich alleine oder aber in Verbindung mit arbeitsbedingten Stressoren geeignet sind, psychische Überlastungen und Gesundheitsstörungen zu verursachen. Auch hier erfolgt die Erfassung und Bewertung wie

819 vgl. Japan Labor Bulletin, Vol. 38, Nr. 11, November 1999, S. 9, abrufbar unter http://www.jil.go.jp/english/archives/bulletin/documents/199911.pdf (zuletzt abgerufen am 5.6.2014); sowie *Tieste*, Haftungsfall Stresserkrankung, S. 231 f.

bei den berufsbedingten Faktoren: die Liste enthält Items mit einer ausgewiesenen Grundintensität (Grad I, II und III). Im Rahmen der Untersuchung kann auch hier wieder der Intensitätsgrad je nach individueller Bewältigung durch den Betroffenen modifiziert werden. Hierzu dienen die gleichen Mittel und Methoden wie sie schon bei den ersten beiden Schritten (Ermittlung einer *target-disease*, Feststellung und Bewertung der berufsbedingten Einwirkungen) zum Einsatz kamen.[820] Nachfolgende Tabelle zeigt einige wesentliche Items des Bewertungsmodells.

Tabelle: psychische Stressoren und Einflussfaktoren außerhalb der Arbeit[821]

Grad I (geringe Stresswirkung)	**Grad II (mittlere Stresswirkung)**	**Grad III (hohe Stresswirkung)**
• *Zwist mit dem Partner* • *Schwangerschaft* • *Pensionierung* • *Geburt/Auszug eines Kindes* • *Kreditaufnahme* • *Erwerb/Verkauf eines Eigenheims*	• *Verschlechterung des Einkommens* • *Zahlungsschwierigkeiten* • *Opfer eines Einbruchs* • *Verursacher eines Verkehrsunfalls* • *Umzug* • *Tod eines engen Freundes* • *Ärger mit den Nachbarn*	• *Scheidung/Trennung* • *schwerwiegende Erkrankung/ Unfall/Fehlge-burt* • *Tod des Ehepartners, Kinder, Eltern, Geschwister* • *erheblicher finanzieller Verlust/ außergewöhnliche Ausgaben* • *Opfer von Naturkatastrophen, Feuer, Straftaten*

Bezüglich der persönlichen, prädisponierenden Einflussfaktoren werden folgende Punkte in die Abschlussbewertung miteinbezogen:[822]

- Anamnese beim Opfer und dessen Familie hinsichtlich Vorerkrankungen und Veranlagungen zu psychischen Erkrankungen
- Suchtmittelkonsum (Alkohol, Drogen, Medikamente), Sex- und Spielsucht
- Überprüfung der Krankengeschichte hinsichtlich abnormaler Persönlichkeitsentwicklungen und/oder sozialer Anpassungsdefizite während der Schulzeit, im Arbeits- sowie Privatleben

Naturgemäß kommt es häufig zu Zuordnungs- und Abgrenzungsschwierigkeiten, wenn sowohl berufsbedingte Einwirkungen, nichtarbeitsbedingte Einflussfaktoren als auch Prädispositionen zusammentreffen oder sich gar gegenseitig bedingen und verstärken. Nach Maßgabe der Richtlinie ist in einem solchen Fall

820 *Tieste*, Haftungsfall Stresserkrankung, S. 234 f.
821 vgl. Japan Labor Bulletin, Vol. 38, Nr. 11, November 1999, S. 9, abrufbar unter http://www.jil.go.jp/english/archives/bulletin/documents/199911.pdf (zuletzt abgerufen am 5.6.2014); sowie *Tieste*, Haftungsfall Stresserkrankung, S. 234.
822 nach *Tieste*, Haftungsfall Stresserkrankung, S. 235.

durch die Gutachter zu bestimmen, welchen Anteil die jeweilige Einwirkung am Ausbruch der Krankheit hatte. Grds. gilt dabei, je höher der Intensitätsgrad desto stärker der Einfluss auf die mentale Störung. Ferner schreibt die Richtlinie vor, dass derjenige Faktor stärkere Gewichtung bei Vorliegen multi-kausaler Ursachen findet, der zuerst auftrat bzw. als erstes auf den Betroffenen einwirkte.[823] Für eine Anerkennung als Versicherungsfall muss dementsprechend eine *target-disease* vorliegen, der Grad der durch die Arbeitstätigkeit bedingten Einflussfaktoren hoch und gleichzeitig die Intensität der außerberuflichen Einwirkungen und Prädispositionen möglichst gering sein.

Zu beachten ist aber, dass gem. der Richtlinie auch sog. „special events" zu berücksichtigen sind. Diese führen zu einer Gesamtbewertung als Grad III (hohe Stresseinwirkung), selbst wenn die anderen Faktoren eine niedrigere Einstufung haben. Hierzu zählt, wenn der Betroffene eine übermäßig hohe Anzahl an Arbeitsstunden zu verrichten hatte.[824] Die Schwelle ist dann überschritten, „wenn der Betroffene eine dermaßen hohe Zahl von Arbeitsstunden geleistet [hat], dass dieser für mehrere Wochen nicht in der Lage war, das physiologisch-medizinisch indizierte Minimum an Schlaf zu erhalten und nach medizinisch-wissenschaftlichen Erkenntnissen diese Tatsache allein bereits geeignet ist, schwere depressionsauslösende mentale und physische Ermüdung (*fatigue*) hervorzurufen".[825] Ebenso als „special event" ist gilt der Fall, dass bei dem Betroffenen im Begutachtungszeitraum (6 Monate vor Ausbruch der zu entschädigenden Erkrankung) eine andere Berufskrankheit oder ein Arbeitsunfall i.e.S. mit schweren mentalen Befindlichkeitsstörungen vorlag und dabei die gesundheitliche Konstitution während dieses Zeitraums eine schwerwiegende negative Entwicklung vollzog.[826]

---

823 *Tieste*, Haftungsfall Stresserkrankung, S. 235.

824 Japan Labor Bulletin, Vol. 38, Nr. 11, November 1999, S. 8, abrufbar unter http://www.jil.go.jp/english/archives/bulletin/documents/199911.pdf (zuletzt abgerufen am 5.6.2014); offizielle Broschüre des MHLW „Worker's Compensation Insurance Application Pamphlet for Foreign Workers" Vol. 2, S. 8, abrufbar unter: http://www.mhlw.go.jp/new-info/kobetu/roudou/gyousei/rousai/dl/zentai/eigo2.pdf (zuletzt abgerufen am 5.6.2014); *Tieste*, Haftungsfall Stresserkrankung, S. 230.

825 *Tieste*, Haftungsfall Stresserkrankung, S. 233; vgl. auch offizielle Broschüre des MHLW „Worker's Compensation Insurance Application Pamphlet for Foreign Workers" Vol. 2, S. 8, abrufbar unter: http://www.mhlw.go.jp/new-info/kobetu/roudou/gyousei/rousai/dl/zentai/eigo2.pdf (zuletzt abgerufen am 5.6.2014): „Extremely long hours of work where the worker is unable to maintain the minimum physiologically required amounts of sleep".

826 offizielle Broschüre des MHLW „Worker's Compensation Insurance Application Pamphlet for Foreign Workers" Vol. 2, S. 8, abrufbar unter: http://www.mhlw.go.jp/

(4) Verbesserung hinsichtlich der Bewertung von Karô-jisatsu

Der Erlass der Richtlinie hat zu einer maßgeblichen Verbesserung der Situation bei Fällen von Karô-jisatsu geführt. Für die Anerkennung als Berufskrankheit i.S.d. AUVG ist nun nicht mehr erforderlich, dass eine berufliche verursachte depressive Episode die mentale Stabilität derart störte, dass in einem Zustand der geistigen Unzurechnungsfähigkeit Selbstmord begangen bzw. versucht wird. Vielmehr ist jetzt ausreichend, dass eine *target-disease* die normale Urteilskraft beeinflusste und diese durch arbeitsbedingte Stressoren hervorgerufen wurde.[827] D.h. im Gegensatz zu früher erweitern die neuen Anerkennungskriterien die Entschädigung auf (fast) alle Fälle geistiger Gesundheitsstörungen.[828] Zudem lagen nun erstmals konkrete und verbindliche Kriterien sowie Beurteilungsmaßstäbe zur Klassifikation/Bewertung von Karô-jisatsu und psychischer Krankheiten im beruflichen Kontext vor.

cc) Revision der Richtlinie durch Erlass v. 06.04.2009[829]

Im April 2009 erfuhr die Richtlinie zehn Jahre nach Inkrafttreten eine Revision. Diese Überarbeitung war dem Umstand geschuldet, dass zu der Zeit, als die Expertenkommission den ersten Entwurf ausarbeitete, viele (praktische) Probleme noch nicht antizipiert werden konnten und diese sich erst nach Erlass peu à peu zeigten. So fanden nach 1999 umfassende Änderungen im allgemeinen und alltäglichen Arbeitsumfeld aufgrund der stagnierenden wirtschaftlichen Lage in Japan statt. Vor allem die damals vermehrt aufgetretenen Betriebsänderungen und Massenentlassungen sind hier zu nennen. Zudem kam es immer häufiger zu gerichtlichen Streitigkeiten bzgl. Konflikten mit dem Vorgesetzten wegen abschätziger Bemerkungen, Beleidigung und Maßregelungen (Stichwort: Belästigung und Mobbing).

---

new-info/kobetu/roudou/gyousei/rousai/dl/zentai/eigo2.pdf (zuletzt abgerufen am 5.6.2014); *Tieste*, Haftungsfall Stresserkrankung, S. 233.

827 *Middlemiss*, in Kierkegaard (Hrsg.), Business & Law: Theory and Practice, Employers' Liability for Occupational Stress and Death from Overwork (Karoshi) of workers in Japan, S. 185; *Tieste*, Haftungsfall Stresserkrankung, S. 236; *Furuya*, Asian Labour Update 52, abrufbar unter http://www.anroev.org/wp-content/uploads/2012/05/OSH-ALU-52.pdf (zuletzt abgerufen am 5.6.2014); *Obata*, AuR 2001, 129 (130).; *dies.*, Japan Labor Bulletin, Vol. 39, Nr. 11, November 2000, abrufbar unter http://www.jil.go.jp/english/archives/bulletin/documents/200011.pdf (zuletzt abgerufen am 5.6.2014).

828 *Obata*, AuR 2001, 129 (130).; *dies.*, Japan Labor Bulletin, Vol. 39, Nr. 11, November 2000, abrufbar unter http://www.jil.go.jp/english/archives/bulletin/documents/200011.pdf (zuletzt abgerufen am 5.6.2014).

829 *Kihatsu* v. 06.04.2009.

Unbestritten verursachen solche Ereignisse eine hohe psychische Belastung beim Betroffenen, wurden aber von der bisherigen Richtlinie nur unzureichend bzw. zu allgemein abgebildet. Auch konnte während der zurückliegenden zehn Jahre ein gewisser statistischer Erfahrungsschatz hinsichtlich der Häufigkeit der jeweiligen Ereignisse aufgebaut werden, was in der Folge eine Anpassung der Richtlinie an diese Erfahrungswerte erforderte.[830]

Deswegen wurden 2009 zwölf neue Items in die erste Bewertungstabelle „arbeitsbedingte Belastungen" aufgenommen. Hierzu zählt z.B. der Punkt „Betroffener war schwerwiegender Belästigung, Mobbing oder Gewalt am Arbeitsplatz ausgesetzt".[831] Daneben wurden neun Items überarbeitet und erhielten z.T. eine andere Grundintensität. So stieg beispielsweise „Konflikte mit Untergebenen" von Grad I zu Grad II auf.

dd) Neue Anerkennungskriterien durch Erlass v. 12.12.2011[832]

Während die Überarbeitung 2009 einzig der Anpassung an die Änderungen im Arbeitsumfeld und an die mittlerweile gewonnenen statistischen Erkenntnisse diente, sollte die umfassende Revision 2011 eine einfachere und vor allem raschere Bearbeitung der immer weiter steigenden Anzahl an Anträgen ermöglichen. Um dies zu erreichen, wurde auch die rechtliche Grundlage geändert:[833] die Beurteilungskataloge wurden bisher immer in Form einer Richtlinie (ガイドライン = guideline) ausgestaltet; nun aber erfolgte die rechtliche Qualifikation als Anerkennungsstandards (是認基準 = zenin kijun). Eine Richtlinie stellt lediglich eine Empfehlung des Ministeriums an die Verwaltung dar, somit verbleibt der jeweiligen Behörde bei ihrer Entscheidung immer ein gewisses eigenes Ermessen. Anerkennungsstandards geben den Aufsichtsbehörden hingegen

---

830 *Mizushima*, Japan Labor Review, Vol. 10, Nr. 3, Summer 2013, S. 42, abrufbar unter http://www.jil.go.jp/english/JLR/documents/2013/JLR39_all.pdf (zuletzt abgerufen am 5.6.2014).

831 *Mizushima*, Japan Labor Review, Vol. 10, Nr. 3, Summer 2013, S. 41, abrufbar unter http://www.jil.go.jp/english/JLR/documents/2013/JLR39_all.pdf (zuletzt abgerufen am 5.6.2014): „Was subjected to severe harassment, bullying, or violence".

832 *Kihatsu* Nr. 1226-1 vom 12.12.2011.

833 *Mizushima*, Japan Labor Review, Vol. 10, Nr. 3, Summer 2013, S. 42, abrufbar unter http://www.jil.go.jp/english/JLR/documents/2013/JLR39_all.pdf (zuletzt abgerufen am 5.6.2014); *Otsuka/Horita*, Japan Labor Review, Vol. 10, Nr. 4, Fall 2013, S. 49, abrufbar unter http://www.jil.go.jp/english/JLR/documents/2013/JLR40_all.pdf (zuletzt abgerufen am 5.6.2014).

verbindliche Beurteilungskriterien vor, die strikt zu befolgen und einzuhalten sind.[834]

Die nun geltenden Anerkennungskriterien weisen drei wesentliche Veränderungen zu den bisherigen Richtlinien von 1999 und 2009 auf. Als erstes sollen Gutachter und Sachverständige (vor allem Psychiater) nur noch konsultiert werden, wenn eine valide abschließende Beurteilung durch die Aufsichtsbehörde selbst nicht zu erreichen ist. Bisher war die Einschaltung von Gutachtern bei jedem einzelnen Fall erfolgt. Dies führte zu einer wesentlichen und nicht hinzunehmenden Verzögerung des gesamten Anerkennungsverfahrens. Um eine schnelle und effiziente Bearbeitung zu gewährleisten, wurde dieser Punkt modifiziert.[835] Sodann wurde die erste Tabelle („Work-Related Psychological Stress Evaluation Table") umfassend revidiert: einerseits werden die „special events" nun nicht wie bisher am Ende der Bewertung miteinbezogen. Vielmehr sollen diese Ereignisse gleich am Anfang der Evaluation überprüft werden. Wird ein solches Ereignis beim Betroffenen nachgewiesen, so bedarf es keiner weiteren Prüfung der einzelnen Items mehr, sondern es erfolgt gleich eine Gesamtbewertung als „hohe Stresseinwirkung" (bisheriger Grad III). Auch diese Änderung hat das Ziel die Bearbeitung der Fälle zu beschleunigen.[836] Zweitens wurde das System aus vordefinierter Grundintensität (stark = Grad III, mittel = Grad II und schwach = Grad I) und nachfolgender Modifikation der Einwirkungsstärke/-schwere je nach Einzelfall aufgegeben. Nunmehr soll lediglich eine einzige Gesamtbewertung anhand der einzelnen Kriterien hinsichtlich Berufsbedingtheit und Intensität erfolgen. Ein Beispielkatalog mit umfassender Beschreibung und Kommentierung soll die Bearbeitung und Bewertung erleichtern. Es bleibt aber dem jeweiligen Bearbeiter überlassen, die Kriterien einzelfallbezogen zu gewichten.[837] Das vormals recht starre Beurteilungsverfahren wurde somit flexibler und an die jeweils spezifischen Gegebenheiten im konkreten Einzelfall angepasst. Die dritte wesentliche Neuerung stellt der Umgang mit sich wiederholenden Einwirkungen (z.B.

---

834 vgl. hierzu auch *Tieste*, Haftungsfall Stresserkrankung, S. 208.

835 *Mizushima*, Japan Labor Review, Vol. 10, Nr. 3, Summer 2013, S. 43, abrufbar unter http://www.jil.go.jp/english/JLR/documents/2013/JLR39_all.pdf (zuletzt abgerufen am 5.6.2014).

836 *Mizushima*, Japan Labor Review, Vol. 10, Nr. 3, Summer 2013, S. 43, abrufbar unter http://www.jil.go.jp/english/JLR/documents/2013/JLR39_all.pdf (zuletzt abgerufen am 5.6.2014).

837 *Mizushima*, Japan Labor Review, Vol. 10, Nr. 3, Summer 2013, S. 43, abrufbar unter http://www.jil.go.jp/english/JLR/documents/2013/JLR39_all.pdf (zuletzt abgerufen am 5.6.2014).

bei Mobbing oder sexueller Belästigung) dar. Bisher wurde jede Einwirkung gesondert hinsichtlich ihrer psychischen Stresswirkung überprüft. Dies hatte den Nachteil, dass viele Anträge abgelehnt wurden, weil die einzelnen Ereignisse für sich alleine genommen nicht ausreichten, um Grad II oder III zu erreichen. Nunmehr werden gleichartige und sich wiederholende Einwirkungen in ihrer Gesamtheit bewertet.[838] Alles in allem kann man durchaus von einer erheblichen Verbesserung der Ausgangslage für Betroffene/Hinterbliebene durch diese umfassende Revision sprechen. Es bleibt allerdings abzuwarten, wie sich diese Revision auf die Anzahl der stattgegebenen Anträge auswirkt. Valide Statistiken, welche einen aussagekräftigen Vergleich zuließen, wurden vom MHLW soweit ersichtlich noch nicht veröffentlicht.

b) Karô-jisatsu als Gegenstand der Rechtsprechung

Genauso wie in der Gesetzgebungshistorie ist Karô-jisatsu auch in der Gerichtspraxis ein noch relativ junges Phänomen. Erst Mitte der 90er Jahre des vorherigen Jahrhunderts wurden die ersten Fälle bei japanischen Gerichten anhängig. Dabei ist zu differenzieren zwischen der Klage auf Leistungen aus der Unfallversicherung (nachfolgend unter aa)) und der Klage auf Schadensersatz nach zivilrechtlichen Haftungsnormen (nachfolgend unter bb)), welche zu Beginn der Klagewelle – trotz der Möglichkeit beides gleichzeitig geltend zu machen – zunächst separat erfolgten.

aa) Unfallversicherungsrecht

So hob im April 1996 das *DG Kobe*[839] einen ablehnenden Bescheid des Arbeitsstandardaufsichtsamts Kakogawa durch Beschluss auf, wonach die Angehörigen eines Selbstmordopfers Ansprüche auf Versicherungsleistungen aus AUVG wegen Karô-jisatsu haben. Dies war die erste Gerichtsentscheidung, die Hinterbliebenen eines Arbeitnehmers, welcher aufgrund überarbeitungsbedingter Depression Suizid beging, Entschädigungsleistungen aus der Unfallversicherung zusprach.[840] Nach Ansicht des Gerichts erfolgte der streitgegenständliche Freitod

---

838 *Mizushima*, Japan Labor Review, Vol. 10, Nr. 3, Summer 2013, S. 43 f., abrufbar unter http://www.jil.go.jp/english/JLR/documents/2013/JLR39_all.pdf (zuletzt abgerufen am 5.6.2014).

839 *DG Kobe* v. 26.4.1996, Rôdô Hanrei 695, 31.

840 *Obata*, AuR 2001, 129 (130); vgl. auch *dies.*, Japan Labor Bulletin, Vol. 39, Nr. 11, November 2000, abrufbar unter http://www.jil.go.jp/english/archives/bulletin/documents/200011.pdf (zuletzt abgerufen am 5.6.2014).

in einem Zustand „krankhaft geistiger Befindlichkeit", welche „durch überarbeitungsbedingte Depression hervorgerufen worden war".[841] Es führte aus, dass ein Suizid in solchen Fällen nicht als willentlicher Akt erachtet werden kann, „wenn die Verletzungen des Verstorbenen in einer Depression münden, die so schwer ist, dass sie zu einem Zustand geistiger Instabilität führt, in der er tatsächlich nicht imstande ist, dem Impuls zu widerstehen, sich das Leben zu nehmen".[842] Diese Argumentation fand schnell Anklang in der Rechtsprechung anderer Instanzgerichte[843] und leistete einen nicht geringen Beitrag zum Erlass der Richtlinien v. 14. September 1999. Aber auch nach der Etablierung von einheitlichen Bewertungsrichtlinien kam es immer wieder zu gerichtlichen Auseinandersetzungen.[844] Da auch die Richtlinien bzgl. Karô-jisatsu genauso wie die Richtlinien hinsichtlich Karôshi allenfalls nur die Verwaltung binden, hat die Rechtsprechung auch hier einen etwas anderen Auslegungsmaßstab als den der Beurteilungsrichtlinie entwickelt. Da der unfallversicherungsrechtliche Aspekt bereits umfassend bei Karôshi thematisiert wurde, soll hier die prägnante Zusammenfassung *Nishimuras* betreffend der Ansicht der Rechtsprechung genügen:

> *„Bei der Beurteilung des kausalen Zusammenhangs, der Voraussetzung für die Anerkennung der Berufsbedingtheit ist, ist es angemessen, vor dem Hintergrund der medizinischen Kenntnisse über die Depression, den Inhalt der Beschäftigung bzw. die Lebenssituation, das Vorliegen bzw. Ausmaß der psychischen Belastungen aus diesen, sowie die physischen Faktoren wie Krankheitsveranlagungen der Arbeitnehmer und die individuellen Faktoren, wie eine Neigung zu Depressionen, konkret und gesamtbildlich zu erfassen und im Lichte der allgemeinen Lebenserfahrung zu beurteilen. Dabei verlang[en] [Gerichte], anders als die Verordnung, die Einstufung des dienstlichen Stresses als „stark" nicht. Angemessen und geeignet ist der vergleichbare Arbeitnehmer als Vergleichsmaßstab nur, wenn er von allen vergleichbaren Arbeitnehmern, die von der Beschäftigungsart, der Position, dem Alter und*

---

841 *Obata*, AuR 2001, 129 (130); vgl. auch *dies.*, Japan Labor Bulletin, Vol. 39, Nr. 11, November 2000, abrufbar unter http://www.jil.go.jp/english/archives/bulletin/documents/200011.pdf (zuletzt abgerufen am 5.6.2014); vgl. auch *Nishimura*, in Becker/Walser, Perspektiven der Unfallversicherung in Japan und Deutschland, Wegeunfälle, Berufskrankheiten und Asbestentschädigung in der japanischen Unfallversicherung, S. 31.

842 *Obata*, AuR 2001, 129 (130); vgl. auch *dies.*, Japan Labor Bulletin, Vol. 39, Nr. 11, November 2000, abrufbar unter http://www.jil.go.jp/english/archives/bulletin/documents/200011.pdf (zuletzt abgerufen am 5.6.2014).

843 so z.B. *DG Nagano* v. 12.3.1999, Rôdô Hanrei 764, 43.

844 vgl. umfassende Nachweise bei *Nishimura*, in Becker/Walser, Perspektiven der Unfallversicherung in Japan und Deutschland, Wegeunfälle, Berufskrankheiten und Asbestentschädigung in der japanischen Unfallversicherung, S. 32 f.

den Berufserfahrungen vergleichbar und genügend gesund sind, um ohne Erleichterungsmaßnahmen der alltäglichen Beschäftigung nachgehen zu können, vom Charakter jedoch am fragilsten ist. Somit wird [in der Rechtsprechung] ein eher wohlwollender Vergleichsmaßstab festgelegt. [...] Unter diesen Voraussetzungen scheint mir, dass die Bejahung der Berufsbedingtheit einer psychischen Krankheit aufgrund einer entsprechend großen, jedoch nicht als „stark" eingestuften berufsbedingten psychischen Belastung, etwas vorsichtiger zu erfolgen hat."[845]

bb) Zivilrechtliche Schadensersatz

Mehr noch als die gerade besprochenen sozialrechtlichen Urteile führten aber zivilrechtliche Schadensersatzklagen zum Aktivwerden der Legislative und bedingten so maßgeblich die gesetzgeberische Reform durch besagten Erlass im Jahre 1999.[846] Hervorzuheben sind hier insbesondere die Entscheidungen in der Sache „*Kawasaki Steel*"[847] und „*Dentsû*"[848]. Letztere kann unbestritten als *die* Leitentscheidung im Rahmen der zivilrechtlichen Arbeitgeberhaftung bei Karôshi/Karô-jisatsu angesehen werden.[849] Dies zeigt sich vor allem an der Fülle der nicht in Japanisch veröffentlichten Entscheidungsbesprechungen hierzu.[850]

---

845 *Nishimura*, in Becker/Walser, Perspektiven der Unfallversicherung in Japan und Deutschland, Wegeunfälle, Berufskrankheiten und Asbestentschädigung in der japanischen Unfallversicherung, S. 33 f.

846 *Nishimura*, in Becker/Walser, Perspektiven der Unfallversicherung in Japan und Deutschland, Wegeunfälle, Berufskrankheiten und Asbestentschädigung in der japanischen Unfallversicherung, S. 31; *Tieste*, Haftungsfall Stresserkrankung, S. 220.

847 *DG Okayama, Außenstelle Kurashiki* v. 23.2.1998, Rôdô Hanrei 733, 13.

848 *OGH* v. 24.3.2000, Rôdô Hanrei 779, 13; zuvor *OG Tokyo* v. 26.9.1997, Rôdô Hanrei 724, 13; *DG Tokyo* v. 28.3.1996, Rôdô Hanrei 692, 13.

849 *Middlemiss*, in Kierkegaard (Hrsg.), Business & Law: Theory and Practice, Employers' Liability for Occupational Stress and Death from Overwork (Karoshi) of workers in Japan, S. 186 spricht von „the landmark ruling".

850 ohne Anspruch auf Vollständigkeit: *Josephs* in *Blanpain* et al., The Global Workplace. International and Comparative Employment Law – Cases and Materials, Japan, S. 529 ff.; *Middlemiss*, in Kierkegaard (Hrsg.), Business & Law: Theory and Practice, Employers' Liability for Occupational Stress and Death from Overwork (Karoshi) of workers in Japan, S. 186 ff.; *Tieste*, Haftungsfall Stresserkrankung, S. 220 ff.; *Nakata*, ZJapanR Nr. 2 (1996), 142 ff.; *Obata*, AuR 2001, 129 ff.; *dies.*, Japan Labor Bulletin, Vol. 39, Nr. 11, November 2000, abrufbar unter http://www.jil.go.jp/english/archives/bulletin/documents/200011.pdf (zuletzt abgerufen am 5.6.2014); *Onishi*, Professional Negligence 2010, 26 (3), 140 (147 ff.); AuR 1996, 312; Waseda Bulletin of Comparative Law Vol. 21, S. 131 ff.

(1) Dentsû

Dieser Fall-Komplex hat in mehrerlei Hinsicht juristisches Neuland betreten und die zivilrechtliche Haftungspraxis, nicht nur bzgl. Karô-jisatsu und Karôshi, bis heute maßgebend geprägt. Die Entscheidung des *DG Tokyo* markierte die erste gerichtliche Verurteilung eines Arbeitgebers zur Zahlung von Schadensersatz an Hinterbliebene eines Karô-jisatsu-Opfers. In diesem Zusammenhang wurde erstmals der Kausalzusammenhang zwischen arbeitsbedingtem Stress und Selbstmord bejaht. Des Weiteren gilt die damals durch die Rechtsprechung getroffene Konkretisierung der Fürsorgepflicht des Arbeitgebers auch noch heute und wurde 2007 schließlich als eigenständige Norm in das Arbeitsvertragsgesetz aufgenommen.[851]

(a) Sachverhalt[852]

Der Sohn der Klägerpartei, *Ichiro Ôshima*, begann nach seinem Universitätsabschluss im April 1990 bei der Beklagten *Dentsû*, der damals größten japanischen Werbeagentur, zu arbeiten. Seine Tätigkeit bestand im Wesentlichen im Verkauf von Radiowerbesendungen an verschiedene Unternehmen und in der Organisation von Veranstaltungen für diese Werbekunden. Zwei Monate vor Arbeitsantritt unterzog er sich eines arbeitsmedizinischen Gesundheitschecks, wobei außer einer Pigmentstörung im Gesicht nichts Auffälliges gefunden wurde. Ein typischer

---

851 vgl. zu Folgen und Auswirkungen der drei Dentsû-Entscheidungen *Middlemiss*, in Kierkegaard (Hrsg.), Business & Law: Theory and Practice, Employers' Liability for Occupational Stress and Death from Overwork (Karoshi) of workers in Japan, S. 186 ff.; *Tieste*, Haftungsfall Stresserkrankung, S. 220 ff.; *Nakata*, ZJapanR Nr. 2 (1996), 142 ff.; *Obata*, AuR 2001, 129 ff.; *dies.*, Japan Labor Bulletin, Vol. 39, Nr. 11, November 2000, abrufbar unter http://www.jil.go.jp/english/archives/bulletin/documents/200011.pdf (zuletzt abgerufen am 5.6.2014); *Onishi*, Professional Negligence 2010, 26 (3), 140 (145 ff.).

852 ausführliche Wiedergabe des Sachverhalts bei *Josephs* in *Blanpain* et al., The Global Workplace. International and Comparative Employment Law – Cases and Materials, Japan, S. 529 ff.; vgl. auch *Middlemiss*, in Kierkegaard (Hrsg.), Business & Law: Theory and Practice, Employers' Liability for Occupational Stress and Death from Overwork (Karoshi) of workers in Japan, S. 186; *Tieste*, Haftungsfall Stresserkrankung, S. 220; *Nakata*, ZJapanR Nr. 2 (1996), 142; *Obata*, AuR 2001, 129 (131).; *dies.*, Japan Labor Bulletin, Vol. 39, Nr. 11, November 2000, abrufbar unter http://www.jil.go.jp/english/archives/bulletin/documents/200011.pdf (zuletzt abgerufen am 5.6.2014); *Onishi*, Professional Negligence 2010, 26 (3), 140 (147); Waseda Bulletin of Comparative Law Vol. 21, S. 132.

Arbeitstag begann für ihn damit, dass er gegen 8 Uhr morgens das Haus seiner Eltern verließ und um ca. 9 Uhr an seinem Arbeitsplatz eintraf. Dort erledigte er die gerade anfallenden Arbeiten bis zum Abendessen gegen 19 Uhr. Danach bereitete er noch verschiedene Materialien und Dokumente für den nächsten Tag vor und machte sich dann auf den Heimweg. Die betriebsübliche Arbeitszeit nach der damals geltenden Arbeitsordnung verlief von 9.30 Uhr bis 17.30 Uhr. Im Wege einer „36er-Vereinbarung" wurde zudem angeordnet, dass Überarbeit nicht die Grenze von 6,5 Stunden pro Tag überschreiten durfte. Bereits im August 1990 begann der Suizident vermehrt erst um ca. 1 oder 2 Uhr nachts von der Arbeit heimzukehren. Diese Nachtarbeit sollte ab November 1990 sogar noch zunehmen: regelmäßig traf er erst gegen 4 bzw. 5 Uhr morgens daheim ein, oftmals kehrte er sogar überhaupt nicht nach Hause, sondern übernachtete im Büro seines Vaters. Zu dieser Zeit wurde eine zweite Gesundheitsuntersuchung bei ihm durchgeführt, welche aber das gleiche Ergebnis wie die Erste aufwies: keine Auffälligkeiten. Ab Januar 1991 erfüllte er ¾ seiner Arbeiten komplett eigenständig und bekam danach vermehrt verantwortungsvollere Aufgaben übertragen, welche seinen bisherigen Arbeitsumfang nochmals erhöhten. Ende April/Anfang Mai wurden die Vorgesetzten des Geschädigten (Abteilungsleiter T und Gruppenleiter S) auf seine sich allmählich verschlechternde Gesundheitsverfassung aufmerksam und rieten ihm, ein paar Tage frei zu nehmen. Ihm standen im ersten Berufsjahr zwar 10 Tage bezahlten Jahresurlaubs zu, er nahm allerdings nur einen halben Tag. Zu dieser Zeit äußerte er gegenüber seinem Vorgesetzten auch wiederholt Selbstmordabsichten. Ferner beklagte er sich über erhebliche Konzentrations- und Schlafstörungen, Lethargie und Antriebslosigkeit. Im August 1991, kurz vor seinem Selbstmord, teilte er seinem Vorgesetzten noch mit, dass er oft nicht mehr wüsste, wovon er spreche bzw. er häufig nicht mehr beurteilen könnte, was er im Moment gerade tat und was er eigentlich tun müsste. Im Anschluss an einer von ihm durchgeführten Kundenveranstaltung vom 24. bis zum 26. August, wo mehrere Personen – unter anderem auch seine direkten Vorgesetzten B und C – nochmals Zeuge seiner Sprach- und Verhaltensstörungen wurden, nahm er sich am Morgen des 27. Augusts das Leben.

Daraufhin erhoben die Eltern des verstorbenen Arbeitnehmers Klage beim *DG Tokyo* gegen seinen ehemaligen Arbeitgeber auf Schadensersatz in Höhe von 220 Mio. ¥ (damals rund 3,3 Mio. DM) wegen Verletzung der arbeitgeberseitigen Fürsorgepflicht. Ein Anspruch ergebe sich nach Ansicht der Kläger sowohl aus Art. 415 JBGB (vertraglicher Pflichtverletzung) als auch Art. 709 JBGB (unerlaubte Handlung). Die Beklagte wies alle Vorwürfe von sich und behauptete, der Freitod des *Ichigo Ôshimas* sei auf Liebeskummer und Familienstreitigkeiten zurückzuführen. Zudem sei er oft nach Feierabend im Büro geblieben, obschon er überhaupt nichts mehr zu tun hatte.

(b) Entscheidungen der Gerichte

Die Klage der Eltern war begründet und hatte in allen drei Instanzen Erfolg. Am 28. März 1996 gab zunächst das *DG Tokyo*[853] der Klage statt und verurteilte die Beklagte Werbeagentur zur Zahlung von 126 Mio. ¥ (damals rund 1,8 Mio. DM). Die darauf von Dentsû eingelegte Berufung vor dem *OG Tokyo*[854] führte lediglich zu einem Teilerfolg: das Berufungsgericht stimmte der ersten Instanz zwar in Sachen Verletzung einer Fürsorgepflicht zu, reduzierte aber den Schadensersatz auf 89 Mio. ¥ (rund 1,27 Mio. DM) wegen Mitverschuldens der Eltern. Sowohl Kläger als auch Beklagte legte daraufhin Revision beim *OGH* ein. Dieser bestätigte am 24. März 2000[855] das Urteil des *OG Tokyo* hinsichtlich Fürsorgepflichtverletzung und Kausalität, jedoch hob er es bzgl. Reduktion des Schadensersatzes auf und verwies die Sache zurück an die Ausgangsinstanz. Am 26. Juni 2000 wurde schließlich vor dem *OG Tokyo* der Fall durch Abschluss eines Vergleichs i.H.v. 168 Mio. ¥ (damals ca. 1,8 Mio. €) beendet. Die Gerichte hatten dabei im Wesentlichen vier strittige Punkte zu klären:

- Umfang der Arbeitszeit des Opfers, auch im Vergleich zur Arbeitszeit anderer, ähnlicher Unternehmen
- Kausalität zwischen stressinduzierter Arbeitsüberlastung und Suizid
- Verletzung der Fürsorgepflicht der Beklagten
- Minderung des Schadensersatzes aufgrund Mitverschuldens

(aa) Umfang der Arbeitszeit

Das *DG Tokyo* stellte bei der Sachverhaltsermittlung fest, dass die offiziellen Arbeitsberichte des Suizidenten – dieser war durch die Arbeitsordnung angehalten, seine Arbeitszeit täglich in ein entsprechendes Dokument einzupflegen – in großem Maße von den Aufzeichnungen einer von der Beklagten beauftragten Sicherheitsfirma abweichen. Dieses Überwachungsunternehmen erfasste den Zeitpunkt des Betretens und des Verlassens des Betriebsgeländes. So war es möglich die tatsächliche Anwesenheitszeit jedes Beschäftigten genau nachzuvollziehen.[856] Aufgrund dieser Aufzeichnungen konnte nachgewiesen werden, dass *Ichigo Ôshima* während der 17 Monate seiner Tätigkeit bei der Beklagten in 105

853 *DG Tokyo* v. 28.3.1996, Rôdô Hanrei 692, 13.

854 *OG Tokyo* v. 26.9.1997, Rôdô Hanrei 724, 13.

855 *OGH* v. 24.3.2000, Rôdô Hanrei 779, 13.

856 *DG Tokyo* v. 28.3.1996, Rôdô Hanrei 692, 13; vgl. hierzu *Tieste*, Haftungsfall Stresserkrankung, S. 221; *Nakata*, ZJapanR Nr. 2 (1996), 142 f.; *Obata*, AuR 2001, 129 (131); *dies.*, Japan Labor Bulletin, Vol. 39, Nr. 11, November 2000, abrufbar unter http://

Fällen erst nach 2 Uhr nachts und in 49 Fällen sogar erst nach 4 Uhr morgens das Büro verlassen hatte.[857] Das Arbeitspensum wurde durch das Gericht auf über 4.000 Stunden pro Jahr geschätzt,[858] was eine durchschnittliche Überstundenanzahl von 66 pro Monat ergebe.[859] Diese Arbeitszeiten wichen nach Ansicht des Gerichts auch von den in vergleichbaren Unternehmen üblichen Arbeitszeiten in erheblichem Umfang ab. Das Gericht führte hierzu aus, dass der verstorbene Arbeitnehmer „so lange Arbeitszeiten hatte, dass sie bei weitem das weithin gesellschaftlich akzeptierte Maß überschritten".[860] Sowohl in der Berufungs- als auch in der Revisionsinstanz kam es in diesem Punkt zu keiner abweichenden Bewertung.

(bb) Kausalität

Den Ursachenzusammenhang zwischen arbeitsbedingter Belastung und Selbstmord sah das *DG Tokyo* als gegeben an. Denn als das Opfer bei der Beklagten anfing, war er kerngesund, wie die Gesundheitsuntersuchung zwei Monate vor Arbeitsantritt belegte. Auch die Untersuchung im Winter 1990 ergab keine Auffälligkeiten, obschon er normaler bis mittel schwerer Arbeitsbelastung ausgesetzt war. Dies sollte sich erst ändern, als der Suizident Ende 1990 begann bis 2 bzw. 4 Uhr morgens zu arbeiten. Nach Erkenntnis medizinischer und psychologischer Gutachten verschlechterte sich sein gesundheitlicher Zustand von da an mit zunehmender Arbeitsleistung konstant. *Ichiro Ôshima* litt demnach nachweislich an Konzentrationsschwierigkeiten, Selbstzweifeln und akutem Schlafmangel. Daraus entwickelte sich dann eine psychogene Depression. Angesichts der sich auch zukünftig nicht abzeichnenden Besserung seiner Arbeitsbelastung nahm sich dieser

---

www.jil.go.jp/english/archives/bulletin/documents/200011.pdf (zuletzt abgerufen am 5.6.2014).

857 *DG Tokyo* v. 28.3.1996, Rôdô Hanrei 692, 13; *Tieste*, Haftungsfall Stresserkrankung, S. 221; *Nakata*, ZJapanR Nr. 2 (1996), 142.

858 *DG Tokyo* v. 28.3.1996, Rôdô Hanrei 692, 13; *Tieste*, Haftungsfall Stresserkrankung, S. 220.

859 *DG Tokyo* v. 28.3.1996, Rôdô Hanrei 692, 13; *Josephs* in *Blanpain* et al., The Global Workplace. International and Comparative Employment Law – Cases and Materials, Japan, S. 530.

860 *DG Tokyo* v. 28.3.1996, Rôdô Hanrei 692, 13; zit. nach *Obata*, AuR 2001, 129 (131); *dies.*, Japan Labor Bulletin, Vol. 39, Nr. 11, November 2000, abrufbar unter http://www.jil.go.jp/english/archives/bulletin/documents/200011.pdf (zuletzt abgerufen am 5.6.2014): the employee „worked long hours that far exceeded the limit widely accepted society"; identisch mit Waseda Bulletin of Comparative Law Vol. 21, S. 132, „worked long hours which far exceeded the limit widely accepted in society".

nach Ansicht des *DG Tokyo* dann nach erfolgreichem Abschluss der Kundenveranstaltung aus Resignation und Hilflosigkeit das Leben. Aus diesem Verlauf der Arbeit und dem anfangs tadellosen Gesundheitszustand werde laut Gericht deutlich, dass die exzessive, das normale Maß bei weitem überschreitende Arbeitsüberlastung für die Verschlechterung seiner gesundheitlichen Konstitution und für die Entwicklung der Depression adäquat-kausal gewesen sei und diese psychische Störung ihrerseits wiederum den Freitod bedingte.[861] Das *OG Tokyo* schloss sich in Sachen Ursachenzusammenhang den Ausführungen der ersten Instanz dem Grunde nach an, jedoch verneinte es die Monokausalität in diesem Falle. Der Suizid sei nicht nur allein auf berufsbedingte Einwirkungen zurückzuführen, sondern teilweise auch auf die geistige und körperliche Verfassung des Geschädigten. Nach Ansicht des Berufungsgerichts wies *Ichigo Ôshima* nämlich eine Neigung zu Depressionen auf und somit eine mitursächliche Prädisposition.[862] Auch der *OGH* sah eine kausale Verknüpfung zwischen der Überbelastung/Überarbeitung des Opfers und der Depression sowie zwischen der Depression und dem Selbstmord. Er hob hervor, es sei allgemeiner Konsens, dass übermäßige körperliche und mentale Arbeitsbelastung aufgrund exzessiver Mehrarbeit sowohl die physische als auch die psychische Gesundheit des Arbeitnehmers in hohem Grade beinträchtigen und schaden könne. Deswegen ordne das ASG auch eine Beschränkung der Höchstarbeitszeit an.[863] Sodann unterstrich der *OGH* das Gewicht der medizinischen Belege und Studien, wonach „konstante Überanstrengung, Schlafmangel oder Stress über

861 *DG Tokyo* v. 28.3.1996, Rôdô Hanrei 692, 13; *Tieste*, Haftungsfall Stresserkrankung, S. 221; *Nakata*, ZJapanR Nr. 2 (1996), 143.

862 *OG Tokyo* v. 26.9.1997, Rôdô Hanrei 724, 13; *Middlemiss*, in Kierkegaard (Hrsg.), Business & Law: Theory and Practice, Employers' Liability for Occupational Stress and Death from Overwork (Karoshi) of workers in Japan, S. 187; *Tieste*, Haftungsfall Stresserkrankung, S. 222; *Obata*, AuR 2001, 129 (131); *dies.*, Japan Labor Bulletin, Vol. 39, Nr. 11, November 2000, abrufbar unter http://www.jil.go.jp/english/archives/bulletin/documents/200011.pdf (zuletzt abgerufen am 5.6.2014); Waseda Bulletin of Comparative Law Vol. 21, S. 133.

863 *OGH* v. 24.3.2000, Rôdô Hanrei 779, 13; vgl. auch *Josephs* in *Blanpain* et al., The Global Workplace. International and Comparative Employment Law - Cases and Materials, Japan, S. 532, „It is widely accepted that a heavy amount of fatigue or mental burden resulting from, for example, overtime labor, can damage the physical or mental health of an employee. The Labor Standards Law provides a limitation on working hours"; ähnlich *Onishi*, Professional Negligence 2010, 26 (3), 140 (147), „It is well-known that there is a risk of causing physical and psychiatric harm which can accumulate as a consequence of en employee working such long hours every day. The Labour Standard Act limits the number of working hours per day".

einen längeren Zeitraum zu einem depressiven Zustand führe bzw. rückwirkend eine Depression verursache. Personen, die an einer chronischen Depression leiden, begehen häufiger Suizid als geistig gesunde Menschen; sie neigen insbesondere dann zum Selbstmord, wenn sich der Zustand der Krankheit verschlechtert, im Zeitpunkt der völligen Genesung, oder wenn die Last plötzlich durch das Erreichen eines wichtigen Zieles gemindert wird."[864] Der *OGH* verwies hierzu auch auf die Entscheidung des *DG Okayama* in der Sache „*Kawasaki Steel*".[865] Obschon sich *Ichigo Ôshima* selbst tötete, so der *OGH*, sei er nicht an einem Freitod im Sinne einer willentlichen Entscheidung gestorben, sondern seine Zurechnungsfähigkeit und geistiger Zustand sei durch die arbeitsbedingte Depression beeinträchtigt gewesen.[866]

(cc) Fürsorgepflichtverletzung

Um Schadensersatzansprüche bejahen zu können, muss die Beklagte entweder eine vertragliche Pflichtverletzung (Art. 415 JBGB) oder eine unerlaubte Handlung (Art. 709 JBGB) begangen haben. Das *DG Tokyo* ging zunächst davon aus, dass die Beklagte aufgrund ihrer arbeitgeberseitigen Fürsorgepflicht dafür Sorge tragen musste, dass bei ihr beschäftigte Arbeitnehmer nicht fortwährender Arbeitsüberlastung ausgesetzt sind und sich auch durch die Tätigkeit keine negativen bzw. schädlichen Auswirkungen auf den Gesundheitszustand der Mitarbeiter ergeben.[867] Das Gericht kam zu der Überzeugung, dass der Abteilungsleiter T der Beklagten ab März 1991 von den regelmäßigen Überstunden des Opfers Kenntnis hatte und hierüber auch den Gruppenleiter S informierte.

---

864 *OGH* v. 24.3.2000, Rôdô Hanrei 779, 13; vgl. auch *Middlemiss*, in Kierkegaard (Hrsg.), Business & Law: Theory and Practice, Employers' Liability for Occupational Stress and Death from Overwork (Karoshi) of workers in Japan, S. 187, „Constant exhaustion, lack of sleep, or stress over a long period cause a state of depression and incur reactionary depression and those who have suffered chronic depression commit suicide more often than people with normal health; they are particularly prone to commit suicide when the state of disease deteriorates, at the time the disease is being cured, or at the point when the burden was suddenly alleviated by achieving a goal"; ebenso *Onishi*, Professional Negligence 2010, 26 (3), 140 (147 f.).

865 *DG Okayama, Außenstelle Kurashiki* v. 23.2.1998, Rôdô Hanrei 733, 13; siehe hierzu ausführliche Besprechung weiter unten.

866 *OGH* v. 24.3.2000, Rôdô Hanrei 779, 13; *Obata*, AuR 2001, 129 (132); *dies.*, Japan Labor Bulletin, Vol. 39, Nr. 11, November 2000, abrufbar unter http://www.jil.go.jp/english/archives/bulletin/documents/200011.pdf (zuletzt abgerufen am 5.6.2014).

867 *DG Tokyo* v. 28.3.1996, Rôdô Hanrei 692, 13; *Tieste*, Haftungsfall Stresserkrankung, S. 221; *Nakata*, ZJapanR Nr. 2 (1996), 143.

Zwar ging dieser auf den Suizident mit dem Rat zu, mehr zu schlafen und wenn möglich weniger Überstunden zu leisten, jedoch ordnete er weder offiziell eine Reduktion der übermäßigen Arbeitszeiten an noch traf er andere konkrete Gegenmaßnahmen. Auch nachdem sowohl T als auch S den sich rapide verschlechternden Gesundheitszustand des Geschädigten beobachteten, erfolgte bis zum Selbstmord am 27. August 1991 kein gegensteuernder Eingriff. Nach Ansicht des Gerichts handelten sie damit fahrlässig. Da beide Erfüllungsgehilfen der Beklagten waren, muss diese sich daher das Verschulden des T und S zurechnen lassen und ist in der Folge somit zur Zahlung von Schadensersatz an die Hinterbliebenen verpflichtet.[868] Auch wies das *DG Tokyo* den Beweisantritt der Beklagten zurück, wonach diese ihrer Fürsorgepflicht durch verschiedene Maßnahmen zum Gesundheitsschutz mehr als nachgekommen sei. So gab die Beklagte an, ein Gesundheitszentrum errichtet, und sowohl Übernachtungsmöglichkeiten im Unternehmen als auch Erstattung von Hotel- und Taxikosten angeboten zu haben, ebenso Freizeitausgleich für geleistete Überstunden. Zudem stand die Beklagte immer wieder in Verhandlungen mit der Gewerkschaft bzgl. der Arbeitsbedingungen. Schließlich gab es auch noch ein System zur Erfassung der Überstunden und eine verpflichtende Gesundheitsuntersuchung, sofern eine bestimmte Anzahl von Überstunden überschritten wurde. Die Richter stellten aber pauschal auf die mangelnde Effektivität dieser Maßnahmen und die diesbezügliche Kenntnis des Arbeitgebers hiervon ab, und verwarfen die Erwiderungen der Beklagten. Denn bei der Beklagten waren Überstunden an der Tagesordnung. Aus diesem Grund war es unter den Angestellten auch Usus, eine geringere als die tatsächlich geleistete Arbeitszeit in den Arbeitsbericht einzutragen. Dies beweise, dass das System zur Erfassung der Überstunden ineffektiv war und von der Realität massiv abwich. Hierdurch funktionierte auch die Maßnahme der verpflichtenden Gesundheitsuntersuchung nicht, denn diese erfolgte allein auf Grundlage der eingetragenen Überstunden und nicht der tatsächlich geleisteten. Von alldem hatte die Beklagte, nach Auffassung der Richter, auch Kenntnis, so dass unter den gegebenen Umständen die von *Dentsû* ergriffenen Maßnahmen nicht ausreichten, um ihre Fürsorgepflicht gegenüber den Mitarbeitern ordnungsgemäß nachzukommen.[869] Das *OG Tokyo* schloss sich in seiner Urteilsbegründung dieser Argumentation an. B und C haben in fahrlässiger Weise es unterlassen, die hohe Arbeitsbelastung des Opfers zu mindern, obschon sie sowohl von seinen extrem

868 *DG Tokyo* v. 28.3.1996, Rôdô Hanrei 692, 13; *Nakata*, ZJapanR Nr. 2 (1996), 143.

869 *DG Tokyo* v. 28.3.1996, Rôdô Hanrei 692, 13; *Tieste*, Haftungsfall Stresserkrankung, S. 221 f.; *Nakata*, ZJapanR Nr. 2 (1996), 143.

langen Arbeitszeiten wussten als auch von seiner schlechten gesundheitlichen Verfassung. Somit sei der Tatbestand des Art. 709 i.V.m. Art. 715 JBGB erfüllt.[870]

Der *OGH* sah in dem Verhalten der Beklagten ebenfalls wie die beiden Vorinstanzen eine Pflichtverletzung und konkretisierte in seinem Urteil die arbeitgeberseitige Fürsorgepflicht. Er führte zunächst aus, dass der Arbeitgeber die Grenzen der Arbeitszeit, welche sich insb. aus Art. 32 ASG ergeben, einhalten und überwachen müsse.[871] Zudem statuiere Art. 65-3 des Arbeitssicherheits- und -gesundheitsschutzgesetz die Pflicht des Arbeitgebers, die Arbeit und das Arbeitsumfeld seiner Arbeitnehmer so zu organisieren und zu überwachen, dass die Gesundheit der Beschäftigten erhalten bleibt. Sinn und Zweck dieser Vorgaben sei es, Gesundheitsbeeinträchtigungen wie im Fall von *Ichiro Ôshima* zu verhindern.[872] Die Richter befanden zudem, dass sich neben diesen spezialgesetzlichen Pflichten auch eine allgemeine Fürsorgepflicht bzgl. der Gesundheit und Sicherheit der Arbeitnehmer am Arbeitsplatz aus dem Deliktsrecht ergebe. Sie betonten: „Unternehmen [haben] gem. dem Recht der unerlaubten Handlung die Pflicht [...], die Arbeit ihrer Angestellten so zu organisieren, dass es nicht wegen der Anhäufung von übermäßigen Strapazen und Stress zu geistiger und körperlicher Krankheit

870 *OG Tokyo* v. 26.9.1997, Rôdô Hanrei 724, 13; *Josephs* in *Blanpain* et al., The Global Workplace. International and Comparative Employment Law - Cases and Materials, Japan, S. 532, „[...] and that T and S negligently failed to alleviate Ichiro's duty even though they knew Ichiro engaged in extremely long hours of working and of his ill health. The court found the defendant liable under Article 715 of the Civil Code".

871 *OGH* v. 24.3.2000, Rôdô Hanrei 779, 13; *Middlemiss*, in Kierkegaard (Hrsg.), Business & Law: Theory and Practice, Employers' Liability for Occupational Stress and Death from Overwork (Karoshi) of workers in Japan, S. 187, „An employer must observe the restrictions concerning working hours under Article 32 of the Labour Standards Law"; ebenso *Obata*, AuR 2001, 129 (132); *dies.*, Japan Labor Bulletin, Vol. 39, Nr. 11, November 2000, abrufbar unter http://www.jil.go.jp/english/archives/bulletin/documents/200011.pdf (zuletzt abgerufen am 5.6.2014); ähnlich auch Waseda Bulletin of Comparative Law Vol. 21, S. 133.

872 *OGH* v. 24.3.2000, Rôdô Hanrei 779, 13; vgl. auch *Josephs* in *Blanpain* et al., The Global Workplace. International and Comparative Employment Law - Cases and Materials, Japan, S. 532, „Article 65-3 of Protection of Workers Safety and Health Law provides that employers must exercise care with the health condition of employees and, therefore, employers need to supervise the duties of individual employees. The purpose of this provision is to prevent the kind of harm seen in this case."; *Onishi*, Professional Negligence 2010, 26 (3), 140 (147 f.); Waseda Bulletin of Comparative Law Vol. 21, S. 133.

kommt".[873] Konsequenterweise gelten dieselben Fürsorgepflichten auch für Führungskräfte der unteren und mittleren Leitungsfunktion und Hierarchieebene des Arbeitgebers. Der *OGH* führt diesbezüglich insoweit aus, dass „Angestellte auf Stellen in Verwaltung und Management, die für die Leitung anderer Angestellter zuständig sind, dieselben Fürsorgepflichten haben wie ihr Unternehmen und ihre Befugnisse i.d.S. ausüben müssen".[874]

In diesem Zusammenhang machte der *OGH* auch konkrete Ausführungen, wann die soeben statuierte Fürsorgepflicht des Arbeitgebers verletzt ist. Die Prüfung des Verschuldens umfasst nach Ansicht der obersten Richter drei Punkte: der Arbeitgeber muss sich erstens der chronischen Überarbeitung bzw. hohen Arbeitsbelastung des betreffenden Mitarbeiters bewusst sein. Zweitens, muss der Arbeitgeber auch Kenntnis von der Verschlechterung des Gesundheitszustands haben. Seine Fürsorgepflicht verletzt der Arbeitgeber in fahrlässiger Weise schließlich dann, wenn er im Bewusstsein dieser Umstände es unterlässt, geeignete Gegenmaßnahmen zu ergreifen bzw. die schädlichen Einwirkungen auf ein erträgliches, die Gesundheit nicht mehr beeinträchtigendes Maß, zu reduzieren.[875] Wie die beiden Vorinstanzen, so sah auch der *OGH* eine schuldhafte Verletzung der Fürsorgepflicht im konkreten Fall als gegeben an. Spätestens ab März 1991 hatten die

---

873 *OGH* v. 24.3.2000, Rôdô Hanrei 779, 13, zit. nach *Obata*, AuR 2001, 129 (132); vgl. auch Waseda Bulletin of Comparative Law Vol. 21, S. 133, „Therefore, employers, in general, have a duty under tort law to organize the work of their employees so that mental and physical illness will not result from an accumulation of excessive fatigue or stress"; *Obata*, Japan Labor Bulletin, Vol. 39, Nr. 11, November 2000, abrufbar unter http://www.jil.go.jp/english/archives/bulletin/documents/200011.pdf (zuletzt abgerufen am 5.6.2014); *Middlemiss*, in Kierkegaard (Hrsg.), Business & Law: Theory and Practice, Employers' Liability for Occupational Stress and Death from Overwork (Karoshi) of workers in Japan, S. 187; *Josephs* in *Blanpain* et al., The Global Workplace. International and Comparative Employment Law – Cases and Materials, Japan, S. 532; *Onishi*, Professional Negligence 2010, 26 (3), 140 (148).

874 *OGH* v. 24.3.2000, Rôdô Hanrei 779, 13, zit. nach *Obata*, AuR 2001, 129 (132); ebenso Waseda Bulletin of Comparative Law Vol. 21, S. 133, „Consequently, the employees in administrative and managerial positions, who are responsible for managing other employees on behalf of employers, have the same duty to care for safety as the company and should exercise their managerial authority in this way".

875 *OGH* v. 24.3.2000, Rôdô Hanrei 779, 13; *Middlemiss*, in Kierkegaard (Hrsg.), Business & Law: Theory and Practice, Employers' Liability for Occupational Stress and Death from Overwork (Karoshi) of workers in Japan, S. 187; *Obata*, AuR 2001, 129 (132); *dies.*, Japan Labor Bulletin, Vol. 39, Nr. 11, November 2000, abrufbar unter http://www.jil.go.jp/english/archives/bulletin/documents/200011.pdf (zuletzt abgerufen am 5.6.2014); ähnlich auch Waseda Bulletin of Comparative Law Vol. 21, S. 133.

Vorgesetzten des Opfers sowohl eindeutige Kenntnis von dessen exzessiver Arbeitsbelastung und der Betriebsüblichkeit der „service overtime" als auch von einer gravierenden Verschlechterung seines Gesundheitszustands. Dies zeige sich zum einen daran, dass der Suizident unstreitig seine Vorgesetzten mehrfach auf die sich entwickelnden Verhaltens- und Gesundheitsstörungen aufmerksam gemacht hatte. Zum anderen zeuge das zögerliche Hinwirken der Vorgesetzten, *Ichiro Ôshima* solle doch wenn möglich weniger Überstunden machen und mehr schlafen, von einem umfassenden Bewusstsein über die schlechte körperlich-geistige Verfassung des Geschädigten. Dass diese trotz offensichtlicher Kenntnis es unterlassen haben, unverzüglich einzuschreiten und entsprechende Gegenmaßnahmen einzuleiten, stelle eine fahrlässige Verletzung der ihnen obliegenden Sorgfalts- und Fürsorgepflichten dar und begründe das Verschulden. Dieses müsse sich die Beklagte auch gem. Art. 715 JBGB zurechnen lassen.[876]

dd) Mitverschulden

Im Rahmen der Kausalität wurde schon kurz angesprochen, dass das *OG Tokyo* als Berufungsinstanz den vom *DG Tokyo* zugesprochenen Schadensersatz beträchtlich reduzierte. Es begründete diese Begrenzung zum einen damit, dass der Tod *Ichiro Ôshimas* teilweise auch durch seine schlechte geistige und körperliche Verfassung bedingt sei. Insbesondere wies er eine gewisse „Neigung zu Depressionen" auf. Diese Multikausalität und Prädisposition sei bei der Festsetzung des Schadensersatzes zu berücksichtigen und führe so im Ergebnis zu einer geringeren Summe als durch das Ausgangsgericht festgestellt. Ebenso träfe die klagenden Eltern eine Mitschuld. Da das Opfer noch bei seinen Eltern lebte, hätten diese auf ihn einwirken müssen seine Arbeitslast zu reduzieren. Ferner hätten sie Maßnahmen treffen können, um seinen Selbstmord zu verhindern. Es sei nämlich unstreitig, dass sie sowohl von dessen exzessiven Arbeitszeiten als auch von dessen schlechtem Gesundheitszustand wussten.[877] Der *OGH* hingegen

---

876 *OGH* v. 24.3.2000, Rôdô Hanrei 779, 13; Waseda Bulletin of Comparative Law Vol. 21, S. 133.

877 *OG Tokyo* v. 26.9.1997, Rôdô Hanrei 724, 13; *Josephs* in *Blanpain* et al., The Global Workplace. International and Comparative Employment Law – Cases and Materials, Japan, S. 532; *Middlemiss*, in Kierkegaard (Hrsg.), Business & Law: Theory and Practice, Employers' Liability for Occupational Stress and Death from Overwork (Karoshi) of workers in Japan, S. 187; *Tieste*, Haftungsfall Stresserkrankung, S. 222; *Obata*, AuR 2001, 129 (131); *dies.*, Japan Labor Bulletin, Vol. 39, Nr. 11, November 2000, abrufbar unter http://www.jil.go.jp/english/archives/bulletin/documents/200011.pdf

verwarf beide Ansätze und verwies die Sache wieder zurück an das *OG Tokyo* um den Schadensersatz nochmals zu ermitteln. Hinsichtlich der Einbeziehung der geistigen Verfassung bei Berechnung des Schadensersatzes verwies der *OGH* zunächst auf seine Entscheidung v. 21.4.1988.[878] Demnach dürfe der Geisteszustand hinsichtlich des Entschädigungsbetrages bei Verkehrsunfällen berücksichtigt werden. Diese Grundsätze sind aber nicht auf das Verhältnis Arbeitgeber - Arbeitnehmer übertragbar, denn während sich bei einem Verkehrsunfall Schädiger und Geschädigter grds. nicht vorher kannten, ist dies im Arbeitsverhältnis in Fällen von Überbelastung und Überarbeitung anders. Etwas anderes könne nur gelten, wenn die mentale Verfassung offensichtlich gravierend abnormal ist. Dies sei im konkreten Fall aber nicht gegeben.[879] Auch könne nach Ansicht der obersten Richter nicht von einem Mitverschulden der Klägerpartei gesprochen werden. Zwar sei es zutreffend, dass durch den Umstand des Lebens im selben Haushalt wie das Opfer gewisse Einflussmöglichkeiten für die Eltern bestanden. Allerdings war der Suizident schon lange volljährig und somit selbst Herr seines Tuns und dessen Folgen. Vor allem aber standen den klagenden Eltern - im Gegensatz zum beklagten Arbeitgeber - objektiv keine geeigneten Mittel zur Verfügung, um irgendwie auf die Arbeitsbedingungen ihres Sohnes effektiv einwirken zu können.[880]

(zuletzt abgerufen am 5.6.2014); *Onishi*, Professional Negligence 2010, 26 (3), S. 140 (147); Waseda Bulletin of Comparative Law Vol. 21, S. 133.

878 *OGH* v. 21.4.1988, Minshû 42, 243.

879 *OGH* v. 24.3.2000, Rôdô Hanrei 779, 13; *Josephs* in *Blanpain* et al., The Global Workplace. International and Comparative Employment Law - Cases and Materials, Japan, S. 532; *Middlemiss*, in Kierkegaard (Hrsg.), Business & Law: Theory and Practice, Employers' Liability for Occupational Stress and Death from Overwork (Karoshi) of workers in Japan, S. 187; *Tieste*, Haftungsfall Stresserkrankung, S. 222; *Obata*, AuR 2001, 129 (132); *dies.*, Japan Labor Bulletin, Vol. 39, Nr. 11, November 2000, abrufbar unter http://www.jil.go.jp/english/archives/bulletin/documents/200011.pdf (zuletzt abgerufen am 5.6.2014); *Onishi*, Professional Negligence 2010, 26 (3), S. 140 (147); Waseda Bulletin of Comparative Law Vol. 21, S. 134.

880 *OGH* v. 24.3.2000, Rôdô Hanrei 779, 13; *Josephs* in *Blanpain* et al., The Global Workplace. International and Comparative Employment Law - Cases and Materials, Japan, S. 532; *Middlemiss*, in Kierkegaard (Hrsg.), Business & Law: Theory and Practice, Employers' Liability for Occupational Stress and Death from Overwork (Karoshi) of workers in Japan, S. 187; *Tieste*, Haftungsfall Stresserkrankung, S. 222; *Obata*, AuR 2001, 129 (132); *dies.*, Japan Labor Bulletin, Vol. 39, Nr. 11, November 2000, abrufbar unter http://www.jil.go.jp/english/archives/bulletin/documents/200011.pdf (zuletzt abgerufen am 5.6.2014); *Onishi*, Professional Negligence 2010, 26 (3), S. 140 (147); Waseda Bulletin of Comparative Law Vol. 21, S. 134.

(2) *Kawasaki Steel* und weitere Verfahren

Dieser Fall behandelt den Selbstmord des 41-jährigen Managers *Junichi Watanabe.* Dieser verübte ebenfalls im Jahr 1991 Suizid wegen übermäßiger Arbeitsbelastung. Die Angehörigen suchten wie schon die Kläger im Fall *Dentsû* über den deliktsrechtlichen Weg gem. Art. 709 JBGB eine Verantwortung des Arbeitgebers, eines großen japanischen Stahlkonzerns namens *Kawasaki Steel,* für den Selbstmord zu erreichen. Das *DG Okayama* gab den Klägern Recht und verurteilte die Beklagte zur Zahlung von Schadensersatz i.H.v. 52 Mio. ¥ (damals umgerechnet 450.000 €). Da das Opfer in den letzten Monaten vor seinem Tod werktäglich regelmäßig 5 Überstunden ableistete und an Wochenenden sogar im Durchschnitt deren 11, sah das Gericht es als erwiesen an, dass die psychogene Depression des Geschädigten aus der genannten Überarbeitung resultiere und diese Depression schließlich im Selbstmord endete. Die Berufsbedingtheit des Todes sei hier evident, insbesondere weil die Gesamtarbeitszeit des Suizidenten das 2,5 fache der sonst im Betrieb üblichen Arbeitszeit betrug. Mit der Schaffung solch massiv gesundheitsschädlicher Arbeitsbedingungen habe der Arbeitgeber den Selbstmord zu vertreten und sei somit zur Zahlung von Schadensersatz verpflichtet.[881] Dieses Verfahren endete am 2.10.2000 mit einem Vergleich der Parteien, wonach der beklagte Arbeitgeber 114 Mio. ¥ (ca. 1,14 Mio. €) an die Witwe des Geschädigten zu zahlen habe. Dieser Vergleich orientierte sich sehr stark an der Leitentscheidung *Dentsû* des *OGH* vom März desselben Jahres.[882]

Etwa zur gleichen Zeit fällten auch das *OG Osaka*[883] und das *DG Sapporo*[884] ähnliche Entscheidungen bzgl. der Haftung des Arbeitgebers für Karô-jisatsu. All diese Urteile mündeten schließlich im Erlass von 1999.

c) Zwischenergebnis

Karô-jisatsu ist als entschädigungsfähiger Gesundheitsschaden mittlerweile in Verwaltung und Rechtsprechung etabliert und kein exotischer Ausnahmetatbestand mehr. Anders als bei Karôshi hat es allerdings nicht mehrere Jahrzehnte bis zur völligen Akzeptanz in der Praxis gebraucht. Nach wenigen Präzedenzfällen in der instanzgerichtlichen Rechtsprechung Mitte der 90er Jahre des letzten Jahrhunderts wurde der Gesetzgeber 1999 recht schnell tätig und verabschiedete eine

---

881 *DG Okayama, Außenstelle Kurashiki* v. 23.2.1998, Rôdô Hanrei 733, 13; vgl. auch *Tieste,* Haftungsfall Stresserkrankung, S. 224.

882 *Tieste,* Haftungsfall Stresserkrankung, S. 225.

883 *OG Osaka* v. 27.8.1998, Rôdô Hanrei 744, 17.

884 *DG Sapporo* v. 16.7.1998, Rôdô Hanrei 744, 29.

Beurteilungsrichtlinie für die Aufsichtsämter. Die unfallversicherungsrechtliche Einordnung war damit umfassend geklärt. Die Richtlinie erfuhr 2009 eine mäßige Überarbeitung und 2011 schließlich eine umfassende Neugestaltung. Anpassung an gesammelte Erfahrungswerte der Praxis sowie eine Vereinfachung und Beschleunigung des Anerkennungsverfahrens waren Intention und Ausgangspunkt der beiden Revisionen.

Neben dem sozialrechtlichen Aspekt wurde aber auch die zivilrechtliche Verantwortung und Haftung des Arbeitgebers für Karô-jisatsu relativ schnell geklärt. Ausschlaggebend hierfür war die Leitentscheidung *Dentsû* des *OGH* im Jahre 2000. In dieser Entscheidung wurde sowohl die Frage nach der berufsbedingten Kausalität als auch nach einem Mitverschulden des Geschädigten bzw. der Angehörigen geklärt. Wohl am bedeutsamsten dürften aber die Ausführungen der obersten Richter bzgl. der Fürsorgepflicht des Arbeitgebers sein. Demnach hat der Arbeitgeber gem. dem Recht der unerlaubten Handlung dafür Sorge zu tragen, dass die Sicherheit am Arbeitsplatz gewährleistet ist und sich der Arbeitnehmer bei der Ausführung seiner Tätigkeit nicht verletzt. Ferner trifft den Arbeitgeber aber auch die Pflicht, durch bestimmte Maßnahmen die Gesundheit der Arbeitnehmer nicht zu verletzen und gesundheitsschädliche Einwirkungen abzustellen bzw. zu minimieren. Der alleinige Rückgriff auf Deliktsrecht mag den Betrachter aus zweierlei Gründen zunächst verwundern: Erstens würde ein deutscher Jurist eine solche Fürsorgepflicht eher aus schuldrechtlichen Bestimmungen (z.B. § 618 BGB) bzw. dem Arbeitsvertrag herleiten, und diese nicht originär dem Recht der unerlaubten Handlung zuordnen.[885] Zweitens hat der *OGH* in den drei bisherigen Leitentscheidungen zur Fürsorgepflicht des Arbeitgebers immer auf Art. 415 JBGB und somit auf das Schuldrecht verwiesen.[886] Und dennoch ist die Entscheidung des *OGH* in Sachen *Dentsû* konsequent, wenn man sich nochmals vor Augen führt, dass die Japaner allgemein kein großes Vertragsbewusstsein besitzen und diese Haltung sich naturgemäß auch in der Gesetzgebung und Rechtsprechung wiederfinden muss. Zudem kennt das japanische Schuldrecht keine dem deutschen § 278 BGB entsprechende Norm. In Sachen Vertretenmüssen für Handlungen von Erfüllungsgehilfen muss in Japan bei schuldrechtlichen Streitigkeiten – wie an anderer Stelle bereits erläutert – immer auf den Grundsatz von Treu und Glauben zurückgegriffen werden. Das

---

885 Zu der Möglichkeit einer solche Handlungspflicht nach deutschem Deliktsrecht vgl. Ausführungen in Abschnitt E.

886 so *OGH* v. 25.2.1975, Minshû 29, 143; bestätigt durch *OGH* v. 27.5.1983, Minshû 37, 477 und v. 10.4.1984, Minshû 38, 557; vgl. auch eingehende Besprechung der Urteile bei *Onishi*, Professional Negligence 2010, 26 (3), S. 140 (146).

japanische Deliktsrecht hingegen hat in Art. 715 JBGB eine Zurechnungsnorm. Aus diesem Grunde scheint die primäre Verortung einer solchen allgemeinen Pflicht zum Schutz der Gesundheit am Arbeitsplatz im japanischen Deliktsrecht durchaus Sinn zu machen. Art. 715 JBGB wird in puncto Exkulpation in ständiger, höchstrichterlicher Rechtsprechung bis dato jedoch so eng ausgelegt, dass es faktisch immer zu einer verschuldensunabhängigen Haftung des Arbeitgebers kommt. Um den Arbeitgeber aber dennoch keiner verschuldensunabhängigen Haftung auszusetzen und somit eine massive Klagewelle auszulösen, hat der *OGH* für den Fall der Sorgfaltspflichtverletzung von Verrichtungsgehilfen statuiert, dass diese nur dann gegeben ist, wenn der Arbeitgeber sowohl von der hohen Arbeitsbelastung als auch vom schlechten Gesundheitszustand des betreffenden Arbeitnehmers Kenntnis hatte und es sodann fahrlässig unterließ, entsprechende Gegenmaßnahmen zu ergreifen.

V. Zusammenfassung

In diesem dritten großen Abschnitt wurden die japanischen Phänomene Karôshi und Karô-jisatsu umfassend thematisiert. Beide beruhen auf arbeitsbedingter, chronischer Überbelastung durch extremen Stress. Die hohe Stresseinwirkung über einen längeren Zeitraum führt zur Bildung und Anhäufung von *fatigue*. Maßgebliche Stressoren sind vor allem eine hohe Anzahl an Überstunden verbunden mit wenig Ruhezeiten und Schlafmangel, hohe Anforderungen bei gleichzeitig geringem eigenem Handlungsspielraum sowie Konflikte am Arbeitsplatz. Die kontinuierliche Anhäufung von *fatigue* führt schließlich entweder zu Karôshi, dem Tod durch Überarbeitung, welcher vor allem durch Schlaganfälle und Herzinfarkte gekennzeichnet ist, oder zu Karô-jisatsu, dem Selbstmord aufgrund von Überarbeitung. Bei Letzterem sind vor allem Gefühle des Selbstzweifels und Ausweglosigkeit für den Freitod verantwortlich, wobei die Geschädigten zu diesem Zeitpunkt meist an einem depressiven Zustand leiden.

Es wurde gezeigt, dass beide Phänomene einen sehr engen Bezug zu Burn-out aufweisen. Eigentlich müsste man sogar sagen, dass Karôshi und Karô-jisatsu unterschiedliche Symptome bzw. mögliche Krankheitsverläufe des Burn-out beschreiben. Allerdings sind die Überschneidungen von Karô-jisatsu mit Burn-out evidenter als diejenigen von Karôshi und Burn-out. Durch diese starke Kongruenz im medizinischen Sinne ist auch eine Übertragung der rechtlichen Beurteilung und Herangehensweise der japanischen Gerichte und des japanischen Gesetzgebers auf die Einordnung von Burn-out in das deutsche Rechtsgefüge möglich.

Eine Übertragung der hieraus gewonnenen Kenntnisse ist umso mehr angebracht, als auch das japanische Unfallversicherungsrecht und allgemeine Zivil- und

Arbeitsrecht viele Überschneidungen und Berührungspunkte mit den jeweiligen deutschen Pendants aufweisen. Es wurde herausgearbeitet, dass die Rezeption des deutschen Rechts nach der Meiji-Restauration Anfang des 20. Jahrhunderts sowie der Rückgriff der japanischen Gerichte auf deutsche Auslegungsformeln und –maßstäbe diese Ähnlichkeit der beiden Rechtsordnungen bedingten. In einer umfassenden Evaluation des status quo wurden aber auch die Unterschiede der beiden Jurisdiktionen aufgezeigt. Diese liegen vor allem in einem völlig unterschiedlichen Rechtsbewusstsein der beiden Völker begründet. Japaner sprechen Konflikte nicht offen an und versuchen diese auch wenn möglich zu vermeiden bzw. unterdrücken die angestauten Gefühle. Sie zeigen sehr konformistische Verhaltensweisen und sind nicht ich-, sondern wir-bezogen. Im Mittelpunkt steht also nicht das Individuum selbst, sondern das Wohl der Familie oder des Unternehmens. Hinzu kommt noch ein mangelndes Vertragsbewusstsein. Dies alles spiegelt sich naturgemäß auch in der Gesetzgebung und Rechtsprechung wieder. Vor allem das japanische Arbeitsrecht ist geprägt von offenen, weitformulierten Bestimmungen und „Sollvorschriften". Zusammen mit der relativen Schwäche der Gewerkschaften und Instituten wie die „36er-Vereinbarung" führt dies zu einer großen Flexibilität für den japanischen Arbeitgeber. Auch trägt die mangelnde Überwachung der ohnehin schon flexiblen Instrumente des japanischen Arbeitsrechts durch Aufsichtsbehörden dazu bei, dass das Arbeitsrecht in Japan in der Praxis nicht als „Arbeitnehmerschutzrecht" bezeichnet werden kann. Dass dies von vielen Arbeitgebern ausgenutzt wird, dürfte nicht überraschen. Unter Thematisierung und Analyse all dieser Punkte konnte gezeigt werden, dass die soziokulturellen wie auch die rechtlichen Rahmenbedingungen in Japan das Auftreten von Karôshi/Karô-jisatsu geradezu prädestinieren.

In der konkreten rechtlichen Würdigung von Karôshi/Karô-jisatsu ist zu unterscheiden zwischen der unfallversicherungsrechtlichen und der zivil-/arbeitsrechtlichen Komponente. In Japan ist weder Karôshi noch Karô-jisatsu offiziell als Berufskrankheit anerkannt und in der Berufskrankheitenliste verankert, jedoch werden beide Syndrome – um den deutschen terminus technicus zu verwenden – als „Wie"-Berufskrankheit entschädigt. Eine theoretische Anerkennung als Arbeitsunfall i.w.S. war schon Anfang der 1960er Jahre möglich, allerdings waren die praktischen Hürden und Beweisanforderung derart hoch, dass in der Praxis kaum Fälle anerkannt wurden. Dies änderte sich erst allmählich mit der mehrfachen Überarbeitung der rechtlichen Anerkennungskriterien, welche als Orientierungshilfe für die Aufsichtsbehörden gedacht waren. Wesentlich hierbei waren immer Leitentscheidungen in der Rechtsprechung, vor allem des *OGH*. Der Gesetzgeber wurde insbesondere im Falle von Karôshi immer erst dann tätig, wenn die Öffentlichkeit, die Medien oder Gerichte die restriktive Anerkennungspraxis kritisierten.

Durch die Erlasse von 1999 und 2001 wurden schließlich verbindliche Beurteilungskriterien geschaffen, die vor allem Rechtsklarheit und -sicherheit brachten. In Sachen Karôshi wird hauptsächlich auf die Anzahl der geleisteten Überstunden während der letzten sechs Monate vor Ausbruch der Erkrankung geachtet. Wird der Schwellenwert von 80 bzw. 100 Überstunden pro Monat überschritten, so wird die Berufsbedingtheit bejaht und dem Antrag auf Leistungsgewährung stattgegeben. Die Berufsursächlichkeit in Fällen von Karô-jisatsu wird anhand einer Tabelle mit verschiedenen Items bestimmt, soweit kein besonderer Tatbestand („special event") wie z.B. übermäßig hohe Anzahl von Überstunden vorliegt. Wird ein solches Ereignis beim Betroffenen nachgewiesen, so bedarf es keiner weiteren Prüfung der einzelnen Items mehr, sondern es erfolgt gleich eine Gesamtbewertung als „hohe Stresseinwirkung" und damit einhergehend die Bejahung der Berufsbedingtheit.

In zivil- und arbeitsrechtlicher Hinsicht hat maßgeblich die *OGH*-Rechtsprechung in der Rechtsache *Dentsû* die haftungsrechtlichen Fragen geklärt. Demnach obliegt dem Arbeitgeber eine Fürsorgepflicht bzgl. der Sicherheit und Gesundheit seiner Arbeitnehmer am Arbeitsplatz. Dies ergebe sich aus Art. 709 i.V.m. Art. 715 JBGB. Die japanische Rechtsprechung leitet die Fürsorgepflicht betreffend Schutz vor Gesundheitsgefahren/-beeinträchtigungen während der Arbeit nicht aus schuldrechtlichen Bestimmungen, sondern aus dem Deliktsrecht her. Konkret heißt das für den Arbeitgeber, dass dieser die spezialgesetzlichen Arbeitsschutzbestimmungen einhalten und überwachen muss, und jegliche schädlichen Einwirkungen auf ein erträgliches, die Gesundheit nicht verletzendes Maß zu reduzieren hat. Diese Fürsorgepflicht ist dann fahrlässig verletzt, wenn der Arbeitgeber sowohl Kenntnis von den schädlichen Einwirkungen bzw. der hohen Arbeitsbelastung *sowie* der (verschlechternden) gesundheitlichen Verfassung des betroffenen Arbeitnehmers hat und nicht gegensteuernd eingreift indem er die negativen Einwirkungen abstellt bzw. minimiert.

Alles in allem kann festgehalten werden, dass sowohl das japanische Unfallversicherungsrecht als auch die zivilrechtlichen Haftung des Arbeitgebers für psychische, arbeitsbedingte Erkrankungen im internationalen Vergleich umfassend geregelt sind. Einer möglichen Übertragung ins deutsche Recht steht somit nichts (mehr) im Wege.

D. Unfallversicherungsrechtliche Ansprüche in Deutschland

«Das Verhüten von Unfällen darf nicht als eine Vorschrift des Gesetzes aufgefasst werden, sondern als ein Gebot menschlicher Verpflichtung und wirtschaftlicher Vernunft.»[887]
(Werner von Siemens)

I. Haftungsausschluss gem. § 104 Abs. 1 SGB VII

1. Normzweck

Zuerst einmal muss man sich der nur auf den ersten Blick selbstverständlichen Aussage „Krankheit ist ein klassisches Risiko der Sozialversicherung"[888] bewusst werden. Es geht hier um die Frage der Zuweisung eines bestimmten Risikos an einen bestimmten Zweig der Sozialversicherung. Dabei ist Krankheit ein wesentlicher Hinderungsgrund für das Erzielen von Einkommen durch Einsatz der Arbeitskraft. Sozialversicherung hat deswegen die Aufgabe, die Behandlung von Krankheiten und nach Möglichkeit auch die Wiederherstellung der Gesundheit und damit der Erwerbsfähigkeit zu gewährleisten.[889] Für einen solchen Zeitraum, in der die Arbeitskraft nicht zur Verfügung steht, hat eine ökonomische Kompensation zu erfolgen. Diese Aufgabe fällt grundsätzlich der gesetzlichen Krankenversicherung zu. Hat die Erkrankung allerdings berufsbedingte Ursachen, so ist in diesem Fall die Zuständigkeit der Unfallversicherung gegeben. Leitgedanke ist, dass sowohl für Arbeitsunfälle als auch für Berufskrankheiten – ohne Rücksicht auf Verschulden – die Verantwortung beim Arbeitgeber liegt. Jedoch befreit er sich mittels der von ihm finanzierten Unfallversicherung von diesem Haftungsrisiko und wälzt es insoweit auf die Unfallversicherung ab. Dies ist die ratio legis des § 104 SGB VII.[890] Aus diesem Grunde leuchtet es ein, dass der Zuständigkeitsbereich der Unfallversicherung nur solche Krankheiten (Versicherungsfälle) betrifft, für welche es eine grundsätzliche – verschuldensabhängige – Verantwortung des Arbeitgebers geben kann. Eine Haftung scheidet also

887 zit. nach *Woitowitz*, BG 1997, 665 (669).
888 *Fuchs*, SGb 1997, 601.
889 *Fuchs*, SGb 1997, 601.
890 KSW/*von Koppenfels-Spies*, SGB VII, § 104 Rn. 2 m.w.N.

nur für solche Krankheiten aus bzw. die Unfallversicherung ist nur für derlei Krankheiten eintrittspflichtig, die beruflich verursacht wurden.

2. Tatbestandsvoraussetzungen

Ein Haftungsausschluss ist dann gegeben, wenn die Schädigung des *Versicherten* einen *Versicherungsfall* darstellt bzw. herbeiführt und seinem *Unternehmen* zugerechnet werden kann.[891] Von der Haftung ausgenommen sind zunächst einmal Unternehmer, d.h. diejenigen, denen das Unternehmen unmittelbar zum Vor- oder Nachteil gereicht (§ 136 Abs. 3 SGB VII). Der Arbeitgeber fällt in der Praxis damit eigentlich immer unter diesen unfallversicherungsrechtlichen Unternehmerbegriff. Zweitens muss es sich bei dem Geschädigten um einen Versicherten handeln, der zum Schädigungszeitpunkt Unfallversicherungsschutz genießt. Arbeitnehmer sind regelmäßig über § 2 Abs. 1 Nr. 1 SGB VII hiervon erfasst.[892] Schließlich muss das schädigende Ereignis bzw. die schädigende Einwirkung einen Versicherungsfall verursacht haben.

3. Versicherungsfall

Nach ständiger Rechtsprechung des *BSG* ist der Versicherungsfall „ein bestimmtes Ereignis oder das Zusammenwirken mehrerer Ereignisse im Leben des Versicherten, gegen deren Nachteile die Versicherung Schutz gewähren soll".[893] Damit wird der versicherte Risikobereich der gesetzlichen Unfallversicherung gegenüber anderen Zweigen der Sozialversicherung abgegrenzt, wobei der Begriff lediglich das Versicherungswagnis beschreibt.[894] Als Versicherungsfall in Betracht kommen der Arbeitsunfall (§ 8 SGB VII), die Berufskrankheit (§ 9 Abs. 1 SGB VII) sowie die „Wie"-Berufskrankheit. gem. § 9 Abs. 2 SGB VII.[895]

a) Berufskrankheit

Ein Haftungsausschluss nach § 104 Abs. 1 SGB VII kommt neben dem Versicherungsfall des Arbeitsunfalls auch beim Vorliegen einer Berufskrankheit (BK) zur Anwendung. Während der Arbeitsunfall nach § 8 Abs. 1 S. 1 SGB VII – wie

---

891 KassKomm/*Ricke*, SGB VII, § 104 Rn. 4.

892 KassKomm/*Ricke*, SGB VII, § 104 Rn. 7; *von Trotha*, S. 248 f.

893 vgl. nur *BSG* v. 27.7.1989 - 2 RU 54/88, NZS 1990, 75 (76); v. 30.6.1965 - 2 RU 175/63, BSGE 23, 139 (141).

894 *Schönberger/Mehrtens/Valentin*, vor 1.1, S. 10.

895 KassKomm/*Ricke*, SGB VII, § 104 Rn. 4; KSW/*von Koppenfels-Spies*, SGB VII, § 104 Rn. 5.

noch später zu zeigen sein wird – ein zeitlich begrenztes, von außen auf den Körper einwirkendes Ereignis voraussetzt, geht der Versicherungsfall der BK gem. § 9 SGB VII von gesundheitsschädigenden Einwirkungen aus, welche sich über einen längeren Zeitraum, ggf. sogar über Jahre hinziehen.[896] Deswegen dürfte nach deutschem Rechtsverständnis für das Problem psychischer Belastungen am Arbeitsplatz im Allgemeinen und Burn-out im Speziellen das Berufskrankheitenrecht wohl eher der einschlägige Regelungsort sein, da es hierbei jeweils überwiegend um mehr als eine Schicht bzw. ein Ereignis als Krankheitsauslöser geht.[897] Ferner ist das BK-Recht lex specialis bei Vorliegen einer Anspruchskonkurrenz zwischen BK und Arbeitsunfall. In einem solchen Fall ist dann von einer BK auszugehen, denn deren Entschädigungsregelungen (z.B. JAV nach § 84 SGB VII, Leistungen nach § 3 BKV) sind teilweise günstiger für den Versicherten.[898] Schließlich muss noch gesagt werden, dass es sich bei dem Begriff „Berufskrankheit" um einen Rechtsbegriff handelt. Um Missverständnisse und Irritationen von Anfang an zu minimieren, ist Folgendes klarzustellen: auch wenn im Volksmund – und beizeiten selbst von Arbeitsmedizinern – angenommen wird, jede Krankheit oder gesundheitliche Beeinträchtigung, die arbeitsbedingt ist, sei eine Berufskrankheit, so mag dies im allgemeinen Sprachgebrauch zutreffen, nicht jedoch in juristischer Hinsicht. Mag auch die berufliche Kausalität von der medizinischen Wissenschaft bereits nachgewiesen sein, eine zwingende rechtliche Anerkennung als Berufskrankheit folgt daraus jedoch nicht, denn der „Weg zur Anerkennung einer arbeitsbedingten Erkrankung als Berufskrankheit mündet [vielmehr] über die sozialpolitische Bewertung der medizinischen Erkenntnisse in den Akt der Rechtsetzung ein"[899]. Denn die formale Definition in § 9 Abs. 1 S. 1 SGB VII lautet: „Berufskrankheiten sind Krankheiten, die die Bundesregierung durch Rechtsverordnung [...] als Berufskrankheit bezeichnet". Der Gesetzgeber hat sich bewusst

896 Brackmann/*Becker*, SGB VII, § 9 Rn. 21; KassKomm/*Ricke*, SGB VII, § 9 Rn. 3; *Schönberger/Mehrtens/Valentin*, 2.5, S. 72; KSW/*Holtstraeter*, SGB VII, § 9Rn. 2; BeckOK Sozialrecht/*Marschner*, SGB VII, § 9 Rn. 3; *Schmitt*, § 9 Rn. 3; Wannagat/*Jung*, SGB VII, § 9 Rn. 4; Lauterbach/*Koch*, SGB VII, § 9 Rn. 70; *Fuchs*, SGb 1997, 601 (602); *Woitowitz*, BG 1997, 665.

897 *Spellbrink*, SGb 2013, 154 (155); *ders.* WzS 2012, 259; wohl auch *Hien*, SozSich 2012, 382 (389).

898 a.M. Brackmann/*Becker*, SGB VII, § 9 Rn. 21 m.w.N.; KassKomm/*Ricke*, SGB VII, § 9 Rn. 3; Franke/Molkentin/*Streubel*, § 9 Rn. 8; *Schönberger/Mehrtens/Valentin*, 2.5, S. 72; KSW/*Holtstraeter*, SGB VII, § 7 Rn. 3; BeckOK Sozialrecht/*Marschner*, SGB VII, § 9 Rn. 3; *Schmitt*, § 9 Rn. 3; Wannagat/*Jung*, SGB VII, § 9 Rn. 4; Lauterbach/*Koch*, SGB VII, § 9 Rn. 35a.

899 Lauterbach/*Koch*, SGB VII, Vor § 9 Rn. 2.

gegen eine Generalklausel in der Form „Berufskrankheiten sind Krankheiten, die durch berufliche Beschäftigung verursacht worden sind"[900] entschieden, wonach jede berufs- bzw. arbeitsbedingte Erkrankung zur Berufskrankheit erklärt würde.

aa) Subsumtion unter Berufskrankheiten-Liste de lege lata

Das deutsche BK-Recht ist als gesetzliches Mischsystem[901] konzipiert, mit einer BK-Liste (§ 9 Abs. 1 SGB VII i.V.m. Anlage 1 BKV) einerseits und einer Öffnungsklausel (§ 9 Abs. 2 SGB VII) andererseits. Nach der Legaldefinition in § 9 Abs. 1 S. 1 SGB VII sind Berufskrankheiten solche Krankheiten, die die Bundesregierung durch Rechtsverordnung mit Zustimmung des Bundesrates als Berufskrankheiten bezeichnet und die Versicherte infolge einer den Versicherungsschutz begründenden Tätigkeit erleiden. Das BK-Recht folgt also dem „Enumerations- oder Listenprinzip". Ausschlaggebend hierfür ist der in § 31 SGB I normierte Vorbehalt des Gesetzes, welcher ein tragender Grundsatz des deutschen Sozial(versicherungs)rechts ist. Demnach dürfen Rechte und Pflichten in den einzelnen Sozialleistungsbereichen nur begründet, festgestellt, geändert oder aufgehoben werden, soweit ein Gesetz es vorschreibt oder zulässt.[902] Eine Berufskrankheit ist somit, was in der BK-Liste als solche bezeichnet wird,[903] und eben nicht – wie ein unter Laien oft anzutreffender Irrtum – alle Leiden, die durch berufliche Umstände hervorgerufen werden können.[904] Diese Auflistung durch Rechtsverordnung ist zunächst abschließend.[905] Ohne einschlägige Auflistung bzw. Subsumtion unter eine aufgeführte Listenkrankheit ist eine Anerkennung oder Entschädigung von psychischen Erkrankungen wie Burn-out nicht möglich.[906] Da mithilfe einer Rechtsverordnung viel schneller auf Veränderungen durch Fortschritt der medizinischen Erkenntnisse reagiert werden kann als durch Gesetz, sind die BK in einer Rechtsverordnung

---

900 vgl. Lauterbach/*Koch*, SGB VII, § 9 Rn. 48.

901 Brackmann/*Becker*, SGB VII, § 9 Rn. 41; *Schönberger/Mehrtens/Valentin*, 2.1, S. 54; BeckOK Sozialrecht/*Marschner*, SGB VII, § 9 Rn. 4; Hauck/*Römer*, Stand März 2013, § 9 Rn. 7; Wannagat/*Jung*, SGB VII, § 9 Rn. 5; Lauterbach/*Koch*, SGB VII, § 9 Rn. 47.

902 *Spellbrink*, SGb 2013, 154 (159); *ders.* WzS 2012, 259 (260).

903 KSW/*Holtstraeter*, SGB VII, § 9 Rn. 3; Hauck/*Römer*, Stand März 2013, § 9 Rn. 7; *von Bonhorst*, SozVers 1998, 203.

904 *Weber* in Weber/Hörmann, Psychosoziale Gesundheit im Beruf, Das Burnout-Syndrom, S. 86; *ders./Kraus* in ASUMed 2000, 180 (185).

905 *Schönberger/Mehrtens/Valentin*, 2.2, S. 55.

906 *Spellbrink*, SGb 2013, 154 (159); *ders.* WzS 2012, 259 (260).

und nicht im Gesetz aufgeführt.[907] Dass sich der Verordnungsgeber dennoch viel Zeit lässt und die Liste nur selten eine Anpassung erfährt, wird deutlich, wenn man die Entstehungsgeschichte der Liste betrachtet.[908] Geht man diese Liste durch, so sucht man die BK „Burn-out“ vergeblich. Tatsächlich sind in der Anlage 1 der BKV überhaupt keine psychischen Erkrankungen aufgeführt.[909] Da also auch keine allgemeine Listenpositionen wie z.B. „Erkrankungen infolge chronischer beruflicher Stresseinwirkung“ oder „berufsbedingte psychische/psychosomatische Erkrankungen“[910] existiert, unter die Burn-out subsumiert werden könnte, stellt Burn-out de lege lata keine anerkannte Berufskrankheit dar.[911]

bb) Normierung einer BK de lege ferenda

Es stellt sich als nächstes die Frage, ob der Verordnungsgeber Burn-out oder allgemein psychische Erkrankungen in die BK-Liste aufnehmen kann. Die Voraussetzungen für die Bezeichnung einer Krankheit als BK sind in § 9 Abs. 1 S. 2 HS 1 SGB VII geregelt.

(1) Kriterien für die Aufnahme

Demnach bedarf es[912]
(a) einer Krankheit
(b) die nach Erkenntnissen der medizinischen Wissenschaft
(c) durch besondere Einwirkungen
(d) verursacht ist,
(e) denen bestimmte Personengruppen
(f) durch ihre versicherte Tätigkeit
(g) in erheblich höherem Grad als die übrige Bevölkerung ausgesetzt sind.

---

907 KassKomm/*Ricke*, SGB VII, § 9 Rn. 8.

908 vgl. hierzu Überblick bei Brackmann/*Becker*, SGB VII, § 9 Rn. 359.

909 vgl. auch Antwort der Bundesregierung auf die kleine Anfrage der Fraktion „DIE LINKE“, BT-Drs. 17/9478 S. 9.

910 *Weber* in Weber/Hörmann, Psychosoziale Gesundheit im Beruf, Das Burnout-Syndrom, S. 86; *ders./Kraus* in ASUMed 2000, 180 (185).

911 so auch *Spellbrink*, SGb 2013, 154 (159); *ders.* WzS 2012, 259 (260); allg. für psychische Erkrankungen *Hien*, SozSich 2012, 382 (390); ebenso *Schwede*, S. 153.

912 vgl. *Schönberger/Mehrtens/Valentin*, 2.5, S. 72 in Anlehnung an „Offizielle Mitteilung des BMA“ v. 4.12.1990, ASP 1991, 237; ebenso unter anderer Reihenfolge Brackmann/*Becker*, SGB VII, § 9 Rn. 45; ähnlich KassKomm/*Ricke*, SGB VII, § 9 Rn. 9 f.; Franke/Molkentin/*Streubel*, § 9 Rn. 14; KSW/*Holtstraeter*, SGB VII, § 9 Rn. 8 f.; *Schmitt*, § 9 Rn. 4 ff.; Hauck/*Römer*, Stand März 2013, § 9 Rn. 8; *Bieresborn*, NZS 2008, 354.

(a) Krankheit

In Anlehnung an die Medizin wird als Krankheit in der UV jeder regelwidrige Körper- oder Geisteszustand angesehen, der von der durch das Leitbild des gesunden Menschen geprägten Norm abweicht.[913] Anders als im Arbeitsrecht oder der GKV muss weder Behandlungsbedürftigkeit noch Arbeitsunfähigkeit vorliegen.[914] Dies liegt im Interesse der Versicherten, denn mit diesem eigenständigen Krankheitsbegriff ist es möglich, den Versicherungsfall Berufskrankheit bereits anzuerkennen, auch wenn sich Folgen und Symptome der Erkrankung erst Jahre später manifestieren.[915] Der Verordnungsgeber hat bei der Entscheidung über die sozialpolitische Notwendigkeit eines besonderen Versicherungsschutzes insbesondere die Schwere der Krankheit, ihren regelmäßigen Verlauf, die normale Dauer, ihre Entstehung, die Gegebenheit der außerberuflichen Verursachung sowie das Problem der Abgrenzung von den allgemeinen Alters- und Abnutzungserscheinungen zu würdigen.[916] In Betracht kommen als Listen-BK eigentlich alle bekannten Erkrankungen, somit sind auch psychische Erkrankungen generell nicht von vornherein ausgeschlossen.[917]

Wie unter B. III. 2. b) bereits erläutert, dürfte Burn-out zweifelsohne unter diese Definition von Krankheit fallen.[918] Dass das Burn-out-Syndrom in der ICD-10 Klassifikation lediglich als Zusatzdiagnose unter Z 73.0 geführt wird, also streng genommen keine Krankheit im Sinne der kanonisierten medizinischen Definition darstellt,[919] ist hier ohne Belang, weil es einzig um die Subsumtion unter die unfallversicherungsrechtliche Definition von Krankheit geht.[920] Auch die mit bestimmten Krankheiten und ihrer Verursachung durch versicherte Einwirkung

---

913 *BSG* v. 29.11.1973 – 8/7 RU 24/71, Breith 1974, 570 (573), v. 27.7.1989 – 2 RU 54/88, SozR 2200 § 551 Nr. 35; Brackmann/*Becker*, SGB VII, § 9 Rn. 65; KassKomm/*Ricke*, SGB VII, § 9 Rn. 9; *Schönberger/Mehrtens/Valentin*, 2.2.1, S. 56; *Schmitt*, § 9 Rn. 5; Lauterbach/*Koch*, SGB VII, § 9 Rn. 54.

914 vgl. *BSG* v. 29.11.1973 – 8/7 RU 24/71, Breith. 1974, 580; Brackmann/*Becker*, SGB VII, § 9 Rn. 65; *Schmitt*, § 9 Rn. 5; Hauck/*Römer*, Stand März 2013, § 9 Rn. 8a; Lauterbach/*Koch*, SGB VII, § 9 Rn. 53.

915 Hauck/*Römer*, Stand März 2013, § 9 Rn. 8a.

916 *Schönberger/Mehrtens/Valentin*, 2.2.1, S. 56; ähnlich Hauck/*Römer*, Stand März 2013, § 9 Rn. 10c, welcher die Häufigkeit der Erkrankung und deren Schwere bei sozialpolitischen Ermessensabwägungen für relevant hält.

917 Brackmann/*Becker*, SGB VII, § 9 Rn. 66.

918 so auch *Weber* in Weber/Hörmann, Psychosoziale Gesundheit im Beruf, Das Burnout-Syndrom, S. 86; *ders./Kraus* in ASUMed 2000, 180 (185).

919 ausführlich hierzu *Rösing*, S. 86 ff.

920 zweifelnd *Spellbrink*, SGb 2013, 154 (160); *ders.* WzS 2012, 259 (261).

ggf. einhergehenden schwierigen Kausalitätsfragen können zunächst zurückgestellt werden, da es hier allein auf den Krankheitsbegriff ankommt.[921]

(b) Erkenntnisse der medizinischen Wissenschaft

Die Bewertung medizinischer Meinungen ist zwingende Voraussetzung für die Entscheidung des Verordnungsgebers über die BK-Reife,[922] das Gesetz spricht insoweit von „Erkenntnissen der medizinischen Wissenschaft". Durch dieses Kriterium ist klargestellt, dass die Bezeichnung einer Krankheit als BK keine rein (sozial-)politische Entscheidung sein darf, sondern auf wissenschaftlichen Erkenntnissen beruhen muss.[923] Was unter dieser recht allgemeinen Phrase zu verstehen ist, wurde von Rechtsprechung und Schrifttum im Laufe der Jahre teilweise unterschiedlich ausgelegt. So hat das *BSG* 1957[924] – und damit relativ früh – zur Aufnahme von Krankheiten in die BK-Liste ausgeführt, diese erfolge vorsichtig und stets erst dann, wenn der zu fordernde Zusammenhang von der Wissenschaft als gesichert, wenn nicht gar als unbestritten, anerkannt worden sei. Später hieß es dann,[925] dass die allgemein anerkannte, sogenannte herrschende Auffassung der jeweiligen Fachwissenschaftler zugrunde gelegt werden muss, vereinzelte Meinungen reichen hingegen nicht aus. Nach anderer Auffassung des *BSG*[926] liegen derartige Erkenntnisse idR. vor, „wenn die Mehrheit der medizinischen Sachverständigen, die auf den jeweils in Betracht kommenden Gebieten über besondere Erfahrungen und Kenntnisse verfügen, zu derselben wissenschaftlich fundierten Meinung gelangt ist. Es muss sich um gesicherte Erkenntnisse handeln, die durch Forschung und praktische Erfahrung gewonnen worden sind. Die vereinzelten Meinungen einiger Sachverständiger reichen grundsätzlich nicht [...] aus." Zu ähnlichen Ansichten neigt auch die Literatur.[927]

---

921 Brackmann/*Becker*, SGB VII, § 9 Rn. 66.

922 so *BSG* v. 21.1.1997 - 2 RU 7/96, HVBG-INFO 1997, 1105 (1109); Lauterbach/*Koch*, SGB VII, § 9 Rn. 190a; in diesem Sinne auch *Spellbrink*, SGb 2013, 154 (161); *ders.* WzS 2012, 259 (261); „Ob die generelle Eignung und damit die BK-Reife vorliegt, richtet sich ‚nach den Erkenntnissen der medizinischen Wissenschaft'."; *Wilde/Schulte*; SGb 2004, 599 (600).

923 *BSG* v. 23.3.1999 - B 2 U 12/98 R, BSGE 84, 30, 36 = SozR 2200 § 551 Nr. 12; Brackmann/*Becker*, SGB VII, § 9 Rn. 84; Lauterbach/*Koch*, SGB VII, § 9 Rn. 191.

924 *BSG* v. 3.10.1957 – 5 RKn 34/56, BSGE 6, 29, 35.

925 *BSG* v. 31.1.1984 – 2 RU 67/82, HVBG VB 53/84; v. 21.1.1997 – 2 RU 7/96, HVBG-INFO 1997, 1105; v. 27.5.1997 – 2 RU 33/96, HV-INFO 1997, 2107.

926 *BSG* v. 21.1.1997 – 2 RU 7/96, HVBG-INFO 1997, 1105.

927 für die „beachtliche Mehrheit" KassKomm/*Ricke*, SGB VII, § 9 Rn. 10; ähnlich *Schönberger/Mehrtens/Valentin*, 2.2.1, S. 56, welche die „überwiegende Mehrheit

Konsens besteht allerdings darüber, dass neben allgemeinen Forschungsergebnissen und praktischen Erfahrungen der Arbeits- und Betriebsmedizin auch andere Wissenschaftszweige wie Epidemologie, Toxikologie, Pharmakologie, Biochemie, etc. geeignet sind, womit im Ergebnis alle wissenschaftlich anerkannten Erkenntnismethoden herangezogen werden können.[928] Darunter fallen somit auch Ergebnisse der Arbeits- und Organisationspsychologie.

Betrachtet man nun die Forschungsergebnisse zum Thema Burn-out,[929] so kristallisiert sich schnell heraus, dass es insbesondere bzgl. Definition, Verlauf und Ätiologie eben keine herrschende, überwiegende oder mehrheitliche Auffassung gibt. Folgt man also der gerade eben erläuterten Meinung in der älteren Rechtsprechung und Literatur, so könnte Burn-out wegen fehlender Erkenntnisse der medizinischen Wissenschaft nicht in die Liste der BK aufgenommen werden. Dieses Ergebnis hätte einen faden Beigeschmack. Denn bei Anwendung dieser Grundsätze wäre immer noch unklar, wie die herrschende oder überwiegende Auffassung zu bestimmen ist.[930] Soll eine rein zahlenmäßige Auflistung von Autoren genügen? Wohl eher nicht. Dann müsste man aber die einzelnen Meinungen gewichten, wie es bei gerichtlichen Verfahren mit mehreren unterschiedlichen Gutachten zu einer bestimmten Frage bereits Usus ist. Ein solcher wertender Prozess gestaltet sich aber als äußerst schwierig.[931] Zählt die Meinung einer omnipräsenten Burn-out-Forscherin wie *Maslach* mehr als die Bewertung von *Cherniss* oder *Burisch*? Wer zählt überhaupt zu den Fachwissenschaftlern bzw. reicht es aus zu einem Thema einen Aufsatz veröffentlicht zu haben, muss es eine ganze Monographie sein oder vielleicht sogar mehrere Jahre intensiver Forschungsarbeit? Hinsichtlich dieser Probleme ist zu hinterfragen, ob die hohen Anforderungen, welche das *BSG* an die allgemeine Akzeptanz der Erfahrungssätze (Stichwort: herrschende Meinung)

---

der medizinischen Sachverständigen“ fordern; ähnlich Lauterbach/*Koch*, SGB VII, § 9 Rn. 193: „herrschende Meinung von auf dem betreffenden Gebiet qualifizierten Medizinern“; für „überwiegend anerkannten Stand der medizinischen Wissenschaft“ plädiert Franke/Molkentin/*Streubel*, § 9 Rn. 19; ähnlich *Wilde/Schulte*, SGb 2004, 599 (604 f.); KSW/*Holtstraeter*, SGB VII, § 9 Rn. 9 „überwiegende Meinung“; ebenso BeckOK Sozialrecht/*Marschner*, SGB VII, § 9 Rn. 16; und *Schmitt*, § 9 Rn. 14.

928 *BSG* v. 4.12.2001 – B 2 U 37/00 R, SozR 3-5671 Anl. 1 Nr. 4104 Nr. 1; Brackmann/*Becker*, SGB VII, § 9 Rn. 85; KassKomm/*Ricke*, SGB VII, § 9 Rn. 10; KSW/*Holtstraeter*, SGB VII, § 9 Rn. 9; Hauck/*Römer*, Stand März 2013, § 9 Rn. 10a.

929 vgl. hierzu Kapitel B. III.

930 dieses praktische Problem sieht auch Hauck/*Römer*, Stand März 2013, § 9 Rn. 10b.

931 *Wilde/Schulte*, SGb 2004, 599 (605), welche zwar betonen, dass „die Feststellung, ob sich eine gesicherte medizinische Lehrmeinung gebildet hat, bisweilen schwierig sein“ kann, aber zur Lösung dieses Problems kein Pauschalrezept vorweisen können.

in dem jeweiligen wissenschaftlichen Sachgebiet stellt, im Bereich der Psychologie nicht etwas zu streng sind.[932] So gibt es in der Psychologie einige konkurrierende Schulen, die sich oft gegenseitig die Wissenschaftlichkeit absprechen (vgl. z.B. die Psychoanalyse). *Spellbrink* merkt hierzu an: „Es wird sich im Einzelfall also noch zu erweisen haben, inwiefern Sätze über Kausalzusammenhänge innerhalb der Psychologie überhaupt als generell konsentiert gelten können."[933] Zudem spricht der Gesetzeswortlaut lediglich von „Erkenntnisse[n] der medizinischen Wissenschaft", eine herrschende oder einhellige Meinung wird nicht gefordert.[934] Aus diesem Grund hat das *BSG*[935] seine bisherige Rechtsprechung geändert und nun richtigerweise ausgeführt:

> *„Der Verordnungsgeber darf sich bei der Einführung neuer Berufskrankheiten neuester oder einem kleinen Teil wissenschaftlicher Untersuchungen anschließen, auch wenn sich die überwiegende Zahl der Fachwissenschafter noch nicht von ihrer Richtigkeit hat überzeugen können."*

und weiter

> *„Dem Verordnungsgeber steht bei der Aufnahme neuer Berufskrankheiten in die BKVO ein gerichtlich nur eingeschränkt überprüfbares Ermessen zu."*

Der Verordnungsgeber kann innerhalb der Grenzen seines Ermessensspielraums also frei entscheiden, ab welchem Grad er bei der Beurteilung wissenschaftlicher Streitfragen auch einer ernstzunehmenden medizinischen Mindermeinung noch Gewicht beimisst oder nicht.[936] Auch der übrige Wortlaut – „Die Bundesregierung wird *ermächtigt*, [...] solche Krankheiten [...] zu bezeichnen", § 9 Abs. 1 S. 2 SGB VII, „Sie *kann* dabei bestimmen [...]", § 9 Abs. 1 S. 2 HS 2 SGB VII – spricht dem Verordnungsgeber einen gewissen Beurteilungsspielraum

---

932 *Spellbrink*, SGb 2013, 154 (158).

933 *Spellbrink*, SGb 2013, 154 (158).

934 Brackmann/*Becker*, SGB VII, § 9 Rn. 88; Hauck/*Römer*, Stand März 2013, § 9 Rn. 10b; a.A. *Wilde/Schulte*, SGb 2004, 599 (604) „Auch wenn § 9 SGB VII insoweit keinen klarstellenden Zusatz enthält, ist damit der *allgemein anerkannte* Stand der medizinischen Wissenschaft gemeint. Ein gebräuchliches Synonym hierfür ist die herrschende medizinische Lehrmeinung".

935 *BSG* v. 23.3.1999 – B 2 U 12/98 R, BSGE 84, 30, 35, zust. Brackmann/*Becker*, SGB VII, § 9 Rn. 87; Hauck/*Römer*, Stand März 2013, § 9 Rn. 10b; *Spellbrink*, SGb 2013, 154 (161); *ders.* WzS 2012, 259 (261); *Becker*, SGb 2006, 449 (452).

936 Hauck/*Römer*, Stand März 2013, § 9 Rn. 10b; Lauterbach/*Koch*, SGB VII, § 9 Rn. 193, 196; *Spellbrink*, SGb 2013, 154 (161); *ders.* WzS 2012, 259 (261); *Mummenhoff*, ZIAS 1989, 93 (95 f. und 101) m.w.N.; ablehnend *Wilde/Schulte*, SGb 2004, 599 (605 f.); *Ricke*, SGb 1999, (582); *Brandenburg*, SGb 2004, (70).

bezüglich des „Ob", des „Wann" und des „Wie" der Aufnahme einer Erkrankung in die Liste zu.[937] Der Grundsatz „Consensus non facit veritatem" zeugt bereits davon, dass selbst Konsens in Wissenschaft nicht für die Richtigkeit einer Annahme bürgt.[938] Anders ausgedrückt: nur weil alle von der Richtigkeit einer Hypothese ausgehen, muss dies noch lange nicht bedeuten, dass diese Annahme auch tatsächlich wahr und korrekt ist. Dass aus sozialpolitischen Gründen Versorgungsleistungen gezahlt werden, obschon z.B. über die Ätiologie einer Erkrankung in der Wissenschaft Ungewissheit herrscht, ist dem Gesetz nicht fremd. Eine solche Regelung enthält z.B. § 1 Abs. 3 S. 2 BVG.[939] Aufgrund dieses sozialpolitischen Ermessensspielraums scheitert die Aufnahme Burn-outs als BK also nicht an diesem Kriterium, wenn zumindest einige wenige wissenschaftliche Studien valide und reliable Ergebnisse und Erkenntnisse vorweisen können. Wie in Kapitel B. III. ausführlich erläutert lässt sich eine Vielzahl von Veröffentlichungen namhafter Burn-out-Forscher anführen, welche den Zusammenhang von Burn-out und bestimmten Arbeits- bzw. Organisationsbedingungen belegen.[940] Ob diese Studien aber qualitativ ausreichend sind, ist hier nicht maßgeblich und wird an späterer Stelle im Rahmen der Kausalitätsprüfung zu eruieren sein.

Nimmt der Verordnungsgeber allerdings eine Krankheit in die BK-Liste auf, bei der sich noch keine herrschende Lehrmeinung gebildet hat, so kann dies u.U. zu Problemen in der Praxis führen. Denn für die Frage, ob eine BK im Einzelfall vorliegt und von den Unfallkassen bzw. Gerichten anzuerkennen ist, wird zumeist der Rat von Sachverständigen eingeholt. Unbestritten erfordert jede Beurteilung eines Gutachters auch Wertungen und Einschätzungen. Es müssen aber gesicherte Erkenntnisse vorliegen, um zu nachvollziehbaren und zumindest einigermaßen validen gutachterlichen Ergebnissen zu kommen. Ansonsten hängt der Ausgang der gutachterlichen Bewertung von der Position und dem Gutdünken, die der im konkreten Fall hinzugezogene Sachverständige bei einem Meinungsstreit in der

937 Lauterbach/*Koch*, SGB VII, § 9 Rn. 195.

938 so auch *Wilde/Schulte*, SGb 2004, 599 (605).

939 darin heißt es wörtlich: „Wenn die zur Anerkennung einer Gesundheitsstörung als Folge einer Schädigung erforderliche Wahrscheinlichkeit nur deshalb nicht gegeben ist, weil über die Ursache des festgestellten Leidens in der medizinischen Wissenschaft Ungewißheit besteht, kann mit Zustimmung des Bundesministeriums für Arbeit und Sozialordnung die Gesundheitsstörung als Folge einer Schädigung anerkannt werden".

940 hinzuweisen wäre neben den bereits erläuterten Forschungen *Maslachs* und *Cherniss* auch auf Beiträge von *Schaufeli/Enzmann*, *Lee & Ashforth*, *Büssing/Schmitt*; Übersicht weiterer Studien bei *Rösing*, S. 101 f.

medizinischen Wissenschaft vertritt, ab. *Grobe*[941] stellt hierzu fest: „Auch wenn die Zahl wissenschaftlicher Beiträge nahezu unübersehbar geworden ist, greift in der Praxis im Einzelfall die Beurteilung weit weniger auf wissenschaftliche Kenntnisse zu Ursachen und Willensfähigkeit zurück als auf die persönlichen Überzeugungen und Erfahrungen der jeweiligen Gutachter". Eine solche, vom zufälligen Auswählen des „richtigen" Gutachters, abhängige Entscheidung über das Vorliegen einer BK widerspricht Sinn und Zweck des gesetzlichen Unfallversicherungsrechts. Die gesetzliche Unfallversicherung ist durch die Ablösung der zivilrechtlichen Unternehmerhaftpflicht gegenüber seinen Arbeitnehmern gekennzeichnet.[942] Alle rechtlich wesentlich dem privaten Bereich – im Gegensatz zum versicherten Bereich – zuzuordnenden Risiken sind nicht vom Risikobereich der gesetzlichen Unfallversicherung gedeckt und dürfen insoweit nicht zur Anerkennung von Versicherungsfällen führen.[943] Die Aufnahme einer BK in die Liste, welche in den Fachwissenschaften umstritten ist, begegnet also nicht zu unterschätzenden praktischen Bedenken.

(c) Besondere Einwirkungen

Dieser Begriff ist weit auszulegen.[944] Bisher sind darunter „Alle spürbaren Einflüsse auf den menschlichen Organismus [...] zu verstehen: Stäube, Gase, Rauch, Dämpfe, Hitze, Kälte, mechanische Überbeanspruchungen, Infektionen, Strahlungen".[945] Diese Auslegung ist zum einen schon insoweit falsch, als sie auf das Merkmal „spürbar" abstellt,[946] denn viele Gase und Strahlungen sind eben nicht merklich zu empfinden. Zu sagen, es handele sich um alle spürbaren Einflüsse und dabei dann Strahlungen und Gase aufzuzählen, stellt einen Widerspruch in sich dar. Zum anderen ist eine solche Auslegung zu eng, vielmehr umfasst der Einwirkungsbegriff aufgrund der Vielfältigkeit des Arbeitslebens alle gesundheitsschädlichen Möglichkeiten,[947] und damit alles, was auf den Körper des Versicherten

941 *Grobe*, BPUVZ 2012, 192 (195).
942 a.M. vgl. nur *Fuchs*, SGb 1997, 601 (604) m.w.N.
943 *Benz*, NZS 2002, 8 (12).
944 Brackmann/*Becker*, SGB VII, § 9 Rn. 49; KassKomm/*Ricke*, SGB VII, § 9 Rn. 9; *Schönberger/Mehrtens/Valentin*, 2.2.1, S. 58; *Schmitt*, § 9 Rn. 11.
945 so *Schönberger/Mehrtens/Valentin*, 2.2.1, S. 58; ähnlich Franke/Molkentin/*Streubel*, § 9 Rn. 16; KSW/*Holtstraeter*, SGB VII, § 9 Rn. 8; *Schmitt*, § 9 Rn. 11.
946 idS auch Brackmann/*Becker*, SGB VII, § 9 Rn. 49.
947 KassKomm/*Ricke*, SGB VII, § 9 Rn. 9.

einwirken kann, inklusive psychischer Belastungsfaktoren.[948] Auch das *BSG*[949] legt den Einwirkungsbegriff ähnlich aus: „Als Einwirkungen kommt praktisch alles in Betracht, was auf Menschen einwirkt. Daher ist es - auch wenn es (noch) keine Listen-BK gibt - möglich, auf rein psychische Einwirkungen abzustellen. Es ist nicht ausgeschlossen, dass der Verordnungsgeber eine entsprechende Listen-BK einführen kann." Abzustellen ist dementsprechend eher auf solche Einwirkungen, die quantifizierbar bzw. objektivierbar sind, sich also von anderen Einwirkungen abgrenzen lassen. Der Einwirkungsbegriff überschneidet sich somit mit dem normierten Begriff der psychischen Belastung, welcher als „die Gesamtheit der erfassbaren Einflüsse, die von außen auf den Menschen zukommen und auf ihn psychisch einwirken" definiert wird.[950]

Ob dem Adjektiv „besondere" ein eigener Stellenwert zukommt, ist streitig. Die überwiegende Ansicht[951] sieht das Merkmal „besondere" im Zusammenhang mit der „Gruppentypik" bzw. „gruppentypischer Gefahren", d.h. es dient der Abgrenzung von relevanten Einwirkungen, die nach Art und Umfang in der Arbeitswelt anzutreffen sind, gegenüber allgemeinen Einwirkungen, denen die Gesamtbevölkerung ausgesetzt ist. Eine Mindermeinung[952] misst diesem Attribut jedoch keine eigenständige rechtliche Bedeutung bei. Dieser Meinungsstreit entfaltet jedoch keinerlei Praxisrelevanz, weil selbst bei Verneinen des rechtlichen Stellenwerts des Wortes „besondere" die Gruppentypik und die damit einhergehende Kausalitätsprüfung im Sinne der wesentlichen Ursache an späterer Stelle erfolgt. Auf jeden Fall abzulehnen ist jedoch die Ansicht *Streubels*,[953] wonach Krankheiten, die mehr oder minder alle Berufsgruppen und alle Teile der Bevölkerung in gleicher Weise befallen können, für eine Bezeichnung als Berufskrankheit ausscheiden. Listenkrankheiten wie Meniskusschäden (Nr. 2102 Anlage BKV) oder Lärmschwerhörigkeit (Nr. 2301 Anlage BKV) dürften dieser Meinung folgend also gar nicht

---

948 Brackmann/*Becker*, SGB VII, § 9 Rn. 49, der jedoch nicht trennscharf von „psychischer Belastungen" spricht; richtigerweise muss es sich aber in diesem Fall um psychische Belastungsfaktoren handeln; Hauck/*Römer*, Stand März 2013, § 9 Rn. 8b; *Spellbrink*, SGb 2013, 154 (160); *ders.* WzS 2012, 259 (260).

949 *BSG* v. 20.7.2010 – B 2 U 19/09 R, SozR 4-2700 § 9 Nr. 18, Rn. 23.

950 vgl. hierzu Kapitel B.I.2.b).

951 KassKomm/*Ricke*, SGB VII, § 9 Rn. 9; *Schönberger/Mehrtens/Valentin*, 2.2.1, S. 58; Franke/Molkentin/*Streubel*, § 9 Rn. 17; KSW/*Holtstraeter*, SGB VII, § 9 Rn. 8 *Schmitt*, § 9 Rn. 11; Hauck/*Römer*, Stand März 2013, § 9 Rn. 8b.

952 Brackmann/*Becker*, SGB VII, § 9 Rn. 50; BeckOK Sozialrecht/*Marschner*, SGB VII, § 9 Rn. 8.

953 Franke/Molkentin/*Streubel*, § 9 Rn. 18; in diese Richtung auch *Ruppelt* in Küttner, Personalbuch 2013, Berufskrankheit Rn. 11.

in der BKV geführt werden. Denn man kann einen Meniskusschaden sowohl beim Sport erleiden (privat und jedermann), als auch infolge des Hebens und Tragens schwerer Lasten (sowohl privat als auch berufsbedingt, z.B. Fliesen- und Parkettleger).[954] Ebenso kann Lärmschwerhörigkeit aus extremer Geräuschbelastung am Arbeitsplatz resultieren oder durch übermäßig lautes Musikhören außerhalb der Arbeit verursacht werden. Dies ist dann aber eine Frage der Kausalität. Neben der Eigenschaft als Tatbestandsmerkmal haben Art und Ausmaß der Einwirkungen zugleich Bedeutung für die Kausalitätsprüfung.[955] Eine Vorverlagerung der Kausalitätsprüfung macht wenig Sinn und führt zu mehr Verwirrung als es Nutzen stiftet. Deswegen muss bei der Subsumtion zwischen Tatbestandsmerkmal und Kausalitätskriterium unterschieden werden. Insgesamt kann also festgehalten werden, dass psychische Belastungsfaktoren, welche Burn-out bedingen, durchaus als besondere Einwirkungen zu qualifizieren sind.[956] In diesem Zusammenhang sind als maßgebende Einwirkungen folgende Stressoren im Arbeits- und Organisationskontext zu nennen: Überforderung (qualitative und quantitative), Zeitdruck, Monotonie, geringe Autonomie, unzureichendes Feedback und Konflikte mit Kollegen, Kunden und Vorgesetzen (inklusive Mobbing). Unerheblich in diesem Fall sind Persönlichkeitsfaktoren, denn diese fallen eindeutig nicht unter den Einwirkungsbegriff, sind diese doch einem Individuum innewohnende Dispositionen und Anlagen und eben keine Belastungsfaktoren, die unmittelbar auf den Körper und Organismus „einwirken".[957] Zu berücksichtigen wären solche Persönlichkeitsmerkmale und Charaktereigenschaften allenfalls im Rahmen der Kausalitätsbeurteilung.

(d) Einwirkungskausalität und genereller Ursachenzusammenhang

Bei der Bezeichnung einer Krankheit als Listen-BK sind zwei kausale Zusammenhänge nachzuweisen: der Ursachenzusammenhang zwischen der Verrichtung der versicherten Tätigkeit und den Einwirkungen (vgl. § 9 Abs. 1 S. 2: „[...] Einwirkungen, denen bestimmte Personengruppen durch ihre versicherte Tätigkeit [...] ausgesetzt sind [...]") und als zentraler Kernpunkt der Kausalitätsprüfung der Ursachenzusammenhang zwischen den besonderen Einwirkungen

954 *Müsch*, Berufskrankheiten, S. 154.

955 *Bieresborn*, NZS 2008, 354; *Becker*, SGb 2001, 116 (118).

956 *Spellbrink*, SGb 2013, 154 (161); *ders.* WzS 2012, 259 (261); wohl auch *Weber* in Weber/Hormann, Psychosoziale Gesundheit im Beruf, Das Burnout-Syndrom, S. 86; *ders./Kraus* in ASUMed 2000, 180 (186); a.A. *Hillert*, VersMed 2008, 163.

957 vgl. Hauck/*Römer*, Stand März 2013, § 9 Rn. 8b aE.

und der Krankheit („[…] Krankheiten, die […] durch besondere Einwirkungen verursacht sind […]").[958]

In der älteren Rechtsprechung des *BSG* wurde der Zusammenhang zwischen versicherter Tätigkeit und den besonderen Einwirkungen als *haftungsbegründende Kausalität* und der Zusammenhang zwischen besonderen Einwirkungen und der Krankheit als *haftungsausfüllende Kausalität* bezeichnet.[959] Seit seiner Entscheidung v. 2.4.2009 bezeichnet das *BSG* in seiner jüngeren Rechtsprechung zum BK-Recht den ersten Zusammenhang als „Einwirkungskausalität" und den zweiten als „haftungsbegründende Kausalität".[960] Auch in der Literatur werden diese Zusammenhänge, soweit sie überhaupt erkannt und berücksichtigt werden, uneinheitlich benannt.[961] Aus diesem Grunde wird im Schrifttum zutreffend gefordert, von einer konkreten Bezeichnung abzusehen und lediglich von „Zusammenhang zwischen Verrichtung der versicherten Tätigkeit und der Einwirkung" einerseits und „Zusammenhang zwischen Einwirkung und Krankheit" andererseits zu sprechen.[962] Diese klaren Umschreibungen werden daher in dieser Arbeit verwendet.

Der Zusammenhang zwischen versicherter Tätigkeit und Einwirkung bereitet im Rahmen der Bezeichnung einer BK grds. keine Probleme.[963] Es geht bei dieser Kausalitätsbetrachtung i.d.R. nicht um die Klärung naturwissenschaftlich-philosophische Fragen, sondern vor allem um juristische Wertentscheidungen.[964] An einem solchen Zusammenhang fehlt es nach Ansicht im Schrifttum z.B. dann, wenn ein Versicherter während der Arbeitszeit private Angelegenheiten erledigt und sich dabei schädigenden Einwirkungen aussetzt (privates Musikhören via Kopfhörer während der Arbeit, was sodann zu einer Lärmschwerhörigkeit

---

958 Brackmann/*Becker*, SGB VII, § 9 Rn. 67; Hauck/*Römer*, Stand März 2013, § 9 Rn. 9a.

959 vgl. *BSG* v. 2.5.2001 – B 2 U 16/00 R, SozR 3-2200 § 551 Nr. 16; v. 22.8.2000 – B 2 U 34/99, SozR 3-5670 Anl. 1 Nr. 2108 Nr. 2; v. 2.11.1999 – B 2 U 47/98 R, SozR 3-1300 § 48 Nr. 67.

960 *BSG* v. 2.4.2009 – B 2 U 9/08 R, BSGE 103, 59 Rn. 11.

961 wie die ältere Rspr. BeckOK Sozialrecht/*Marschner*, SGB VII, § 9 Rn. 11; Wannagat/*Jung*, SGB VII, § 9 Rn. 14 aE; wie die jüngere Rspr. KSW/*Holtstraeter*, SGB VII, § 9 Rn. 4; Hauck/*Römer*, Stand März 2013, § 9 Rn. 23; 30; völlig anders *Schmitt*, § 9 Rn. 7, welcher beide Zusammenhänge als haftungsbegründete Kausalität bezeichnet.

962 so mit ausführlicher Begründung Brackmann/*Becker*, SGB VII, § 9 Rn. 69; ebenso Hauck/*Römer*, Stand März 2013, § 9 Rn. 23; idS bereits *Ricke*, BG 1996, 770 (772).

963 Brackmann/*Becker*, SGB VII, § 9 Rn. 71.

964 Brackmann/*Becker*, SGB VII, § 9 Rn. 72; Hauck/*Römer*, Stand März 2013, § 9 Rn. 9a.

führt).[965] Entscheidungen der Rechtsprechung, die einen solchen Zusammenhang einmal konkret verneint haben, sind – soweit ersichtlich – bis dato nicht ergangen. Im Falle von Burn-out bereitet diese Zurechnung keine Probleme, ist es doch definitionsgemäß eine Erkrankung, die durch berufsbedingte Stressoren verursacht wird und außerhalb der Arbeit nicht in Erscheinung tritt. Ein solcher kausaler Zusammenhang kann also problemlos bejaht werden. Da die Abgrenzung zwischen versicherter Tätigkeit – Einwirkung einerseits und innerer/sachlicher Zusammenhang andererseits nicht immer möglich bzw. zumeist zum gleichen Ergebnis führt,[966] kann auf die Ausführungen in Kapitel D. I. 2. a) bb) (1) (e) (bb) verwiesen werden. Im Folgenden soll nunmehr nur noch der weitaus wichtigere Zusammenhang zwischen besonderer Einwirkung und Krankheit thematisiert werden.

Die in die Liste aufzunehmende Krankheit muss – wie gesehen – des Weiteren durch die besonderen Einwirkungen verursacht werden. Aufgrund der Vermischung rechtlicher, medizinischer, statistischer, epidemiologischer und technischer Fragen wird die Beurteilung von Ursachenzusammenhängen bei Berufskrankheiten von vielen für eine der schwierigsten und anspruchsvollsten Materien des Sozialrechts gehalten.[967] Eine genaue und ausführliche Auseinandersetzung mit dieser Thematik ist somit unerlässlich. Im Vorfeld zu beachten ist jedoch, dass die meisten Entscheidungen bzgl. des Ursachenzusammenhangs zwischen Einwirkungen und Erkrankung die Anerkennung einer Krankheit als „Wie-Berufskrankheit“ betreffen. Deren Aussagen sind also nur bedingt und mit Sorgfalt auf die Voraussetzungen für die Bezeichnung einer BK durch den Verordnungsgeber übertragbar.[968]

---

965 vgl. Hauck/*Römer*, Stand März 2013, § 9 Rn. 24 mit Verweis auf *Becker*, SGb 2010, 131 (135).

966 Brackmann/*Becker*, SGB VII, § 9 Rn. 69 aE: „Der Zusammenhang zwischen versicherter Tätigkeit und Einwirkungen ist vielmehr mit dem eigentlichen Unfall vorgelagerten sachlichen Zusammenhang beim Arbeitsunfall zu vergleichen, der ebenfalls zumeist keine Frage der (medizinischen) Kausalität, sondern der juristischen Wertung ist; Hauck/*Römer*, Stand März 2013, § 9 Rn. 24: „Die Beispiele lassen erkennen, dass es sich um eher seltene Fallkonstellationen handelt. Weiterhin zeigen sie, dass es im Einzelfall fraglich sein kann, an welcher Stelle der Prüfungskette ein Problem genau zu verorten ist (kein sachlicher Zusammenhang zwischen Verrichtung und versicherter Tätigkeit oder fehlende Einwirkungskausalität?)“.

967 so *Becker*, SGb 2006, 449 mit Verweis auf *Wilde/Schulte*, SGb 2004, 599.

968 *Becker*, SGb 2006, 449 (451).

(aa) Grundlagen

Die naturwissenschaftlich-philosophische Äquivalenztheorie[969] nach der *conditio-sine-qua-non*-Formel dient als Ausgangsbasis aller Kausalitätsbetrachtungen im Recht. Danach ist jedes Ereignis A Ursache eines Erfolges B, das nicht hinweggedacht werden kann, ohne dass der Erfolg entfiele.[970] Im Berufskrankheitenrecht ist also zu fragen, ob der berufliche Faktor eine Ursache des Krankheitsbildes ist und ob die Gesundheitsstörung in exakt dem gleichen Zustand auch ohne ihn vorhanden wäre.[971] Aufgrund der unendlichen Weite der Äquivalenztheorie[972] erfolgt in den verschiedenen Rechtsgebieten auf unterschiedliche Art und Weise eine Einengung durch Zurechnung,[973] insbesondere auch, weil diese Theorie in der Praxis bei der Beurteilung von Ersatzursachen[974] und bei sog. alternativer

---

969 manchmal auch als „Bedingungstheorie“ bezeichnet, vgl. KassKomm/*Ricke*, SGB VII, § 8 Rn. 4; *Schönberger/Mehrtens/Valentin*, 1.5, S. 22; Lauterbach/*Koch*, SGB VII, § 9 Rn. 111; *Becker*, SGb 2006, 449; *Benz*, NZS 2002, 8; *Fischer*, StGB, 60. Aufl. 2013, vor § 13 Rn. 21.

970 grundsätzlich hierzu Palandt/*Grüneberg*, BGB, 72. Aufl. 2013, Vorb. v. § 249, Rn. 25 f.; *Fischer*, StGB, 60. Aufl. 2013, vor § 13 Rn. 21 ff.; *Schönberger/Mehrtens/Valentin*, 1.5, S. 22; im BK-Recht gilt dann sinngemäß: „Die Krankheit K wird durch die Einwirkung E verursacht, wenn die Einwirkung E nicht hinweg gedacht werden kann, ohne dass die Krankheit K entfiele.“ Brackmann/*Becker*, SGB VII, § 9 Rn. 36.

971 *Keller*, SGb 2005, 205.

972 logisch-konsequent weitergedacht führt diese Kausalitätsvorstellung letztendlich zurück bis zu Adam und Eva.

973 so gilt im *Zivilrecht* die „Adäquanztheorie“, wonach das Ereignis im Allgemeinen und nicht nur unter besonders eigenartigen, unwahrscheinlichen und nach dem gewöhnlichen Verlauf der Dinge außer Betracht zu lassenden Umständen geeignet sein muss, einen Erfolg der eingetretenen Art herbeizuführen, vgl. Palandt/*Grüneberg*, BGB, 72. Aufl. 2013, Vorb. v. § 249, Rn. 26 m.w.N.; im *Strafrecht* erfolgt eine Begrenzung durch die „Theorie der objektiven Zurechnung“, objektiv zurechenbar ist hiernach ein durch menschliches Verhalten verursachter Erfolg nur dann, wenn dieses Verhalten eine rechtlich missbilligte Gefahr für das verletzte Rechtsgut geschaffen und gerade diese Gefahr sich im tatbestandsmäßigen Erfolg verwirklicht hat, vgl. *Fischer*, StGB, 60. Aufl. 2013, vor § 13 Rn. 25; vgl. für beides auch *Krämer/Seiwerth*, JuS 2013, 203 (206).

974 Erfolg wäre bei Wegdenken der Handlung aufgrund von Ersatzursachen dennoch bewirkt worden.

Kausalität[975] versagt.[976] Im Bereich des Sozialrechts gilt als Begrenzung durch Zurechnung die „Theorie der wesentlichen Bedingung". Nach dieser sind nur jene Bedingungen kausal und rechtserheblich, die wegen ihrer besonderen Beziehung zum Erfolg zu dessen Eintritt wesentlich mitgewirkt haben.[977] „Im Einzelfall muß die Entscheidung darüber, welche Bedingungen im Rechtssinne als Ursache oder Mitursache zu gelten haben und welche nicht, aus der Auffassung des praktischen Lebens abgeleitet werden".[978] Im Gegensatz zu der Adäquanztheorie im Zivilrecht kommt es im Sozialrecht also letztendlich auf die besonderen Umstände des Einzelfalls an,[979] insbesondere eine Beurteilung anhand wissenschaftlich fundierter Erfahrungssätze und praktischen, anwendungsbezogenen Fachwissens, z.B. der Naturwissenschaften, Medizin oder Technik.[980] Durch die Theorie der wesentlichen Bedingung können somit auch atypische Geschehensabläufe und Schadensfolgen erfasst werden.[981] Zusammenfassend kann also festgehalten werden, dass in allen Rechtsgebieten immer eine zweistufige Kausalitätsprüfung vorgenommen wird: auf der ersten Stufe erfolgt eine Beurteilung anhand der Äquivalenztheorie; ist kein allgemeiner, naturwissenschaftlich-philosophischer Ursachenzusammenhang feststellbar, so ist die Prüfung an dieser Stelle beendet. Eine normative Einengung unter Zurechnungsgesichtspunkten erfolgt bei positiver Prüfung nach der *conditio-sine-qua-non*-Formel sodann auf der zweiten Stufe, wobei eine solche juristische Zurechnung immer bestimmte Wertentscheidungen enthält.[982]

---

975 Herbeiführen eines Erfolgs durch Kumulation von mehreren Handlungen, die jeweils für sich ausreichend wären, vgl. insoweit auch Ausführungen bei *Schönberger/Mehrtens/Valentin*, 2.3.3, S. 64.

976 statt aller *Fischer*, StGB, 60. Aufl. 2013, vor § 13 Rn. 22 m.w.N.

977 grundlegend: Reichsversicherungsamt, Amtliche Nachrichten 1912, S. 930 f.; im Folgenden übernommen von *BSG* v. 10.6.1955 - 10 RV 390/54, BSGE 1, 72 (76); v. 14.7.1955 - 8 RV 177/54, BSGE 1, 150 (156 f.), a.M.: vgl. nur Lauterbach/*Koch*, SGB VII, § 9 Rn. 117 m.w.N.

978 *BSG* v. 10.6.1955 - 10 RV 390/54, BSGE 1, 72 (76).

979 *Schönberger/Mehrtens/Valentin*, 1.5.2, S. 24; Lauterbach/*Koch*, SGB VII, § 9 Rn. 122; *Becker*, SGb 2006, 449; vgl. insoweit auch *BSG* v. 29.10.1980 - 2 RU 41/78, SozR 2200 § 539 Nr. 72; v. 31.7.1985 - 2 RU 74/84, SozR 2200 § 548 Nr. 75.

980 *BSG* v. 12.2.1970 - 7/2 RU 262/67, SozR Nr. 6 zu § 589 RVO; *Krämer/Seiwerth*, JuS 2013, 203 (206).

981 *Krämer/Seiwerth*, JuS 2013, 203 (206); *Wallerath/Rühr*, NZS 2007, 63 (64).

982 Brackmann/*Becker*, SGB VII, § 9 Rn. 36; KassKomm/*Ricke*, SGB VII, § 8 Rn. 5; Franke/Molkentin/*Ziegler*, § 8 Rn. 13 ff.; Hauck/*Römer*, Stand März 2013, § 9 Rn. 10b; Lauterbach/*Koch*, SGB VII, § 9 Rn. 111, 120; *Becker*, SGb 2006, 449 (450); *Keller*,

(bb) Begriffliche Klarstellung und Kriterien zur Bestimmung der Wesentlichkeit einer Ursache

Im Zusammenhang mit der Kausalitätsprüfung von Berufskrankheiten finden sich in Rechtsprechung[983] und Schrifttum[984] immer wieder die Begriffe „generelle Geeignetheit", „Gruppentypik" oder „gruppentypische Gefahr". Diese Begriffe werden nicht immer einheitlich und trennscharf verwendet. Die *generelle Geeignetheit*, also „die fallunabhängige Frage nach der Eignung eines Stoffes zur Verursachung eines bestimmten Leidens"[985], „die naturwissenschaftlich belegte Schadensrealisierungstendenz einer Einwirkung"[986] bzw. das Vorliegen „über den Einzelfall hinausgehende Erkenntnisse darüber [...], dass die Erkrankung durch besondere Einwirkungen verursacht wird",[987] wird zumeist bei der Kausalitätsprüfung im Rahmen der Anerkennung einer „Wie-Berufskrankheit" (§ 9 Abs. 2 SGB VII) thematisiert.[988] Der Begriff *Gruppentypik* taucht im Zusammenhang mit dem – an anderer Stelle noch zu erläuternden – Tatbestandsmerkmal „bestimmte Personengruppe" auf und betrifft den Vergleich der gefährdeten Personengruppe gegenüber der restlichen Bevölkerung.[989] Beide Begriffe stehen also nicht in direktem Zusammenhang mit der Kausalitätsbeurteilung im Rahmen der Aufnahme einer BK in die Liste, sind verwirrend und dementsprechend

SGb 2005, 205; *Benz*, NZS 2002, 8; *Krämer/Seiwerth*, JuS 2013, 203 (206); *Wallerath/Rühr*, NZS 2007, 63 f.

983 *BSG* v. 29.10.1981 - 8/8a RU 82/80, BSGE 52, 272 (275); v. 23.3.1999 - B 2 U 12/98 R, BSGE 84, 30 (34).

984 *Schönberger/Mehrtens/Valentin*, 2.2.1, S. 58 f.; KSW/*Holtstraeter*, SGB VII, § 9 Rn. 8, 13 f.; BeckOK Sozialrecht/*Marschner*, SGB VII, § 9 Rn. 16; *Schmitt*, § 9 Rn. 13; Wannagat/*Jung*, SGB VII, § 9 Rn. 10; Lauterbach/*Koch*, SGB VII, § 9 Rn. 104 ff., 180 ff.; *Keller*, SGb 2005, 205 (207).

985 KSW/*Holtstraeter*, SGB VII, § 9 Rn. 14.

986 Lauterbach/*Koch*, SGB VII, § 9 Rn. 99.

987 *Keller*, SGb 2005, 205 (207).

988 so z.B. bei KSW/*Holtstraeter*, SGB VII, § 9 Rn. 14; *Keller*, SGb 2005, 205 (207).

989 unterschiedliche Definitionen bei *Schönberger/Mehrtens/Valentin*, 2.2.1, S. 59: „wenn die versicherte Personengruppe gravierend – nämlich ‚in erhebliche höherem Grade' als die Vergleichsgruppe – den besonderen gesundheitsschädigenden Einwirkungen ausgesetzt ist (= *Gruppentypik*)"; *Schmitt*, § 9 Rn. 13: „Ob eine Krankheit in einer bestimmten, beruflich exponierten Personengruppe erheblich häufiger auftritt als in der übrigen Bevölkerung – sog. Gruppentypik"; *Keller*, SGb 2005, 205 (207): „Diesen Einwirkungen müssen bestimmte Personengruppen durch die Arbeit in erheblich höherem Maße als die übrige Bevölkerung ausgesetzt sein (*Gruppentypik*)".

entbehrlich,[990] weil sie keinen Niederschlag im Gesetzestext der gesetzlichen Unfallversicherung gefunden haben und nichts Neues beschreiben, sondern lediglich Selbstverständlichkeiten, die bereits dem Wortlaut des § 9 Abs. 1 SGB VII zu entnehmen sind.[991] Da es sich in diesem Fall um einen Ursachenzusammenhang handelt, der sich nicht auf eine einzelne, versicherte Person, sondern vielmehr eine Gruppe mit besonderen Einwirkungen und die hierdurch verursachten Krankheiten bezieht, ist der Terminus „genereller Ursachenzusammenhang" sachnäher und den vorangegangenen vorzuziehen.[992] Dieser generelle Zusammenhang steht dem Ursachenzusammenhang im Einzelfall gegenüber, welcher Maßstab bei der Prüfung der Anerkennung einer Listen-BK bzw. Wie-Berufskrankheit ist.[993]

Bei der Kausalitätsbeurteilung nach der Theorie der wesentlichen Bedingung ist der zentrale Prüfungspunkt die „Wesentlichkeit einer Ursache". Dieser sehr abstrakte Begriff hilft zunächst recht wenig weiter, deswegen wurden im Schrifttum[994] allgemeine Kriterien entwickelt, welche die Wesentlichkeit einer Ursache determinieren. Diese Kriterien wurden später durch die Rechtsprechung[995] übernommen. Zu berücksichtigen sind demnach:

- Art (gewöhnlicher oder seltener Arbeitsvorgang), Ausmaß (Exposition, Intensität der Belastung) und zeitlicher Ablauf der Einwirkung
- konkurrierende Ursachen hinsichtlich Art und Intensität
- weiterer Krankheitsverlauf (Verhalten nach Ausbruch bzw. Diagnose der Krankheit) und Vorgeschichte

Ferner ist zu beachten, dass das *BSG* bereits mit Urteil v. 18.12.1962[996] festgestellt hat: „Die Prüfung, welche ‚Ursachen' als rechtlich wesentlich anzusehen sind, darf

---

990 so *Becker*, SGb 2006, 449 (452); weitergehend Brackmann/*Becker*, SGB VII, § 9 Rn. 70, welcher diesen Begriffen jedwede Existenz- und Verwendungsberechtigung abspricht; zustimmend Hauck/*Römer*, Stand März 2013, § 9 Rn. 10; ebenfalls kritisch gegenüber den Begriffen schon *Woitowitz*, Zbl Arbeitsmed 2001, 262 (266 ff.).

991 Brackmann/*Becker*, SGB VII, § 9 Rn. 70 a.E.

992 vgl. insoweit *BSG* v. 14.11.1996 - 2 RU 9/96, SozR 3-2200 § 551 Nr. 9; Brackmann/*Becker*, SGB VII, § 9 Rn. 73; Hauck/*Römer*, Stand März 2013, § 9 Rn. 10; *Becker*, SGb 2006, 449 (452); *Breuer/Velten*, NZS 1995, 146 (147); *Verron*, SGb 1992, 585.

993 *Becker*, SGb 2006, 449 (453).

994 *Schönberger/Mehrtens/Valentin*, 1.5.1, S. 23; KSW/*Holtstraeter*, SGB VII, § 8 Rn. 77; *Ruppelt* in Küttner, Personalbuch 2013, Berufskrankheit Rn. 11; Lauterbach/*Koch*, SGB VII, § 9 Rn. 122; *Becker*, SGb 2006, 449 (450); *Krämer/Seiwerth*, JuS 2013, 203 (206).

995 *BSG* v. 9.5.2006 – B 2 U 1/05 R, BSGE 96, 196 (200).

996 *BSG* v. 18.12.1962 - 2 RU 189/59, BSGE 18, 173 (175).

nicht auf Geschehensabläufe beschränkt werden, die sich im Bereich des Körperlich-Organischen abgespielt haben, vielmehr sind auch Vorgänge im Bereich des Psychischen und Geistigen hinsichtlich ihrer rechtlichen Bedeutung zu würdigen." Die Theorie der wesentlichen Bedingung findet also auch bei psychischen Erkrankungen Anwendung.

(cc) Multikausalität und konkurrierende Ursache

In der Praxis bereiten vor allem die Multikausalität einiger Erkrankungen besondere Probleme. So kann z.B. der Meniskusriss eines Fließen- und Parkettlegers infolge des Hebens und Tragens schwerer Lasten im Rahmen der Arbeitstätigkeit verursacht worden sein. Als konkurrierende Ursachen kommen aber genauso gut z.B. Verschleiß und Degeneration, frühere private Unfälle oder kniebelastender Sport wie Skifahren/Fußball in Betracht. Auch Burn-out ist nicht durch eine bestimmte Einwirkung bzw. Stressor bedingt, vielmehr kommen verschiedene Ursachen in Frage.[997] Bei der Kausalitätsprüfung erfolgt in diesem Fall eine Analyse, ob die Krankheit durch eine versicherte Tätigkeit oder durch konkurrierende Ursachen ausgelöst worden ist. Dabei gilt es mehrere Punkte zu beachten:

- es kann mehrere rechtlich wesentliche Ursachen geben; die wesentliche Ursache erfordert nicht, dass das schädigende Ereignis die alleinige Bedingung ist. Haben mehrere Ursachen in ihrer Bedeutung und Tragweite für den Eintritt des Erfolges wesentlich mitgewirkt und gemeinsam zum Gesundheitsschaden beigetragen, so sind sie nebeneinander stehende Teilursachen im Rechtssinne. Dabei ist sozialversicherungsrechtlich allein relevant, ob die versicherte Tätigkeit im Verhältnis zu anderen Mitbedingungen für den Gesundheitsschaden wesentlich war[998]
- das führt dazu, dass der Begriff „wesentlich" nicht identisch und gleichzusetzen ist mit den Bezeichnungen „gleichwertig" oder „annähernd gleichwertig";[999] auch eine nicht annähernd gleichwertige, sondern rechnerisch/prozentual ver-

---

997 vgl. Kapitel B. III. 6.

998 a.M.: *BSG* v. 9.5.2006 – B 2 U 1/05 R, BSGE 96, 196 (199); KassKomm/*Ricke*, SGB VII, § 8 Rn. 14; *Schönberger/Mehrtens/Valentin*, 1.5.2, S. 24; Franke/Molkentin/*Ziegler*, § 8 Rn. 13; *Becker*, SGb 2006, 449 (450); *Keller*, SGb 2005, 205.

999 *BSG* aaO; Brackmann/*Krasney*, SGB VII, § 8 Rn. 314 m.w.N.; *Schönberger/Mehrtens/Valentin*, 1.5.2, S. 25; KSW/*Holtstraeter*, SGB VII, § 8 Rn. 76; *Bultmann* in Münchener AnwaltsHandbuch Sozialrecht, § 25 Entschädigung für Arbeitsunfall und Berufskrankheit Rn. 77; Lauterbach/*Koch*, SGB VII, § 9 Rn. 124; *Becker*, SGb 2006, 449 (450); *Keller*, SGb 2005, 205; a.A. *Benz*, NZS 2002, 8: haftungsbegründende und haftungsausfüllende Kausalität sei nur zu bejahen, wenn die Bedingungen aus

hältnismäßig niedriger zu bewertende Ursache kann für den Erfolg rechtlich wesentlich sein, solange die andere(n) Ursache(n) keine überragende Bedeutung haben,[1000] so dass die in den versicherten Bereich fallende Bedingung ganz in den Hintergrund gedrängt wird[1001]

- diese andere Ursache wird als *Gelegenheitsursache* bezeichnet, da sie zwar naturwissenschaftlich ursächlich ist, sodann aber im zweiten Prüfungsschritt als nicht wesentlich angesehen wird, sondern lediglich örtlich und zeitlich zufällig („bei Gelegenheit") auftritt[1002]
- schließlich ist noch festzuhalten, dass eine Ursache nicht bereits deshalb als wesentlich zu werten ist, weil sie die letzte von mehreren war und den Eintritt des Erfolges sichtbar gemacht hat[1003] bzw. unwesentlich, weil sie nicht die letzte war[1004]

(dd) Varianten des Ursachenzusammenhangs

Hinsichtlich des generellen Ursachenzusammenhangs sind bei den BKen unterschiedliche Beziehungen zwischen Einwirkungen (= Ursache) und Erkrankung (= Erfolg) zu unterscheiden.[1005] Zum einen kann eine *Dosis-Wirkungs-Beziehung* vorliegen. Kennzeichnend hierfür ist, dass je höher die Dosis ist, umso größer/stärker ist auch die darauf folgende Wirkung. Ein derartiger Zusammenhang

---

dem versicherten Bereich gegenüber den konkurrierenden Bedingungen mindestens gleichwertig sind.

1000 *BSG* v. 12.2.1970 - 7/2 RU 262/67, SozR Nr. 6 zu § 589 RVO; v. 11.12.1963 - 5 RKn 31/60, NJW 1964, 2222; v. 30.6.1960 - 2 RU 86/56, BSGE 12, 242 (245); Brackmann/*Krasney*, SGB VII, § 8 Rn. 314 m.w.N.; KassKomm/*Ricke*, SGB VII, § 8 Rn. 14; *Schönberger/Mehrtens/Valentin*, 1.5.2, S. 25; KSW/*Holtstraeter*, SGB VII, § 8 Rn. 76; *Bultmann* in Münchener AnwaltsHandbuch Sozialrecht, § 25 Entschädigung für Arbeitsunfall und Berufskrankheit Rn. 77; Lauterbach/*Koch*, SGB VII, § 9 Rn. 124; *Becker*, SGb 2006, 449 (450); a.A. *Benz*, NZS 2002, 8: ist die konkurrierende Ursache mit Wahrscheinlichkeit überwiegend (mehr als gleichwertig) für den Gesundheitsschaden ursächlich, muss sie als rechtlich allein wesentliche Ursache angesehen werden.

1001 *Keller*, SGb 2004, 205.

1002 *BSG* v. 9.5.2006 – B 2 U 1/05 R, BSGE 96, 196 (200); v. 27.10.1987 - 2 RU 35/87, BSGE 62, 220; *Becker*, SGb 2006, 449 (450 f.); vgl. auch KassKomm/*Ricke*, SGB VII, § 8 Rn. 6; Franke/Molkentin/*Ziegler*, § 8 Rn. 45.

1003 *BSG* v. 9.5.2006 – B 2 U 1/05 R, BSGE 96, 196 (200); v. 27.10.1987 - 2 RU 35/87, BSGE 62, 220.

1004 *Schönberger/Mehrtens/Valentin*, 1.5.2, S. 24; *Becker*, SGb 2006, 449 (450).

1005 Brackmann/*Becker*, SGB VII, § 9 Rn. 74 ff. m.w.N.; *ders.*, SGb 2006, 449 (453).

lässt sich bei vielen älteren BKen beobachten, vor allem bei durch physikalische Einwirkungen verursachten BKen. Zum anderen gibt es aber insbesondere neue BKen, bei denen die Dosis zumeist ohne Einfluss auf das Ausmaß der Krankheit ist, sondern lediglich Relevanz für die Wahrscheinlichkeit des Auftretens der Erkrankung hat, wobei nicht jeder Versicherte, welcher den Einwirkungen ausgesetzt war, auch tatsächlich erkrankt. In diesem Fall liegt eine *Dosis-Häufigkeits-Beziehung* vor. Ausschlaggebend ist hierbei nicht die Stärke oder Intensität der Einwirkung, sondern die Häufigkeit mit der die Einwirkung beim Versicherten auftritt. Im Rahmen von Burn-out ist von einer Dosis-Häufigkeits-Beziehung auszugehen, denn es ist unerheblich wie stark die jeweiligen Stressoren auf den Versicherten einwirken, vielmehr ist relevant wie häufig und in welchem Abstand diese auftreten, wobei selbst bei gehäuftem Vorliegen der Stressoren nicht jeder Versicherte an Burn-out erkrankt.

(ee) Genereller Ursachenzusammenhang bei Burn-out

Wie bereits erläutert, erfolgt stets eine zweistufige Kausalitätsprüfung. Nichts anderes gilt auch im Fall von psychischen Erkrankungen: „Zunächst muss geprüft werden, welche Ursachen für die festgestellte(n) psychische(n) Gesundheitsstörung(en) nach der Bedingungstheorie gegeben sind, und dann in einem zweiten Schritt, ob die versicherte Ursache […] direkt oder mittelbar für diese Gesundheitsstörungen wesentlich im Sinne der Theorie der wesentlichen Bedingung war.“[1006] Zwar wurde diese Theorie für die Ursachenbeurteilung im Einzelfall entwickelt, für den generellen Ursachenzusammenhang kann jedoch nichts anderes gelten.[1007] Denn zum einen wird im „Recht der Gesetzlichen Unfallversicherung die wertungsmäßige Einschränkung bei der Feststellung *aller* Kausalitätsbeziehungen durch die ‚*Theorie der rechtlich wesentlichen Ursache*‘ geleistet“[1008], andererseits vermag eine (immer) unwesentliche Verursachung die Bezeichnung der betreffenden Krankheit als BK nicht zu rechtfertigen.[1009] Beide Argumente vermögen zu überzeugen. Der generelle Ursachenzusammenhang ist lediglich eine rein theoretische Größe zusammengesetzt aus der Summe der Einzelfälle, bezieht er sich doch nicht auf konkrete Bedingungen und Erfolge. „Im Rahmen einer allgemeinen naturwissenschaftlichen Ursachenbeurteilung des generellen Ursachenzusammenhangs

1006 *BSG* v. 9.5.2006 – B 2 U 1/05 R, NZS 2007, 212 (216).

1007 Brackmann/*Becker*, SGB VII, § 9 Rn. 78; *ders.*, SGb 2006, 449 (453).

1008 *Krämer/Seiwerth*, JuS 2013, 203 (206); in diesem Sinne auch *Becker*, SGb 2006 449 (453).

1009 Brackmann/*Becker*, SGB VII, § 9 Rn. 78.

kann also nur ausgesagt werden, dass bestimmte Einwirkungen E – unabhängig von der Frage, bei welcher Gelegenheit und in welchem Ausmaß usw. sie auftreten – grundsätzlich geeignet sind, die Krankheit K zu verursachen."[1010] Aus diesem Grunde kann bei der Aufnahme einer Erkrankung in die BKV grundsätzlich nur aus einer langfristigen Beobachtung von Krankheitsbildern und Einwirkungen an bestimmten Arbeitsplätzen auf Ursachenzusammenhänge geschlossen werden.[1011] Bei der Zurechnung des generellen Ursachenzusammenhangs bzgl. der Aufnahme einer Krankheit in die BK-Liste nach der Theorie der wesentlichen Bedingung kommen selbstverständlich nur die ersten beiden Kriterien (Art u. Ausmaß der Einwirkungen, konkurrierende Ursachen) in Betracht.[1012] Denn der weitere Krankheitsverlauf und die Vorgeschichte sind Aspekte des konkreten Einzelfalls, und im Hinblick auf einen allgemeinen Ursachenzusammenhang nicht generalisierbar. Nichts anderes dürfte wohl auch bei Vorliegen psychischer Gesundheitsstörungen gelten.[1013]

Damit ergibt sich für die Beurteilung des generellen Ursachenzusammenhangs bei Burn-out folgende allgemeine Ursachenkonstellation: Die Einwirkungen E kommen nur im Rahmen der versicherten Tätigkeit vor, die Krankheit K tritt aber nicht nur bei Personen auf, die den Einwirkungen E ausgesetzt sind, sondern es gibt weitere, z.T. auch unbekannte Ursachen X für die Krankheit K.[1014]

Als Einwirkungen E kommen die psychischen Belastungsfaktoren Arbeitsüberlastung (zu viel Arbeit, zu anspruchsvolle Arbeit), Zeitdruck (massive Überstunden, kaum/keine Pausen, kurze Fristen) und Konflikte am Arbeitsplatz (mangelndes/kein Feedback; Probleme mit Kunden/Kollegen/Vorgesetzten, Mobbing) in Betracht.[1015] Als arbeits- und organisationsspezifische Stressoren treten diese Einwirkungen nur während einer versicherten Tätigkeit auf, außerhalb der Arbeit sind diese Einwirkungen nicht gegenwärtig. Nach einer verbreiteten und hier

---

1010 *Becker*, SGb 2006 449 (453).

1011 *BSG* v. 14.11.1996 – 2 RU 9/96, BSGE 79, 250; v. 12.6.1990 – 2 RU 21/89, HV-INFO 1990, 2085; v. 30.1.1986 – 2 RU 80/84, BSGE 59, 295; Hauck/*Römer*, Stand März 2013, § 9 Rn. 10a.

1012 anders *Becker*, SGb 2006, 449 (453), welcher alle drei Kriterien für die Beurteilung der Wesentlichkeit des generellen Ursachenzusammenhangs heranzieht und die Schwierigkeit, dass Krankheitsbilder und -verläufe kaum verallgemeinerbar sind, lapidar als „überwiegend methodisches Problem“ abtut.

1013 vgl. insoweit *BSG* v. 9.5.2006 – B 2 U 1/05 R, NZS 2007, 212 (216).

1014 angelehnt an *Becker*, SGb 2006, 449 (455).

1015 vgl. insoweit *Hien*, SozSich 2012, 382 (389), welcher hohe Anforderungen bei geringen Handlungsspielräumen, mangelnde soziale Unterstützung, Job-Angst und Mobbing nennt.

vertretenen Auffassung tritt Burn-out jedoch nur auf, wenn einerseits Persönlichkeitsfaktoren wie Perfektionismus, großes Engagement und gesteigerte Rollenerwartungen vorhanden sind und andererseits die durch die psychischen Belastungsfaktoren hervorgerufene Beanspruchung[1016] bzw. Überbeanspruchung nicht im Wege des Coping[1017] bewältigt werden kann. Persönlichkeitsmerkmale und Bewältigungsstrategien stellen also konkurrierende Ursachen X dar.[1018] Es handelt sich hier um einen Fall der kumulativen Kausalität.

(α) Naturwissenschaftlich-philosophischer Ursachenzusammenhang

Der Kausalitätszusammenhang zwischen den Einwirkungen E (Arbeitsüberlastung, Zeitdruck, Konflikte) und der Krankheit K (Burn-out) als Mitursache – E kann K verursachen, aber andere Einwirkungen können es auch – ist nicht zu bestreiten. Denn die Einwirkungen E können nicht hinweggedacht werden, ohne dass der Erfolg (die Krankheit K und damit Burn-out) entfiele. Aufgrund der konkurrierenden Ursachen X (Persönlichkeitsmerkmale und Copingstrategien) sind die Einwirkungen E aber nur eine hinreichende, nicht jedoch eine notwendige Ursache, um die Krankheit K naturwissenschaftlich zu verursachen. Hieraus kann also nicht abgeleitet werden, ob die Einwirkung E im Einzelfall die Krankheit K verursacht hat, was jedoch für den generellen Ursachenzusammenhang unerheblich ist.[1019] Mitnhin kann in diesem Fall von einer naturwissenschaftlichen Mitverursachung durch die versicherten Einwirkungen E ausgegangen werden.

(β) Wesentlichkeit der versicherten Einwirkungen E

Prüfungskriterien sind grundsätzlich Art, Ausmaß und zeitlicher Verlauf der Einwirkungen. Das Kriterium „Ausmaß" dürfte jedoch meist nur bei Dosis-Wirkungs-Beziehungen von größerer Relevanz sein. Burn-out ist aber wohl ein Fall einer Dosis-Häufigkeits-Beziehung. Somit bleiben Art und zeitlicher Verlauf der Einwirkungen als maßgebliche Prüfungsmerkmale für die Dosis-Häufigkeits-Beziehung übrig. Jedoch stellt sich hier die Frage, wie überhaupt die

---

1016 vgl. zu den beiden Begriffen psychische Belastung und Beanspruchung Kapitel B.I.2.b).

1017 vgl. Kapitel B.I.3.b)bb).

1018 *Spellbrink*, SGb 2013, 154 (158); *ders.* WzS 2012, 259 (262); vgl. auch *Schönberger/Mehrtens/Valentin*, 10.8.5, S. 828: „Bei der Entwicklung des Burnout-Syndroms haben sowohl individuelle als auch arbeitsorganisatorische und gesellschaftliche Faktoren Bedeutung".

1019 vgl. hierzu auch die allg. Ausführungen zu dieser Problematik bei *Becker*, SGb 2006, 449 (455).

Dosis zu ermitteln ist, welche als Ausgangsgröße für die Ursachenbeurteilung herangezogen wird. Denn es ist zu klären, ob die Krankheit wesentlich durch die versicherten Einwirkungen E oder die unversicherten Ursachen X herbeigeführt wurde. Dabei gibt es aber nur eine Verursachungswahrscheinlichkeit für den einen oder für den anderen Ursachenzusammenhang.[1020] Diese Verursachungswahrscheinlichkeit für die Beurteilung einer Dosis-Häufigkeits-Beziehung ergibt sich aus epidemiologischen und statistischen Untersuchungen,[1021] es erfolgt insoweit eine epidemiologisch-statistische Risikoabschätzung.[1022] Denn die Kausalitätsbeurteilung hat auf Basis des aktuellen wissenschaftlichen Erkenntnisstandes über die Möglichkeit von Ursachenzusammenhängen zwischen bestimmten Einwirkungen und der Entstehung bestimmter Krankheiten zu erfolgen.[1023] Zwar macht das *BSG* eine Einschränkung für den Fall, dass kein aktueller allgemeiner wissenschaftlicher Erkenntnisstand zu einer bestimmten Fragestellung vorliegt. Danach „kann in Abwägung der verschiedenen Auffassungen einer nicht nur vereinzelt vertretenen Auffassung gefolgt werden"[1024], jedoch hilft diese Einschränkung im Falle von Burn-out nicht weiter, da es bis dato überhaupt keine validen epidemiologisch-statistischen Studien bzgl. des Ursachenzusammenhangs gibt.[1025] Im Zusammenhang mit fehlenden verwertbaren Untersuchungen zu Ursachen und Folgen von Burn-out konstatiert der international renommierte Burn-out-Forscher *Burisch*[1026] zerknirscht: „Wir wissen tatsächlich nichts Verlässliches über Burnout". Ebenso vernichtend ist das Urteil der Arbeits- und Organisationspsychologen *Schaufeli/Enzmann*:[1027] „Im Verhältnis zum gewaltigen Umfang der empirischen Studien (mehr als 500!) ist unser Erkenntnisstand über Ursachen und Folgen von Burnout und über die zugrunde liegenden psychologischen Mechanismen ziemlich dürftig." Schließlich

---

1020 *Becker*, SGb 2006, 449 (454).

1021 Brackmann/*Becker*, SGB VII, § 9 Rn. 76.

1022 *Schönberger/Mehrtens/Valentin*, 2.4.3.2, S. 68.

1023 *BSG* v. 9.5.2006 - B 2 U 1/05 R, NZS 2007, 212 (214 f.).

1024 *BSG* v. 9.5.2006 - B 2 U 1/05 R, NZS 2007, 212 (215).

1025 *Burisch*, S. X und S. 224 ff.; *Rösing*, S. 106 f.; *Schaufeli/Enzmann*, S. 93 ff.; *Kaschka/Korczak/Broich*, Deutsches Ärzteblatt 2011, 781: „Es besteht erheblicher Forschungsbedarf an qualitativ hochwertigen, kontrollierten Studien zum Burn-out-Syndrom. [...] Zur Gewinnung gesicherter Erkenntnisse über Prävalenz, Inzidenz und Kostenrelevanz des Syndroms sind epidemiologische und ökonomische Untersuchungen vonnöten. Die Ätiopathogenese von Burn-out unter Berücksichtigung neurobiologischer Entstehungsbedingungen und Einflussfaktoren bleibt aufzuklären".

1026 *Burisch*, S. 227.

1027 *Schaufeli/Enzmann*, S. 190; Übersetzung nach *Burisch*, S. 226.

verneint auch Richter am BSG *Spellbrink*[1028] das Vorliegen eines generellen Ursachenzusammenhangs indem er festhält: „Unabhängig hiervon fehlt es aber auch an belastbaren wissenschaftlichen Erkenntnissen über generelle gruppenspezifische Ursachenzusammenhänge zwischen Burn-out und spezifischen beruflichen Belastungen." Und auch *Hien*[1029] verneint allgemein die BK-Reife von psychischen Erkrankungen: „Die Fachdebatte in Psychiatrie und Psychotherapie findet sich noch längst nicht auf einem für die BK-Diskussion annährend ausreichenden Niveau. Es mangelt an wissenschaftlichen Methoden, welche die Objektivität dessen, wie Arbeit[s]belastungen auf die Psyche einwirken und von der jeweiligen Persönlichkeit bewältigt werden, im Sinne des BK-Rechts halbwegs erfassen könnten." Alle vier Aussagen mögen für sich sprechen. In Ermangelung epidemiologischer und statistischer Studien zur Ätiologie von Burn-out ist eine Beurteilung der Kausalität auf Basis des aktuellen wissenschaftlichen Erkenntnisstandes nach der Theorie der wesentlichen Bedingung zum heutigen Zeitpunkt nicht möglich, da kein gesichertes Referenzmaterial vorliegt. Eine Aufnahme von Burn-out in die BK-Liste scheitert also am fehlenden Nachweis eines generellen Ursachenzusammenhangs.[1030] Zwar wurde bereits erwähnt, dass dem Verordnungsgeber ein gewisser Ermessenspielraum obliegt. Zutreffend ist demzufolge, dass die Entscheidung, unter welchen konkreten Voraussetzungen welche Krankheit aufgrund welcher Einwirkungen als BK bezeichnet wird, eine wertende und typisch normative Setzung darstellt, die dem Verordnungsgeber vorbehalten bleibt. Diese Entscheidung muss aber aufgrund wissenschaftlicher Erkenntnisse erfolgen.[1031] Die wissenschaftlichen Erkenntnisse, mögen es auch

---

1028 *Spellbrink*, SGb 2013, 154 (160); *ders.* WzS 2012, 259 (261).

1029 *Hien*, SozSich 2012, 382 (390).

1030 *Spellbrink*, SGb 2013, 154 (160); *ders.* WzS 2012, 259 (261); *Weber* in Weber/Hörmann, Psychosoziale Gesundheit im Beruf, Das Burnout-Syndrom, S. 87; *ders./Kraus* in ASUMed 2000, 180 (186); *Schönberger/Mehrtens/Valentin*, 10.8.5, S. 828; wohl auch *Hillert*, VersMed 2008, 163 „Der interaktionelle Charakter des Phänomens macht es per se schwierig, die Auswirkungen der Arbeitssituation auf das Burnout-Erleben isoliert, im Sinne einer linearen Kausalität darzustellen"; *Kaschka/Korczak/Broich*, Deutsches Ärzteblatt 2011, 781 „Beim derzeitigen Kenntnisstand sollte der Begriff ‚Burn-out' möglichst nicht als Diagnose und Grundlage für sozialrechtliche Entscheidungen herangezogen werden"; weitergehend *Keller*, MedSach 2013, 76 (78), welcher die Berufskrankheitenreife jedweder psychischer Erkrankung verneint, „da es keine gesicherten Erkenntnisse dafür gibt, unter welchen Voraussetzungen ein genereller Ursachenzusammenhang zwischen beruflichen Belastungen und seelischen Erkrankungen besteht".

1031 Hauck/*Römer*, Stand März 2013, § 9 Rn. 10b; *Becker*, SGb 2006, 449 (454).

nur einzelne Untersuchungen sein, bilden also eine unüberwindbare Schranke für den Ermessenspielraum des Verordnungsgebers. Dies hat auch das *BSG* erkannt und führt insoweit aus: „Auch die Entscheidung über die Wesentlichkeit einer Ursache bei psychischen Gesundheitsstörungen kann keine von [...] wissenschaftlichen Erkenntnissen unabhängige Wertentscheidung [...] sein, sondern muss [...] wissenschaftlich begründet sein."[1032] Der Verordnungsgeber kann sich folglich nicht über fehlende Studien bzgl. der Ätiologie und des Ursachenzusammenhangs hinwegsetzen.[1033] Gibt es für manche Krankheiten keine validen wissenschaftlichen Erkenntnisse, so muss das Unfallversicherungsrecht vor dieser Unsicherheit kapitulieren. Genau mit dieser Unsicherheit in der Kausalitätsbeurteilung bei psychischen Erkrankungen hat sich der 9. Senat des *BSG* im Rahmen des Versorgungsrechts befasst, in dem ebenfalls die Theorie der wesentlichen Bedingung Anwendung findet. Exemplarisch soll ein Zitat aus dem Urteil v. 18.10.1995[1034] dienen, dessen grundsätzliche Aussage auch auf den vorliegenden Fall von Burn-out übertragen lässt:

> *„Wenn sich nach einem seelisch belastenden Vorgang ein Dauerleiden einstellt, lässt sich offenbar nicht überzeugend klären, ob und nach welchem psychischen Mechanismus dieser Vorgang das Dauerleiden herbeigeführt hat oder ob und in welchem Umfang schon eine Anlage von Krankheitswert vorhanden war [...] Vor dieser Unsicherheit hat das private Unfallversicherungsrecht kapituliert [...] Nicht kapitulieren kann das gesetzlich geregelte Schadensersatzrecht, insbesondere nicht das soziale Entschädigungsrecht. Von einem Ursachenzusammenhang zwischen einer bestimmten Belastung und einer bestimmten Krankheit kann aber auch auf diesem Rechtsgebiet nur dann gesprochen werden, wenn feststeht, dass Belastungen dieser Art allgemein geeignet sind, Krankheiten dieser Art hervorzurufen [...] Erst wenn die herrschende Lehrmeinung in der medizinischen Wissenschaft die Belastung allgemein für geeignet hält, bestimmte Krankheiten hervorzurufen, kann ein Ursachenzusammenhang im Einzelfall ernstlich in Betracht gezogen werden. Da man den tatsächlichen Wirkungszusammenhang zwischen Belastung und Krankheit im Allgemeinen nicht kennt und andere Ursachen nie auszuschließen sind, ist die Möglichkeit des Ursachenzusammenhangs schon dann anzunehmen, wenn nach dem Erfahrungswissen der Ärzte die Gefahr des Ausbruchs der betreffenden Krankheit nach den betreffenden Belastungen deutlich erhöht ist."*

1032 *BSG* v. 9.5.2006 – B 2 U 1/05 R, NZS 2007, 212 (217).

1033 Hauck/*Römer*, Stand März 2013, § 9 Rn. 10b, „Allerdings kann der Freiraum des Verordnungsgebers insoweit eingegrenzt werden, als die Entscheidung erkennbar auf medizinisch-wissenschaftliche Erkenntnisse gestützt sein muss"; Wannagat/*Jung*, SGB VII, § 9 Rn. 10, „der Verordnungsgeber darf nur solche Krankheiten in die Berufskrankheitenliste aufnehmen, deren besondere schädigende Wirkungen für besonders gefährdete Personengruppen nachgewiesen sind".

1034 *BSG* v. 18.10.1995 - 9/9a RVg 4/92, BSGE 77, 1 (2 ff.).

Obschon es bereits an der Wesentlichkeit der Einwirkungen Arbeitsüberlastung, Zeitdruck, und Konflikte mangelt, ist ein Abbruch der Prüfung der weiteren Kriterien nicht vorzunehmen. Denn der fehlende Nachweis eines generellen Ursachenzusammenhangs liegt darin begründet, dass es bisher keine verwertbaren Studien hinsichtlich der Kausalität zwischen Burn-out und beruflichen Belastungen gibt. Dies heißt aber nicht, dass solche Untersuchungen in Zukunft nicht beizubringen wären, so dass die noch fehlenden Tatbestandsmerkmale der Aufnahme einer Krankheit in die BK-Liste zu überprüfen sind.

(γ) Überragende Bedeutung der unversicherten Ursachen X

Eine Ursache kann für den Erfolg rechtlich wesentlich sein, solange die andere(n) Ursache(n) keine überragende Bedeutung haben.[1035] „Ist jedoch eine Ursache oder sind mehrere Ursachen gemeinsam gegenüber einer anderen von überragender Bedeutung, so ist oder sind nur die erstgenannte(n) Ursache(n) ‚wesentlich' und damit Ursachen im Sinne des Sozialrechts".[1036] Zu klären ist also, ob die konkurrierenden Ursachen Persönlichkeitsmerkmale und Bewältigungsstrategien ihrerseits als überragend bedeutend einzustufen sind. Sind sie lediglich wesentliche Mitursachen, ist dies unschädlich, denn die „wesentliche Ursache erfordert nicht, dass das schädigende Ereignis die alleinige oder überwiegende Bedingung ist. Haben mehrere Ursachen gemeinsam zum Gesundheitsschaden beigetragen, sind sie nebeneinander stehende Teilursachen im Rechtssinne, wenn beide in ihrer Bedeutung und Tragweite für den Eintritt des Erfolges wesentlich mitgewirkt haben. Kein Faktor hebt die Mitursächlichkeit des anderen auf. Sozialversicherungsrechtlich ist allein relevant, ob die versicherte Tätigke[i]t für das Unfallereignis oder für den Gesundheitsschaden wesentlich war."[1037] Sozialrechtlich ausschließlich bedeutsam ist also, ob die Einwirkungen E wesentlich sind. Ob die Schadensanlage (Persönlichkeitsstruktur) oder die konkurrierende Ursache (Bewältigungsstrategien)

1035 *BSG* v. 12.2.1970 - 7/2 RU 262/67, SozR Nr. 6 zu § 589 RVO; v. 11.12.1963 - 5 RKn 31/60, NJW 1964, 2222; v. 30.6.1960 - 2 RU 86/56, BSGE 12, 242 (245); Brackmann/*Krasney*, SGB VII, § 8 Rn. 314 m.w.N.; *Schönberger/Mehrtens/Valentin*, 1.5.2, S. 25; KSW/*Holtstraeter*, SGB VII, § 8 Rn. 76; *Bultmann* in Münchener AnwaltsHandbuch Sozialrecht, § 25 Entschädigung für Arbeitsunfall und Berufskrankheit Rn. 77; *Becker*, SGb 2006, 449 (450).

1036 *BSG* v. 9.5.2006 – B 2 U 1/05 R, NZS 2007, 212 (214); *BSG* v. 12.2.1970 - 7/2 RU 262/67, SozR Nr. 6 zu § 589 RVO; v. 30.6.1960 - 2 RU 86/56, BSGE 12, 242 (245).

1037 *Schönberger/Mehrtens/Valentin*, 1.5.2, S. 24 mit Verweis auf *BSG* v. 9.5.2006 – B 2 U 1/05 R, NZS 2007, 212 (214); in diesen Sinne auch *Becker*, SGb 2006, 449 (451); a.A. *Benz*, NZS 2002, 8 (12).

mitursächlich sind, ist unerheblich. Ihre Stärke und Intensität ist nur insoweit von Belang, als die Einwirkungen E dann nicht wesentlich sind, wenn sie – Schadensanlage und konkurrierende Ursache – von überragender Bedeutung für den Eintritt des Erfolgs sind.[1038] Vorschäden, Vorerkrankungen, vorbestehende Degenerationen und Schadensanlagen sind demnach unerheblich, selbst wenn diese wesentlich die Krankheit bedingt haben. Dies wird auch durch die in Rechtsprechung und Literatur vertretene Aussage „der Versicherte ist so geschützt, wie er die Arbeit antritt“[1039] untermauert.

Um die überragende Bedeutung einer Ursache in diesem Fall festzustellen, hat das *BSG* eine Abwägung nach folgender Formel vorgenommen:

> *„Für den Fall, dass die kausale Bedeutung einer äußeren Einwirkung mit derjenigen einer bereits vorhandenen krankhaften Anlage zu vergleichen und abzuwägen ist, ist darauf abzustellen, ob die Krankheitsanlage so stark oder so leicht ansprechbar war, dass die ‚Auslösung‘ akuter Erscheinungen aus ihr nicht besonderer, in ihrer Art unersetzlicher äußerer Einwirkungen bedurfte, sondern dass jedes andere alltäglich vorkommende Ereignis zu derselben Zeit die Erscheinung ausgelöst hätte“*[1040]

Maßgeblich ist demnach der Vergleich der Stärke der Schadensanlage mit der der besonderen Einwirkung(en).[1041] Doch auch hier gilt: zur Vornahme dieser wertenden Gegenüberstellung müssen die konkurrierenden Ursachen erwiesen sein. Ob eine Einwirkung zu einer Erkrankung (körperlicher oder psychisch-geistiger Art) geführt hat, richtet sich grundsätzlich nach der Antwort, welche Wertigkeit die medizinische Wissenschaft diesem Vorgang beimisst.[1042] Hier stellt sich aber das gleiche Problem wie zuvor: valide, reliable und somit wissenschaftlich fundierte Studien zur Ätiologie von Burn-out liegen derzeit nicht vor; es gibt weder zu Arbeitsplatzfaktoren als Auslöser von Burn-out noch zu Persönlichkeitsmerkmalen oder Coping im Rahmen von Burn-out verlässliche Untersuchungen. Damit kann auch keine wertende Gegenüberstellung vorgenommen werden, da

---

1038 vgl. *Becker*, SGb 2006, 449 (451).

1039 *BSG* v. 9.5.2006 – B 2 U 1/05 R, NZS 2007, 212 (215); *Bultmann* in Münchener AnwaltsHandbuch Sozialrecht, § 25 Entschädigung für Arbeitsunfall und Berufskrankheit Rn. 77.

1040 *BSG* v. 9.5.2006 – B 2 U 1/05 R, NZS 2007, 212 (214); v. 12.4.2005 – B 2 U 27/04 R, BSGE 94, 269; v. 27.10.1987 - 2 RU 35/87, BSGE 62 220 (222 f.); so auch *Bultmann* in Münchener AnwaltsHandbuch Sozialrecht, § 25 Entschädigung für Arbeitsunfall und Berufskrankheit Rn. 77; *Becker*, SGb 2006, 449 (451); ähnlich *Schönberger/Mehrtens/Valentin*, 1.7, S. 31.

1041 *Becker*, SGb 2006, 449 (451); ausführlich *Benz*, NZS 2002, 8 (13 f.).

1042 *Schönberger/Mehrtens/Valentin*, 1.7, S. 30.

die wissenschaftliche Ausgangsbasis fehlt. Es gilt insoweit das gleiche wie bereits zur Wesentlichkeit der Einwirkungen E ausgeführt wurde: aufgrund mangelnder Erkenntnisse in Wissenschaft und Medizin kann die Frage, ob Persönlichkeitsmerkmale und Bewältigungsstrategien bei der Prüfung des Ursachenzusammenhangs von Burn-out von überragender Bedeutung sind, nicht abschließend beantwortet werden.

(ff) Zwischenergebnis

Der generelle Ursachenzusammenhang zwischen bestimmten Einwirkungen E und Burn-out kann im Moment ob der defizitären Erkenntnisse in Wissenschaft und Medizin keiner Prüfung und Wertung unterzogen werden. Weder sind verlässliche Ausführungen zur Wesentlichkeit der versicherten Einwirkungen E, welche einen generellen Ursachenzusammenhang bejahen würden, zu machen. Noch kann die überragende Bedeutung der konkurrierenden Ursachen X, was die Kausalität zwischen Burn-out und spezifischen beruflichen Belastungen ausschließen würde, abschließend beurteilt und analysiert werden. Kurz gesagt: Können eine Ursache, ihr Ausmaß und genaues Gewicht ihrer Bedeutung nicht sicher festgestellt werden, erhebt sich auch nicht die Frage nach ihrer Auswirkung auf die konkrete Gesundheitsstörung.[1043]

(e) Gruppentypik

§ 9 Abs. 1 S. 2 SGB VII schreibt für die BK-Reife vor, dass den besonderen Einwirkungen bestimmte Personengruppen durch ihre versicherte Tätigkeit in erheblich höherem Grade als die übrige Bevölkerung ausgesetzt sein müssen. Diese Trias aus bestimmter Personengruppe (hierzu (aa)), versicherter Tätigkeit (hierzu (bb)) und Gefährdung in erheblich höherem Grad als die übrige Bevölkerung (hierzu (cc)) wird als sog. *Gruppentypik* bezeichnet.[1044]

1043 *BSG* v. 6.12.1989 - 2 RU 7/89, HV-Info 8/1999, 638; v. 20.1.1987 - 2 RU 27/86, BSGE 61, 127 (130); ebenso *Bayerisches LSG* v. 22.3.2006 - L 2 U 378/04, UVR 2007, 219.

1044 Hauck/*Römer*, Stand März 2013, § 9 Rn. 8d; vgl. auch *Schönberger/Mehrtens/Valentin*, 2.2.1, S. 59: „wenn die versicherte Personengruppe gravierend – nämlich ‚in erhebliche höherem Grade' als die Vergleichsgruppe – den besonderen gesundheitsschädigenden Einwirkungen ausgesetzt ist (= *Gruppentypik*)"; *Schmitt*, § 9 Rn. 13: „Ob eine Krankheit in einer bestimmten, beruflich exponierten Personengruppe erheblich häufiger auftritt als in der übrigen Bevölkerung – sog. Gruppentypik"; *Keller*, SGb 2005, 205 (207): „Diesen Einwirkungen müssen bestimmte Personengruppen durch die Arbeit in erheblich höherem Maße als die übrige Bevölkerung ausgesetzt sein (*Gruppentypik*)"; abstrakter Lauterbach/*Koch*, SGB VII, § 9 Rn. 186a: „Gruppentypik

(aa) Bestimmte Personengruppe

Das *BSG* hat jüngst in seiner Entscheidung v. 20.7.2010[1045] wichtige Aussagen zu diesem Tatbestandsmerkmal gemacht und ausgeführt:

> *„Die Personengruppe darf nicht vorab nach gesetzesfremden Merkmalen bestimmt werden, sondern ergibt sich durch die nachgenannten Prüfungen. Zuerst ist die Art der Einwirkungen zu ermitteln, die im Blick auf die vom Versicherten geltend gemachte Krankheit abstrakt-generell als Ursachen in Betracht kommen können. Dann ist zu klären, ob diese abstrakt-generell einer bestimmten Art einer vom Versicherten verrichteten versicherten Tätigkeit zuzurechnen sind. Erst aus dieser Verbindung von krankheitsbezogenen Einwirkungen und versicherten Tätigkeiten ergibt sich die abstrakt-generelle Personengruppe, die sich von der Allgemeinbevölkerung unterscheidet. Als Einwirkungen kommt praktisch alles in Betracht, was auf Menschen einwirkt. Daher ist es - auch wenn es (noch) keine Listen-BK gibt - möglich, auf rein psychische Einwirkungen abzustellen. Es ist nicht ausgeschlossen, dass der Verordnungsgeber eine entsprechende Listen-BK einführen kann. An die bestimmte Personengruppe sind keine besonderen Anforderungen hinsichtlich ihrer Größe oder sonstiger charakterisierender Merkmale zu stellen."*

Diese Ansicht wird auch von der Literatur geteilt.[1046] Die Gemeinsamkeit der Mitglieder einer bestimmten Personengruppe liegt allein in der erhöhten Exposition mit einer/mehreren Noxe/n bei – ggf. völlig unterschiedlichen – versicherten Tätigkeiten,[1047] d.h. die Personengruppe muss keinem gemeinsamen Beruf nachgehen,[1048] noch muss sie eine zahlenmäßig umgrenzte Größe aufweisen.[1049] Zu Recht weist *Becker*[1050] darauf hin, dass die bestimmte Personengruppe denklogisch zumindest aus drei Personen bestehen muss, denn bei zwei Personen würde man wohl eher von einem Personenpaar sprechen. Andere Einschränkungen gibt es jedoch nicht, insbesondere ist es nicht erforderlich, dass bei allen Angehörigen einer bestimmten Berufsgruppe (z.B. allen Lehrern) eine erhöhte Gefährdung vorliegt.[1051]

---

kann definiert werden als die hinreichend hohe, möglichst bereits durch Erkrankungsfälle belegte Eintrittswahrscheinlichkeit von einwirkungstypischen Schäden".

1045 *BSG* v. 20.7.2010 – B 2 U 19/09 R, SozR 4-2700 § 9 Nr. 18, Rn. 23.

1046 Brackmann/*Becker*, SGB VII, § 9 Rn. 52 ff.; *Schönberger/Mehrtens/Valentin*, 2.2.1, S. 58; *Spellbrink*, SGb 2013, 154 (160); *ders.* WzS 2012, 259 (260); *Becker*, SGb 2006, 449 (452); *Keller*, SGb 2005, 205 (209).

1047 Brackmann/*Becker*, SGB VII, § 9 Rn. 55; *Schönberger/Mehrtens/Valentin*, 2.2.1, S. 58.

1048 Brackmann/*Becker*, SGB VII, § 9 Rn. 55.

1049 Brackmann/*Becker*, SGB VII, § 9 Rn. 53; *Schönberger/Mehrtens/Valentin*, 2.2.1, S. 58; *Becker*, SGb 2006, 449 (452).

1050 Brackmann/*Becker*, SGB VII, § 9 Rn. 53.

1051 *Keller*, SGb 2005, 205 (209).

Im Zusammenhang mit Burn-out ist dieses Tatbestandsmerkmal allerdings problematisch, führt es doch zu schwer lösbaren Abgrenzungsschwierigkeiten. So führt Richter am BSG *Spellbrink*[1052] hierzu aus:

> *„Zur Anerkennung von Burn-out als Wie-BK wäre also erforderlich, dass es anerkannte wissenschaftliche Erfahrungssätze gerade über die Belastung bestimmter Berufsgruppen mit bestimmten Einwirkungen gibt, die diese abgrenzbar von der übrigen Bevölkerung macht. Nun wird zwar Burn-out in Zusammenhang gebracht mit pflegenden oder generell Berufen, die mit erhöhter menschlicher Zuwendung verbunden sind (insbesondere auch Lehrer). Generell fällt aber auf, dass Burn-out als sehr unspezifisches Phänomen betrachtet wird, das jeden und alle treffen kann – etwa aufgrund erhöhter Arbeitsverdichtung oder gesteigerter Präsenz und Erreichbarkeitsanforderungen, das aber eine Abgrenzung im rechtlich notwendigen Sinne auf eine spezifische Gruppe gerade nicht zulässt“.*

Dieser Ansicht ist im Grundsatz zuzustimmen. Nähme man z.B. die in dieser Arbeit durch den Autor aufgestellte juristische Definition[1053] als BK in die Liste auf, so müsste hinterfragt werden, ob der gesetzliche Ermächtigungsrahmen des § 9 Abs. 1 S. 2 SGB VII (spezifische Belastung einer von der Allgemeinbevölkerung abgrenzbaren Personengruppe) nicht überschritten wäre, da eine solche Normformulierung viel zu weit ginge.[1054] Allerdings spricht nach hier vertretener Ansicht nichts dagegen, bei der Aufnahme von Burn-out als BK diese auf helfende Berufe wie Krankenpfleger oder Lehrer zu beschränken. Denn an diesen Berufsgruppen wurde die Burn-out-Forschung begründet, hierzu liegen die meisten Beiträge und Erfahrungsgrundsätze vor und wird seit über 40 Jahren geforscht. Die Erkenntnisse, die im Rahmen der Burn-out-Forschung zu sozialen Berufsfeldern gewonnen wurden, dürften am ehesten an die von Rechtsprechung und Literatur geforderten „gesicherten“ Erkenntnisse heranreichen, obschon noch weiterer und vertiefter Bedarf an epidemiologischen Studien besteht. Eine solche Einschränkung ist im zweiten Halbsatz 1. Alternative des § 9 Abs. 1 S. 2 SGB VII

1052 *Spellbrink*, SGb 2013, 154 (160); *ders.* WzS 2012, 259 (260).

1053 „Burn-out ist eine durch erhöhte und dauerhafte Beanspruchung und Belastung im Beruf hervorgerufene Krankheit, welche insbesondere durch ein Gefühl der Erschöpfung, verminderter Leistungsfähigkeit und Rückzug von der Arbeit gekennzeichnet ist und deren Folgen langfristig zur Arbeitsunfähigkeit führen. Dabei bedingen nicht einzelne, abgrenzbare Beanspruchungen und Belastungen, sondern die Zusammenfassung mehrerer Einzelakte in einem Prozess die Erkrankung.“ vgl. Kapitel B. III.2.b).

1054 so *Spellbrink*, SGb 2013, 154 (161); *ders.* WzS 2012, 259 (262) zum Verdi-Vorschlag folgender BK in die Liste aufzunehmen: „Psychische Erkrankungen, die zu Erwerbsunfähigkeit führen und deren Ursache auf Fehlbelastungen und Überlastungen im Berufsleben zurückzuführen sind“.

ausdrücklich vorgesehen und zulässig. Dort heißt es: „sie [die Bundesregierung, Anm. d. Verf.] kann dabei bestimmen, daß die Krankheiten nur dann Berufskrankheiten sind, wenn sie durch Tätigkeiten in bestimmten Gefährdungsbereichen verursacht worden sind". Eine solche Einschränkung scheint im Falle von Burn-out geboten und recht zweckdienlich zu sein. Tatsächlich wird diese Ermächtigung bis dato vor allem für solche Erkrankungen genutzt, die auch durch außerberuflich einwirkende konkurrierende Ursachen auftreten können,[1055] z.B. Infektionskrankheiten bei Tätigkeiten im Gesundheitsdienst (Nr. 3101), Meniskusschäden nach mehrjährigen andauernden oder häufig wiederkehrenden, die Kniegelenke überdurchschnittlich belastenden Tätigkeiten (Nr. 2102) sowie Bandscheibenerkrankungen durch das langjährige Tragen schwerer Lasten (Nrn. 2108, 2109). Eine solche Beschränkung hätte viele Vorteile. Zum einen dürfte der Ermessensspielraum und Ermächtigungsrahmen des Verordnungsgebers bei einer Beschränkung auf helfende Berufe gewahrt bleiben, die Normierung einer so unspezifischen Erkrankung wie Burn-out wäre also möglich. Bei Vorliegen neuer medizinischer Erkenntnisse kann der Verordnungsgeber sodann auch weitere Berufsgruppen in die BK-Liste aufnehmen. Versicherte, die nicht einer solchen Berufsgruppe angehören bzw. nicht im bezeichneten Gefährdungsbereich tätig sind, könnten eine Anerkennung von Burn-out als Wie-BK nach § 9 Abs. 2 SGB VII anstreben.

Festzuhalten bleibt, dass das Tatbestandsmerkmal „bestimmte Personengruppe" im Zusammenhang mit Burn-out dann erfüllt ist, soweit eine Ab- bzw. Eingrenzung bevorzugter Berufsgruppen (wie z.B. Lehrkräfte) erfolgt.[1056] Dadurch wird weder der Ermächtigungsrahmen überdehnt noch kann die Abgrenzbarkeit spezifischer Gruppen von der Allgemeinbevölkerung abgesprochen werden.

(bb) Versicherte Tätigkeit

Zweiter Punkt der Gruppentypik ist, dass eine versicherte Person zur Zeit der Einwirkung einer versicherten Tätigkeit nachgegangen ist. Zunächst einmal ist es Grundvoraussetzung für den Versicherungsschutz nach SGB VII, dass es sich um eine versicherte Person handelt. § 9 Abs. 1 S. 1 SGB VII stellt klar, dass als versicherte Tätigkeiten alle in den §§ 2, 3 und 6 genannten Tätigkeiten in Betracht kommen. Erfasst werden demnach auch ehrenamtliche Tätigkeiten[1057] sowie Personen,

1055 KassKomm/*Ricke*, SGB VII, § 9 Rn. 12; *Schmitt*, § 9 Rn. 16.

1056 so auch *Weber* in Weber/Hörmann, Psychosoziale Gesundheit im Beruf, Das Burnout-Syndrom, S. 87; *ders./Kraus* in ASUMed 2000, 180 (186).

1057 Brackmann/*Becker*, SGB VII, § 9 Rn. 32; *Schmitt*, § 9 Rn. 6.

die wie Beschäftigte nach § 2 Abs. 1 Nr. 1 tätig werden.[1058] Zwischen Verrichtung zur Zeit der Einwirkung und versicherter Tätigkeit muss ein sachlicher/innerer Zusammenhang bestehen.[1059] In seinem Urteil v. 2.4.2009 hat das *BSG* erstmals ersichtlich zwischen der Prüfung der Frage, ob grundsätzlich eine versicherte Tätigkeit vorliegt, und der Frage, welche konkrete Verrichtung der Versicherte zu diesem Zeitpunkt tatsächlich ausgeübt hat, unterschieden. Hierbei erfolgt allerdings keine naturwissenschaftlich-philosophische Betrachtung, sondern eine juristisch-wertende.[1060] Ebenfalls zu beachten gilt, dass eine BK sich regelmäßig über einen längeren Zeitraum entwickelt und sie demzufolge auch dann noch anzuerkennen ist, wenn der Betroffene zum Zeitpunkt des Krankheitsbeginns (Auftreten der ersten Krankheitssymptome) keine versicherte Person mehr ist, aber in der früher verrichteten, versicherten Tätigkeit die wesentliche Bedingung für die Erkrankung liegt.[1061]

Im Falle von Burn-out bereitet diese Zurechnung keine Probleme, ist es doch definitionsgemäß eine Erkrankung, die durch berufsbedingte Stressoren verursacht wird. Es sind kaum Situationen denkbar, in denen der konkrete sachliche Zusammenhang zwischen versicherter Tätigkeit und Verrichtung zur Zeit der schädigenden Einwirkungen nicht gegeben ist. Auch in der Rechtsprechung finden sich wenige Urteile, in denen eine BK aufgrund fehlenden inneren Zusammenhangs verneint wurde. So hat das *BSG* einen solchen Zusammenhang beispielsweise bei der häuslichen Reinigung von asbestverschmutzter Arbeitskleidung durch die Ehefrau abgelehnt, da ihre Tätigkeit dem privaten Haushalt diene und nicht einer versicherten Tätigkeit zugerechnet werden könne.[1062] Für Burn-out ist indes ein innerer/sachlicher Zusammenhang zu bejahen.[1063]

1058 *BSG* v. 13.10.1993 – 2 RU 53/92, HVBG-Info 30/1993, 2626.

1059 *BSG* v. 2.4.2009 – B 2 U 9/08 R, BSGE 103, 59; *Schönberger/Mehrtens/Valentin*, 2.3.4, S. 66; *Schmitt*, § 9 Rn. 6; Hauck/*Römer*, Stand März 2013, § 9 Rn. 21a; Lauterbach/*Koch*, SGB VII, § 9 Rn. 112.

1060 Brackmann/*Becker*, SGB VII, § 9 Rn. 47, 72; *Schönberger/Mehrtens/Valentin*, 1.3, S. 14; Hauck/*Römer*, Stand März 2013, § 9 Rn. 8c mit Verweis auf 9a; *Bieresborn*, NZS 2008, 354; Lauterbach/*Koch*, SGB VII, § 9 Rn. 113.

1061 *BSG*, v. 30.6.1993 – 2 RU 42/92, BSGE 73 1 (2); Brackmann/*Becker*, SGB VII, § 9 Rn. 33; KassKomm/*Ricke*, SGB VII, § 9 Rn. 6; *Schmitt*, § 9 Rn. 6; Hauck/*Römer*, Stand März 2013, § 9 Rn. 19a; Lauterbach/*Koch*, SGB VII, § 9 Rn. 71.

1062 *BSG* v. 13.10.1993 – 2 RU 53/92, HV-Info 30/1993, 2626.

1063 wohl auch *Weber* in Weber/Hörmann, Psychosoziale Gesundheit im Beruf, Das Burnout-Syndrom, S. 87; *ders./Kraus* in ASUMed 2000, 180 (186).

(cc) Einwirkungen in erheblich höherem Grade als die übrige Bevölkerung

Auf den ersten Blick könnte man dieses Kriterium bei der Beurteilung von Burn-out als vermeintlich gegeben ansehen. Denn denkrichtig ist den „Einwirkungen in erheblich höherem Grade als die übrige Bevölkerung [...] die Personengruppe dann sicherlich ausgesetzt, wenn die Einwirkungen typisch für das Berufsleben sind und im privaten Bereich nicht vorkommen"[1064]. Der Sinn dieses Tatbestandsmerkmals liegt immerhin darin, die Entschädigung von Erkrankungen als BKen auszuschließen, die in der Bevölkerung allgemein verbreitet und die deshalb nicht als berufliches Schicksal aufgefasst werden können.[1065] Burn-out ist aber nach absolut herrschender Meinung in der Arbeits- und Organisationspsychologie rein begrifflich und definitionsgemäß ein „berufsspezifisches Streßphänomen"[1066], das in jedem Beruf, an jedem Arbeitsplatz und in jeder Lebenssituation auftreten kann.[1067] Als Einwirkungen kommen – wie gesehen – die psychischen Belastungsfaktoren Arbeitsüberlastung (zu viel Arbeit, zu anspruchsvolle Arbeit), Zeitdruck (massive Überstunden, kaum/keine Pausen, kurze Fristen) und Konflikte am Arbeitsplatz (mangelndes/kein Feedback; Probleme mit Kunden/Kollegen/Vorgesetzten, Mobbing) in Betracht. Als arbeits- und organisationsspezifische Stressoren treten diese Einwirkungen nur während der Arbeit auf, außerhalb sind diese Einwirkungen nicht gegenwärtig.[1068] Allein der Rückgriff auf die Definition und die Tatsache, dass die Burn-out-verursachenden Einwirkungen nur im Arbeitsleben auftreten, vermag noch nicht ausreichen, um das Tatbestandsmerkmal zu erfüllen. Vielmehr bedarf es gesicherter, anhand medizinisch-wissenschaftlicher Methoden gewonnene, Erkenntnisse, welche die gruppenspezifische Risikoerhöhung nachweisen.[1069] Es hat insoweit ein Vergleich der gefährdeten Personengruppe mit der übrigen

1064 Brackmann/*Becker*, SGB VII, § 9 Rn. 56; in diesem Sinne auch Hauck/*Römer*, Stand März 2013, § 9 Rn. 8d.

1065 *Wilde/Schulte*, SGb 2004, 599 (601).

1066 *Enzmann*, S. 47.

1067 *Burisch*, S. 78.

1068 zwar wurde Burn-out auch bei Arbeitslosen und Studenten beschrieben (vgl. hierzu *Burisch*, S. 24 m.w.N.), sogar im Privatleben bei Partnerschaften beobachtet (vgl. *Pines*, Keeping the Spark Alive: Preventing Burnout in Love and Marriage, 1988), allerdings nur durch wenig valide Studien mit jeweils geringen Stichproben.

1069 *Schönberger/Mehrtens/Valentin*, 2.2.1, S. 59.

Bevölkerung zu erfolgen. Nach hier vertretener Auffassung[1070] ist bei der erstmaligen BK-Bezeichnung Burn-out auf den Gefährdungsbereich der helfenden Berufe (wie z.B. Lehrer) einzuschränken. Für die Aufnahme als BK bedarf es also statistisch-epidemiologischer Studien, die verdeutlichen, dass die bestimmten Einwirkungen und damit auch Burn-out bei Lehrern als exponierter Berufsgruppe im Vergleich zur übrigen Bevölkerung häufiger auftreten. Dem erhöhten Risiko des allgemeinen Auftretens einer Erkrankung ist in diesem Fall die Exzesshäufigkeit (Lebenszeitinzidenz) zugrunde zu legen, d.h. das Risiko des Auftretens einer bestimmten Krankheit im Laufe des (Arbeits-) Lebens.[1071] Tatsächlich gibt es allein 29 wissenschaftliche Studien und Untersuchungen, die Burn-out bei Lehrern beschreiben und nachweisen, dazu vier Studien zu Hochschullehrern, drei zu Erziehern und eine zu Erwachsenenbildnern.[1072] Nicht alle diese Untersuchungen liefern valide, reliable und objektive Ergebnisse bzgl. der Verursachung von Burn-out durch die gefährdende Tätigkeit. Dies ist aber bei dem dritten Kriterium der Gruppentypik auch gar nicht gefordert. Hier gilt es lediglich nachzuweisen, dass bestimmte Einwirkungen bei einer bestimmten Personengruppe im Vergleich zur übrigen Bevölkerung häufiger auftreten, nicht jedoch, ob die Einwirkungen auch zu einem erhöhten Erkrankungsrisiko führen bzw. ob die Krankheit durch die gefährdende Tätigkeit verursacht worden ist.[1073] Dies wäre vielmehr eine Frage der Kausalität und des generellen Ursachenzusammenhangs.[1074] Insbesondere die Aussage, ob eine Erkrankung in einer bestimmten Personengruppe im Rahmen ihrer versicherten Tätigkeit häufiger auftritt als bei der übrigen Bevölkerung, erfordere den Nachweis einer Fülle gleichartiger Gesundheitsbeeinträchtigungen und eine langfristige zeitliche Überwachung derartiger Krankheitsbilder, um daraus schließen zu können, dass die Ursache für die Krankheit in einem schädigenden Arbeitsleben liegt,[1075] legt die Befürchtung nahe, dass hier eine Vermengung verschiedener Prüfungspunkte erfolgt.

1070 vgl. Kapitel D. I. 2. a) bb) (1) (e) (aa).

1071 *Wilde/Schulte*, SGb 2004, 599 (601).

1072 vgl. Nachweise bei *Burisch*, S. 23.

1073 *Schönberger/Mehrtens/Valentin*, 2.2.1, S. 59; *Schmitt*, § 9 Rn. 12; Hauck/*Römer*, Stand März 2013, § 9 Rn. 8d; Lauterbach/*Koch*, SGB VII, § 9 Rn. 187.

1074 Brackmann/*Becker*, SGB VII, § 9 Rn. 70; Hauck/*Römer*, Stand März 2013, § 9 Rn. 8d.

1075 *BSG* v. 23.3.1999 – B 2 U 12/98R, SozR 2200 § 551 Nr. 12 mit Verweis auf *BSG* v. 14.11.1996 – 2 RU 9/96, BSGE 79, 250; v. 12.6.1990 – 2 RU 21/89, HV-INFO 1990, 2085; v. 30.1.1986 – 2 RU 80/84, BSGE 59, 295; *Schönberger/Mehrtens/Valentin*, 2.2.1, S. 59; *Schmitt*, § 9 Rn. 13; ebenso zwar Hauck/*Römer*, Stand März 2013, § 9 Rn. 10a, jedoch mit Klarstellung in Rn. 8d.

Einige Autoren im Schrifttum[1076] und das *BSG*[1077] gehen hier anscheinend von einer falschen Prämisse aus, wenn sie von „erheblich erhöhtem Erkrankungs-/Krankheitsrisiko" sprechen und ziehen somit implizit Kausalitätsbetrachtungen in einen Prüfungspunkt mit ein, der lediglich einen Ist-Zustand beschreiben und eben nicht erklären soll. Der Wortlaut des Gesetzes ist in dieser Hinsicht klar und eindeutig: „Die Bundesregierung wird ermächtigt, in der Rechtsverordnung solche Krankheiten als Berufskrankheiten zu bezeichnen, die nach den Erkenntnissen der medizinischen Wissenschaft durch *besondere Einwirkungen* verursacht sind, *denen* bestimmte Personengruppen durch ihre versicherte Tätigkeit in erheblich höherem Grade als die übrige Bevölkerung ausgesetzt sind". Das Relativpronomen „denen" ersetzt in dem Relativsatz das Substantiv „Einwirkungen". Ohne Relativpronomen würde der Satz somit folgendermaßen lauten: bestimmte Personengruppen sind durch ihre versicherte Tätigkeit in erheblich höherem Grade als die übrige Bevölkerung *besonderen Einwirkungen* ausgesetzt.[1078] Die genannten Autoren scheinen aber das Relativpronomen vermeintlich auf das Substantiv „Krankheit" zu beziehen (also: bestimmte Personengruppen sind durch ihre versicherte Tätigkeit in erheblich höherem Grade als die übrige Bevölkerung *Krankheiten* ausgesetzt) und in der Folge fordern sie ein erheblich erhöhtes Krankheitsrisiko. Das Nomen „Krankheit" ergibt aber in diesem Kontext keinen Sinn, denn das Wortpaar „Krankheiten" und „ausgesetzt sein" passen semantisch nicht zusammen. Einer Krankheit kann man nicht ausgesetzt sein, vielmehr infiziert man sich bzw. erkrankt oder leidet man an einer solchen. Die Wahl des Verbs „ausgesetzt sein" spricht also unmissverständlich für das Substantiv „Einwirkungen". Dieses Problem erkennen auch einige Stimmen im Schrifttum,[1079] ohne jedoch auf die Semantik genauer einzugehen. Zwar

---

1076 *Wilde/Schulte*, SGb 2004, 599 (601 ff.); *Woitowitz*, ZBl Arbeitsmed 2001, 262 (268); *Seidler/Nienhaus*, ZBl Arbeitsmed 2001, 74 ff.; *Seidler* et. al., ZBl Arbeitsmed 2001, 286 ff.; wohl auch *von Bonhorst*, SozVers 1998, 203 (204): „Voraussetzung für die Anerkennung ist eine gewisse Gruppentypik der Gefährdung. Es muß eine erheblich höhere arbeitsbedingte Gefährdung einer bestimmten Personengruppe durch besondere Einwirkungen vorliegen".

1077 *BSG* v. 23.3.1999 - B 2 U 12/98, Rn. 35 (zit. nach juris) = BSGE 84, 30 (37).

1078 so auch *BSG* v. 29.10.1981 – 8/8a RU 82/80, Rn. 18 (zit. nach juris) = BSGE 52, 272–276.

1079 Brackmann/*Becker*, SGB VII, § 9 Rn. 45, 48, 56 ff.; *Schönberger/Mehrtens/Valentin*, 2.2.1, S. 59; KSW/*Holtstraeter*, SGB VII, § 9 Rn. 8, 18; *Schmitt*, § 9 Rn. 10, 12; Hauck/*Römer*, Stand März 2013, § 9 Rn. 8d; *Keller*, SGb 2005, 205 (207): „Diesen Einwirkungen müssen bestimmte Personengruppen durch die Arbeit in erheblich höherem Maße als die übrige Bevölkerung ausgesetzt sein (*Gruppentypik*)"; Lauterbach/*Koch*, SGB VII, § 9 Rn. 183 stellt zwar auch klar, dass eine „berufstypisch exponierte

ist das Auftreten einer Krankheit in der bestimmten Personengruppe ein nicht zu leugnendes Indiz für die erhöhte Exposition dieser Gruppe mit den besonderen Einwirkungen,[1080] der eindeutige Gesetzeswortlaut indes fordert ein erheblich erhöhtes Krankheitsrisiko nicht. Rein aus Praktikabilitätsgründen wird in wissenschaftlichen Studien nach der Prävalenz gesucht, ist es doch einfacher die Krankheitshäufigkeit als die Häufigkeit der Einwirkungen, die eine solche Krankheit verursachen, zu bestimmen. Das generelle Abstellen auf ein erhöhtes Erkrankungsrisiko[1081] überdehnt das vom Gesetzgeber Geforderte; erforderlich ist lediglich der Nachweis der erhöhten beruflichen Einwirkung im Vergleich zur übrigen Bevölkerung.[1082]

Die bisherigen Studien dürften also ausreichen, um das überhäufige Auftreten der Burn-out-verursachenden Einwirkungen bei der exponierten Gruppe der Lehrer zu verifizieren. Insbesondere, wenn man der Ansicht in der Literatur folgt, wonach sich die Epidemiologie bei solchen BKen auf Grundlagenforschung beschränken kann, die einer eindeutigen, auf eine berufliche (Mit)Verursachung hinweisenden klinisch-deskriptiven Beschreibung zugänglich sind.[1083]

Personengruppe muss ‚in erheblich höherem Grad' als die Vergleichsgruppe aus der übrigen Bevölkerung einer bestimmten Einwirkung ausgesetzt sein", fordert neben einer Einwirkungshäufigkeit aber auch eine Erkrankungshäufigkeit.

1080 vgl. *BSG* v. 30.1.1986 - 2 RU 80/84, BSGE 59, 295 (299), wonach die statistische Evidenz der Erkrankungshäufigkeit ein erstrangiges Anzeichen für die Gruppentypik sei; in diesem Sinne auch Hauck/*Römer*, Stand März 2013, § 9 Rn. 10c; ausführlich Lauterbach/*Koch*, SGB VII, § 9 Rn. 183: „Wer aus einer epidemiologisch erzielten Assoziation ‚mit Sicherheit' auf Kausalität schließen will, verkennt indessen die erkenntnistheoretischen Gegebenheiten. Mit statistisch-epidemiologischen Methoden ist keine Sicherheit der Erkenntnis, sondern sind nur Aussagen über prozentuale Wahrscheinlichkeiten innerhalb eines bestimmten Kollektivs, also bloße Korrelationen, Annäherungen an die Wahrheit im Sinne von Wahrscheinlichkeitsstufen bzw von unterschiedlichen Überzeugungsgraden zu erzielen".

1081 so *BSG* v. 23.3.1999 – B 2 U 12/98, Rn. 35 (zit. nach juris) = BSGE 84, 30 (37); KSW/*Holtstraeter*, SGB VII, § 9 Rn. 8; *Schmitt*, § 9 Rn. 12.

1082 a.A. Lauterbach/*Koch*, SGB VII, § 9 Rn. 243: „Für die Gruppentypik wird sowohl Einwirkungs- als auch Erkrankungshäufigkeit verlangt. Das im Einwirkungsbegriff enthaltene Gefahrenelement ergibt sich aus einer Kombination von Einwirkung und Erkrankung und verlangt somit, dass sich die Gefahr nicht nur in Expositions- bzw. Einwirkungshäufigkeit, sondern auch im allgemeinen Auftreten dieser Erkrankung manifestiert".

1083 so *Wilde/Schulte*, SGb 2004, 599 (601) mit Verweis auf *Francks*, ZBl Arbeitsmed 2003, 40 (43).

Zu klären bleibt für dieses Kriterium noch, was unter der gesetzlichen Formulierung „erheblich erhöht" zu verstehen ist. Bei der Entscheidung, ob eine BK neu in den bisherigen Katalog aufgenommen werden soll, muss natürlich geklärt werden, in welchem Ausmaß das Einwirkungsrisiko der exponierten Personengruppe gegenüber der übrigen Bevölkerung gesteigert sein muss, um die Berufskrankheitenreife bejahen zu können. Unstreitig dürfte wohl sein, dass eine lediglich geringe Erhöhung nicht mehr vom Wortlaut erfasst wird.[1084] Allerdings lassen sich konkrete Grenzwerte aus dem Gesetzeswortlaut nicht gewinnen.[1085] Dieser Umstand hat bei der Auslegung dieses unbestimmten Rechtsbegriffes zu einem z.T. kontrovers diskutierten Meinungsstreit im Schrifttum geführt und auch durch die höchstrichterliche Rechtsprechung konnte noch keine endgültige Klärung herbeigeführt werden. Aufhänger und Streitobjekt ist die Frage, ob eine Risikoverdopplung (in der Exponierten Gruppe sind 50% aufgrund der Exposition erkrankt = Verdopplung des relativen Risikos[1086]) als Schwellenwert zu fordern ist.[1087] Nach Auffassung des *BSG*[1088]

> *„ergibt sich [eine solche Risikoverdopplung] weder aus dem Gesetz noch aus Sinn und Zweck dieser Regelung. […] Es wäre jedoch nicht verständlich, aus welchem Grunde der Gesetzgeber den Umfang der Erhöhung des Erkrankungsrisikos ausdrücklich mit ‚in erheblich höherem Grade' umschrieben hat, wenn er eine – klar ausdrückbare – Verdoppelung gemeint haben soll. Für eine derartige Absicht finden sich keine Anhaltspunkte. Wesentliches Merkmal der Ermächtigungsgrundlage des [§ 9 Abs. 1 S. 2 SGB VII] ist vielmehr die Verwendung unbestimmter Rechtsbegriffe. Hierdurch wird der Beurteilungsspielraum des VO-Gebers erweitert, um ihn in die Lage zu versetzen, die oft streitigen medizinischen Meinungen überhaupt bewerten zu können. […] Daraus kann indes weder auf eine entsprechende Absicht des Gesetzgebers noch darauf geschlossen werden, daß der VO-Geber für jede BK von dem Erfordernis einer Risikoverdopplung ausgeht."*

Dieser Ansicht ist zuzustimmen.[1089] Es mag sein, dass der Gesetzgeber deswegen einen unbestimmten Rechtsbegriff wählte, weil ihm selbst nichts „klar

---

1084 Hauck/*Römer*, Stand März 2013, § 9 Rn. 8d; wohl auch Brackmann/*Becker*, SGB VII, § 9 Rn. 58.

1085 *Schönberger/Mehrtens/Valentin*, 2.2.1, S. 60; Hauck/*Römer*, Stand März 2013, § 9 Rn. 8d.

1086 *Schönberger/Mehrtens/Valentin*, 2.2.1, S. 60.

1087 ausführlich zu dieser Thematik *Woitowitz*, ZBl Arbeitsmed 2001, 262 (267); *Wilde/Schulte*, SGb 2004, 599 (602 ff.).

1088 *BSG* v. 23.3.1999 – B 2 U 12/98, BSGE 84, 30 (37 f.).

1089 in diesem Sinne Brackmann/*Becker*, SGB VII, § 9 Rn. 57, 77; *Schönberger/Mehrtens/Valentin*, 2.2.1, S. 60; KSW/*Holtstraeter*, SGB VII, § 9 Rn. 8; Hauck/*Römer*, Stand März 2013, § 9 Rn. 10c; ablehnend *Woitowitz*, ZBl Arbeitsmed 2001, 262 (267);

Ausdrückbares“ zur Hand lag.[1090] Nichtsdestotrotz kann nicht einfach ein genereller Grenzwert im Sinne einer Risikoverdopplung in den Gesetzestext „hineingelesen“ werden. Vielmehr liegt es nach richtiger Auffassung des *BSG* im Ermessen des VO-Gebers, für jede BK eine eigene Schwelle zu finden,[1091] denn derartige statistische Berechnungen unterliegen zahlreichen Unsicherheiten sowie verschiedenen, in sie einfließende Wertungen (z.B. Schwere der Erkrankung).[1092] *Koch* fasst dies zutreffend zusammen, indem er konstatiert: „Mehr als einen Orientierungswert als Basis einer Definition der Aufnahmeschwelle kann der statistische Dosiswert daher nicht darstellen; weder wird der Verordnungsgeber bei Risikoverdopplung gezwungen tätig zu werden noch muss er seine Überlegungen zur BK-Reife an Dosisberechnungen ausrichten.“[1093] Jedoch ist zu beachten, dass das *BSG* den Rückgriff auf das Verdopplungsrisiko nicht zwingend untersagt hat. Die Risikoverdopplung kann vielmehr dann eine sinnvolle Größe darstellen, wenn es Unklarheiten bzgl. des Ursachenzusammenhangs (z.B. bei konkurrierenden Ursachen) gibt,[1094] ein berufstypisches Krankheitsbild fehlt[1095] oder andere einzelfallbezogene Beurteilungskriterien nicht ersichtlich sind.[1096]

Nach alledem bleibt also festzuhalten, dass das Kriterium „Einwirkungen in erheblich höherem Grade als die übrige Bevölkerung“ im Falle von Burn-out zu bejahen ist,[1097] sofern eine Eingrenzung auf helfende Berufe wie z.B. Lehrer vorgenommen wird. Es gibt zahlreiche wissenschaftliche Studien, die das überhäufige Auftreten der Burn-out-verursachenden Einwirkungen bei der exponierten Gruppe der Lehrer nachweisen. Diese belegen auch, dass das Einwirkungsrisiko bei Lehrern erheblich erhöht ist; eine Risikoverdopplung ist bei Burn-out indes nicht erforderlich.

Wilde/Schulte, SGb 2004, 599 (602 ff.); *Ricke*, SGb 1999, 583; *Mehrtens/Brandenburg*, ASUMed 1999, 378 (379).

1090 so zutreffend *Ricke*, SGb 1999, 583.

1091 eben dies verneinend *Wilde/Schulte*, SGb 2004, 599 (603).

1092 Brackmann/*Becker*, SGB VII, § 9 Rn. 77; Hauck/*Römer*, Stand März 2013, § 9 Rn. 10c.

1093 Lauterbach/*Koch*, SGB VII, § 9 Rn. 102b.

1094 Brackmann/*Becker*, SGB VII, § 9 Rn. 77.

1095 Hauck/*Römer*, Stand März 2013, § 9 Rn. 10c.

1096 *Schönberger/Mehrtens/Valentin*, 2.2.1, S. 60.

1097 anders *Weber* in Weber/Hörmann, Psychosoziale Gesundheit im Beruf, Das Burn-out-Syndrom, S. 87; *ders./Kraus* in ASUMed 2000, 180 (186), welche allerdings das Tatbestandsmerkmal nur deshalb verneinen, weil kaum epidemiologische Daten zur Risikoverdopplung vorliegen.

(dd) Zwischenergebnis

Zusammenfassend ist das Tatbestandsmerkmal der Gruppentypik bei der erstmaligen Bezeichnung von Burn-out als BK zu bejahen. Da Burn-out aber ein recht unspezifisches Phänomen ist und in jedem Beruf, an jedem Arbeitsplatz und in jeder Lebenssituation auftreten kann,[1098] macht es erforderlich, dass die bestimmte Personengruppe auf soziale Berufe wie Lehrer zu beschränken ist. Nur so kann der Ermächtigungsrahmen eingehalten werden. Der innere sachliche Zusammenhang bereitet in diesem Fall keine großen Schwierigkeiten. Auch das erheblich höhere Einwirkungsrisiko gegenüber der übrigen Bevölkerung kann anhand zahlreicher Studien belegt werden, soweit man der Rechtsprechung und richtigen Auffassung im Schrifttum folgt und keine Risikoverdopplung fordert.

(2) Anerkennung „wie eine Berufskrankheit"

Die Beantwortung der Frage, ob der Verordnungsgeber Burn-out oder allgemein psychische Erkrankungen in die BK-Liste aufnehmen kann, hat auch gleichzeitig eine unmittelbare Bedeutung für die Anwendung der Öffnungsklausel in § 9 Abs. 2 SGB VII.[1099] Denn in diesem Absatz heißt es wörtlich „Die Unfallversicherungsträger haben eine Krankheit [...] wie eine Berufskrankheit als Versicherungsfall anzuerkennen, sofern im Zeitpunkt der Entscheidung nach neuen Erkenntnissen der medizinischen Wissenschaft die Voraussetzungen für eine Bezeichnung nach Absatz 1 Satz 2 erfüllt sind". Damit ist klargestellt, dass die Anerkennung einer Erkrankung als Wie-BK die allgemeinen Voraussetzungen für die Aufnahme dieser Erkrankung in die BK-Liste (also die sog. BK-Reife oder Listenreife) erfüllen muss, der Verordnungsgeber also ohne Weiteres eine Listenaufnahme vornehmen könnte.[1100] Insoweit falsch ist dementsprechend die Annahme *Streubels*[1101], wonach eine Entschädigung „wie eine BK" immer dann in Frage kommt, wenn eine Erkrankung, die ein Versicherter infolge der versicherten Tätigkeit erlitten hat, nicht die Voraussetzungen einer Listenkrankheit erfüllt. Sinn und Zweck von Abs. 2 ist, durch die versicherte Tätigkeit verursachte Krankheiten wie eine BK zu entschädigen, die nur deshalb nicht in die BKV aufgenommen

---

1098 *Burisch*, S. 78.

1099 Brackmann/*Becker*, SGB VII, § 9 Rn. 41.

1100 Brackmann/*Becker*, SGB VII, § 9 Rn. 302 f.; KassKomm/*Ricke*, SGB VII, § 9 Rn. 21, 22a; KSW/*Holtstraeter*, SGB VII, § 9Rn. 12; BeckOK Sozialrecht/*Marschner*, SGB VII, § 9 Rn. 14; *Schmitt*, § 9 Rn. 22, 24; Wannagat/*Jung*, SGB VII, § 9 Rn. 23; Lauterbach/*Koch*, SGB VII, § 9 Rn. 242.

1101 Franke/Molkentin/*Streubel*, § 9 Rn. 23.

wurden, weil die Erkenntnisse der medizinischen Wissenschaft zum Zeitpunkt der letzten Neufassung der Liste noch nicht vorlagen oder bei Erlass der letzten Änderungsverordnung vom Verordnungsgeber entweder nicht zur Kenntnis genommen oder nicht erkennbar geprüft worden sind bzw. trotz Nachprüfung noch nicht ausreichten.[1102] Es handelt sich also um einen auf Krankheiten einzelner Versicherter beschränkten Vorgriff auf die Listenaufnahme,[1103] weil der Verordnungsgeber „zu einer vorsichtigen, zögernden Fortschreibung der Liste [tendiert] mit der Folge, dass die Anpassung der BK-Liste an die Fortentwicklung der Erkenntnisse der medizinischen Wissenschaft oft jahrelang stagniert“[1104] und der Erlass einer neuen BKV nicht immer mit der Entwicklung der Forschung Schritt halten kann.[1105]

Es wurde ausführlich gezeigt, dass die BK-Reife im Falle von Burn-out im Moment nicht gegeben ist, somit kann auch keine Anerkennung bzw. Entschädigung über § 9 Abs. 2 SGB VII erfolgen. Es handelt sich im Rahmen von Abs. 2 um Einzelfallentscheidungen,[1106] den Versicherungsträgern bzw. den Gerichten steht in diesem Fall also kein sozialpolitischer Ermessensspielraum - im Gegensatz zum Verordnungsgeber - zur Verfügung,[1107] sondern es gilt der Vorrang der Entscheidung des Verordnungsgebers.[1108] Es ist primäre Aufgabe des Verordnungsgebers, die BK-Liste nach der Entwicklung des Standes der Wissenschaft zur Sicherung der Rechtsanwendungsgleichheit allgemeinverbindlich fortzuschreiben.[1109] Dies bedeutet insbesondere, dass eine BK im Rahmen von Abs. 2 nur anerkannt werden kann, wenn es gesicherte Erkenntnisse der medizinischen Wissenschaft bzgl. der Ätiologie gibt; auf einzelne Meinungen und Forschungsergebnisse kann sich nur der Verordnungsgeber im Rahmen seines Ermessensspielraums berufen. Eine Anerkennung von Burn-out als Wie-BK scheidet demnach ebenfalls aus.[1110]

1102 aM: BT-Drs. 13/2204, S. 78; *BSG* v. 4.6.2002 – B 2 U 20/01, ZfS 2002, 334; v. 30.1.1986 – 2 RU 80/84, SozR 2200 § 551 Nr. 27; KSW/*Holtstraeter*, SGB VII, § 9 Rn. 12; BeckOK Sozialrecht/*Marschner*, SGB VII, § 9 Rn. 14; *Schmitt*, § 9 Rn. 21; Wannagat/*Jung*, SGB VII, § 9 Rn. 22; Lauterbach/*Koch*, SGB VII, § 9 Rn. 217.

1103 KassKomm/*Ricke*, SGB VII, § 9 Rn. 21.

1104 Lauterbach/*Koch*, SGB VII, § 9 Rn. 224.

1105 KassKomm/*Ricke*, SGB VII, § 9 Rn. 21; *Schmitt*, § 9 Rn. 20.

1106 Lauterbach/*Koch*, SGB VII, § 9 Rn. 232.

1107 Lauterbach/*Koch*, SGB VII, § 9 Rn. 224.

1108 Brackmann/*Becker*, SGB VII, § 9 Rn. 300; Lauterbach/*Koch*, SGB VII, § 9 Rn. 215.

1109 *BVerfG* v. 9.10.2000 - 1 BvR 791/95, HVBG-Info 2001, 123 (129); *BSG* v. 25.8.1994 – 2 RU 42/93, BSGE 75, 51 (55); v. 30.6.1993 - 2 RU 16/92, BSGE 72, 303 (305).

1110 *Schönberger/Mehrtens/Valentin*, 10.8.5, S. 828.

cc) Burn-out in der Rechtsprechung

Soweit ersichtlich gibt es bis dato nur ein amtlich dokumentiertes Verfahren, in welchem sich ein Sozialgericht explizit mit der Frage befassen musste, ob Burn-out eine BK darstellt. Das *SG Trier* und nachfolgend das *LSG Rheinland-Pfalz* hatten über einen solchen Fall zu entscheiden. Zudem hatte das *FG München* zu urteilen, ob Burn-out eine typische Berufskrankheit ist und daher ein Werbungskostenabzug der Behandlungskosten möglich wäre.

(1) SG Trier v. 27.1.2003 - S 6 U 8/02

(a) Sachverhalt

Der Kläger, ein Erzieher in einem Heim für Schwereziehbare, begehrte mit diesem Verfahren die Anerkennung und Entschädigung psychischer Beschwerden im Sinne eines Burn-out-Syndroms wie eine Berufskrankheit nach § 9 Abs. 2 SGB VII. Dies begründete er damit, dass eine psychische Überbelastung zu seiner Erkrankung geführt hätte und diese sich zwangsläufig aus seiner beruflichen Tätigkeit ergebe. Die beklagte Unfallkasse holte daraufhin eine Stellungnahme des Hauptverbandes der gewerblichen Berufsgenossenschaften ein, ob neue Erkenntnisse der medizinischen Wissenschaft vorliegen, die eine Anerkennung einer psychischen Schädigung als Berufskrankheit nach § 9 Abs. 2 SGB VII rechtfertigen könnten. Dieser teilte mit,

> *„dass der ärztliche Sachverständigenbeirat, der den Verordnungsgeber berät, bisher die Frage nicht geprüft habe, ob Erzieher in erheblich höherem Maße als die übrige Bevölkerung gefährdet seien, an psychischen Leiden, insbesondere Depressionen, zu erkranken. Es seien ihm keine möglichen Kausalzusammenhänge bekannt. Es sei im Übrigen schwierig, insofern ein einheitliches Krankheitsbild zu definieren. Daher sei die Anerkennung als Berufskrankheit (BK) nach § 9 Abs. 2 SGB VII nicht möglich.“*[1111]

Mit Bescheid lehnte die Beklagte die Anerkennung als BK ab. Den dagegen eingelegten Widerspruch begründete der Kläger damit, dass Lehrer, Bedienstete in Gefängnissen und Erzieher in der Heimerziehung demnach in besonderem Maße von Burn-out betroffen seien. Die Tätigkeit als Erzieher sei deshalb die überwiegend wahrscheinliche Ursache für seine psychischen Störungen. Dies belegte er mit mehreren ärztlichen Gutachten. Daraufhin zog die Beklagte Unfallkasse eine ergänzende Stellungnahme des Hauptverbandes hinzu. Darin heißt es:

1111 *SG Trier* v. 27.1.2003 - S 6 U 8/02, S. 4 des Urteils (nicht veröffentlicht).

„dass es keine epidemiologischen Nachweise gebe, dass das Burn-Out-Syndrom bestimmte Personengruppen betreffe. Darüber hinaus beinhalte dieser Begriff kein klares Krankheitsbild, sondern die Umschreibung diffuser Befindlichkeitsstörungen."[1112]

Mit Widerspruchbescheid wies die Beklagte den Widerspruch des Klägers sodann zurück, der daraufhin Klage erhob.

(b) Entscheidung des Gerichts

Das Gericht wies die Klage zurück und gab der beklagten Unfallkasse Recht. Nach Ansicht des *SG Trier* fehle es nämlich an den Voraussetzungen für die Anerkennung von Burn-out als BK. Es sei demnach schwierig, das vom Kläger reklamierte Krankheitsbild klar zu umschreiben, um es sodann mit Erkrankungen von anderen Menschen zu vergleichen. Burn-out sei nach medizinischen Erkenntnissen mit vielfältigen, oft unterschiedlichen Symptomen und Beschwerden verbunden, welche je nach Persönlichkeitsstruktur des Betroffenen eine unterschiedliche Ausprägung erfahren. Auch ist problematisch, dass die Ursache von Burn-out bislang noch ungeklärt sei. So gebe es zwar Untersuchungen, nach denen diese Erkrankung bei Erziehern häufiger auftritt. Es lassen sich aber auch Hinweise in Studien finden, dass es bei anderen Berufsgruppen wie z.B. Ärzten oder Sozialarbeitern auftrete, welche anderen oder gar keinen beruflichen Belastungen für das psychische Wohlbefinden ausgesetzt sind.[1113] Es verwies auf die Entscheidung des *BSG* v. 14.11.1996[1114], wonach § 9 Abs. 2 SGB VII nicht erreichen soll, dass jede Krankheit, deren ursächlicher Zusammenhang mit der Berufstätigkeit im Einzelfall nachgewiesen oder hinreichend wahrscheinlich ist, wie eine BK zu entschädigen ist. Eine Entschädigung nach § 9 Abs. 2 SGB VII sei nur dann möglich, wenn die Krankheit nur deshalb nicht in die BK-Liste aufgenommen worden ist, weil die Erkenntnisse der medizinischen Wissenschaft über die besondere Gefährdung bestimmter Personen in ihrer Arbeit bei der letzten Fassung der Anlage zur BKV noch nicht vorlagen bzw. trotz Nachprüfung noch nicht ausreichten. Abschließend stellt das *SG Trier* fest:

„Solche Erkenntnisse waren weder bei der letzten Fassung der BKV im Jahre 2002 vorhanden, noch reichten sie trotz Nachprüfung nicht aus. Vielmehr ergeben sich keine Erkenntnisse, die einen generellen ursächlichen Zusammenhang zwischen einer bestimmten beruflichen Tätigkeit und einem Burn-Out-Syndrom belegen, wie sowohl der Hauptverband

1112 *SG Trier* v. 27.1.2003 – S 6 U 8/02, S. 4 f. des Urteils (nicht veröffentlicht).
1113 *SG Trier* v. 27.1.2003 – S 6 U 8/02, S. 7 f. des Urteils (nicht veröffentlicht).
1114 *BSG* v. 14.11.1996 – 2 RU 9/96, NZS 1997, 287 ff.

der gewerblichen Berufsgenossenschaften als auch das Bundesministerium für Arbeit und Sozialordnung dargelegt haben."[1115]

Die vom Gericht eingeholte Stellungnahme des BMAS vom 30.4.2002 untermauert diese Ansicht und führt aus:

> „*dass dem Verordnungsgeber keine Erkenntnisse über einen tatsächlichen Zusammenhang zwischen einem Burn-Out-Syndrom und der Exposition durch bestimmte berufliche Tätigkeiten vorliegen. Das Krankheitsbild sei kaum eingrenzbar, so dass die generelle Eignung unterschiedlicher Einflüsse zur Auflösung der verschiedenen Krankheitsbilder nicht zu belegen sei.*"[1116]

und weiter

> „*Es handele sich um ein Beschwerdebild, das eine Vielzahl allgemeinster und je nach Person differenzierender Gesundheitsbeeinträchtigungen umfasse. Vor diesem Hintergrund könne ein solches, kaum eingrenzbares Krankheitsbild als mögliche Folge einer fast beliebig ausweitbaren Gestaltung beruflicher Belastungen wegen der besonderen Bedingungen des Berufskrankheitenrechts nicht anerkannt werden.*"[1117]

(2) LSG Rheinland-Pfalz v. 10.6.2003 – L 3 U 76/03

(a) Sachverhalt

Gegen das Urteil des *SG Trier* legte der Kläger Berufung beim *LSG Rheinland-Pfalz* ein. Er führte aus, es mangele eben nicht an neuen Erkenntnissen, diese lägen vielmehr in einer breiten Anzahl vor, der Gesetzgeber habe sie jedoch nicht in ausreichendem Maße berücksichtigt:

> „*Darüber hinaus gebe es mehrere Tausend Studien und Veröffentlichungen über die Problematik der berufsbedingten psychischen Erkrankung. Eine besondere berufliche Belastung des Heimerziehers, an einer psychischen Erkrankung zu erkranken, sei gegenüber der übrigen Bevölkerung allein schon daraus zu erkennen, dass die übrige Gesellschaft die problembehaftete Klientel in ‚Jugendhilfeeinrichtungen' abschiebe, um sich dieser Belastung zu entziehen, bzw. die damit verbundene Problematik auf die Heimerzieher übertrage. Hierdurch werde die Personengruppe der Heimerzieher zwangsläufig durch ihre berufliche Tätigkeit in einem höheren Grad dieser Belastung ausgesetzt als die übrige Bevölkerung.*"[1118]

1115 *SG Trier* v. 27.1.2003 – S 6 U 8/02, S. 8 f. des Urteils (nicht veröffentlicht).

1116 *SG Trier* v. 27.1.2003 – S 6 U 8/02, S. 6 des Urteils (nicht veröffentlicht).

1117 *LSG Rheinland-Pfalz* v. 10.6.2003 – L 3 U 76/03, Rn. 12 (zit. nach juris).

1118 *LSG Rheinland-Pfalz* v. 10.6.2003 – L 3 U 76/03, Rn. 15 (zit. nach juris).

(b) Entscheidung des Gerichts

Das Landessozialgericht wies die Berufung des Klägers als unbegründet zurück und verweist auf die zutreffenden Ausführungen des *SG Trier.*[1119] Es stellt zudem fest:

> *„Das Vorbringen des Klägers im Berufungsverfahren und die von ihm vorgelegten Gerichtsurteile und Unterlagen rechtfertigen keine andere Beurteilung. Dabei verkennt der Senat nicht, dass die Problematik psychischer Belastungen am Arbeitsplatz vielfach - auch im Zusammenhang mit der Gewährung von Zulagen und der Problematik des Mobbings - diskutiert wird und die Berufsgenossenschaften teilweise präventive Maßnahmen im Hinblick auf Stressbelastungen am Arbeitsplatz prüfen. Es bestehen auch keine Zweifel daran, dass Erzieher und insbesondere Heimerzieher, die mit schwererziehbaren Jugendlichen beschäftigt sind, psychischen Belastungen ausgesetzt sind. Maßgebend ist aber vorliegend, dass nach wie vor keine neuen Erkenntnisse der medizinischen Wissenschaft im Sinne des § 9 Abs. 2 SGB VII vorliegen, wonach Erzieher oder Heimerzieher durch ihre Tätigkeit in erheblich höherem Grade Einwirkungen ausgesetzt sind, die zu den vom Kläger geltend gemachten psychischen Gesundheitsstörungen führen. Insoweit ist nochmals hervorzuheben, dass es nicht ausreicht, wenn ein Zusammenhang vereinzelt bejaht wird, erforderlich sind vielmehr gesicherte und allgemein anerkannte Erkenntnisse, die hier - wie das Sozialgericht dargelegt hat - nicht gegeben sind.“*[1120]

(3) FG München v. 26.4.2013 - 8 K 3159/10

(a) Sachverhalt

Der Kläger begehrt im Rahmen seiner ESt-Erklärung bei seinen Einkünften aus nichtselbständiger Arbeit den Abzug von Aufwendungen für eine mehrwöchige stationäre Behandlung in einer psychosomatischen Klinik als Werbungskosten. Deren berufliche Veranlassung begründet er damit, dass er aufgrund der Fusion seines Arbeitgebers entgegen seiner Erwartungen nicht zum Prokuristen ernannt worden sei und ihm im Gegenteil mit einer nachteiligen Vertragsanpassung gedroht wurde. Sodann verspürte er akute gesundheitliche Beschwerden und ließ sich durch seinen Hausarzt und einen Facharzt für Psychiatrie zur stationären Behandlung in eine psychosomatische Klinik einweisen. Die streitigen Aufwendungen wurden im Einkommensteuerbescheid vom Finanzamt nicht berücksichtigt, da „eine Zuordnung in die berufliche Sphäre als nicht leicht und einwandfrei“[1121] erachtet wurde. Daraufhin legte der Kläger Einspruch gegen den Bescheid ein, welcher durch das Finanzamt durch Einspruchsentscheidung zurückgewiesen wurde.

1119 *LSG Rheinland-Pfalz* v. 10.6.2003 - L 3 U 76/03, Rn. 24 (zit. nach juris).
1120 *LSG Rheinland-Pfalz* v. 10.6.2003 - L 3 U 76/03, Rn. 25 (zit. nach juris).
1121 *FG München* v. 26.4.2013 - 8 K 3159/10, Rn. 4 (zit. nach juris).

Der Kläger erhob Klage mit dem Ziel einer Berücksichtigung als Werbungskosten. Das Finanzamt beantragte, die Klage abzuweisen, da der Kläger nach § 64 EStDV hingewiesen und aufgefordert wurde, entsprechende Nachweise vorzulegen, wobei der Kläger ein amtsärztliches Gutachten nicht vorlegen konnte.

(b) Entscheidung des Gerichts

Das Gericht wies den Antrag des Klägers als unbegründet zurück und gab dem Finanzamt Recht. Es begründet dies damit, dass es sich bei einer psychischen oder psychosomatischen Erkrankung, welche teilweise auch durch erhöhte emotionale Belastung im Beruf ausgelöst wird, nicht um eine typische Berufskrankheit handele. Ein solche muss „mit hoher Wahrscheinlichkeit eine nahezu ausschließliche Kausalität zu typischen Berufsumständen" aufweisen und es „physikalisch-medizinisch so sicher erscheinen lassen", dass der Exposition „der Charakter einer alleinigen Ursache zuerkannt werden kann".[1122] Es führt weiter aus:

> „*Eine solche geradezu zwingende Kausalität von Belastungssituationen und Stress im Beruf für eine manifeste psychische Erkrankung sieht der erkennende Senat nicht. Zwar mag beruflicher Stress konkreter Auslöser einer Verschlechterung mit Krankheitscharakter sein. Dies macht ihn aber nicht zur alleinigen oder nahezu zwingenden Ursache der Krankheit. Vielmehr spielen bei psychischen Erkrankungen ebenso wie bei den meisten körperlichen Krankheiten eine Vielzahl bekannter wie unbekannter Faktoren zusammen, die es dem Gericht verwehren, einer der Ursachen den Charakter der Wesentlichen zuzusprechen und von Monokausalität auszugehen.*"[1123]

und weiter

> „*Im Streitfall gilt gleiches: Psychische Erkrankungen treten in praktisch allen Bevölkerungsschichten gleichermaßen in zumindest erheblichem Umfang auf. Das gilt auch für Krankheitsbilder wie ‚Burn-Out' oder ähnliche durch akute Belastungssituationen ausgelöste psychische Erkrankungen. Nach Auffassung des Senats lässt sich die Ursächlichkeit einer psychischen Erkrankung alleine im beruflichen Bereich schon generell nicht feststellen. Daher kann es im Streitfall auch nicht darauf ankommen, ob – wie der Kläger vorgetragen – im privaten Bereich keine besonderen Stressfaktoren vorhanden sind. Denn was in welchem Maße als Stressfaktor empfunden wird, hängt wiederum ganz wesentlich von der persönlichen Veranlagung bzw. Prädisposition ab. Auch ist die Frage, ob im Privatbereich solche Faktoren vorhanden sind, objektiv für kein Gericht ermittelbar.*"[1124]

1122 *FG München* v. 26.4.2013 – 8 K 3159/10, Rn. 18 (zit. nach juris).
1123 *FG München* v. 26.4.2013 – 8 K 3159/10, Rn. 19 (zit. nach juris).
1124 *FG München* v. 26.4.2013 – 8 K 3159/10, Rn. 20, 21 (zit. nach juris).

(4) Rechtliche Bewertung

Zunächst einmal erstaunt es, dass das *SG Trier* die Sache durch Gerichtsbescheid entschieden hat und diesbezüglich ausführte „denn die Sache weist keine besonderen Schwierigkeiten rechtlicher oder tatsächlicher Art auf".[1125] Wie gesehen ist die Beurteilung der Frage, ob Burn-out eine BK darstellt eine durchaus hoch komplexe Angelegenheit. Deswegen wäre in diesem Fall ein Urteil oder Beschluss eher angebracht gewesen.

Im Ergebnis ist den drei Entscheidungen allerdings zuzustimmen, wonach Burn-out zurzeit nicht als BK anerkannt werden kann. Jedoch vermögen die Begründungen der Sozialgerichte und des Finanzgerichts z.T. nicht zu überzeugen. Zutreffend geht das *SG Trier* zunächst davon aus, dass die Ursache von Burn-out bis dato noch nicht abschließend geklärt ist und dass ein genereller ursächlicher Zusammenhang zwischen einer bestimmten beruflichen Tätigkeit und Burn-out nicht durch medizinische Studien belegt werden kann. Auch das *LSG Rheinland-Pfalz* hat in diesem Zusammenhang richtigerweise darauf hingewiesen, dass es nicht ausreicht, wenn ein Zusammenhang vereinzelt bejaht wird, sondern vielmehr gesicherte und allgemein anerkannte Erkenntnisse vorliegen müssen, welche im Falle von Burn-out nicht gegeben sind. Ebenfalls in diese Richtung geht das *FG München*, es scheint aber bei der Kausalitätsfrage einiges durcheinander zu bringen. Zwar spricht es einmal von dem Charakter der wesentlichen Ursache, es geht aber grds. davon aus, dass für das Vorliegen einer BK Monokausalität bzw. nahezu zwingende Ursachen nötig wären. Dem ist aber – wie ausführlich erläutert – nicht so. Multikausale Ursachen reichen zur Bejahung der Kausalität dann aus, wenn arbeitsbedingte psychische Belastungsfaktoren die wesentliche Ursache für die Erkrankung darstellen. Zudem könne das *FG München* die Ursächlichkeit einer psychischen Erkrankung alleine im beruflichen Bereich generell schon deswegen nicht feststellen, weil das Stressempfinden individuell bei jedem variiert und von der jeweiligen Prädisposition abhänge. Dies ist zwar in der Sache zutreffend, spielt aber für Beurteilung der Kausalität bei Berufskrankheiten keine Rolle, denn „der Versicherte ist so geschützt, wie er die Arbeit antritt".[1126] Sozialrechtlich ausschließlich bedeutsam ist nicht die Frage, ob die Schadensanlage oder konkurrierende Ursachen mitursächlich, sondern ob die einwirkenden Belastungsfaktoren wesentlich für die Erkrankung sind. Damit ist

---

1125 *SG Trier* v. 27.1.2003 – S 6 U 8/02, S. 7 des Urteils (nicht veröffentlicht).

1126 *BSG* v. 9.5.2006 – B 2 U 1/05 R, NZS 2007, 212 (215); *Bultmann* in Münchener AnwaltsHandbuch Sozialrecht, § 25 Entschädigung für Arbeitsunfall und Berufskrankheit Rn. 77.

auch die vom *FG München* zur Disposition gestellte Frage, ob konkurrierende Ursachen und Faktoren im Privatbereich überhaupt für ein Gericht objektiv ermittelbar sind – das *FG München* verneint diese Frage – obsolet und hinfällig.

Nicht gefolgt werden kann auch der Aussage des *SG Trier*, dass es zwar Untersuchungen gibt, nach denen dieses Syndrom bei Erziehern häufiger zu beobachten ist, es sich aber auch Hinweise finden, wonach es bei anderen Personengruppen (wie z.B. Ärzten oder Sozialarbeitern) ebenso auftritt, obschon diese Personen anderen oder überhupt keinen berufsbedingten psychischen Belastungen ausgesetzt sind. Diese Ausführungen betreffen offensichtlich das Merkmal der Gruppentypik. In dieser Arbeit wurde gezeigt, dass dieses Kriterium im Falle von Burn-out dann zu bejahen ist, sofern eine Eingrenzung auf soziale Berufe – wie hier vorliegend – vorgenommen wird. Dass Burn-out unter anderen Rahmenbedingungen auch bei anderen Berufsgruppen auftreten mag, ist für die Beurteilung des konkreten Falls jedoch unerheblich. Bezüglich der Gruppentypik bei Burn-out hat auch das *LSG Bayern* in einem Verfahren v. 14.11.2006 zur Anerkennung koronarer Herzerkrankungen als Wie-BK festgehalten, „dass bei stressbedingt verursachten Erkrankungen neue wissenschaftlich epidemiologische Erkenntnisse über die überhäufige Erkrankung bestimmter Personengruppen nicht nachgewiesen sind, auch nicht hinsichtlich eines ‚Burn-out-Syndroms'“[1127]. Das *FG München* spricht diesen Schlüsseltatbestand zwar ebenso an, wonach psychische Erkrankungen wie Burn-out in allen Bevölkerungsschichten gleichermaßen auftreten, macht hierzu jedoch (leider) keine weiteren Äußerungen.

Das *LSG Rheinland-Pfalz* hat in seiner Begründung im Rahmen der Problematik psychischer Belastungen am Arbeitsplatz zudem das Phänomen des Mobbings erwähnt. Tatsächlich bestehen Gemeinsamkeiten zwischen Mobbing und Burn-out. Beiden gemein ist z.B., dass nicht einzelne, abgrenzbare Handlungen, sondern die Zusammenfassung mehrerer Einzelakte zu einem Prozess, maßgebend für die Beurteilung dieser Phänomene sind. Sowohl Mobbing als auch Burn-out beschreiben Prozesse, die sich meist über Jahre hinweg entwickeln. Auch sind beide recht unspezifisch und nicht beschränkt auf eine bestimmte Personengruppe, sondern können eigentlich in jedem Beruf auftreten. Allerdings ist zu beachten, dass Mobbing im unfallversicherungsrechtlichen Sinn wohl nicht als Krankheit bezeichnet werden kann. Es stellt vielmehr eine berufsbedingte Einwirkung und Ursache für andere psychische Erkrankungen wie Depressionen oder eben auch Burn-out dar. Aus diesem Grund kann Mobbing selbst auch nicht als BK bezeichnet und anerkannt werden, wie durch die Urteile des *LSG Baden-Württemberg* v.

1127 *LSG Bayern* v. 14.11.2006 – L 17 U 199/04, Rn. 21 (zit. nach juris).

16.8.2001[1128] und des *LSG Hessen* v. 23.10.2012[1129] bestätigt wird. In den vorgenannten Urteilen sind jedoch keine wesentlichen neuen Erkenntnisse enthalten, die auf den Fall Burn-out übertragbar wären.

Eine wichtige Erkenntnis kann allerdings noch dem Urteil des *SG Trier* entnommen werden. Die eingeholte Stellungnahme des BMAS steht nämlich in einer Linie mit anderen Stellungnahmen zu psychischen Belastungen am Arbeitsplatz. So hat das BMAS im Verfahren des *LSG Baden-Württemberg* im Rahmen von Mobbing ausgeführt, dass „die Voraussetzungen einer erhöhten Gefährdung bestimmter Personengruppen gegenüber der übrigen Bevölkerung, durch ihre Arbeit wegen Mobbings zu erkranken, [...] nicht bejaht werden [können]. Beim Mobbing handele es sich um ein kaum eingrenzbares Krankheitsbild als mögliche Folge von fast beliebig ausweitbaren und vorstellbaren Mobbing-Aktionen von Kollegen oder Vorgesetzten, das wegen der besonderen Bedingungen des Berufskrankheitenrechts nicht als BK anerkannt werden könne."[1130] Zum Verfahren des *LSG Bayern* bezüglich stressbedingter koronarer Herzerkrankungen stellt es sogar allgemein lapidar fest, dass „[b]ei stressbedingt verursachten Erkrankungen seien die Voraussetzungen des § 9 Abs. 2 SGB VII nicht erfüllt"[1131]. Auf eine Kleine Anfrage der Fraktion DIE LINKE, ob ein Zusammenhang zwischen Burn-out und flexibler Arbeitszeitgestaltung zu bejahen ist, antwortet die Bundesregierung, es sei „keine Untersuchung bekannt, die den Zusammenhang von Burnout und flexiblen Arbeitszeiten analysiert" und führt sodann aus „[a]llerdings kann vor dem Hintergrund bekannter Risiko- und Resilienzfaktoren für psychische Gesundheit eine Arbeitszeitgestaltung mit Gestaltungsspielräumen und persönlichen Arbeitszeitarrangements für die Mitarbeiterinnen und Mitarbeiter helfen, dem Burnout zu begegnen bzw. seiner Entstehung vorzubeugen."[1132] Es wird also die gewagte These vertreten, dass Flexibilisierungsinstrumente wie „BYOD" (Bring Your Own Device) oder „Home Office" Burn-out sogar entgegenwirken (können). Noch aufschlussreicher ist die Antwort der Bundesregierung auf eine Kleine Anfrage der Fraktion DIE LINKE, welche psychischen Erkrankungen als BK anerkannt sind. Die Bundesregierung führt aus, dass keine psychischen Erkrankungen in der BK-Liste aufgeführt sind und eine Anerkennung als Versicherungsfall unter

---

1128 *LSG Baden-Württemberg* v. 16.8.2001 – L 7 U 18/01, HVBG-IINFO 2001, 3261, Rn. 27 (zit. nach juris).

1129 *LSG Hessen* v. 23.10.2012 – L 3 U 199/11, ArbRB 2013, 48, Rn. 22 (zit. nach juris).

1130 *LSG Baden-Württemberg* v. 16.8.2001 – L 7 U 18/01, HVBG-IINFO 2001, 3261, Rn. 17 (zit. nach juris).

1131 *LSG Bayern* v. 14.11.2006 – L 17 U 199/04, Rn. 8 (zit. nach juris).

1132 BT-Drs. 17/8351 S. 20.

bestimmten Konstellationen entweder als Arbeitsunfall (z.B. posttraumatische Belastungsstörung) oder „als Folge eines anderweitig eingetretenen Arbeitsunfalls oder einer Berufskrankheit“ möglich ist.[1133] Die Stellungnahmen lassen unzweifelhaft erkennen, dass wohl in Zukunft nicht mit der Aufnahme einer psychischen Erkrankung in die BKV gerechnet werden darf, sofern nicht mehr Druck seitens der Gewerkschaften, Krankenkassen und öffentlicher Medien erfolgt. Dem Gesetzgeber scheint es noch am notwendigen Problembewusstsein bzgl. Burn-outs zu mangeln. Dies verwundert ein wenig, wenn man sich die eingangs im Vorwort erwähnten statistischen Daten zur rapiden Zunahme von burn-out-bedingten Fehltagen nochmal ins Gedächtnis ruft.

dd) Ergebnis

Im Ergebnis bleibt also festzuhalten, dass Burn-out zurzeit keine BK-Reife zuzusprechen ist und somit nicht in die BK-Liste aufgenommen werden kann. Diese Auffassung wird sowohl von Autoren im Schrifttum[1134] als auch von der Rechtsprechung[1135] geteilt. Dreh- und Angelpunkt ist die defizitäre Lage bzgl. der Ätiologie von Burn-out. Wissenschaftlichen Studien ist es bisher nicht gelungen, eindeutige und gesicherte Erkenntnisse über die Ursachen von Burn-out ausfindig zu machen, ebenso wenig gelang dies für den Zusammenhang zwischen Burn-out-auslösenden Faktoren und Bewältigungsstrategien (Coping) bzw. Persönlichkeitsfaktoren, die in der juristischen Kausalitätsbeurteilung unter dem Punkt konkurrierende Ursachen zu verorten wären. In Ermangelung epidemiologischer und statistischer Studien zum Zusammenhang von Einwirkung und Erkrankung bei Burn-out ist eine Beurteilung der Kausalität auf Basis des aktuellen wissenschaftlichen Erkenntnisstandes nach der Theorie der wesentlichen

---

1133 BT-Drs. 17/9478 S. 9.

1134 *Schönberger/Mehrtens/Valentin*, 10.8.5, S. 828; *Spellbrink*, SGb 2013, 154 (160); *ders.* WzS 2012, 259 (260); *Weber* in Weber/Hörmann, Psychosoziale Gesundheit im Beruf, Das Burnout-Syndrom, S. 87; *ders./Kraus* in ASUMed 2000, 180 (186); *Hillert*, VersMed 2008, 163; allg. für psychische Erkrankungen und Stress Hauck/*Römer*, Stand März 2013, § 9 Rn. 41s; *Hien*, SozSich 2012, 382 (390); ebenso *Schwede*, S. 153; *von Trotha*, S. 255.

1135 vgl. *SG Trier* v. 27.1.2003 – S 6 U 8/02 (nicht veröffentlicht); bestätigt durch *LSG Rheinland-Pfalz* v. 10.6.2003 – L 3 U 76/03, Rn. 23, 25 (zit. nach juris); *FG München* v. 26.4.2013 – 8 K 3159/10, Rn. 18 (zit. nach juris); allg. für psychische Erkrankungen (insb. Mobbing) *LSG Baden-Württemberg* v. 16.8.2001 – L 7 u 18/01, Rn. 27 (zit. nach juris); *LSG Bayern* v. 14.11.2006 – L 17 U 199/04, Rn. 22 (zit. nach juris); *LSG Hessen* v. 23.10.2012 – L 3 U 199/11, Rn. 22 (zit. nach juris) = ArbRB 2013, 48 mit Anm. *Sasse*.

Bedingung zum heutigen Zeitpunkt nicht möglich, da kein gesichertes Referenzmaterial vorliegt. Eine Aufnahme von Burn-out in die BK-Liste scheitert also am fehlenden Nachweis eines generellen Ursachenzusammenhangs. Die anderen Kriterien der BK-Reife dürften – wie gesehen – wohl erfüllt sein. Burn-out stellt eine Krankheit im unfallversicherungsrechtlichen Sinne dar, nicht maßgeblich bei einer rechtlichen Betrachtung ist hingegen, dass es sich streng genommen um keine Krankheit im Sinne der kanonisierten medizinischen Definition handelt. Es wurde gezeigt, dass es für die Aufnahme lediglich einiger weniger wissenschaftlicher Studien bedarf und eben nicht eine allgemein gesicherte, herrschende medizinische Lehrmeinung erforderlich ist. Der Verordnungsgeber hat nämlich hierbei einen gewissen sozialen Ermessensspielraum. Ebenfalls kann festgehalten werden, dass psychische Belastungsfaktoren, welche Burn-out bedingen, durchaus als besondere Einwirkungen zu qualifizieren sind. In diesem Zusammenhang sind als maßgebende Einwirkungen folgende Stressoren im Arbeits- und Organisationskontext zu nennen: Überforderung (qualitative und quantitative), Zeitdruck, Monotonie, geringe Autonomie, unzureichendes Feedback und Konflikte mit Kollegen, Kunden und Vorgesetzen (inklusive Mobbing). Schließlich sind auch die drei Kriterien der Gruppentypik im Falle von Burn-out zu bejahen. Der innere/sachliche Zusammenhang zwischen der ausgeführten versicherten Tätigkeit zum Zeitpunkt der Exposition ist unstreitig gegeben. Das Tatbestandsmerkmal „bestimmte Personengruppe“ im Zusammenhang mit Burn-out ist zumindest dann erfüllt, soweit eine Ab- bzw. Eingrenzung auf soziale bzw. helfende Berufe (wie z.B. Lehrkräfte) erfolgt.[1136] Dadurch wird weder der Ermächtigungsrahmen überdehnt noch kann die Abgrenzbarkeit spezifischer Gruppen von der Allgemeinbevölkerung abgesprochen werden. Auch die Exposition dieser bestimmten Personengruppe in erheblich höherem Maße als die übrige Bevölkerung ist anhand zahlreicher Studien belegt. Es kommt insoweit nur auf das Einwirkungsrisiko/-häufigkeit an und nicht zwangsläufig auf die Erkrankungshäufigkeit. Zudem ist nach hier vertretener Ansicht das Abstellen auf eine Risikoverdopplung abzulehnen. Nachfolgendes Schaubild soll die unfallversicherungsrechtliche Einordnung von Burn-out noch einmal verdeutlichen.

1136 so auch *Weber* in Weber/Hörmann, Psychosoziale Gesundheit im Beruf, Das Burnout-Syndrom, S. 87; *ders./Kraus* in ASUMed 2000, 180 (186).

Tabelle: BK-Reife bei Burn-out[1137]

Kriterien der Listenreife		Grad der Erfüllung	Besondere Hinweise
a)	Krankheit	+	regelwidriger Körper-/Geisteszustand; medizinische Einordnung unerheblich
b)	Erkenntnisse der medizinischen Wissenschaft	+/–	einige wenige Studien ausreichend; gesicherte, herrschende Lehrmeinung in Medizin nicht erforderlich; Ermessen-spielraum des Verordnungsgebers
c)	besondere Einwirkungen	+/–	psychische Belastungsfaktoren ebenfalls vom Einwirkungsbegriff erfasst
d)	Kausalität	–	
-	Zusammenhang zwischen verrichteter Tätigkeit und Einwirkungen („Einwirkungskausalität")	+	problemlos zu bejahen; Burn-out bereits definitionsgemäß durch berufsbedingte Stressoren verursacht
-	Zusammenhang zwischen Einwirkungen und Krankheit („genereller Ursachenzusammenhang")	–	defizitäre Erkenntnislage; keine validen/reliablen epidemiologische oder statistische Studien bzgl. Ätiologie
e)	Gruppentypik	+/–	
-	bestimmte Personengruppe	+/–	auf soziale bzw. helfende Berufe (z.B. Lehrer) einzugrenzen
-	innerer/sachlicher Zusammenhang	+	problemlos zu bejahen
-	Einwirkung in erheblich höherem Grade als übrige Bevölkerung	+/–	Einwirkungshäufigkeit durch Studien belegt; Erkrankungshäufigkeit und Risikoverdopplung nicht maßgeblich

\+ = Kriterium unstreitig erfüllt
– = Kriterium unstreitig nicht erfüllt
+/– = Kriterium wohl erfüllt, jedoch beachtliche Meinungsstreite

Der Verordnungsgeber sollte aber bei aller Notwendigkeit der Aufnahme einer psychischen Erkrankung in die BK-Liste darauf achten, dies nicht übereilt zu tun. Selbst wenn sich in naher Zukunft die Aussagekraft und Studienqualität wissenschaftlicher Untersuchungen zum Thema Burn-out im positiven Sinne

1137 Layout angelehnt an *Weber* in Weber/Hörmann, Psychosoziale Gesundheit im Beruf, Das Burnout-Syndrom, S. 87; *ders./Kraus* in ASUMed 2000, 180 (186), jedoch mit z.T. abweichenden Ergebnissen.

entwickeln sollte und damit eine valide Grundlage für die Kausalitätsbeurteilung geschaffen wird, heißt das noch nicht, dass der Verordnungsgeber im Rahmen seines Ermessens aus sozialpolitischen Erwägungen eine BK „Burn-out" vorschnell etablieren möchte und muss. Bisherige Studien untersuchten zumeist immer eine einzige Berufsgruppe, d.h. es wird auch für die Zukunft davon auszugehen sein, dass peu à peu der Ursachenzusammenhang für einzelne Berufsgruppen entweder bejaht oder verneint wird. Nimmt der Verordnungsgeber Burn-out in die BK-Liste auf und beschränkt es auf einzelne Berufsfelder, so werden zwangsläufig in anderen Berufen tätige Personen benachteiligt, denn eines der Kernmerkmale von Burn-out ist, dass es in jedem Beruf, an jedem Arbeitsplatz und in jeder Lebenssituation auftreten kann.[1138]

Zu einem wertungswidersprüchlichen Kuriosum könnte es auch kommen, wenn es nur einige wenige, qualitative Studien und Erfahrungssätze zur Ätiologie von Burn-out gibt und der Verordnungsgeber im Rahmen seines Beurteilungsspielraums diese dann trotzdem in die Liste aufnimmt. Damit ist aber bloß der generelle Ursachenzusammenhang bestätigt. Für die Anerkennung einer BK nach § 9 Abs. 1 SGB VII im Einzelfall bzw. einer „Wie-BK" nach § 9 Abs. 2 SGB VII bedarf es aber noch des Nachweises der Einzelfallkausalität. Aus dem generellen Ursachenzusammenhang kann i.d.R. nicht zwingend der Ursachenzusammenhang im Einzelfall abgeleitet werden.[1139] Der sozialpolitische Ermessensspielraum steht aber nur dem Verordnungsgeber zu („Die Bundesregierung wird ermächtigt ..."), Gerichte und Unfallkassen können sich auf ein solches Ermessen hingegen nicht berufen.[1140] Das *BSG* hat auch in jüngeren Entscheidungen[1141] betont, dass die Kausalitätsbeurteilung im Einzelfall auf der Basis des jeweiligen aktuellen wissenschaftlichen Erkenntnisstandes über den Ursachenzusammenhang zwischen bestimmten Einwirkungen und bestimmten Krankheiten erfolgen muss, welcher von der großen Mehrheit der Wissenschaft getragen wird:

> *„Die Frage, welche Voraussetzungen zur Annahme eines ursächlichen Zusammenhangs zwischen der schädigenden Einwirkung und der Erkrankung einer BK vorliegen müssen, ist unter Zuhilfenahme medizinischer, naturwissenschaftlicher und technischer Sachkunde nach dem im Entscheidungszeitpunkt aktuellen wissenschaftlichen Erkenntnisstand zu beantworten [...] Als aktueller Erkenntnisstand sind solche durch Forschung und praktische Erfahrung gewonnenen Erkenntnisse anzusehen, die von der großen Mehrheit der auf dem*

1138 *Burisch*, S. 78.
1139 *Becker*, SGb 2006, 449 (453).
1140 vgl. nur Hauck/*Römer*, Stand März 2013, § 9 Rn. 10b m.w.N.
1141 so *BSG* v. 27.6.2006 – B 2 U 5/05 R, SozR 4-2700 § 9 Nr. 7, Rn. 20.

betreffenden Gebiet tätigen Fachwissenschaftler anerkannt werden, über die also, von vereinzelten, nicht ins Gewicht fallenden Gegenstimmen abgesehen, Konsens besteht.“

Und damit bestünde ein widersprüchliches und unüberwindbares Problem: es gäbe zwar eine Listenerkrankung (genereller Ursachenzusammenhang bejaht), diese könnte aber mangels Kausalitätsnachweis im Einzelfall nicht anerkannt und entschädigt werden. Ein solches Ergebnis wäre mehr als unbefriedigend. Deswegen sollte vor Aufnahme auch auf darauf geachtet werden, ob bzw. dass sich die neue BK in der Praxis handhaben lässt.[1142]

b) *Arbeitsunfall*

Der zweite Versicherungsfall im Rahmen von § 104 Abs. 1 SGB VII ist der Arbeitsunfall (§ 8 SGB VII). Da Burn-out zurzeit weder als Listenkrankheit nach § 9 Abs. 1 SGB VII aufgenommen werden kann noch als Wie-BK gem. § 9 Abs. 2 SGB VII anzuerkennen ist, wäre schließlich noch zu prüfen, ob eine Subsumtion unter die Definition von Arbeitsunfall möglich ist. Denn erfüllt eine Erkrankung nicht die Voraussetzungen einer BK, sind aber Anhaltspunkte vorhanden, dass sie durch einen Unfall entstanden ist, so muss nach Ansicht des *BSG* geprüft werden, ob eine Entschädigung aufgrund eines Arbeitsunfalles zu gewähren ist.[1143] Der Begriff des Arbeitsunfalls ist in § 8 Abs. 1 S. 1 SGB VII legal definiert: „Arbeitsunfälle sind Unfälle von Versicherten infolge einer den Versicherungsschutz nach § 2, 3 oder 6 begründenden Tätigkeit (versicherte Tätigkeit).“ Nicht thematisiert werden soll an dieser Stelle die Frage, was unter den Begriff der versicherten Tätigkeit im Zusammenhang des Arbeitsunfalles zu verstehen ist. Hierzu gibt es eine weitreichende Kasuistik.[1144] Ebenfalls nicht eingegangen wird auf die komplexe Problematik der Kausalität.[1145] Insoweit ist nämlich zu beachten, dass die Annahme eines Arbeitsunfalls bei Burn-out-Erkrankungen aus einem gänzlich anderen Grund bereits ausscheidet: Tatbestandsvoraussetzung

---

1142 Hauck/*Römer*, Stand März 2013, § 9 Rn. 10b a.E.

1143 *BSG* v. 25.8.1961 - 2 RU 106/59, BSGE 15, 41 (45); Brackmann/*Becker*, SGB VII, § 9 Rn. 22.

1144 vgl. ausführlich zu dieser Problematik KassKomm/*Ricke*, SGB VII, § 8 Rn. 40 ff. (insb. 45 ff.); *Schönberger/Mehrtens/Valentin*, 1.3, S. 14 ff.; Franke/Molkentin/*Ziegler*, § 8 Rn. 56 ff. jeweils m.w.N.

1145 vgl. hierzu die ausführlichen Erläuterungen zu Ursachenzusammenhänge bei psychischen Erkrankungen Lauterbach/*Schwerdtfeger*, § 8 Rn. 61 ff.; *Ludwig*, BG 2006, 550 ff.; *Spellbrink*, SGb 2013, 154 (157 ff.); allgemein zu Kausalitätsfragen Brackmann/*Krasney*, SGB VII, § 8 Rn. 300 ff.

für das Vorliegen eines Arbeitsunfalls ist zunächst, dass überhaupt ein Unfall im engeren Sinne gegeben ist. Bei Burn-out mangelt es aber gerade an einem Unfall i.S.d. Unfallversicherungsrechts. „Unfälle sind zeitlich begrenzte, von außen auf den Körper einwirkende Ereignisse, die zu einem Gesundheitsschaden oder Tod führen", so definiert in § 8 Abs. 1 S. 2 SGB VII. Für den Einwirkungsbegriff gilt dasselbe wie bei BK, neben physikalischen Einwirkungen kommen auch hier geistig-seelische und psychische Einwirkungen in Betracht.[1146] Ferner bedarf es noch der zeitlichen Begrenzung des Unfallereignisses. Hieran scheitert die Subsumtion von Burn-out unter den Unfallbegriff. Denn nach ständiger Rechtsprechung des *BSG*[1147] und herrschender Meinung im Schrifttum[1148] werden unter zeitlich begrenzten Einwirkungen lediglich solche erfasst, die sich längstens über eine Arbeitsschicht erstrecken. Dies dient zugleich der Abgrenzung von Arbeitsunfall und Berufskrankheit.[1149] Zwar muss der genaue Zeitpunkt des Unfallereignisses nicht festgestellt werden, vielmehr ist ausreichend, wenn die Schädigung „innerhalb einer Arbeitsschicht an einem bestimmten, wenn auch nicht kalendermäßig genau bestimmbaren Tage eingetreten ist"[1150] bzw. sind auch Gesundheitsschäden „durch wiederholte, auf mehrere Arbeitsschichten verteilte Einwirkungen Folge eines Unfalls im Rechtssinne, wenn sich eine einzelne Einwirkung aus der Gesamtheit derart hervorhebt, dass sie nicht nur als letzte von mehreren für den Erfolg gleichwertige Ursachen erscheint".[1151] Wie bereits mehrfach erläutert, handelt es sich bei Burn-out jedoch um eine langandauernde Entwicklung, insbesondere sind mit den

---

1146 *BSG* v. 30.5.1985 – 2 RU 17/84, SozR 2-2200 § 548 Nr. 71; Brackmann/*Krasney*, SGB VII, § 8 Rn. 10; KassKomm/*Ricke*, SGB VII, § 8 Rn. 24; *Schönberger/Mehrtens/Valentin*, 1.2.1, S. 13; Franke/Molkentin/*Ziegler*, § 8 Rn. 28; Lauterbach/*Schwerdtfeger*, § 8 Rn. 26a bzgl. betriebsbezogener Stresssituation.

1147 st. Rspr.: vgl. nur *BSG* v. 30.5.1985 – 2 RU 17/84, SozR 2-2200 § 548 Nr. 71; v. 28.8.1990 – 2 RU 64/89, HV-Info 1990, 2141; v. 31.1.2012 – B 2 U 2/11 R, NZS 2012, 513.

1148 Brackmann/*Krasney*, SGB VII, § 8 Rn. 15; KassKomm/*Ricke*, SGB VII, § 8 Rn. 23; *Schönberger/Mehrtens/Valentin*, 1.2.1, S. 12; Franke/Molkentin/*Ziegler*, § 8 Rn. 22; Lauterbach/*Schwerdtfeger*, § 8 Rn. 27.

1149 Brackmann/*Becker*, SGB VII, § 9 Rn. 19; *Schönberger/Mehrtens/Valentin*, 1.2.1, S. 12.

1150 *BSG* v. 29.6.1961 – 2 RU 191/59, BSGE 15, 112; v. 25.8.1961 – 2 RU 106/59, BSGE 15, 41 (45); Brackmann/*Becker*, SGB VII, § 9 Rn. 22; *Schönberger/Mehrtens/Valentin*, 1.2.1, S. 12; Lauterbach/*Schwerdtfeger*, § 8 Rn. 28.

1151 *BSG* v. 30.5.1985 – 2 RU 17/84, SozR 2-2200 § 548 Nr. 71; ebenso *LSG Bade-Württemberg* v. 16.8.2001 – L 7 U 18/01, Rn. 22 (zit. nach juris) = HVBG-INFO 2001, 3261; sowie *LSG Hessen* v. 23.10.2012 – L 3 U 199/11, Rn. 24 (zit. nach juris) = ArbRB 2013, 48 beide zur Frage, ob Mobbing als Arbeitsunfall anzusehen ist.

herkömmlichen Messinstrumenten (z.B. MBI) keine Aussagen möglich, ab wann Burn-out erstmals vorlag bzw. welche spezifische Belastungssituation Burn-out explizit verursacht hat. Das Burn-out-Syndrom ist eben kein Resultat einmaliger, kurzfristiger Belastungsspitzen, sondern Folge einer längerfristigen, oft über Jahre fortschreitenden, Entwicklung. Nach der in dieser Arbeit aufgestellten juristischen Definition von Burn-out bedingen nicht einzelne, abgrenzbare Beanspruchungen und Belastungen, sondern die Zusammenfassung mehrerer Einzelakte in einem Prozess die Erkrankung. Aus diesem Grund kann Burn-out nicht als Folge eines Arbeitsunfalls entschädigt werden, da schon das Merkmal des Unfallbegriffs nicht erfüllt wird.[1152] Dieses Ergebnis entspricht auch der Ansicht der Rechtsprechung, wonach die Häufung kleinerer Schädigungen, die nicht in einer Arbeitsschicht, sondern erst nach längerer Zeit einen wesentlichen Grad erreicht haben, keinen Unfall i.S.d. § 8 Abs. 1 S. 2 SGB VII darstellen.[1153]

c) *Zwischenfazit*

Wie ausführlich gezeigt, kann Burn-out de lege lata weder als Arbeitsunfall noch als Berufskrankheit gewertet werden. Auch wenn dieses Ergebnis wenig überrascht, so besteht doch ein fader Beigeschmack. Unabhängig von der Aufnahme eines generellen Tatbestands „psychische Erkrankung" in die BK-Liste muss man sich nämlich die Frage stellen, ob die aktuellen Definitionen von Berufskrankheit und Arbeitsunfall noch zeitgemäß sind, oder ob nicht eine Änderung notwendig und geboten erscheint. Denn diese Vorschriften rühren aus einer Zeit, da die Bundesrepublik noch eine überwiegende Industrie- und Agrargesellschaft war. Die vorwiegenden Probleme des Arbeitsschutzes und die Folgen der dominierenden körperlichen Arbeit waren physischer oder chemischer Natur. Somit waren Intention und Zweck der Konzeption von Arbeitsunfall und Berufskrankheit auf diese damals vorherrschenden Gegebenheiten und Probleme abgestimmt. An psychische Auswirkungen der Arbeit wurde bei der Begriffsbestimmung nicht gedacht. Diese sind aber in der heutigen Dienstleistungsgesellschaft von maßgeblicher Bedeutung. Nach der Industriellen Revolution im 19. Jahrhundert kam es in den

1152 *Spellbrink*, WzS 2012, 259: „Von daher ist das Berufskrankheiten-Recht der eigentliche Regelungsort für das Problem der psychischen Belastung am Arbeitsplatz und deren gesundheitlichen Folgen, geht es doch hier jeweils um mehr als ‚eine Schicht' oder ein singuläres Ereignis als Krankheitsauslöser."; *von Trotha*, S. 252, verneint grds. einen Arbeitsunfall bei durch chronischen arbeitsbedingten Stress verursachten Gesundheitsschäden; wohl auch *Schönberger/Mehrtens/Valentin*, 10.8.4, S. 826.

1153 vgl. *LSG Hessen* v. 23.10.2012 – L 3 U 199/11, Rn. 24 (zit. nach juris) = ArbRB 2013, 48 m.w.N.

letzten Dekaden des 20. Jahrhunderts zu einer digitalen Revolution bzw. Zäsur. Es ist also an der Legislative hier tätig zu werden und für die Zukunft – proaktiv – Weichen zu stellen. Denn es dürfte klar sein, dass, betrachtet man insbesondere die rasante Entwicklung und Zunahme der psychischen Leiden und Erkrankungen der letzten zehn Jahre, es nicht eine Frage des „ob“ ist, sondern des „wann“ psychische Erkrankungen die häufigste Ursache für Fehltage darstellen werden und gesicherte medizinische Studien vorliegen, die die Ätiologie und den generellen Ursachenzusammenhang verifizieren. Unter diesem Gesichtspunkt sollte jetzt gehandelt werden, auch um der Wirtschaft und den Unternehmen genügend Zeit zu geben, sich mit den Anforderungen vertraut zu machen und adäquate Mittel und Wege zur Eindämmung dieser Problematik zu finden, bevor die Probleme überhand gewonnen haben und eine Lösung nur noch mit hohem finanziellem und wohl auch bürokratischem Aufwand möglich ist. Nachfolgend soll deswegen untersucht werden, ob die jahrzehntelange japanische Praxis im Umgang mit Karôshi/Karô-jisatsu auf das deutsche Recht übertragbar ist, und falls ja, wie es in das Geflecht aus Arbeitsschutz- und Unfallversicherungsrecht integriert werden kann.

II. Übertragung der gewonnenen Erkenntnisse bzgl. Karôshi und Karô-jisatsu

Wie schon erläutert, stellt Karôshi/Karô-jisatsu eine (mögliche) Endstufe von Burn-out dar. Umgekehrt bedeutet dies, dass Burn-out eine Vorstufe von Karôshi/Karô-jisatsu ist. Deswegen ist der Versuch naheliegend, die in Japan getroffenen Entscheidungen bzgl. der Anerkennung dieser Krankheiten als Versicherungsfall auf das deutsche Unfallversicherungsrecht zu übertragen.

Zuvor muss aber noch erwähnt werden, dass die japanische Legislative und Judikative weitaus pragmatischer als ihre deutschen Pendants sind, wobei der japanische Gesetzgeber in Sachen Karôshi/Karô-jisatsu erst wirklich tätig wurde, als vermehrt wegweisende Gerichtsentscheidungen die bisherige Anerkennungspraxis kritisierten und diese z.T. eigene Konzepte entwarfen. Dass die japanischen Beurteilungskriterien größtenteils unter Rückgriff der, durch die Rechtsprechung des *OGH* entstandenen Auslegungsgrundsätze konzipiert wurden, ist ein wichtiger Punkt, der bei der Reflektion und Übertragung dieser Maßstäbe und Ansätze auf den deutschen Rechtskreis unbedingt berücksichtigt werden muss. Zu beachten ist dabei, dass japanische Gerichte einen anderen Ansatz bei der juristischen Methodik verfolgen. Wenn es nämlich um die Lösung von akuten Problemen geht, legen die japanischen Richter nicht so viel Wert auf strikte Einhaltung der Dogmatik, sondern betrachten eine defizitäre Situation vielmehr von einem sach- und anwendungsbezogenem Blickwinkel. *Rahn* bezeichnet dieses Rechtsdenken als „Tendenz zum pragmatischen Empirismus".[1154] Der Fokus liegt dabei nicht wie im deutschen Recht auf dem *Systemdenken*, sondern im Vordergrund steht das *Problemdenken*.[1155] Die Rechtsanwendung des Richters besteht in Japan dementsprechend aus zwei getrennten Verfahrensschritten: zum einem aus dem *Werturteil* und zum anderen aus der *juristischen Konstruktion*. Als erstes entscheidet der Richter den Rechtsstreit durch subjektives Werturteil. Er unternimmt hierzu eine umfassende Interessenabwägung und entscheidet sich schließlich für dasjenige Interesse, welches am schützenswerten ist. Die hierbei „zur Anwendung in Betracht kommenden Rechtsnormen sind für dies Entscheidung nur ein unverbindliches Kriterium neben anderen".[1156] Nachdem der Richter den Rechtsstreit innerlich entschieden hat, muss er seine Entscheidung noch anhand des Gesetzestextes juristisch begründen. *Rahn* hält hierzu fest: „[d]ie juristische Konstruktion hat somit vor allem die rhetorische Funktion des Mittels der Überzeugung" und weiter „[d]iese Abwertung der juristischen Konstruktion zu einem nur rhetorischen Mittel hat in der japanischen Methodenpraxis dazu geführt, daß auf die Entscheidungsbegründung nicht selten relativ wenig Sorgfalt verwandt wird".[1157] Nach *Tieste* sollen auf diese Weise „insbesondere neue Rechtsprobleme, die mit Hilfe des Gesetzestextes nicht befriedigend zu lösen [sind], einer raschen und zuverlässigen Rechtsfindung zugeführt werden, wobei die Praktikabilität der Lösung und eben nicht ihre dogmatische Vereinbarkeit im Vordergrund [steht]".[1158] In Japan ist die rechtliche Einordnung von Karôshi/Karô-jisatsu demgemäß eher zweitrangig, solange eine praxistaugliche und anwendungsbezogene Lösung gefunden werden kann, welche dem aktuellen Stand der medizinischen Forschung und Wissenschaft entspricht.

1. Ausdehnung des Begutachtungszeitraums im Rahmen des Unfallbegriffs – Erweiterung der „Plötzlichkeit"

Tieste weist als eine Möglichkeit, Karôshi in das deutsche Unfallversicherungsrecht zu integrieren, die Abänderung des Unfallbegriffs auf.[1159] Er geht allerdings von der abwegigen Prämisse aus, dass Karôshi in Japan als Arbeitsunfall i.e.S. entschädigt

1154 *Rahn*, S. 35.
1155 *Tieste*, Der Tod durch Überarbeitung, S. 164.
1156 *Rahn*, S. 327.
1157 *Rahn*, S. 328.
1158 *Tieste*, Der Tod durch Überarbeitung, S. 164.
1159 *Tieste*, Haftungsfall Stresserkrankung, S. 242 ff.

wird.[1160] Wie an anderer Stelle ausführlich gezeigt, wird sowohl Karôshi als auch Karô-jisatsu als eine Art „Wie"-Berufskrankheit im japanischen Unfallversicherungsrecht angesehen. *Tieste* übersieht wohl die – zugegebenermaßen – für den deutschen Betrachter etwas verwirrende Differenzierung zwischen Arbeitsunfall i.w.S., welcher als Oberbegriff ähnlich dem deutschen „Versicherungsfall" verwendet wird, und dem Arbeitsunfall i.e.S., welcher dem deutschen Arbeitsunfall des § 8 SGB VII entspricht. Unbeschadet dieser inkorrekten Ausgangsbedingung bei *Tieste* ist durchaus überlegenswert, ob nicht das Merkmal der „Plötzlichkeit" im Rahmen von Burn-out im Speziellen bzw. psychischen Erkrankungen im Allgemeinen im Wege einer extensiven Auslegung in zeitlicher Hinsicht erweitert werden sollte. Denn die Einordnung von Burn-out hierzulande als Arbeitsunfall scheitert maßgeblich am fehlenden Vorliegen des Unfallbegriffs.[1161]

In Japan finden bei der Begutachtung beider Phänomene Ereignisse Berücksichtigung, die in einem Zeitraum von bis zu *sechs Monaten* vor Ausbruch der Krankheit bzw. Tod auf den Geschädigten einwirkten. Überlegenswert wäre, das Merkmal der Plötzlichkeit im deutschen Unfallversicherungsrecht in diesem Sinne bei streitigen Burn-out-Fällen zu erweitern. Eine Ausdehnung des zeitlichen Moments (= Plötzlichkeit) im Rahmen des deutschen Unfallbegriffes stellt aber aus mehreren Gründen keine adäquate Lösung dar, um Burn-out als Versicherungsfall zu deklarieren und somit Leistungen der Unfallversicherung in Anspruch nehmen zu können.

Einerseits dürfte der Zeitraum von einem halben Jahr nicht ausreichend für die valide Beurteilung in der Causa Burn-out sein. Burn-out entwickelt sich vielmehr über einen deutlich längeren Zeitraum. Wesentliche Stressoren oder Belastungsfaktoren werden bei einem solch kurzen Zeitraum schlichtweg nicht erfasst, so dass in den meisten Fällen eine Anerkennung als Arbeitsunfall wegen fehlendem Kausalitätsnachweis ins Leere gehen würde Den zeitlichen Rahmen bzw. Begutachtungszeitraum auf länger als sechs Monate auszudehnen, würde hingegen den heutigen Versicherungsfall Arbeitsunfall in seinen durch jahrzehntelange Praxis und Rechtsprechung etablierten Grundfesten erschüttern. Denn wesentliches Abgrenzungsmerkmal zwischen Arbeitsunfall und Berufskrankheit ist die

---

1160 vgl. nur „Auffällig ist, dass in Japan Karôshi erstaunlicherweise nicht, wie eigentlich zu vermuten gewesen wäre, als Berufskrankheit in das Unfallversicherungsrecht Eingang gefunden hat. Vielmehr fand es seine Entsprechung als Arbeitsunfall", *Tieste*, Haftungsfall Stresserkrankung, S. 241.

1161 vgl. insoweit hierzu Ausführungen weiter oben.

Zeitgrenze einer Arbeitsschicht.[1162] Wird der Zeitraum einer Arbeitsschicht aber überschritten, kommt bisher nur noch die Entschädigung als BK in Betracht.[1163] Bei der Erweiterung des Unfallbegriffs in diesem Sinne, wäre eine klare Abgrenzung zwischen Arbeitsunfall und Berufskrankheit nicht mehr möglich. Beide Versicherungsfälle würden vielmehr ineinander verschmelzen, Übergänge wären somit fließend und eine Differenzierung beider Versicherungsfälle im Grunde obsolet. Dies kann natürlich nicht Sinn und Zweck einer Erweiterung des Unfallbegriffes sein, wenn hierdurch zwar neue Fälle erfasst werden, im Ergebnis aber der ganze Tatbestand durch eine extensive Auslegung überflüssig würde.

Auch gibt es keine validen medizinischen Argumente für den Begutachtungszeitraum von sechs Monaten. Was den *OGH* und im Anschluss die Expertenkommission bewog, den Begutachtungszeitraum gerade auf sechs Monate festzulegen, kann nur erahnt werden. In Japan können wie gesehen grundsätzlich neben Ansprüche aus der Unfallversicherung auch solche aus unerlaubter Handlung bzw. Vertragspflicht-/Nebenpflichtverletzung – also rein zivilrechtliche Haftungsansprüche – treten und diese werden fast ausschließlich immer gemeinsam geltend gemacht. In Deutschland ist dies nur bei vorsätzlicher Schädigung durch den Arbeitgeber möglich. Da der Umfang des zivilrechtlichen Schadenersatzes in Japan bei weitem größer ist als der der unfallversicherungsrechtlichen Entschädigung, spielt die sozialrechtliche Einordnung als Arbeitsunfall oder Berufskrankheit nur eine Nebenrolle, denn der Fokus liegt eindeutig bei den zivilrechtlichen Haftungsinstituten; lediglich bei der Auslegung der zivilrechtlichen Normen kommt der sozialrechtlichen Einordnung von Karôshi ein bedeutende Rolle zu. Aus diesem Grund dürfte die Konzeption dieses Zeitraumes und der daran anknüpfenden Berufsbedingtheit, wonach eine evidente Überbelastung bei angehäufter chronischer Müdigkeit während der letzten sechs Monate vor Zusammenbruch als gegeben betrachtet wird, vor allem unter besonderer Berücksichtigung einer angemessenen zivilrechtlichen Handhabbarkeit zu sehen sein.

Schließlich stellt sich, sofern man eine Ausdehnung bejahte und in Erwägung zöge, sodann noch das Problem der Messbarkeit. Das oben vorgestellte MBI ist hierfür schlichtweg ungeeignet, da es lediglich misst, wie weit Burn-out bereits fortgeschritten ist bzw. wie hoch die Wahrscheinlichkeit ist, an Burn-out zu erkranken. Es gibt bis dato aber kein verlässliches Messinstrument/Konzept, welches eine konkrete Beurteilung der verschiedenen schädlichen Einwirkungen während eines bestimmten Zeitraums ermöglichen würde. Somit ist der Ansatz

---

1162 vgl. nur KassKomm/*Ricke*, SGB VII, § 9 Rn. 3; KSW/*Holtstraeter*, SGB VII, § 7 Rn. 3.
1163 KassKomm/*Ricke*, SGB VII, § 8 Rn. 23; KSW/*Holtstraeter*, SGB VII, § 8 Rn. 2.

den zeitlichen Umfang des Unfallbegriffs auszudehnen, um eine Entschädigung aus der Unfallversicherung zu erreichen, sowohl aus rechtsdogmatischen als auch praktischen Erwägungen und Unwägbarkeiten abzulehnen und zu verwerfen.

2. Reflektion der Erlasse von 1999, 2001, 2009 und 2011

Neben der Möglichkeit die japanischen Erkenntnisse bei der Auslegung des Arbeitsunfalls zu verwerten, ist auch zu untersuchen, inwieweit die japanischen Beurteilungs- und Anerkennungskriterien im deutschen Berufskrankheitenrecht berücksichtigt werden können.

a) Karôshi (Erlass von 2001)

Der maßgebliche Prädiktor für den Ausbruch von Karôshi ist nach Ansicht des japanischen Gesetzgebers die Anzahl der geleisteten Überstunden während des Begutachtungszeitraums von sechs Monaten. Vereinfacht und schematisch dargestellt bedeutet dies: wenn X Überstunden innerhalb des Zeitraumes Y geleistet wurden, so ist die Berufsbedingtheit zu bejahen und ein Ursachenzusammenhang von Arbeitstätigkeit und Karôshi gegeben. Eine Übertragung dieser Sichtweise auf den deutschen Rechtskreis hinsichtlich der Beurteilung von Burn-out begegnet aber einigen Bedenken.

Unproblematisch wäre zunächst die Subsumtion unter den Begriff der besonderen Einwirkung. Überstunden als Unterfall der Arbeitsdichte sind als psychischer Stressor zu qualifizieren. Psychische Belastungsfaktoren sind genauso wie physische Einflüsse vom Einwirkungsbegriff erfasst. Nach hier vertretener Ansicht[1164] kommt es bei dem Einwirkungsbegriff vor allem auf quantifizierbare Expositionen an. Die Anzahl der geleisteten Überstunden sind als solche Kennziffer geeignet, eine besondere Einwirkung darzustellen.

Allerdings sind Überstunden allein keine Hauptursache für Burn-out. Das pauschale Abstellen auf ein konkretes Maß an geleisteten Überstunden stünde im Widerspruch zu den Erkenntnissen, welche in *Kapitel B* bzgl. der Burn-out-Ursachen herausgearbeitet wurden. Diese erschöpfen sich nicht allein in einem monokausalen Stressor, sondern sind vielmehr ein Bündel aus sich gegenseitig bedingenden und beeinflussenden Belastungsfaktoren. Der japanische Ansatz greift also aus medizinisch-ätiologischer Hinsicht zu kurz. Die Rechtsprechung und ihr folgend der Gesetzgeber dürften allein aus Praktikabilitäts- und Billigkeitserwägungen die

---

1164 vgl. insoweit Abschnitt D. 3. a) bb) (1) (c).

Überstundenanzahl als maßgebliches Beurteilungskriterium gewählt haben. Dieses Vorgehen der japanischen Judikative/Legislative dürfte dem bereits erwähnten Rechtsdenken der Japaner – Stichwort: „pragmatischer Empirismus" – geschuldet sein. Auch wenn die Richtlinie neben Überstunden noch auf andere Faktoren wie Nacht- und Schichtarbeit oder Konflikte am Arbeitsplatz verweist, um eine pseudo-medizinische Legitimation des Ansatzes vorzutäuschen, so wird in der tatsächlichen japanischen Rechtspraxis fast ausschließliches Augenmerk auf die Anzahl der geleisteten Überstunden gelegt. Der Schwerpunkt läge bei einem solchen Vorgehen also nicht im Nachweis der Berufsursächlichkeit und der verschiedenen (arbeitsbedingten) schädigenden Einwirkungen, sondern eine gerichtliche Prüfung wäre allein auf die Ermittlung der tatsächlich geleisteten Überstunden, und damit einer– vermeintlich – monokausalen Ursache, reduziert.

Zudem würde sich in tatsächlicher Hinsicht das Problem stellen, dass viele Arbeitnehmer ihre Überstunden gar nicht nachweisen könnten, weil diese vielfach überhaupt nicht bzw. nicht ordnungsgemäß durch den Arbeitgeber erfasst werden. Bevor also die Berufsursächlichkeit von Burn-out festgestellt werden könnte, würde zunächst ein Streit zwischen Arbeitnehmer und Arbeitgeber über die Anzahl der geleisteten Überstunden vorausgehen und das Verfahren somit zusätzlich belasten und in die Länge ziehen. Ein Blick nach Japan bestätigt diese Befürchtungen, denn der Nachweis der Überstunden stellt dort das größte Problem für die Betroffenen bzw. Angehörigen im Anerkennungsverfahren dar.

Ferner muss auch noch berücksichtigt werden, dass es bei Karôshi immer eine Art Zusammenbruch des Arbeitnehmers gibt (Herzinfarkt, Schlaganfall, sonstiges Kollabieren). Es gibt also einen fixen Zeitpunkt, ab dem eine Rückschau der letzten X Monate erfolgen kann. Dies ist bei Burn-out aber gerade nicht der Fall: in den seltensten Fällen kommt es zu solch einem Zusammenbruch, ein genauer Zeitpunkt des Ausbruchs der Krankheit ist wie bereits gesehen nicht bestimmbar, so dass auch aus diesem Grund eine Übertragung nicht zielführend sein kann.

Schließlich ist eine Übertragung der japanischen Sichtweise und Anerkennungspraxis bzgl. Karôshi auf die deutsche Beurteilung von Burn-out auch schon deswegen kaum möglich, da es für deutsche Standards an den nötigen epidemiologischen und empirischen Nachweisen mangelt. Hinsichtlich der Kausalität ist allein der Zusammenhang von exzessiven Arbeitszeiten/Überstunden und dem Auftreten von kardio-vaskulären bzw. koronaren Herzerkrankungen nachgewiesen.[1165] Karôshi umfasst lediglich eine Ausprägung von Burn-out und stellt somit

---

1165 einige japanische Mediziner und Arbeitspsychologen kritisieren aber die epidemiologischen Erkenntnisse im Hinblick auf Pahtologie und Ätiologie als defizitär und

nur einen kleinen Teilbereich des möglichen Krankheitsverlaufs dar. Bildlich ausgedrückt beschreibt Karôshi nur den Fall der berufsbedingten Überarbeitung, nicht jedoch den weitaus umfangreicheren Zustand des Ausgebranntseins. Die Erkenntnisse, welche in Japan hinsichtlich der Epidemiologie gewonnen wurden, reichen dementsprechend nicht aus, um den deutschen Anforderungen an den Gesamtkomplex Burn-out zu genügen und den generellen Ursachenzusammenhang für eine BK-Reife zu bejahen. Folglich wäre unter diesen Gesichtspunkten allenfalls eine Aufnahme von Karôshi – evtl. unter der Bezeichnung „berufsbedingte Überarbeitung und Überbelastung" – in die deutsche BK-Liste möglich, nicht jedoch von Burn-out selbst.

b) Karô-jisatsu (Erlasse von 1999, 2009 und 2011)

Zwar vermögen auch die Richtlinien bzgl. Karô-jisatsu keine andere unfallversicherungsrechtliche Beurteilung von Burn-out in Deutschland zu erreichen und der mangelnden Empirie Abhilfe zu verschaffen. Denn insoweit gelten im Prinzip die gleichen Argumente wie schon bei Karôshi. Auch Karô-jisatsu geht immer ein bestimmtes Ereignis (= Selbstmord) voraus, anhand dessen man eine Rückschau und Evaluierung des Gesundheitszustands vornehmen kann, was bei Burn-out gerade nicht möglich ist. Und wie Karôshi, so stellt auch Karô-jisatsu nur ein denkbarer Verlauf des Burn-out-Syndroms dar, welcher aber nicht zwangsläufig und charakteristisch für jede Burn-out-Erkrankung ist.

c) Normierung einer möglichen Berufskrankheit „Überarbeitung" de lege ferenda

Allerdings weisen sowohl der Erlass von 2001 betreffend Karôshi als auch die drei Erlasse hinsichtlich Karô-jisatsu einen Weg, wie in Zukunft ein BK-Tatbestand „arbeitsbedingte psychische Erkrankung" bzw. „Überarbeitung" in Deutschland normiert und praktiziert werden könnte. Denn heutzutage wird oft ein (vermeintliches) Burn-out oder eine angebliche Depression vorgeschoben und diagnostiziert, um einer arbeitsbedingten Überbelastung Ausdruck zu verleihen. Deswegen ist es angebracht und wesentlich sinnvoller, eine allgemeine Listenkrankheit zu etablieren, die dem schädlichen Einfluss der Arbeit auf die geistige Verfassung Rechnung trägt, als einzelne psychische Leiden durch verrenkte dogmatische,

---

sprechen von „einer Kluft zwischen medizinischer Wissenschaft und rechtlicher Auslegung", vgl. insoweit *Yuki/Koizumi*, Journal of Social Security Law 2011, Vol. 18, Ausgabe 2, S. 87 ff.; sowie *Okudaira*, Japan Medical Association Journal 2004, Vol. 47, Nr. 5, S. 205 ff.

meist nicht dem aktuell medizinisch-wissenschaftlichen Stand entsprechende Konstruktionen in das Unfallversicherungsrecht zu integrieren bzw. den unlösbaren Versuch zu unternehmen, verschiedene psychische Erkrankungen in einem BK-Tatbestand zu verankern.

Japan hat aufgrund seines pragmatischen Problembewusstseins eine adäquate Lösungsmöglichkeit aufgezeigt. Durch eine Kombination der Beurteilungskriterien beider Phänomene ließe sich mithin der Großteil aller Erkrankungen im Arbeitsumfeld, die durch psychische Einwirkungen bzw. arbeitsbedingte Stressoren hervorgerufen werden, abdecken. Dabei wäre als erstes der konkrete, allgemeine BK-Tatbestand festzulegen. Dieser könnte folgendermaßen lauten:

„Erkrankungen aufgrund berufsbedingter Überbelastung“

Unter Einfluss der japanischen Erkenntnisse und Richtlinien bzgl. Karôshi wäre die Berufsbedingtheit zu bejahen, wenn vor der Entwicklung bzw. vor dem Ausbruch der Krankheit eine klare arbeitsstressinduzierte Über(be)lastung beim betreffenden Arbeitnehmer im Vergleich zum normalerweise üblichen, täglichen Arbeitsaufwand festzustellen war, und sich nicht nur beim Betroffenen, sondern auch bei einem Arbeitnehmer vergleichbaren Alters und Berufserfahrung in der gleichen Position eine exzessive Arbeitsüberlastung entwickelt hätte. Dabei ist zu unterscheiden zwischen kurzfristiger Spitzenbelastung (signifikant schwere und extreme, das betriebsübliche Maß besonders überschreitende psychische Belastung innerhalb eines lediglich kurzandauernden Zeitraums) und langfristiger Dauerbelastung (anhaltende, in regelmäßigen Abständen wiederkehrende Stresseinwirkungen). Bei der Bewertung der arbeitsbedingten Überbelastung hat eine umfassende Überprüfung der Arbeitszeit, Arbeitsumgebung, Arbeitsorganisation und psychischer Belastungsfaktoren zu erfolgen. Als Grundlage für das Vorgehen in dieser Sache sollen die zu Karô-jisatu ergangenen Richtlinien dienen.

Demnach wären in einem ersten Schritt folglich verschiedene arbeitsbedingte Stressoren bzw. Einwirkungen in einer Tabelle zu benennen und hinsichtlich ihrer grundsätzlichen Stresswirkung/-intensität zu gewichten. Sodann erfolgt in einem zweiten Schritt das gleiche Prozedere für konkurrierende Ursachen außerhalb der Arbeitsumgebung. Hierzu zählen auch Bewältigungsstrategien wie der Rückhalt von Familie/Freunden oder die Möglichkeit eines unbezahlten Sabbaticals. Die Aufnahme dieser Items muss unter Berücksichtigung des aktuellen Stands in der medizinischen Wissenschaft sowie empirischer und epidemiologischer Studien erfolgen, um dem Anspruch an den generellen Ursachenzusammenhang gerecht zu werden. In Sachen wissenschaftliche Fundierung und Validität könnte aber insoweit auf die Berichte der japanischen Expertenkommissionen und den dabei zugrunde gelegten Studien verwiesen werden. Die genaue Ausgestaltung bleibt aber dem Gesetzgeber im Rahmen seines sozialpolitischen Ermessens überlassen und soll an dieser Stelle nicht erfolgen. Ein Beispiel, wie sowohl ein Beurteilungskatalog „arbeitsbedingte Stressoren“ als auch ein Bewertungsschema „außerhalb der Arbeit liegender Einwirkungen“ aussehen könnte, findet sich allerdings bei *Tieste*.[1166] In einem durchaus gelungenen, recht ausführlichen Versuch, integriert dieser die japanischen Erkenntnisse bzgl. Karôshi/Karô-jisatsu unter Einbeziehung deutscher Standards und Rahmenbedingungen sowie medizinischer Entwicklungen in einen allgemeinen BK-Tatbestand „arbeitsbedingte psychische Erkrankung“.

In einem dritten Schritt, nämlich der konkreten Einzelfallprüfung, hat dann der jeweilige Sachbearbeiter der Berufsgenossenschaften, der Gutachter oder der Richter nur noch in einer abschließenden Bewertung unter Rückgriff der beiden Tabellen zu beurteilen, ob die wesentlichen Ursachen im Arbeitskontext oder in konkurrierenden Ursachen außerhalb der Tätigkeit zu finden sind.

III. Zusammenfassung

Das vorliegende Kapitel stellt den Kernpunkt dieser Arbeit dar. Unter Bezugnahme und Rückgriff der in *Kapitel B.* und *C.* gewonnenen Erkenntnisse sollte geprüft werden, ob Burn-out de lege lata ein Versicherungsfall darstellt, welcher in der Folge durch die Unfallversicherungsträger kompensiert werden müsste. Dabei hat die sozialrechtliche Bewertung im Wesentlichen zu drei Ergebnissen geführt: Burn-out ist derzeit weder als Arbeitsunfall noch als Berufskrankheit zu entschädigen, auch vermögen die Erfahrungen und gesetzgeberischen Maßnahmen Japans im Umgang mit Karôshi und Karô-jisatsu an den zuvor gewonnenen rechtlichen Beurteilungen von Burn-out nichts zu ändern.

In einem ersten Abschnitt wurde die Frage nach der BK-Reife von Burn-out intensiv analysiert und abschließend verneint. Die in Kapitel *B. III.* erfolgte arbeitsmedizinische und wissenschaftliche Einordnung des status quo wurde nun einer rechtlichen Bewertung unterzogen. Im Rahmen der ausführlichen Prüfung konnte gezeigt werden, dass Burn-out zwar fast alle Tatbestandsmerkmale für eine künftige Normierung als BK erfüllt, aber in puncto genereller Ursachenzusammenhang als wichtigstes Kriterium noch zu viele Defizite hinsichtlich einer ausreichend medizinisch-empirisch verifizierten Kausalität bestehen. Die verschiedenen, z.T. konträren Ansichten und Konzepte bzgl. Definition, Verlauf, Symptomatik und Ätiologie von Burn-out lassen einen einheitlichen und allgemeingültigen Konsens vermissen und machen demgemäß eine valide Kausalitätsprüfung fast unmöglich.

1166 *Tieste*, Haftungsfall Stresserkrankung, S. 301 ff.

Die komplexe Wesentlichkeitstheorie wie auch der generelle Ursachenzusammenhang verlangen aber einen gewissen Minimalkonsens in der medizinischen Wissenschaft sowie eine hinreichende Validierung durch statistische oder epidemiologische Nachweise. Beides ist, vor allem auch aufgrund des Mangels allgemeingültiger Standards, bei Burn-out derzeit nicht gegeben. In wissenschaftlichen Studien ist es nämlich bisher nicht gelungen, eindeutige und gesicherte Erkenntnisse über die Ursachen von Burn-out ausfindig zu machen, ebenso wenig gelang dies für den Zusammenhang zwischen Burn-out-auslösenden Faktoren und Bewältigungsstrategien (Coping) bzw. Persönlichkeitsfaktoren. Deswegen kann Burn-out gegenwärtig weder in die BK-Liste aufgenommen werden noch ist eine Entschädigung als „Wie-Berufskrankheit" möglich.

Eine Einordnung als Arbeitsunfall ist ebenfalls nicht zu erreichen. Burn-out ist nach hier konzipierter Definition eine durch erhöhte und dauerhafte Beanspruchung und Belastung im Beruf hervorgerufene Krankheit, welche insbesondere durch ein Gefühl der Erschöpfung, verminderter Leistungsfähigkeit und Rückzug von der Arbeit gekennzeichnet ist und deren Folgen langfristig zur Arbeitsunfähigkeit führen. Dabei bedingen nicht einzelne, abgrenzbare Beanspruchungen und Belastungen, sondern die Zusammenfassung mehrerer Einzelakte in einem Prozess die Erkrankung. Wegen letzterem scheitert auch eine Subsumtion unter den Unfallbegriff. Das Merkmal der Plötzlichkeit verlangt nämlich, dass sich das schadenauslösende Ereignis innerhalb einer Arbeitsschicht ereignet. Da eine solche punktuelle Ab- und Eingrenzung bei Burn-out schlichtweg definitionsgemäß schon scheitert und mit den aktuellen Messinstrumenten auch gar nicht nachzuweisen wäre, scheidet die Verortung als Arbeitsunfall aus.

Auch der Rückgriff auf die japanischen Erkenntnisse und Praxiserfahrungen sowie der Versuch diese ins deutsche Unfallversicherungsrecht zu übertragen, lassen keine andere sozialrechtliche Einschätzung von Burn-out zu. Weder ist die Modifikation des Unfallbegriffs zielführend, würde sie doch zu einer Verwischung und Vermischung des Arbeitsfalls mit der Berufskrankheit führen. Noch reichen die medizinischen Studien und Erfahrungen im Rahmen von Karôshi sowie Karô-jisatsu aus, die defizitäre Erkenntnislage bzgl. der Ätiologie von Burn-out derart zu beeinflussen, dass dem hohen Anspruch des generellen Ursachenzusammenhangs Genüge getan wird. Eine andere Beurteilung der Kausalität auf Basis des aktuellen wissenschaftlichen Erkenntnisstandes nach der Theorie der wesentlichen Bedingung zum heutigen Zeitpunkt liefert das japanische Referenzmaterial vor allem deswegen nicht, weil sowohl Karôshi als auch Karô-jisatsu lediglich einen theoretisch möglichen Krankheitsverlauf von Burn-out abbilden, das Syndrom aber nicht in seiner notwendigen Gänze beschreiben. Das japanische Vorgehen bei Karô-jisatsu und anderen psychischen Erkrankungen sowie die hierzu entwickelten Beurteilungskriterien können allerdings als valide Grundlage für die zukünftige und längst überfällige Etablierung eines allgemeinen Tatbestands „psychische Erkankung infolge arbeitsbedingter Überbelastung" in der BKV dienen.

E. Ergebnisse und Ausblick

I. Erkenntnisse dieser Arbeit in Thesenform

- Stress ist eine evolutionsbedingte, essentielle Reaktion des menschlichen Organismus (vgl. Kapitel A. I.).
- Eine allgemeingültige Definition von Stress gibt es nicht (vgl. Kapitel B. I. 1.).
- Auf einen gemeinsamen Nenner heruntergebrochen lässt sich Stress aber durch folgende Merkmale beschreiben (vgl. Kapitel B. I. 1.):
  - anhaltende physische/psychische Belastung oder Beanspruchung bzw. schädliche Reize (sog. Stressoren)
  - durch Konflikte/negativ empfundene Ereignisse verursachter seelischer Druck bzw. Spannungszustand
  - eine subjektive bzw. individuelle Reaktion auf die Umwelt und Umgebung
- Arbeitsbedingter Stress kann langfristig sowohl positive (z.B. Anregungs-, Lern- und Trainingseffekte) als auch negative Folgen haben (psychische Ermüdung, Monotonie und psychische Sättigung) und zu körperlichen sowie psychischen Störungen/Erkrankungen führen (vgl. Kapitel B. I. 2. sowie Kapitel B. II. 2.).
- Kurzfristige Folgen sind vor allem quantitative/qualitative Über- und Unterforderung, Bedrohung und Frustration (vgl. Kapitel B. I. 2.).
- Der individuelle und unspezifische Charakter von Stress führt dazu, dass gleiche Belastungen unterschiedliche Beanspruchungen bei verschiedenen Personen auslösen können (vgl. Kapitel B. I. 2.) bzw. anders ausgedrückt: der gleiche Stressor bedingt bei unterschiedlichen Individuen nicht zwangsläufig dieselbe Stressreaktion (vgl. Kapitel B. I. 3. a) sowie Kapitel B. II. 1. a)), diese ist vielmehr abhängig von der eigenen kongnitiven Bewertung und der darauffolgenden personen- bzw. situationsspezifischen Bewältigungsstrategie (sog. Coping, vgl. Kapitel B. I. 3. b)).
- Eine psychische Folge langfristiger, chronischer Stresseinwirkung stell das Burn-out-Syndrom dar (Kapitel B. II. 2.).
- Eine eindeutige, von einer breiten Meinung in der Literatur aktzeptierte Definition von Burn-out existiert bis dato nicht. (vgl. Kapitel B. III. 2.).
- Bisherige Definitionsversuche von Burn-out sind entweder zu umfassend oder zu spezifisch (vgl. Kapitel B. III. 2.), so dass eine eigene Definition für den juristischen Kontext und eine eingehende rechtliche Bewertung zu entwicklen war.

- Burn-out ist demnach eine durch erhöhte und dauerhafte Beanspruchung und Belastung bei der Arbeit hervorgerufene Krankheit, welche insbesondere durch ein Gefühl der Erschöpfung, verminderter Leistungsfähigkeit und Rückzug von der Arbeit gekennzeichnet ist und deren Folgen langfristig zur Arbeitsunfähigkeit führen. Es resultiert aus einer Wechselwirkung zwischen den besonderen Arbeitsanforderungen einerseits und den individuellen Bewältigungsstrategien und Persönlichkeitsmerkmale des Arbeitnehmers andererseits. Dabei bedingen nicht einzelne, abgrenzbare Beanspruchungen und Belastungen, sondern die Zusammenfassung mehrerer Einzelakte in einem Prozess die Erkrankung (vgl. Kapitel B. III. 2. b)).
- Burn-out weist eine vielschichtige und breit gefächerte Symptomatik auf, welche vor allem durch überhöhten Energieeinsatz, Erschöpfung, reduziertes Engagement, emotionale Reaktionen, Abbau der Leistungsfähigkeit, Verflachung des emotionalen, sozialen und geistigen Lebens, psychosomatische Reaktionen und existentielle Verzweiflung charakterisiert ist (vgl. Kapitel B. III. 3.).
- Burn-out weist keinen typischen, verallgemeinerungsfähigen Verlauf auf (vgl. Kapitel B. III. 4.).
- Ein standardisiertes Messverfahren/-instrument, welches Burn-out verlässlich diagnostizieren könnte, existiert nicht (vgl. Kapitel B. III. 5.).
- Das zurzeit am häufigsten zur Diagnose verwendete MBI ist lediglich für empirische Studien und nicht für den Einsatz in der klinischen Praxis geeignet (vgl. Kapitel B. III. 5.).
- Die Lage bzgl. der Ätiologie von Burn-out ist äußerst defizitär; genaue, eindeutige Ursachen sind bisher in der Wissenschaft umstritten und werden kontrovers diskutiert (vgl. Kapitel B. III. 6.).
- Quintessenz aller Theorien und Erklärungsmodelle ist, dass Burn-out aus einer Wechselwirkung zwischen den besonderen Arbeitsanforderungen einerseits und den individuellen Bewältigungsstrategien und Persönlichkeitsmerkmale des Arbeitnehmers andererseits resultiert (vgl. Kapitel B. III. 6. c)).
- Als maßgeblicher Auslöser für Burn-out wird arbeitsbedingter, chronischer Stress angesehen (vgl. Kapitel B. III. 7.).
- Karôshi (Tod durch Überarbeitung) ist eine durch die Anhäufung von fatigue (chronische Übermüdung) hervorgerufene Herz-Kreislauf-Erkrankung (vgl. Kapitel C. II. 1.).
- Ursächlich für die Bildung von fatigue sind harte physische Arbeit, übermäßig lange Arbeitszeiten sowie mentaler, arbeitsbedingter Stress (vgl. Kapitel C. II. 1.). Daneben sind sozio-ökonomische Faktoren wie kommunitaristische Arbeitseinstellung, sehr vage und flexible arbeitsrechtliche Normen sowie Mängel im

System der Sicherheits- und Gesundheitskontrollen im Betrieb für Karôshi verantwortlich (vgl. Kapitel C. II. 2.).

- Karô-jisatsu (Selbstmord wegen Überarbeitung) wird hauptsächlich durch arbeitsbedingte psycho-soziale Stressoren wie Versagen bei der Arbeit (geforderte Ziele werden nicht erreicht), immer größer werdender Verantwortungsbereich bei gleichzeitig geringer Autonomie sowie geringer sozialer Unterstüzung, hervorgerufen (vgl. Kapitel C. II. 2).
- Karôshi, Karô-jisatsu und Burn-out weisen einen sehr engen Bezug zu einander auf (vgl. Kapitel C. II. 4.).
- Karôshi/Karô-jisatsu sind eine der möglichen Endfolgen von Burn-out: Sie umfassen dabei lediglich eine Ausprägung von Burn-out und stellen somit nur einen kleinen Teilbereich des möglichen Krankheitsverlaufs dar. Durch Karôshi/Karô-jisatsu wird nur der Fall der berufsbedingten Überarbeitung, nicht jedoch der weitaus umfangreichere Zustand des Ausgebranntseins beschrieben (vgl. Kapitel C. II. 4.).
- Sowohl die japanischen Vorschriften der Unfallversicherung als auch zivilrechtliche Haftungsinstitute (Haftung wegen Pflichtverletzung und aus unerlaubter Handlung) lehnen sich sehr eng an die diesbezüglichen deutschen Vorschriften an und sind somit einer Rechtsvergleichung besonders zugänglich (vgl. Kapitel C. III.).
- Das japanische Arbeitsrecht ist weitaus arbeitgeberfreundlicher ausgestaltet als das deutsche Pendant. Es kann in Japan insoweit nicht von einem „Arbeitnehmerschutzrecht" gesprochen werden, jedenfalls nicht in dem Maße, wie dies in Deutschland der Fall ist (vgl. Kapitel C. III. 1.).
- Im Gegensatz zum deutschen Arbeitsrecht weist das japanische Arbeitsrecht flexiblere Instrumente für den Arbeitgeber auf. Japanische Unternehmen können mithilfe der Arbeitsordnung (vgl. Kapitel C. III. 1 b)) und der sog. „36er-Vereinbarung" (vgl. Kapitel C. III. 1 c)) die individuellen Arbeitsbedingungen weitaus autonom gestalten und abändern. Eine solches Vorgehen ist in Deutschland nicht möglich (vgl. Kapitel C. III. I. c) bb) (2)).
- Sowohl der japanische Gesetzgeber als auch die Rechtsprechung sehen als primäre Ursache Karôshis die Ableistung exzessiver Überstunden an (vgl. Kapitel C. IV. 1.).
- Neben der flexiblen Ausgestaltung des japanischen Arbeitsrechts sind insbesondere auch sozio-kulturelle Eigenheiten wie hohe Identifikation und Verbundheit zum Arbeitgeber, starkes Abhängigkeitsverhältnis zum Vorgesetzten, schwaches Rechtsbewusstsein, mangelnde Bereitschaft/Durchsetzungskraft der Unternehmensgewerkschaften sowie lasche Kontrollen/Strafen der Aufsichts-

behörden für die, im Vergleich zu anderen westlichen Staaten, übermäßig hohen Arbeitszeiten in Japan verantwortlich (vgl. Kapitel C. III. 1 c)).

- Das japanische Unfallversicherungsrecht kennt zwei Versicherungsfälle: den Arbeitsunfall i.w.S. gem. Art. 7 Abs. 1 Nr. 1 AUVG (dieser umfasst sowohl den dem deutschen entsprechenden Arbeitsunfall i.e.S. als auch die Berufskrankheit) sowie den Wegeunfall gem. Art. 7 Abs. 1 Nr. 2 i.V.m. Abs. 2 AUVG (vgl. Kapitel C. III. 3.).
- Im Gegensatz zu Deutschland existiert in Japan keine dem § 104 Abs. 1 SGB VII entsprechende Vorschrift, so dass dort gleichzeitig neben schuldrechtlichen/deliktsrechtlichen Ansprüchen auch unfallversicherungsrechtliche Leistungen geltend gemacht werden können (vgl. Kapitel C. III. 3.).
- Karôshi ist in Japan seit 1961 als Versicherungsfall anerkannt (vgl. Kapitel C. IV. 1. a) cc)).
- Primäres Kriterium bei der Beurteilung einer langfristigen Dauerbelastung im Rahmen der Anerkennung von Karôshi als arbeitsbedingter Gesundheitsschaden ist nach derzeit gültigem Erlass v. 12.12.2001 die Arbeitszeit/Anzahl der geleisteten Überstunden (vgl. Kapitel C. IV. 1. a) cc)).
- Eine langfristige Dauerbelastung gilt als indiziert, wenn der Beschäftigte entweder mehr als 100 Überstunden im letzten Monat, oder monatlich mind. 80 Überstunden während der letzten zwei bis sechs Monate vor Ausbruch der Krankheit geleistet hat (vgl. Kapitel C. IV. 1. a) cc)).
- Unregelmäßige Arbeitszeiten, Arbeitsdichte, fehlende Pausenzeiten, häufige Dienstreisen, sich häufig wiederholende Nacht- und Schichtarbeit, Arbeitsumgebung (Lärm, Hitze, Kälte, etc.), mentaler Arbeitsstress (kaum/keine Rückmeldung oder Unterstützung von Vorgesetzten, Über-/Unterforderung) stellen ebenfalls kausale Faktoren für den Ausbruch von Karôshi dar (vgl. Kapitel C. IV. 1. a) cc)).
- Karôshi ist zwar nicht als Krankheit in die Berufskrankheitenliste aufgenommen, wird aber gem. den aktuellen Richtlinien entsprechend der Nr. 8 Tabelle 1-2 Durchführungsverordnung ASG wie eine Berufskrankheit entschädigt (vgl. Kapitel C. IV. 1. a) cc)).
- Die Vorgaben bzgl. der Anerkennung von Karôshi als berfufsbedinger Gesundheitsschaden wurden weitestgehend aufgrund höchstrichterlicher Rechtsprechung des *OGH* entwickelt (vgl. Kapitel C. IV.1. b)).
- Die Berufsursächlichkeit von Karô-jisatsu und anderen psychischen Erkrankungen wird durch eine Gesamtbewertung anhand einer Tabelle mit verschiedenen Items – darin enthalten sind sowohl psychische Einflussfaktoren am Arbeitsplatz als auch außerberufliche Belastungen und individuelle Prädisposition – bestimmt, soweit kein besonderer Tatbestand („special event"),

wie z.B. übermäßig hohe Anzahl von Überstunden, vorliegt (vgl. Kapitel C. IV. 2. a)).

- Bei Vorliegen eines „special event" bedarf es keiner Prüfung der einzelnen Items mehr, sondern es erfolgt gleich eine Gesamtbewertung als „hohe Stresseinwirkung" und damit einhergehend die Bejahung der Berufsbedingtheit und Anerkennung als arbeitsbedingter Gesundheitsschaden (vgl. Kapitel C. IV. 2. a)).
- In zivil- und arbeitsrechtlicher Hinsicht hat maßgeblich die *OGH*-Rechtsprechung in dem Fall *Dentsû* die haftungsrechtlichen Fragen geklärt (vgl. Kapitel C. IV. 2. b) bb (1)).
- Demnach obliegt in Japan dem Arbeitgeber eine Fürsorgepflicht bzgl. der Sicherheit und Gesundheit am Arbeitsplatz, welche sich allein aus Deliktsrecht (Art. 709 i.V.m. Art. 715 JBGB) ergibt (vgl. Kapitel C. IV. 2. b) bb (1)).
- Der Arbeitgeber hat sicherzustellen, dass die spezialgesetzlichen Arbeitsschutzbestimmungen eingehalten und überwacht werden, und jegliche schädliche Einwirkung auf ein erträgliches, die Gesundheit des Arbeitnehmers nicht verletzendes Maß zu reduzieren ist (vgl. Kapitel C. IV. 2. b) bb (1)).
- Diese Fürsorgepflicht ist dann fahrlässig verletzt, wenn der Arbeitgeber sowohl Kenntniss von den schädlichen Einwirkungen bzw. der hohen Arbeitsbelastung sowie der (verschlechternden) gesundheitlichen Verfassung des betroffenen Arbeitnehmers hat und nicht gegensteuernd eingreift, indem er die negativen Einwirkungen abstellt bzw. minimiert (vgl. Kapitel C. IV. 2. b) bb (1)).
- Burn-out stellt de lege late keine anerkannte Berufskrankheit gem. § 9 Abs. 1 S. 1 SGB VII dar. Weder existiert eine Berufskrankheit „Burn-out" noch findet sich überhaupt irgendeine psychische Erkrankung in der BK-Liste (vgl. Kapitel D. I. 3. a) aa)).
- Burn-out kann derzeit vom Verordnungsgeber nicht gem. § 9 Abs. 1 S. 2 SGB VII in die BK-Liste aufgenommen werden. Die BK-Reife scheitert insoweit an den mangelnden wissenschaftlichen Erkenntnissen hinsichtlich der genauen Verursachung und Entstehung von Burn-out, mithin ist also der generelle Ursachenzusammenhang nicht gegeben (vgl. Kapitel D. I. 3. a) bb)).
- Burn-out stellt eine *Krankheit* im unfallversicherungsrechtlichen Sinne dar. Nicht maßgeblich hierbei ist, dass es sich streng genommen um keine Krankheit im Sinne der kanonisierten medizinischen Definition handelt (vgl. Kapitel D. I. 3 a) bb) (1) (a)).
- Das Kriterium *Erkenntnisse der medizinischen Wissenschaft* ist erfüllt. Für die Aufnahme sind einige wenige Studien ausreichend, nicht hingegen eine allgemein gesicherte, herrschende medizinische Lehrmeinung erforderlich. Der Verordnungsgeber hat hierbei insoweit einen sozialpolitischen Ermessensspielraum (vgl. Kapitel D. I. 3 a) bb) (1) (b)).

- Psychische Belastungsfaktoren, welche Burn-out bedingen, sind als *besondere Einwirkungen* zu qualifizieren. Es kommt beim Einwirkungsbegriff auf solche Einwirkungen an, die quantifizierbar/objektivierbar sind und sich von anderen Einwirkungen abgrenzen lassen (vgl. Kapitel D. I. 3 a) bb) (1) (c)).
- Die *Gruppentypik* ist im Falle von Burn-out zu bejahen (vgl. Kapitel D. I. 3 a) bb) (1) (e)).
- Der *innere-sachliche Zusammenhang* zwischen der ausgeführten versicherten Tätigkeit zum Zeitpunkt der Exposition ist unstreitig gegeben (vgl. Kapitel D. I. 3 a) bb) (1) (e) (bb)).
- Das Tatbestandsmerkmal *bestimmte Personengruppe* ist zumindest dann erfüllt, soweit eine Ab-/Eingrenzung auf soziale bzw. helfende Berufe (wie z.B. Lehrkräfte) erfolgt. Dadurch wird weder der Ermächtigungsrahmen überdehnt noch kann die Abgrenzbarkeit spezifischer Gruppen von der Allgemeinbevölkerung abgesprochen werden (vgl. Kapitel D. I. 3 a) bb) (1) (e) (aa)).
- Die *Einwirkung in erheblich höherem Grade als die übrige Bevölkerung* ist anhand zahlreicher Studien belegt. Insoweit kommt es nur auf das Einwirkungsrisiko/-häufigkeit an, maßgeblich sind weder die Erkrankungshäufigkeit noch eine Risikoverdopplung (vgl. Kapitel D. I. 3 a) bb) (1) (e) (cc)).
- Die erforderliche *Kausalität* bei der Beurteilung der BK-Reife ist indes im Falle von Burn-out nicht gegeben (vgl. Kapitel D. I. 3 a) bb) (1) (c)).
- Der *Zusammenhang zwischen verrichteter Tätigkeit und Einwirkungen („Einwirkungskausalität")* ist problemlos zu bejahen, da es hierbei nicht um die Klärung naturwissenschaftlich-philosophischer Kausalitätsfragen geht, sondern um juristische Wertentscheidungen und Burn-out bereits definitionsgemäß durch berufsbedingte Stressoren verursacht wird (vgl. Kapitel D. I. 3 a) bb) (1) (d) (aa)).
- Der *Zusammenhang zwischen Einwirkungen und Krankheit („genereller Ursachenzusammenhang")* liegt bei Burn-out derzeit nicht vor, da in Ermangelung valider und reliabler epidemiologischer/statistischer Studien bzgl. der Ätiologie von Burn-out eine Beurteilung der Kausalität auf Basis des aktuellen wissenschaftlichen Erkenntnisstandes nach der Theorie der wesentlichen Bedingung nicht möglich ist (vgl. Kapitel D. I. 3 a) bb) (1) (d) (ee)).
- Weder kann die *Wesentlichkeit der versicherten Einwirkungen E* (psychische Belastungsfaktoren bei der Arbeit, vgl. Kapitel D. I. 3 a) bb) (1) (d) (ee) (β)) noch die *überragende Bedeutung der unversicherten Ursachen X* (Bewältigungsstrategien, Persönlichkeitsmerkmale, Disposition, vgl. Kapitel D. I. 3 a) bb) (1) (d) (ee) (γ)) anhand von gesichertem Referenzmaterial festgestellt werden. Die wissenschaftliche Erkenntnislage ist derzeit zu defizitär.
- Eine Anerkennung Burn-outs als *Wie-Berufskrankheit* gem. § 9 Abs. 2 SGB VII ist aktuell ebenfalls nicht möglich, da hierfür zunächst die Voraussetzungen

der BK-Reife nach § 9 Abs. 1 S. 2 SGB VII erfüllt sein müssten (vgl. Kapitel D. I. 3. a) bb) (2)).

- Die *Rechtsprechung* erkennt Burn-out nicht als Berufskrankheit an und verweist auf die fehlende wissenschaftliche Erkenntnislage bzgl. der Ursachen von Burn-out (vgl. Kapitel D. I. 3. a) cc)).
- Burn-out stellt keinen *Arbeitsunfall* i.S.d. § 8 Abs. 1 SGB VII dar, da es insoweit am Vorliegen des Unfallbegriffes mangelt. Unfälle sind zeitlich begrenzte Ereignisse, die sich längstens über eine Arbeitsschicht erstrecken können; Burn-out hingegen ist kein Resultat einmaliger, kurzfristiger Belastungsspitzen, sondern Folge einer längerfristigen, oft über Jahre fortschreitenden, Entwicklung (vgl. Kapitel D. I. 3. b)).
- Eine Übertragung/Anwendung der gewonnenen Erkenntnisse bzgl. Karôshi/Karô-jisatsu ins deutsche Unfallversicherungsrecht führen zu keiner anderen rechtlichen Beurteilung von Burn-out (vgl. Kapitel D. II.).
- Eine Ausdehnung des Begutachtungszeitraums im Rahmen des Unfallbegriffes und damit die Erweiterung des Merkmals der *Plötzlichkeit* ist nicht möglich, weil es damit zu einer Verschmelzung der Begriffe Arbeitsunfall und Berufskrankheit kommen würde. Abgrenzungskriterium der beiden Versicherungsfälle ist nämlich das Merkmal der Plötzlichkeit (vgl. Kapitel D. II. 1.).
- Die Erweiterung des Unfallbegriffes scheitert auch daran, dass es bis dato kein verlässliches Messinstrument/Konzept für Burn-out gibt, welches eine konkrete Beurteilung der verschiedenen schädlichen Einwirkungen während eines bestimmten Zeitraums ermöglichen würde (vgl. Kapitel D. II. 1.).
- Die Richtlinien bzgl. Karôshi/Karô-jisatsu vermögen keine andere unfallversicherungsrechtliche Beurteilung von Burn-out in Deutschland zu erreichen und der mangelnden Empirie Abhilfe zu verschaffen. Denn sowohl bei Karôshi als auch bei Karô-jisatsu geht immer ein bestimmtes Ereignis (Zusammenbruch, Selbstmord) voraus, anhand dessen man eine Rückschau und Evaluierung des Gesundheitszustands vornehmen kann, was bei Burn-out gerade nicht möglich ist (vgl. Kapitel D. II. 2.).
- Karôshi und Karô-jisatsu stellen zudem nur einen denkbaren Verlauf des Burn-out-Syndroms dar, welcher aber nicht zwangsläufig und charakteristisch für jede Burn-out-Erkrankung ist. Die Erkenntnisse, welche in Japan hinsichtlich der Epidemiologie gewonnen wurden, reichen dementsprechend nicht aus, um den deutschen Anforderungen an den Gesamtkomplex Burn-out zu genügen und den generellen Ursachenzusammenhang für eine BK-Reife zu bejahen (vgl. Kapitel D. II. 2.).
- Sowohl der Erlass von 2001 betreffend Karôshi als auch die drei Erlasse hinsichtlich Karô-jisatsu zeigen einen Weg, wie in Zukunft ein BK-Tatbestand

„arbeitsbedingte psychische Erkrankung“ bzw. „ Überarbeitung“ de lege ferenda in Deutschland normiert und praktiziert werden könnte (vgl. Kapitel D. II. 2. c)).

II. Ausblick

Zum Schluss darf und muss natürlich gefragt werden, warum sich die deutsche Legislative - aber auch die Judikative - mit der Anerkennung und Bewertung psychischer Erkrankungen immer noch so schwer tut. Auf den ersten Blick scheint es, als ob die Regierungen der vergangenen Jahrzehnte - unabhängig von deren Coleurs - nicht in diese Problematik involviert werden wollten.[1167] Getreu dem Motto „wenn ich nichts tue, kann ich auch nichts falsch machen und trete niemandem auf die Füße“. Ein Zugeständnis und Aktivwerden in der Causa psychische Erkrankungen bedeutet auch immer ein immanentes Eingeständnis, bisher nicht genug für die Prävention getan, im Endergebnis folglich versagt zu haben. Denn sollten die Anerkennungskriterien gelockert oder der Tatbestand „psychische Erkrankung“ in die BKV aufgenommen werden, so werden sich viele fragen, warum das nicht bereits früher geschehen ist. Man hätte dadurch vielen Personen unnötiges Leid und Zeit mit Behördengängen und Gerichtsverfahren erspart. Hiervor fürchten sich wohl die meisten Politiker. Nichtsdestotrotz kann in jüngerer Zeit ein gewisses Umdenken in Politik und Gesellschaft beobachtet werden. Die Bundesanstalt für Arbeitsschutz und Arbeitsmedizin (BAuA) veröffentlichte z.B. am 29.01.2013 den „Stressreport 2012“.[1168] Am 05.09.2013 kam es zu einer Verständigung des BMAS, BDA und DGB auf ein gemeinsames Grundverständnis zum Umgang mit psychischer Belastung bei der Arbeit, welches in dem Zukunftspapier „Gemeinsamen Erklärung Psychische Gesundheit in der Arbeitswelt“ festgehalten wurde.[1169] Im Ausschuss für Arbeit und Soziales waren am 13.05.2013 vier Anträge[1170] von verschiedenen Bundestagsfraktionen und Abgeordneten zum Thema

---

1167 in diese Richtung kritisierend auch *Wiebauer*, ArbRAktuell 2013, 491.

1168 BAuA, Stressreport 2012, abrufbar unter http://www.baua.de/de/Presse/Pressemitteilungen/2013/01/pm008-13.html?nn=3540906 (zuletzt abgerufen am 5.6.2014).

1169 vgl. Gemeinsame Erklärung Psychische Gesundheit in der Arbeitswelt v. 5.9.2013, abrufbar unter www.bmas.de/SharedDocs/Downloads/DE/PDF-Pressemitteilungen/gemeinsame-erklaerung-psychische-gesundheit-in-der-arbeitswelt.pdf (zuletzt abgerufen am 5.6.2014).

1170 Antrag der SPD, BT-Drs. 17/12818; Antrag von Bündnis 90/Die Grünen, BT-Drs. 17/10867; Antrag von Die Linke, BT-Drs. 17/11042; sowie Antrag von Abgeordneten der CDU/CSU und FDP, BT-Drs. 17/13088.

„Stress am Arbeitsplatz“ Gegenstand einer Anhörung von Sachverständigen.[1171] Eine Verordnung zum Schutz vor Gefährdungen durch psychische Belastungen bei der Arbeit wurde auch durch den Bundesrat vorgelegt.[1172] Ein „ganzheitlicher, physische und psychische Belastungen umfassender Gesundheitsschutz bei der Arbeit“ ist als „Leitbild“ in den Koalitionsvertrag von CDU/CSU und SPD aufgenommen worden.[1173] Auch wurde mittlerweile im Rahmen des verabschiedeten Bundesunfallkassen-Neuorganisationsgesetz (BUK-NOG)[1174] das Arbeitsschutzgesetz geändert. § 4 Nr. 1 ArbSchG schreibt nun vor: „Die Arbeit ist so zu gestalten, daß eine Gefährdung für das Leben sowie die physische *und die psychische Gesundheit* [Hervorhebungen durch den Verf.] möglichst vermieden und die verbleibende Gefährdung möglichst gering gehalten wird“. In § 5 Abs. 3 ArbSchG wurde eine neue Nr. 6 aufgenommen, so dass bei der Gefährdungsbeurteilung nunmehr auch „psychische Belastungen bei der Arbeit“ zu untersuchen sind. Schließlich befassen sich auch die Gewerkschaften in letzter Zeit vermehrt mit dem Thema „psychische Gesundheit am Arbeitsplatz“,[1175] die IG Metall fordert z.B. eine „Anti-Stress-Verordnung“.[1176] All diese Vorstöße und Entwicklungen sind zwar zu begrüßen, aber bei weitem noch nicht ausreichend.

Nach Ansicht des Autors haben die mangelnde Bereitschaft der Politik und die zögerliche Haltung der Gerichte bzgl. dieses Themas aber auch damit zu tun, dass psychische Krankheiten in unserer Gesellschaft immer noch ein Tabuthema sind. Während man sich im Laufe der Jahrhunderte auch an schwere Krankheiten wie Pest, Cholera oder Grippe gewöhnt hat, mittlerweile auch Krebs und Aids in der Gesellschaft angekommen sind, gelten psychische Erkrankungen hierzulande hingegen immer noch als verpönt. Patienten haftet das Manko an „nicht (mehr) normal zu sein“; sie werden oft gemieden und von dem Leben in der Gesellschaft

1171 vgl. hierzu FD-ArbR 2013, 345965.

1172 BR-Drs. 315/13.

1173 Koalitionsvertrag „Deutschlands Zukunft gestalten“, 18. Legislaturperiode, S. 70.

1174 Gesetz zur Neuorganisation der bundesunmittelbaren Unfallkassen, zur Änderung des Sozialgerichtsgesetzes und zur Änderung anderer Gesetze (Bundesunfallkassen-Neuorganisationsgesetz – BUK-NOG), v. 19.10.2013, BGBl. I Nr. 63 v. 24.10.2013, S. 3836.

1175 repräsentative Umfrage des DBG 2011 zum Thema „Arbeitshetze – Arbeitsintensivierung – Entgrenzung“, abrufbar unter http://www.dgb-index-gute-arbeit.de/downloads/publikationen/data/arbeitshetze_arbeitsintensivierung_entgrenzung_-_ergebnisse_der_repraesentativumfrage_2011.pdf (zuletzt abgerufen am 5.6.2014).

1176 IG Metall, „Anti-Stress-Verordnung“, aburfbar unter http://www.igmetall.de/anti-stress-verordnung-eine-initiative-der-ig-metall-10336.htm (zuletzt abgerufen am 5.6.2014).

ausgegrenzt. Wo Deutschland in Sachen Anzahl der durchgeführten Operationen im Vergleich zur Gesamtbevölkerung weltweit die Spitzenposition einnimmt, ist der freiwillige Gang zum Psychologen oder Psychiater immer noch die Ausnahme. Andere Länder wie die USA, Kanada oder Großbritannien sind da schon weiter, dort gehört es ja fast schon zum guten Ton einen privaten Therapeuten aufzusuchen.

Schließlich hat die Tatsache großen Einfluss, dass psychische Leiden immer als höchst individuelles Problem angesehen werden. Dies zeigt schon die Schwierigkeit des Kausalitätsnachweises, weil viele subjektive Komponenten hierbei eine tragende Rolle spielen. Anders hingegen ist es bei äußeren Einwirkungen wie Lärm oder Stäube. Kommt es aufgrund von Unachtsamkeit zu einem Brand in einer Lagerhalle oder treten aus einer Fabrikanlage chemische Gase aus und wird hierdurch ein Arbeitnehmer verletzt, so wird dies in der breiten Öffentlichkeit als „großes Unglück" oder „Katastrophe" gewertet und es als selbstverständlich erachtet, dass betroffene Arbeitnehmer aus der Unfallversicherung entschädigt werden. Gleiches gilt, wenn Minenarbeiter an einer Staublunge erkranken oder Beschäftigte eines Kernkraftwerkes an Krebs. Leidet jemand jedoch an Depressionen oder Burn-out aufgrund zu hoher Arbeitsbelastung, Zeitdruck oder Konflikte am Arbeitsplatz, so wird dies gemeinhin als leidvolles, aber unvermeidliches Einzelschicksal wahrgenommen und auch in der Breite des Auftretens immer nur stiefmütterlich behandelt. Solange sich ein solches Verständnis nicht ändert, wird auch die Politik bzw. das Gerichtswesen nicht ernsthafte Schritte unternehmen. Denn sowohl die Haltung der Politik als auch der Judikatur spiegelt zugleich immer den Zeitgeist und das Allgemeinverständnis einer Gesellschaft zu ihren maßgeblichen Problemen wieder. Eine vernünftige Auseinandersetzung mit der Problematik „psychische Krankheiten als arbeitsbedingte Erkrankungen" ist nach Ansicht des Autors erst dann möglich, wenn psychische Belastungsfaktoren in den Köpfen der Bevölkerung auf der gleichen Stufe stehen wie Lärm, Gase, Stäube oder Strahlung. Bis dahin ist es allerdings noch ein weiter und vor allem steiniger Weg. Diese Arbeit versteht sich, um die eben gewählte Metapher fortzuführen, als ein Schritt Richtung Entpönalisierung, Enttrivialisierung und schließlich Akzeptanz von psychischen Erkrankungen. Wie schnell und in welchem Maße sich Gesellschaft, Rechtsprechung und Gesetzgeber darauf einlassen und weitere Maßnahmen ergreifen, kann nicht vorausgesagt werden und bleibt abzuwarten.

Augsburger Studien zum Internationalen Recht

Herausgegeben von Volker Behr, Henning Rosenau und Christoph Vedder

Band 1 Ramon Sieveking: Schiedsgutachtenverträge nach deutschem und New Yorker Recht. Eine rechtsvergleichende Untersuchung der Sach- und Interessengerechtigkeit der Ausgestaltung des deutschen Schiedsgutachtenrechts. 2007.

Band 2 Susanne Kobor: Bargaining in the Criminal Justice Systems of the United States and Germany. A Matter of Justice and Administrative Efficiency Within Legal, Cultural Context. 2008.

Band 3 Jérôme Pause: Der französische Conseil d'État als höchstes Verwaltungsgericht und oberste Verwaltungsbehörde. Seine Entwicklung und heutige Stellung. 2008.

Band 4 Henriette Heine: Die Rechtsstellung des Beschuldigten im Rahmen der Europäisierung des Strafverfahrens. 2009.

Band 5 Susanne Kratzer: Die vorweggenommene Erbfolge in Deutschland und Italien unter besonderer Berücksichtigung des Familienvertrages (*patto di famiglia*). 2009.

Band 6 Octavian Gabriel Pascu: Strafrechtliche Fundamentalprinzipien im Gemeinschaftsrecht. Unter besonderer Berücksichtigung des Kartellordnungswidrigkeitenrechts. 2010.

Band 7 Henning Rosenau / Sangyun Kim (Hrsg.): Straftheorie und Strafgerechtigkeit. Deutsch-Japanischer Strafrechtsdialog. 2010.

Band 8 Gerhard Molt: Das Recht der nicht-schifffahrtlichen Wassernutzung am Mekong im Lichte des allgemeinen internationalen Wasserrechts. 2011.

Band 9 Michael Kraus: Rechtsstaatliche Terrorismusbekämpfung durch Straf- und Strafprozessrecht. 2012.

Band 10 Arnd Koch / Matthias Rossi (Hrsg.): Kodifikation in Europa. 2012.

Band 11 Vanessa Desoutter: La responsabilité civile de la société mère vis-à-vis de sa filiale. Comparaison entre l'Aktiengesetz allemande et le droit français des groupes. 2012.

Band 12 Klaus Schwichtenberg: Die Kooperationsverpflichtung der Mitgliedstaaten der Europäischen Union bei Abschluss und Anwendung gemischter Verträge. 2014.

Band 13 Henning Rosenau /Oliver Schön (Hrsg.): Japanisches Recht im Vergleich. Erstes Symposium zum japanischen Recht für Nachwuchswissenschaftler an der Universität Augsburg. Deutsch-Japanischer Strafrechtsdialog ドイツー日本 刑法に関する対話. 2014.

Band 14 Szabolcs Petrus: Europäisches Strafrecht. Gegenwärtige Rechtslage und künftige Perspektiven. 2015.

Band 15 Frank Schemmel: Haftungsfall Burn-Out. Ein Beitrag zur Klärung haftungsrechtlicher Probleme im Rahmen von arbeitsbedingtem Stress und Überbelastung. Insbesondere unter Berücksichtigung der japanischen Rechtslage zu den Phänomenen Karôshi und Karô-jisatsu. 2016.

www.peterlang.com

www.ingramcontent.com/pod-product-compliance
Ingram Content Group UK Ltd.
Pitfield, Milton Keynes, MK11 3LW, UK
UKHW021837290926
8980IPUK00004B/504

9 783631 668917